Um nichts als die Wahrheit

Um nichts als die Wahrheit

Deutsche Bischofskonferenz
contra Hans Küng

Eine Dokumentation
herausgegeben und eingeleitet
von Walter Jens

R. Piper & Co. Verlag
München - Zürich

ISBN 3-492-02361-4

Gesetzt aus der Times-Antiqua
Gesamtherstellung: Salzer - Ueberreuter, Wien
Printed in Austria

Inhalt

Walter Jens: Einleitung

Das ist fürwahr ein Schauspiel besonderer Art: Da kämpft eine mächtige Institution – die Katholische Kirche, die darauf besteht, im Besitz der »ganzen, von Gott geoffenbarten Heilswahrheit« zu sein, gegen einen einzelnen Mann; da wird, von Rom bis Bonn, ein gewaltiger Apparat bemüht, um jenes Kirchliche Lehramt auf angestammte Rechte pochen zu lassen, das sich durch Meditationen bedroht sieht, die ein Tübinger Professor in seiner Gelehrtenstube entwickelt; da analysieren Stäbe von Theologen jeden Satz ihres unbotmäßigen Konfraters: Warum, wird gefragt, diese »evangelische« Auslegung der »katholischen« Schlüsselstelle im Neuen Testament (Matthäus 16, 18: »Du bist Petrus, und auf diesen Fels werde ich meine Gemeinde bauen«), warum, aus biblischer Perspektive, die Bezweiflung der Päpstlichen Trinität »Petrinitas, Perpetuitas, Romanitas«, warum die unorthodoxe Auslegung der Lehre von Jesu zwei Naturen in einer Person?
Legionen von Goliaths gegen einen David mit seinem kleinen Fähnlein der Aufrechten? Das ist, so scheint es, ein ungleicher Kampf – eine Bataille, wie sie in hoffnungsloser Situation Kafkas Helden, der Landvermesser oder der Bankangestellte, gegen die alles beherrschende Behörde durchfechten müssen ... denn in der Tat, es *ist* eine Behörde à la Kafka, die sich, in römischem statt in Prager Habit, auf den folgenden Seiten präsentiert: Eine Behörde, die zugleich anklagt und richtet, Dossiers anlegt, deren Papiere dem Angeklagten unsichtbar bleiben und einen Verteidiger benennt, dessen Namen der Beschuldigte nicht weiß – eine Instanz, die, wie in Kafkas »Prozeß«, nach eigenem Gutdünken die Fristen bestimmt: sich selbst viele Jahre und dem Zitierten nur ein paar Tage gewährend.
Das Ritual der Glaubenskongregation, mit seinen ordentlichen und außerordentlichen Verfahren, seinem Präfekten, seinem Sekretär und Untersekretär, seinen Operationen im Dunkeln, der fehlenden Appellations-Möglichkeit und der Anonymität (Dossier Küng: das ist der Fall der Inventarnummer 399/57i): All dies macht deutlich, daß Kafkas Behörde in einer Institution fröhliche Urstände feiert, mutatis mutandis wie sich versteht, die – auch dies ein fast »poetisches« Paradox! – ihre Untersu-

chungen nicht als Strafverfahren etikettiert, obwohl sie, im Fall der Verurteilung des Inquisiten, durchaus strafrechtlich wirksam sein könnten.

Kein Zweifel, da ist eine Behörde am Werk, die nicht nur über eine Verfahrensordnung besonderer Art, sondern auch über eine eigene, bisweilen vom üblichen Sprachgebrauch abweichende Nomenklatur verfügt: »Kolloquium« heißt so viel wie »Befragung«, »Lehramt« bedeutet jene »normative Instanz«, über deren mit dem Anspruch der Authentizität auftretende Entscheidungen nicht diskutiert werden kann. (Es muß klargestellt werden, läßt der Behörden-Präfekt den Beschuldigten wissen, »daß die Kongregation in einem eventuellen Kolloquium selbstverständlich nicht die Lehre der beiden Vatikanischen Konzilien und auch nicht die Erklärung ›Mysterium Ecclesiae‹ ändern wird. Wie kann ein katholischer Theologe diese Lehre des authentischen Lehramts ein ›Diktat‹ nennen?... Kein katholischer Theologe, solange er katholisch ist, hält die Leugnung oder Bezweiflung eines Glaubensdogmas im Namen der Theologie für erlaubt.«)

Ein ungleicher Kampf, auf den ersten Blick, noch einmal – und dies auch dann, wenn die Behörde sich urban und väterlich gibt, eher pastoral als inquisitorisch: und das tut sie nicht selten. So repressiv der Apparat mit seiner angemaßten Autorität immer ist (potestas, keineswegs auctoritas!) und so apodiktisch viele Thesen erscheinen (»es ist nicht einzusehen, wie man eine... definierte Lehre dem ›Urteil‹ der Zukunft überlassen könnte«), so nobel und behutsam argumentieren einzelne Vertreter der Glaubensbehörde: fromme Sachwalter Christi und erst in zweiter Linie Funktionäre einer strikt hierarchisch gegliederten Institution. Anders spricht der Präfekt, anders sein Sekretär, anders der »Osservatore Romano«, anders die Schriftenreihe »Die deutschen Bischöfe«. Wer die Dokumentation aufmerksam liest, wird bald die in der Diktion bemerkbaren Unterschiede zwischen der Argumentationsweise von Kardinälen bemerken: Brüderlichkeit steht neben jener Militanz, die ein bescheidenes Reflexionsniveau nur unvollkommen verhüllt; der herrischen Forderung – *jetzt wird geantwortet, Herr Professor! Und zwar mit Ja oder Nein!* – begegnet, Entschiedenheit und Einsicht verbindend, seelsorgerliches Engagement: Welch eine

Diskrepanz zwischen den Briefen der Vorsitzenden Döpfner und Höffner, welch eine Kluft zwischen dem Tonfall der römischen Erklärung »Mysterium Ecclesiae« und den vom Geist christlicher Humanität getragenen epistolographischen Bemühungen des Bischofs von Rottenburg, der von so manchem seiner Vorgänger in die hohe Kunst der Vermittlung zwischen Theologie und Lehramt, dem kleinen Tübingen und dem großen Rom jenseits der Alpen, eingewiesen worden ist.
Kurzum, auch die Behörde hat, dank der sie vertretenden Sachwalter, ihre zwei Seiten: Spricht man heute Fraktur, folgt im Halbstunden-Abstand, Schlag auf Schlag (um neun trifft – ein weiteres Element aus dem Arsenal des Franz Kafka – der Kurier in Tübingen ein, um halb zehn kommt der Einschreibebrief der Nuntiatur, um halb elf wird das Schreiben bei Gelegenheit einer vatikanischen Pressekonferenz verlesen), so geht es ein andermal beinahe burlesk zu: An bizarrem Witz mangelt es der Dokumentation »Behörde contra Josef K. alias 399/57i« so wenig wie an Drolerie (Motto: Es wird nichts so heiß gegessen wie gekocht) und an herzhafter Komik: Unter dem Diktat des Terminkalenders – drei Stunden wollte man in Hohenheim miteinander diskutieren: »Höchstens!« ruft ein Kardinal dazwischen – entscheidet sich der Kampf zwischen Mittagessen und christologischem Disput ganz zwangsläufig zugunsten des Diners: *13 Uhr 45! Schluß mit der chalkedonischen Formel! Die Tafel wartet nicht länger!*
Aber so kurios, ja liebenswert in aller Biotik die Auseinandersetzung hier und da gerät – gerade im Hohenheim'schen Gespräch: dem Aneinandervorbeireden, Abschweifen und Sich-Verhaspeln –, so starr sind die Fronten, so schroff stehen sich, dank der Gesetzgebung einer auf Autorität und Gehorsam eingeschworenen Behörde, Position und Position, ungeachtet allen Mittler-Bemühens, gegenüber.
Lehramt contra Theologie heißt die Devise; Petrus-Amt und Episkopal-Gewalt contra jene Wissenschaft, die dagegen aufbegehrt, mit dem Brecht'schen Galilei sagen zu müssen, er habe erreicht, daß ihm »in bescheidenem Umfang wissenschaftliche Studien unter geistlicher Kontrolle gestattet werden konnten.«
Wissenschaft im Zeichen strenger Beaufsichtigung: Nicht von Bevormundung freier Forschung im Zeichen der *marxistischen* Or-

thodoxie, sondern von *klerikaler* Supervision ist hier die Rede – die Dokumentation beweist exemplarisch (denn, das ist entscheidend, der Fall Küng steht stellvertretend für viele), wie außerordentlich eng, zumindest aus der Sicht von außen, der Spielraum ist, der einer schriftbezogenen (also »evangelischen« in der ursprünglichen Bedeutung des Worts), aber dogmenkritischen katholischen Theologie anno '77 bleibt: einer Theologie also, die es sich zum Ziel gesetzt hat, hinter den Dogmen mitsamt ihrer ontologischen Christologie das lebendige Kerygma der Ostergemeinde und hinter deren Bekenntnis die Figur jenes Jesus von Nazaret sichtbar zu machen, auf deren realer Erscheinung der Glaube der ersten Frommen beruhte – einer Theologie, die nicht »oben«, beim formelhaft definierten Christus, nicht »in der Mitte«, beim als Gottessohn gepredigten Jesus (das Kreuz ist nicht das letzte; im Zeichen der Auferstehung gewinnt Jesu als Christi Wirken eine neue Dimension), sondern »unten« beim Menschen einsetzt – *ecce homo*!: Der Sohn von Nazaret – wie erschien er den Jüngern? Was war er für sie? Und was ist er für uns: eine göttliche Person, in der göttliches und menschliches Wesen unverbunden beieinander ist oder ein Mensch, in dem Gott wirkt; eine Existenz, in der Gott fleischliche Gestalt gewann: Jesus, der Sohn, als »Gesicht« des Vaters? (Oder, griechisch, als zur Verkündigung Gottes berufenes, Zeichen setzendes göttliches »Wort«?)
Die Auseinandersetzung zwischen den Glaubensbehörden und ihrem Widerpart machen deutlich, welchen Schwierigkeiten sich im Rahmen der kirchlichen Hierarchie ein Theologe ausgesetzt sieht, der, Jesu Sache vertretend, gleichsam »beim Fleisch« beginnt (wie Luther den Anfang ganz unten genannt hat) und nicht, im Stil eines katholischen Karl Barth, bei der zweiten Person der Trinität: Jesus Christus, Gottes Sohn. Die Debatte zeigt auf, welches Risiko es für einen katholischen Wissenschaftler bedeutet, den Jesus der Schrift, in dem sich der Mensch existentiell mit dem göttlichen Heilswillen konfrontiert sieht, der hellenistischen Christologie voranzustellen: das Zeugnis den Dogmen, den Christus-Glauben der Jünger, der auf Jesu erfahrenem Wirken beruht, dem Kompromiß der einander widerstreitenden Schulen – all jener Links- und Rechts-Origenisten, Stoiker und Anti-Stoiker, die sich bemühten, die Botschaft von Jesus, dem

Christus, mit Hilfe des synkretistisch bestimmten spätgriechischen Begriffsarsenals in Formeln zusammenzufassen – Formeln, denen der Charakter von synthetischen Konzentraten zukam. Aber wie viel ging da verloren, an lebendigem Geist und spontanem Bekenntnis; wie verhängnisvoll wirkte sich der Triumph der fides, quae creditur (sprich: der zu akzeptierende Glaubensinhalt) über die fides, qua creditur (sprich: den konkreten, geistbestimmten Glaubensakt) aus, wie fatal war die Ersetzung jenes Grund-Dogmas, das die Übereinstimmung von Verkündigung hier und heute und biblisch bezeugter Offenbarung meint, durch einen Dogmenkatalog, der, in Denzingers Enchiridion Symbolorum zusammengestellt, häufig mit dem Anspruch auftritt, den impliziten Glauben der Schrift organisch, stufenweise und konsequent zu explizieren – in Wahrheit aber, wie Historia lehrt, der Klerikalisierung des Evangeliums Vorschub geleistet hat.
Ein protestantisches Vorurteil? Das alte Aber der Schriftgläubigen gegenüber den vermeintlich Überlieferungshörigen? Die Blindheit jener, die, gegen die Herrschaft der Tradition polemisierend, der Herrschaft des Buchstabens verfallen sind: unfähig in ihrem bornierten Biblizismus, die Tatsache zu realisieren, daß auch die Offenbarung ihre Geschichte hat und folglich im Horizont der Historie interpretiert werden muß? Ich glaube nicht: Welcher Vernünftige würde bestreiten, daß die Botschaft von Jesus die Gegenwart mit-bedeutet, ihr aber nicht, unter Ausklammerung der Geschichte, gleichsam mit einem Salto mortale oktroyiert werden kann? Aber es ist eins, sich als Theologe seines Standorts zu vergewissern: im klaren Bewußtsein, daß Bibelexegese kein zeitloses Geschäft ist und Neubesinnung nicht an der traditionellen Lehre vorbei, sondern durch die Lehre hindurchzuführen hat, und es ist ein anderes, die Glaubensentfaltung, mit all ihren Zufällen, Widersprüchen und Ungleichzeitigkeiten, als normativ zu begreifen: als eine *verbindliche* Tradition, die, in ihrem So-und-nicht-anders vom kirchlichen Lehramt kanonisiert, angeblich die unabdingbare Voraussetzung für eine wahrheitsgetreue Auslegung der Heiligen Schrift ist. Wenn *so* argumentiert wird – dies ist der Zentralpunkt in der Auseinandersetzung zwischen der Glaubensbehörde und ihren Departements auf der einen und dem Professor

auf der anderen Seite –, dann hört das Evangelium auf, norma normans zu sein; dann wird die Schrift gegenüber der dogmatisierten Tradition und die dogmatisierte Tradition wiederum gegenüber dem dogmatisierenden Lehramt zur norma normata – und das bedeutet für die Theologie: Sie hat sich darauf zu konzentrieren, Argumente für die Definitionen des Überlieferung und Schrift normierenden Lehramts zu finden. Ihre eigentliche Aufgabe, so die Glaubensbehörde, besteht in kenntnisreich-vertiefender Analyse der ihr vom Lehramt vorgegebenen Formeln; ihr wichtigstes Amt ist also die Absicherung: »Sie zeigt«, heißt es in der bischöflichen Verlautbarung vom 17. Februar 1975, »ob und wie eine Glaubenswahrheit ... in der Schrift und in der Tradition der Kirche begründet ist.« (Es gibt, nimmt der protestantische Leser zur Kenntnis, innerhalb des Katholizismus, wie ihn das Lehramt versteht, also offensichtlich Glaubenswahrheiten – Wahrheiten! –, die weder in der Schrift noch in der Tradition begründet sind.)
Summa summarum: »Keine wissenschaftliche Methode vermag über die Heilige Schrift und ihre Auslegung ... eine solche Gewißheit zu geben, daß wir unser Leben und Sterben in der christlichen Hoffnung darauf gründen könnten, wenn nicht die Kirche in der Kraft des gesendeten Geistes uns sagte, was Heilige Schrift ist, was legitime Schriftauslegung und was legitime Lehrentfaltung.« Kein Zweifel, hier wird den Theologen gezeigt, wer Herr im Haus ist und wer nicht; hier spricht eine Behörde, die nicht nur in ihren extraordinären Kathedralentscheidungen, sondern, in sogenannter »gestufter Autorität«, auch auf dem Wege von Rundschreiben und allgemeinen Kundgebungen den Wissenschaftlern begangbare und ... unbegangbare Wege aufzeigt: Das Jesus-Wort »Wer Euch hört, der hört mich«, ließ Pius XII. in der Enzyklika »Humani generis« wissen, gelte auch für das ordentliche Lehramt: Wenn Päpste in einem strittigen Problem Stellung bezögen, so habe allen klar zu sein, daß die vom Heiligen Stuhl behandelte Frage künftig nicht mehr als Gegenstand freier Meinungsäußerung unter den Theologen zu betrachten sei.
Roma locuta – causa finita? oder: *Soll dem Lehramt auch künftig das Recht zuerkannt werden, über die Sache Jesu Christi autoritativ und endgültig zu befinden*?: Darum geht es in diesem Streit;

darin liegt seine Signalwirkung und seine Brisanz. Da steht auf der einen Seite, stellvertretend für viele, der Theologe Hans Küng, der, von Jesus, dem Sachwalter Gottes ausgehend, in einer Art von Schuttabräumungsaktion wieder und wieder gezeigt hat, wie ganz und gar nicht verbraucht, wie neu und elementar sich ein undogmatisches, auf Jesus gegründetes Christentum hier und heute manifestiert. (Dabei ist zu berücksichtigen, daß auch Karl Rahner sich schon solcher Verfremdungstechnik bedient hat: Von der Unfehlbarkeits-Definition, so Rahner, hätte Jesus von Nazaret nichts verstanden – und in der Tat, Dostojewskis Gleichnis vom Großinquisitor ist immer noch gültig: innerhalb der jurisdiktionellen Apparatur vatikanischer und nachgeordneter Institutionen bleibt der arme Mann aus Nazaret dank seiner Umwertung aller Werte – die letzten: die ersten! – ein störender Faktor.)

Und dagegen nun die andere Seite, die Glaubensbehörde: Da werden – von einer Institution, die ihrem Kontrahenten »ungeschichtliches Denken« vorwirft! – hellenistische, durch einen Machtspruch des Kaisers erzwungene Konzilsentscheidungen verabsolutiert. (Von Nikaia aus im Sturmschritt geradewegs ins zwanzigste Jahrhundert marschiert, und, nicht nach rechts und links geblickt!) Da sehen sich aristotelisch-hellenistisch-thomistisch formulierte Mischdogmen petrifiziert, da verlangen geistliche Amtsträger, im berüchtigten Fragebogenstil der Glaubenskongregation (man denke an die Inquisitions-Papiere in Sachen Ivan Illich), ein »Ja« oder »Nein« auf Fragen, die nur in differenzierter Rede, aber nicht im Tenor eines Exerzier-Reglements redlich zu beantworten wären: »Ist Jesus Christus der unerschaffene, ewige Sohn Gottes, gleichwesentlich mit dem Vater?«. Als ob das eine Frage wäre, die ein katholischer Theologe, der auf seine Würde bedacht ist, in »Habt-acht«-Stellung, mit einem simplen »Selbstverständlich, was denn sonst?« beantworten könnte: Ganz so schnell wie zu Zeiten, in denen, nach Lessing, »die Geistlichkeit noch alles in allem war – für uns dachte und für uns aß«, läßt sich, differenzierungslos, Jesu Gottes-Sohnschaft dennoch nicht mehr dekretieren. (Der Inquisit wird zumindest bemerken dürfen, daß die Chiffre »Gottessohn« als solche wenig besagt: Sohn Gottes nannten sich im Orient schließlich auch die weltlichen Herrscher.)

Die Formel! Den Satz! Die authentische Definition! Das verbindliche Wort!: Der Dogmenpositivismus der Glaubensbehörde feiert in der Auseinandersetzung mit dem Interpreten, der, um seines Gewissens willen nicht ja, ja und nein, nein sagen kann (»So weichen Sie in zentralen christologischen Äußerungen einem entschiedenen und ins verbindliche Wort gefaßten Bekenntnis aus«) ... dieser Dogmenpositivismus, dem das »was« genügt und das »wie? wann? warum? und wozu?« ohne Belang ist, feiert wahre Triumphe ... aber es sind makabre Triumphe, wenn man bedenkt, wie oft die Berufung aufs Lehramt und seine Infallibilität Sätze absichern muß, die – wie die Maxime vom Primat des römischen Bischofs – sich weder durch die Schrift geschützt sehen noch durch die frühe Überlieferung: »Die Akte des Lehramts«, schreiben die Bischöfe, »finden ihre konkrete Durchführung in wohl abgewogenen Lehrsätzen. Und diese sind und bleiben (sic!) frei von Irrtum, weil sie geschützt sind von der Unfehlbarkeit des Lehramts, das sie aufgestellt hat.«
Und hier nun, bei den vermeintlich unfehlbaren Sätzen (nicht den verbindlichen Bekenntnissen, wohlgemerkt: deren Notwendigkeit, zumal in extremer Situation, ist hüben und drüben unstrittig), hier, wo der Heilige Geist herhalten muß, um mühsam ausgehandelte Sätze, Definitionen, die Produkte langen Nachdenkens sind, oder schriftferne päpstliche Einfälle zu besiegeln (Musterbeispiel: Das Vaticanum I: In der Stunde, da alles bis zum i-Tüpfelchen definiert ist und das Abstimmungsergebnis feststeht, stimmt der Papst das Veni Creator Spiritus an – nachzulesen in Walther von Löwenichs Buch »Der moderne Katholizismus vor und nach dem Konzil«) ... hier, wo der Osservatore Romano – im zwanzigsten Jahrhundert! – dem Kritiker der päpstlichen Unfehlbarkeit den Loyola-Satz entgegenschleudert: »Wenn etwas unseren Augen weiß erscheint, aber die Autorität der Kirche es als schwarz definiert, so müssen wir ohne jeden Zweifel bejahen, daß es schwarz und sicher schwarz ist«: Hier beginnt der offene Konflikt. Hier bietet der Inquisit im Namen Jesu einer Kirche Paroli, die es – aus Furcht eingestehen zu müssen, daß der Heilige Geist sich geirrt haben könnte – nicht über sich bringt, zumindest die schlimmsten Irrtümer (wie die Verdammung der außerhalb der katholischen Kirche lebenden

Juden zum ewigen Feuer) und wenn nicht die schlimmsten, so doch wenigstens die kuriosesten Erklärungen (wie die Klassifizierung des nicht zur Fortpflanzung bestimmten ehelichen Geschlechtsverkehrs als Onanie) zu revidieren. Hier stellt Küng der imperialen Kirche die Gemeinschaft der Fehlbaren entgegen (fehlbar wie Petrus, der Glaubensfels der Kirche, es war); hier konfrontiert er in einer ebenso präzisen wie ergreifenden Vision (ein Abglanz des johanneischen Vaticanums) die Kirche, wie sie sich in der Tradition herausgebildet hat: die hierarchisch-zentralistische Organisation mit jenen vom Geist der Freiheit, der Gleichheit und der Brüderlichkeit bestimmten Gemeinschaften, in denen jedermann aufgetragen ist, Gottes Wort zu verkünden – Ekklesien (wie Emil Brunner sie, Küngsche Formulierungen antizipierend, beschworen hat), die nicht der juristisch definierten Universalgewalt eines summus episcopus gehorchen, sondern dem Charisma der Guten und Frommen vertrauen, dem Hirtendienst der an Würde und Weisheit Voranstehenden: Diakonie statt Herrschaft, *auctoritas* statt *potestas*, Hirtendienst statt Monarchie ... und das alles in einer Kirche, die in Emil Brunners Sinn Institutionen und Ordnungen *hat*, aber weder eine Institution nach der Art einer Glaubensbehörde noch eine juristisch ausgeklügelte Ordnung *ist*.
Und dagegen, wiederum, die andere Seite: mit ihrem Pochen auf absolute Wahrheitssätze, ihrem Befehl zum Nachsprechen von situationsbedingten aber gleichwohl kanonisierten Formeln (ein Verfahren, das der Exeget Josef Blank zurecht »als entmündigende Indoktrination« bezeichnet, geeignet, den Gesetzesdogmen den Charakter von »Fetischen und Götzenbildern« zu geben) und mit ihrer vom Geist des Tridentinums bestimmten Usurpation der Schriftexegese! (»Der Heiligen Mutter Kirche allein«, hieß es 1546, »steht das Urteil über den wahren Sinn und die Erklärung der Heiligen Schriften zu«. »Den Glaubensschatz«, fügte vierhundert Jahre später Pius XII. hinzu, »hat der göttliche Erlöser ... nicht den Theologen, sondern ausschließlich dem kirchlichen Lehramt zur authentischen Erklärung anvertraut.« Kein Wunder, angesichts solcher über Jahrhunderte hinweg konstanten Theologen-Deklassierung, daß der Vorsitzende der Deutschen Bischofskonferenz, Kardinal Höffner, keine Bedenken hat, seinem Josef K. redivivus die Frage zu stellen, ob er endlich zu er-

klären bereit sei, daß »das Bekenntnis der Kirche ... das Vorgegebene« sei, »das der Theologe mit Hilfe aller seiner methodischen Möglichkeiten auszulegen hat?«)

Das Vorgegebene also, das vorab Etikettierte, das vom Lehramt Gewogene und Befundene: In der Tat, dies zeigt die Dokumentation mit aller gebotenen Klarheit, viel mehr als das Galilei-Geschäft, wissenschaftliche Studien unter geistlicher Kontrolle treiben zu dürfen, scheint die Glaubensbehörde ihren Theologen auch anno 1977 nicht zugestehen zu wollen; doch ist zu fragen – *audiatur et altera pars*: hier geht's um die Kernfrage des Streits! –, ob das Lehramt nicht vernünftig und verantwortlich handelt, wenn es, um dem Subjektivismus der miteinander konkurrierenden Dogmatiker und Exegeten zu steuern, sich selbst als die mit dem Heiligen Geist (wie er der Kirche zugesichert worden ist) im Bund befindliche Institution zur allein entscheidenden Instanz erklärt? Kann sie sich, bei solchem Vorgehen, nicht auf jenen im Jahre 1961 formulierten Satz des Inquisiten berufen, der, publiziert im Band »Konzil und Wiedervereinigung«, das kirchliche Lehramt ausdrücklich gegenüber dem Wittenberger Reformator ins Recht setzt: »Luther stellte das Wesen der Katholischen Kirche in Frage, als er – hierin wirklich Neuerer – seine persönlich-subjektive und doch allgemein verpflichtend sein wollende Schriftauslegung prinzipiell über die Kirche und ihre Tradition stellte und so das kirchliche Lehramt nicht nur des Papstes, sondern ... auch das der Ökumenischen Konzilien verwarf.«

Steht, könnten die Glaubensanwälte fragen, der Theologe Küng mit seiner höchst eigenwilligen Schriftauslegung von unten her nicht heute am gleichen Punkt wie Luther vierhundertfünfzig Jahre vorher? Doch eben diese Behauptung – selbst in Frageform! – ist falsch: Hans Küng, dies wird schnell ersichtlich, denkt nicht daran, sich, so seine eigene Formulierung, »zur letzten Instanz in Glaubenssachen« zu machen; er kennt die Notwendigkeit echter Katholizität bei der Anwendung der historisch-kritischen Methode und weiß – nachzulesen im 1973 erschienenen Band »Fehlbar?«, S. 444 ff. – um die Verpflichtung des Exegeten, seine Deutungsversuche »nicht als isolierter Einzelgänger, sondern als Glied der kirchlichen Gemeinschaft vor dem Horizont der gesamten Kirche zu betreiben.«

Er weiß aber auch, dies ist die Kehrseite, daß die Subjektivismen des Lehramts, des päpstlichen voran, für die Kirche weit bedrohlicher sind als die Privat-Theologien aller Exegeten zusammen – und das allein deshalb, weil, im Gegensatz zur nicht normativ wirkenden Theologie, *eine* Enzyklika alle folgenden praefiguriert: in welchem Ausmaß, das hat die – gleichsam mit gebundenen Händen formulierte – Schrift »Humanae vitae« bewiesen!

Wer wissen will, *was* klerikaler Subjektivismus ist, lese das von August Bernhard Hasler entwickelte Charakterogramm Pius IX. – wie da ein Mann am Rande der Zurechnungsfähigkeit, den jesuanischen Satz »Ich bin der Weg, die Wahrheit und das Leben« auf sich selber beziehend, das Unfehlbarkeitsdogma ad majorem sui ipsius gloriam durchbrachte! Und dann Pius XII.: Der mariologische Wahn! (Weit sind die Dogmen des neunzehnten und zwanzigsten Jahrhunderts nicht nur von der Schrift, sondern auch von der Alten Kirche entfernt: Bernhard Lohse in seinem Buch »Epochen der Dogmengeschichte« hat dazu das Nötige gesagt.) Und dann die bis zur Manie getriebene Aversion gegen die Übersetzungs-Anstrengungen der Theologen! Die – nur für den evangelischen Christen? – an den Rand der Blasphemie gesteigerte Verklärung des Petrus-Primats! (»Christus und sein Stellvertreter sind auf Erden ein einziges Haupt.«) oder die von Christus her begründete geistliche Nobilitierung der römischen Aristokratie! »Es ist eine Tatsache«, heißt es in einer Ansprache vom 5. Januar 1941 an das Patriziat und den Adel von Rom, »daß, wenn Christus, unser Herr, es zum Trost der Armen auch vorzog, bettelarm auf die Welt zu kommen und in einer einfachen Arbeiterfamilie aufzuwachsen, er dennoch mit seiner Geburt das adligste und berühmteste Haus Israels, die Familie Davids selbst, ehren wollte. Darum hielten die Päpste, treu dem Geist jenes, dessen Statthalter sie sind, das Patriziat und den Adel von Rom stets in hoher Achtung.«

Das nenne ich mir Subjektivismus, *das* willkürliche Auslegung der Heiligen Schrift: und was das bedeutet, erweisen nicht zuletzt jene Schriften Hans Küngs, die, in einem Umkehrakt der traditionellen Lehramtsmethode, die jesuanische Botschaft nicht von der »authentischen Lehrverkündung« oder gar von einem »aktuellen Glaubensbewußtsein« aus ins Blickfeld rükken (*Glaubensbewußtsein*: ein höchst fragwürdiger Begriff, von der Romantik hinterlassen und vom Faschismus beerbt), sondern, mit dem Blick auf Jesus und die ihm dienende Ekklesia unter dem Kreuz, den Anspruch des Lehramts, ihm allein gebühre die Auslegung des überkommenen Heilsguts, fragwürdig machen: Wie riesengroß wird da die Kluft zwischen dem Nazarener und jenen Päpsten, deren Profil einst ein de Maistre, der Ideologe des Petrus-Primats, den Zügen des Scharfrichters nachbildete – und als wie unabdingbar erweist sich, vom Kreuz aus betrachtet, eine system- und ideologiekritische Betrachtung des Lehramts und seiner normativen Dogmatik. (Ich denke, Josef Blank, der andere Brückenbauer zwischen den Zonen der Exegese und der Dogmatik, trifft den Nagel auf den Kopf, wenn er die notwendige Historisierung des Dogmas mit den Sätzen umschreibt: »Es gibt keine ›dogmatische Unmittelbarkeit‹ mehr, auch wenn es dem Dogmatiker schwer fällt, auf seine angeblich ›höheren Mysterien‹ zu verzichten. Es ist nicht so, daß in der historisch-kritischen Arbeit nur mit gewöhnlichem Wasser, in der lehramtlich abgesicherten Dogmatik hingegen mit Weihwasser gekocht würde. Auch das Dogma ist eine menschlich-geschichtliche Aussage und kann zunächst einmal von daher keine prinzipielle Überlegenheit gegenüber anderen Aussagen beanspruchen.«)

Glaubensbehörde contra Hans Küng: Das heißt Lehramt contra Wissenschaft; geistgeschütztes Dogma contra jenes undogmatische Christentum, in dessen Bannkreis der Mensch nicht an Gesetzes-Sätze, nicht an die Kirche, nicht an die Bibel, sondern an Jesus Christus glaubt: ER und nicht die »Superinstanz« des vermeintlich unfehlbaren Lehramts verbürgt die Gewißheit des Christen.

Hier die Glaubensbehörde, dort der Rebell, der seine fides catholica bis zum Letzten verteidigt: Das heißt Kampf jener Autorität, die das mündige Subjekt niemals anerkannt, folglich die Aufklärung ignoriert hat und die Errungenschaften der bürgerlichen Gesellschaft zu widerrufen versuchte contra Freiheit, Gleichheit, Brüderlichkeit im Zeichen des jesuanischen Dienstes. (Die hierarchisch gegliederte Glaubensbehörde mit ihrer beim Zerfall des Kirchenstaats aus Kompensationsgründen ideologisch überhöhten Zentrale als Gegenentwurf zur Republik – keine Gewaltenteilung, keine Mitbestimmung des Volks, keine Emanzipation der Frau – *und* zur frühchristlichen Ekklesie.)

Der Kampf bedeutet: Auseinandersetzung zwischen der Orthodoxie (cum grano salis natürlich: Es gibt, wie gesagt, auf der Seite der Bischöfe auch einsichtige Vermittler zwischen den Fronten) und einer Theologie, die sich weigert, die Prinzipien und Begriffe, auf denen das Dogma basiert, mit Pius XII. für zeitlos zu erklären: angeblich der »wahren und ewigen Formung der geschaffenen Dinge« entstammend.

Hüben Belehrung von oben: *Der Heilige Geist ist dann am wirksamsten, wenn die Hirten der Kirche dem Gottesvolk eine Lehre verkünden, die notwendig irrtumsfrei ist* (welch eine Vorstellung von Automatismus des je nach Autoritätsausweis wispernden, blasenden oder stürmenden Geistes!) und drüben die Unterweisung von unten – vom Anwalt der Mühseligen und Beladenen aus und von den Armen selbst, den Kaplänen auf dem Dorf zum Beispiel, die ratlos sind, weil sie die »Humanae vitae«-Doktrin im Beichtstuhl nicht umsetzen können oder von den Frommen und Schlichten und Unterdrückten im Land, die eines Fürsprechs bedürfen und, eingeschüchtert von so manchem Hirtenbrief, wie sie sind, nicht wissen, daß sie längst einen Anwalt besitzen.

Kirchliches Lehramt contra Hans Küng: Das ist ein Streit zwischen den Gralshütern der Formeln (und welcher Formeln oft: Abraham als Vorläufer Gottes – war denn der den Sohn opfernde Vater ein Schlächter?), jenen Apologeten des Dogmas, die, wie es scheint, den Exegeten in den eigenen Reihen lieber den irrenden Jesus (die Naherwartung der Gotteszeit, nun gut, darüber läßt sich schon reden) als das irrende Lehramt zubilligen möchten ... das ist der Streit zwischen den Anwälten der »reinen Lehre« und einem Mann, der nicht einsehen will, weshalb der Luther-Satz »Ich erhebe mich nicht über die Doctores und Concilia, ich erhebe Christum über alle Lehrer und Concilia«, als echt ökumenische Aussage, nicht auch von einem katholischen Christen formuliert werden könnte.

Ob sie den Ernst der Lage begreifen werden, bevor es zu spät ist, die Advokaten der Orthodoxie – begreifen im Zeichen ge-

meinsamer pastoraler Verpflichtung von Lehramt und Theologie?
Ob sie darüber nachdenken könnten, wie es um die Überzeugungskraft einer Institution bestellt ist, die ein einzelner Gläubiger, ein Nicht-Häretiker wie er im Buche steht, derart, wie es die Dokumentation bezeugt, in ihrer Existenz bedroht? Was an Argumenten hatten sie denn schon vorzubringen, die Vertreter des Lehramts, beim Hohenheimer Gespräch; was zum Beispiel dort, wo es um das echte Personsein Jesu anstelle des göttlich überschatteten »Wesens« ging! Was außer vorgestanzten Formeln fiel ihnen, des großen Athanasius kleineren Nachplauderern, ein?
Und doch – ob sie, trotz allem, eines Tages bereit sein könnten, Dialoge zu führen, Gespräche im Geist der Brüderlichkeit, statt den Kontrahenten hernach in Befehlsform zu katechisieren? Ob sie, die kirchliche Tradition historisch interpretierend, ein »Ja, in Jesu Namen, wir haben geirrt« sprechen werden? Ob sie erkennen, wohin ihr fataler, alle Befreiung aus selbstverschuldeter Unmündigkeit konterkarierender Autoritätskult sie führte? (»Gerade in unserer heiligen katholischen Kirche«, heißt es, Anfang Juni 1933, im Hirtenbrief der Deutschen Bischofskonferenz, »kommen Wert und Sinn der Autorität ganz besonders zur Geltung und haben zu jener lückenlosen Geschlossenheit und Widerstandskraft geführt, die selbst unsere Gegner bewundern. Es fällt deswegen uns Katholiken keineswegs schwer, die neue starke Betonung der Autorität im deutschen Staatswesen zu würdigen.«)
Ob sie, nehmt alles in allem, also aufhören werden, die Anwälte der Glaubensbehörde, Kuriere zu sein, Übermittler sinnentstellter, durch keine Berufung auf den sätzeschenkenden Heiligen Geist und die verbindliche, vom Lehramt fixierte Glaubenstradition zu schützenden Formeln? Ob sie anfangen, sich in Jesu Nachfolge auf ihr eigentliches Königsamt, brüderliche Leitung und diakonische Verkündigung, zu besinnen? Dann freilich, am Ende eines versöhnlich im Dialog und nicht in Machtdemonstrationen ausklingenden Streits zwischen der Glaubensbehörde und Josef K. verlöre jene Kafka-Parabel ihr Menetekel, die da lautet: »Es wurde ihnen die Wahl gestellt, Könige oder der Könige Kuriere zu werden. Nach Art der Kinder wollten alle Ku-

riere sein. Deshalb gibt es lauter Kuriere, sie jagen durch die Welt und rufen, da es keine Könige gibt, einander selbst die sinnlos gewordenen Meldungen zu. Gerne würden sie ihrem Leben ein Ende machen, aber sie wagen es nicht wegen des Diensteids.« (Eine Parabel, wie gesagt, die aufhebbar ist, wenn beide Seiten sie richtig bedenken und, jenseits aller Pressionen, taktischen Manöver und scholastischen Finessen, ausschließlich die Wahrheit zu Wort kommen lassen, um die es hier geht: die Sache Jesu.)

PHASE I

Die römische Erklärung »Mysterium Ecclesiae« 1973

Überblick

Zur Vorgeschichte: In der Weihnachtswoche 1967 wird Prof. Küng ein Dekret des Sanktum Offizium, jetzt in Kongregation für die Glaubenslehre umbenannt, mitgeteilt, daß sein im selben Jahr erschienenes Buch »Die Kirche« nicht weiter verbreitet und übersetzt werden darf, bevor ein Kolloquium in Rom stattgefunden hat. Das Buch wird trotzdem weiterverbreitet und in verschiedene Sprachen übersetzt. Im Mai 1968 folgt dann unvermittelt eine Vorladung zu einem Kolloquium im Vatikan, die aus Termingründen nicht befolgt werden kann. Es beginnen jahrelange Verhandlungen über faire Bedingungen eines Kolloquiums beziehungsweise die Einstellung des römischen Verfahrens. Im Juli 1970 erscheint das Buch »Unfehlbar? Eine Anfrage« und löst eine große weltweite Debatte aus. Auch gegen dieses Buch wird ein römisches Lehrverfahren eingeleitet, das in der Folge mit dem gegen »Die Kirche« zu einem zusammenwächst. Es folgen 1971 Verhöre durch Bischöfe und Theologen der deutschen Glaubenskommission, Erklärungen der Deutschen Bischofskonferenz und der italienischen Glaubenskommission gegen »Unfehlbar?« sowie ein Sammelband verschiedener Theologen (hrsg. von Karl Rahner) gegen dasselbe Buch. Prof. Küng seinerseits veröffentlichte 1973 mit verschiedenen Autoren einen Diskussionsband »Fehlbar? Eine Bilanz«. Unterdessen wird in langwierigen Verhandlungen zwischen Kardinal Döpfner und der römischen Glaubenskongregation um einen Kompromiß gerungen.

1 Text der Erklärung der Glaubenskongregation vom 5. Juli 1973: Diese Erklärung »Mysterium Ecclesiae« (so die Anfangsworte des lateinischen Originaltextes) wird ohne Namensnennung veröffentlicht im Zusammenhang einer Pressekonferenz im Vatikan, auf der aber klar zum Ausdruck gebracht wird, daß sie gegen Prof. Küng gerichtet ist, wie auch der gleichzeitige Brief der Kongregation an Prof. Küng beweist. Die Abschnitte 1 und 6 beziehen sich auf das Buch »Die Kirche«, die Abschnitte 2 bis 5 auf »Unfehlbar? Eine Anfrage«. Es wird hier die offizielle deutsche Übersetzung wiedergegeben.

2 Begleitschreiben der Glaubenskongregation vom 4. Juli 1973: Prof. Küng sollte ursprünglich durch die öffentliche römische Aktion vor das Ultimatum gestellt werden, diese Erklärung sogleich zu unterschreiben. Durch Verhandlungen in letzter Minute mit dem Sekretär der Glaubenskongregation, Erzbischof Jérôme Hamer, der die »Erklärung« nach Deutschland gebracht hatte, gelang es Kardinal Döpfner, Kardinal Volk und Bischof Leiprecht von Rottenburg, auch die Möglichkeit eines Kolloquiums mit der Kongregation als Alternative durchzusetzen.

3 Begleitschreiben des Apostolischen Nuntius in Deutschland vom 4. Juli: Die Erklärung »Mysterium Ecclesiae« zusammen mit dem Begleitschreiben der Kongregation wird am Tag der Veröffentlichung durch einen Kurier der Bonner Nuntiatur Prof. Küng ins Haus gebracht. Gleichzeitig wird derselbe Brief mit Beilagen durch eingeschriebenen Eilbrief zugestellt (»Duplikat«).

4 Begleiterklärung der Deutschen Bischofskonferenz vom 5. Juli 1973: Die Deutsche Bischofskonferenz solidarisiert sich durch eine Begleiterklärung am selben Tag mit »Mysterium Ecclesiae«.

5 Presseerklärung Professor Küngs vom 5. Juli 1973: Prof. Küng protestiert gegen das Vorgehen der Glaubenskongregation.

6 Zeitungsartikel Professor Küngs zu »Mysterium Ecclesiae« vom 6. Juli 1973: Dieser Artikel erschien im »Vaterland« (Luzern) vom 6. Juli 1973 und in der »Frankfurter Allgemeinen Zeitung« vom 9. Juli 1973 (auch in der »Deutsche Tagespost«

vom 11. Juli). Ebenfalls erschien er in der ausländischen Presse: englisch in »The Tablet«, holländisch in »De Tijd« und in »Knack«, französisch in »Le Monde«, italienisch in »Il Giorno«, spanisch in »El Ciervo«, finnisch in »Teologinen Aikakauskirja«.

7 Brief Kardinal Döpfners vom 7. Juli 1973: Kardinal Döpfner hatte zu dieser Zeit den Zeitungsartikel noch nicht in der Hand und bezieht sich auf die erste Presseerklärung Prof. Küngs.

8 Presseerklärung Kardinal Döpfners vom 7. Juli 1973.

9 Presseerklärung Professor Küngs vom 10. Juli 1973.

10 Brief Kardinal Volks an Professor Küng vom 10. Juli 1973.

11 Brief Professor Küngs an Kardinal Volk vom 27. Juli 1973.

12 Brief Professor Küngs an Kardinal Döpfner vom 27. Juli 1973.

13 Brief Professor Küngs an Bischof Leiprecht vom 27. Juli 1973.

14 Brief der Professoren des Fachbereichs Katholische Theologie der Universität Tübingen an die deutschen Bischöfe vom 27. Juli 1973.

15 Beilage: Erklärung der 1360 katholischen Theologen für die Freiheit der Theologie (1968). Diese Erklärung wurde von 1360 katholischen Theologen aus 53 Ländern, darunter bekannte Namen der katholischen Theologie, unterzeichnet und dem päpstlichen Sekretariat eingereicht.

16 Brief Bischof Leiprechts an Professor Küng vom 30. Juli 1973.

17 Brief der Glaubenskongregation an Professor Küng vom 16. August 1973.

18 Brief Professor Küngs an Papst Paul VI. vom 22. September 1973.

19 Brief Professor Küngs an die Glaubenskongregation vom 22. September 1973.

20 Brief Professor Küngs an Kardinal Döpfner vom 22. September 1973.

21 Brief der Glaubenskongregation an Professor Küng vom 22. Oktober 1973.

22 Brief des Sekretärs der Bischofskonferenz an Professor Küng vom 30. November 1973.

23 Brief Professor Küngs an den Sekretär der Bischofskonferenz vom 6. Dezember 1973.

24 Brief des Sekretärs der Bischofskonferenz an Professor Küng vom 21. Januar 1974.

25 Brief der Glaubenskongregation an Professor Küng vom 30. März 1974.

26 Begleitschreiben des Apostolischen Nuntius in Deutschland vom 5. April 1974.

27 Brief Kardinal Döpfners an Professor Küng vom 30. Mai 1974.

28 Brief Professor Küngs an Kardinal Döpfner vom 22. Juni 1974.

29 Zeitungsartikel Professor Küngs (nach dem Interview des Sekretärs der Glaubenskongregation vom 25. Juni 1974: »Zu einem römischen Glaubensprozeß«. Im Mai 1974 war in der Herder-Korrespondenz (S. 238–246) ein langes Interview von Erzbischof Jérôme Hamer, dem Sekretär der Glaubenskongregation, erschienen, in welchem er versuchte, die inquisitorischen Methoden der Glaubenskongregation zu rechtfertigen. Dazu nahmen in Deutschland Stellung Professor Johannes Neumann (Tübingen): »Es ginge anders besser«, ebenfalls in der Herder-Korrespondenz vom Juni 1974 S. 287–297; sowie Professor Josef Blank (Saarbrücken): »Gretchenfrage an die Glaubensbehörde. Zur Problematik der römischen Glaubenskongregation als einer Wahrheitsverwaltungsbehörde«, in: Publik Forum vom 28. Juni 1974 S. 12–15. Professor Küngs Antwort erschien am 25. Juni 1974 gleichzeitig in der »Frankfurter Allgemeinen Zeitung«, im »Tagesanzeiger« (Zürich), im »Vaterland« (Luzern), in den »Luzerner Neuesten Nachrichten«, in der »National-Zeitung« (Basel), in den »Basler Nachrichten« und anderen deutschen und schweizerischen Zeitungen. Englisch dann in »The Tablet« (London) und in »National Catholic Reporter« (Kansas City), französisch in »Le Monde«.

30 Brief Kardinal Döpfners an Professor Küng vom 26. Juni 1974.

31 Brief Professor Küngs an Kardinal Döpfner vom 27. Juni 1974.

32 Presseerklärung des Präsidenten und des Vizepräsidenten der Schweizerischen Bischofskonferenz vom 8. Juli 1974: Nach dem Interview von Erzbischof Hamer entstand insbesondere in der Schweizer Heimat von Professor Küng, wo schon vorher die Absetzung des Freiburger Moraltheologen Stephan Pfürtner aufgrund römischer Intervention starke Beunruhigung ausgelöst hatte, eine erhebliche Erregung. In kurzer Zeit wurden von einem kleinen Initiativkomitee in Luzern rund 20 000 Unterschriften gesammelt und anläßlich der Versammlung der schweizerischen Bischöfe vorgelegt. Das führte zur unmittelbaren Reise des Präsidenten und des Vizepräsidenten der Schweizerischen Bischofskonferenz (Bischof Nestor Adam von Sitten und Bischof Anton Hänggi von Basel) nach Rom, wo sie

– nach Rücksprache mit Kardinal Döpfner – Gespräche mit der römischen Glaubenskongregation führten, dabei aber nicht richtig orientiert wurden, wie die vorausgegangenen und die folgenden Dokumente zeigen. Das Pressecommuniqué der beiden Bischöfe war von der Glaubenskongregation vorbereitet worden und hatte am selben Tag eine Gegenerklärung von Professor Küng zur Folge.

33 Presseerklärung Professor Küngs vom 8. Juli 1974.

34 Brief Professor Küngs an die Glaubenskongregation vom 4. September 1974.

35 Pressekonferenz Professor Küngs zum Erscheinen des Buches »Christ sein« am 10. Oktober 1974 in Frankfurt.

36 Brief Kardinal Döpfners an Professor Küng vom 4. Dezember 1974.

37 Brief Professor Küngs an Kardinal Döpfner vom 11. Dezember 1974.

1 Erklärung der Glaubenskongregation vom 5. Juli 1973

HL. KONGREGATION FÜR DIE GLAUBENSLEHRE

Erklärung zur katholischen Lehre über die Kirche, die gegen einige heutige Irrtümer zu verteidigen ist

Das Geheimnis der Kirche, das durch das II. Vatikanische Konzil in neuem Licht erstrahlt, ist in zahlreichen nachfolgenden Veröffentlichungen der Theologen wiederholt erörtert worden. Während nicht wenige von ihnen zu seinem besseren Verständnis beigetragen haben, haben andere hingegen durch ihre unklaren oder auch irrigen Formulierungen die katholische Lehre verdunkelt und gingen zuweilen soweit, daß sie sich sogar in grundlegenden Fragen in Gegensatz zum katholischen Glauben stellten.

Aus diesem Grund hat es in verschiedenen Ländern nicht an Bischöfen gefehlt, die kraft ihres Auftrags, »das anvertraute Glaubensgut unverfälscht und unversehrt zu bewahren« und »unablässig die Frohbotschaft zu verkündigen«,[1] die ihrer Hirtensorge anvertrauten Gläubigen durch einander ähnlich lautende Erklärungen gegen die Irrtümer verteidigt haben. Ferner hat auch die zweite Generalversammlung der Bischofssynode bei ihren Beratungen über den priesterlichen Dienst einige Aspekte der Lehre dargelegt, die bezüglich der Konstitution der Kirche von Wichtigkeit sind.

In gleicher Weise beabsichtigt die Kongregation für die Glaubenslehre, deren Aufgabe es ist, »die Glaubens- und Sittenlehre in der ganzen katholischen Welt zu schützen«,[2] vor allem in Anlehnung an die beiden Vatikanischen Konzilien einige Wahrheiten, die das Geheimnis der Kirche betreffen und heute geleugnet oder in Frage gestellt werden, aufzugreifen und zu erklären.

1. Über die einzige Kirche Christi

Eine einzige ist die Kirche, »die unser Heiland nach seiner Auferstehung der Hirtensorge Petri übertragen hat (vgl. *Joh* 21, 17), in der er ihm und den anderen Aposteln ihre Ausbreitung und Leitung anvertraute (vgl. *Mt* 18, 18 ff.) und sie für immer zur Säule und zum Halt der Wahrheit machte (vgl. *1 Tim* 3, 15)«. Diese Kirche Christi, »in dieser Welt als Gesellschaft verfaßt und geordnet, ist verwirklicht in der katholischen Kirche, die vom Nachfolger Petri und von den Bischöfen in Gemeinschaft mit ihm geleitet wird«.[3] Diese Erklärung des II. Vatikanischen Konzils wird vom selben Konzil durch die Worte erläutert, nach denen man »nur ... durch die katholische Kirche Christi, die das allgemeine Mittel des Heiles ist, Zutritt zu der ganzen Fülle der Heilsmittel haben kann«[4] und daß dieselbe katholische Kirche »mit dem ganzen Reichtum der von Gott geoffenbarten Wahrheit und der Gnadenmittel beschenkt ist«,[5] mit dem Christus die messianische Gemeinde ausstatten wollte. Das schließt nicht aus, daß sie während ihrer irdischen Pilgerschaft »Sünder in ihrem eigenen Schoße umfaßt. Sie ist zugleich heilig und stets der Reinigung bedürftig«.[6] Ferner sind »außerhalb ihres Gefüges«, namentlich in den Kirchen oder kirchlichen Gemeinschaften, die nicht in vollkommener Gemeinschaft mit der katholischen Kirche stehen, »vielfältige Elemente der Heiligung und der Wahrheit zu finden, die als der Kirche Christi eigene Gaben auf die katholische Einheit hindrängen«.[7]

Aus diesem Grund »müssen die Katholiken die wahrhaft christlichen Güter aus dem gemeinsamen Erbe, die sich bei den von uns getrennten Brüdern finden, mit Freude anerkennen und hochschätzen«.[8] Sie sollen sich in gemeinsamem Bemühen um Läuterung und Erneuerung für die Wiederherstellung der Einheit aller Christen einsetzen,[9] damit sich der Wille Christi erfüllt und die Trennung der Christen nicht weiter ein Hindernis für die Verkündigung des Evangeliums in der Welt darstellt.[10] Dennoch müssen dieselben Katholiken bekennen, daß sie durch das Geschenk der göttlichen Gnade zu jener Kirche gehören, die Christus gegründet hat und von den Nachfolgern Petri und der übrigen Apostel geleitet wird. Diese sind die Träger der unverfälschten, lebendigen und ursprünglichen Ordnung und Lehre der apostolischen Gemeinde, die das unvergängliche Erbe der Wahrheit und Heiligkeit darstellt.[11] Darum ist es den Gläubigen nicht erlaubt, sich die Kirche Christi so vorzustellen, als ob sie nichts anderes sei als irgendeine Summe – geteilt zwar, aber doch noch irgendwie eins – von Kirchen und kirchlichen Gemeinschaften; noch steht es ihnen frei anzunehmen, daß die Kirche Christi heute nirgends mehr wirklich existiert, so daß sie nur noch als ein Ziel aufgefaßt werden kann, das alle Kirchen und Gemeinschaften zu suchen haben.

2. Die Unfehlbarkeit der ganzen Kirche

»Was Gott zum Heil aller Völker geoffenbart hatte, das sollte – so hat er in Güte verfügt – für alle Zeiten unversehrt erhalten bleiben«.[12] Deshalb hat er den Schatz des Wortes Gottes der Kirche anvertraut, in der die Hirten und sein heiliges Volk sich gemeinsam darum bemühen, dieses zu bewahren, zu erforschen und ins Leben zu übertragen.[13]

Gott selbst, der gänzlich unfehlbar ist, hat sich gewürdigt, sein neues Volk, das die Kirche ist, mit einer gewissen Teilhabe an der Unfehlbarkeit auszustatten. Diese beschränkt sich auf den Bereich der Glaubens- und Sittenfragen und ist vorhanden, wenn das ganze Gottesvolk der festen Überzeugung ist, daß eine bestimmte Lehre zu diesem Fragenkreis gehört. Sie steht ferner ständig unter dem Einfluß der weisen göttlichen Vorsehung und der Gnade des Heiligen Geistes, der die Kirche bis zur glorreichen Wiederkunft ihres Herrn in alle Wahrheit einführt.[14] Von dieser Unfehlbarkeit des Gottesvolkes sagt das II. Vatikanische Konzil: »Die Gesamtheit der Gläubigen, welche die Salbung von dem Heiligen hat (vgl. *1 Joh* 2, 20 u. 27), kann im Glauben nicht irren. Und diese ihre besondere Eigenschaft macht sie durch den übernatürlichen Glaubenssinn des ganzen Volkes dann kund, wenn sie ›von den Bischöfen bis zu den letzten gläubigen Laien‹ (Hl. Augustinus, *De Praed. Sanct.* 14, 27) ihre allgemeine Übereinstimmung in Sachen des Glaubens und der Sitten äußert«.[15]

Der Heilige Geist aber erleuchtet das Gottesvolk und kommt ihm zu Hilfe, insofern es den Leib Christi darstellt, der in hierarchischer Gemeinschaft geeint ist. Dies deutet das II. Vatikanische Konzil an, indem es zu den bereits angeführten Worten noch hinzufügt: »Durch jenen Glaubenssinn nämlich, der vom Geist der Wahrheit geweckt und genährt wird, hält das Gottesvolk unter der Leitung des heiligen Lehramtes, in dessen treuer Gefolgschaft es nicht mehr das Wort von Menschen, sondern wirklich das Wort Gottes empfängt (vgl. *1 Thess* 2, 13), ›den einmal den Heiligen übergebenen Glauben‹ (*Jud* 3) unverlierbar fest. Durch ihn dringt es mit rechtem Urteil immer tiefer in den Glauben ein und wendet ihn im Leben voller an«.[16]

In der Tat tragen die Gläubigen, die auf ihre Weise am Prophetenamt Christi teilnehmen[17] vielfältig mit dazu bei, daß das Verständnis des Glaubens in der Kirche wächst. »Es wächst«, wie das II. Vatikanische Konzil sagt, »das Verständnis der überlieferten Dinge und Worte durch das Nachsinnen und Studium der Gläubigen, die sie in ihrem Herzen erwägen (vgl. *Lk* 2, 19 u. 51), durch die innere Einsicht, die aus geistlicher Erfahrung stammt, durch die Verkündigung derer, die mit der Nachfolge im Bischofsamt das sichere Charisma der Wahrheit empfangen haben«.[18] Papst Paul VI. bemerkt, daß das »Zeugnis« der Hirten der Kirche »fest verankert ist in der heiligen Überlieferung und in der Heiligen Schrift sowie genährt wird vom Leben des ganzen Gottesvolkes«.[19]

Durch göttliche Anordnung ist es jedoch allein die Aufgabe der Oberhirten, der Nachfolger Petri und der übrigen Apostel, die Gläubigen authentisch zu lehren, d. h. kraft der Autorität Christi, an der sie in verschiedener Weise teilhaben. Daher dürfen die Gläubigen sich nicht damit begnügen, sie nur als Experten der katholischen Lehre anzuhören; sie sind vielmehr verpflichtet, die ihnen im Namen Christi verkündete Lehre anzunehmen, und zwar entsprechend dem Grad der Autorität, die die Oberhirten besitzen und auszuüben beabsichtigen.[20] Deshalb lehrt das II. Vatikanische Konzil im Anschluß an das I. Vatikanische Konzil, daß Christus Petrus zum »bleibenden und sichtbaren Prinzip und Fundament der Einheit des Glaubens und der Gemeinschaft« eingesetzt hat.[21] Papst Paul VI. stellt fest: »Das Lehramt der Bischöfe ist für die Gläubigen ein Zeichen und ein Weg, durch den sie das Wort Gottes empfangen und erkennen«.[22] Obgleich das kirchliche Lehramt aus der Betrachtung, dem Leben und dem Forschen der Gläubigen Nutzen zieht, so beschränkt sich seine Aufgabe nicht darauf, den von ihnen bereits zum Ausdruck gebrachten Konsens zu bestätigen. Es kann vielmehr, indem es das geschriebene oder überlieferte Gotteswort auslegt und erklärt, jenem Konsens auch zuvorkommen und ihn fordern.[23] Das Gottesvolk selbst schließlich bedarf, damit es in dem einem Leib seines Herrn nicht die Gemeinschaft des einen Glaubens verliert (vgl. *Eph* 4, 4, n. 5), der Intervention und der Hilfe des Lehramtes vor allem dann, wenn innerhalb der Kirche bezüglich einer Lehre, die zu glauben oder an der festzuhalten ist, unterschiedliche Auffassungen entstehen und verbreitet werden.

3. Die Unfehlbarkeit des Lehramtes der Kirche

Jesus Christus hat gewollt, daß das Lehramt der Oberhirten, denen er die Sendung übertragen hat, seinem ganzen Volk und der gesamten Menschheitsfamilie das Evangelium zu verkünden, bezüglich Glaubens- und Sittenfragen mit dem entsprechenden Charisma der Unfehlbarkeit ausgestattet wurde. Da sich ein solches Charisma nicht aus neuen Offenbarungen herleiten läßt, deren sich der Nachfolger Petri und das Bischofskollegium erfreuen könnten,[24] werden diese nicht von der Notwendigkeit befreit, mit geeigneten Mitteln den Schatz der göttlichen Offenbarung in den heiligen Büchern zu erforschen, in denen die Wahrheit, die Gott um unseres Heiles willen niederschreiben ließ,[25] unverfälscht gelehrt wird; ferner auch jenes Offenbarungsgut, das in der lebendigen apostolischen Tradition enthalten ist.[26] Bei der Ausübung ihres Amtes steht den Hirten der Kirche aber der Heilige Geist hilfreich zur Seite. Sein Beistand ist dann am wirksamsten, wenn sie das Gottesvolk in der Weise unterrichten, daß sie aufgrund der Verheißungen Christi an Petrus und die übrigen Apostel eine Lehre verkünden, die notwendig irrtumsfrei ist.

Das ist dann der Fall, wenn die Bischöfe, die über den Erdkreis verstreut sind, jedoch in Gemeinschaft mit dem Nachfolger Petri lehren, in einer bestimmten Lehre übereinstimmen und diese als endgültig verpflichtend vortragen.[27] Dies wird noch offenkundiger, wenn die Bischöfe in einem kollegialen Akt – wie bei den Ökumenischen Konzilien – zusammen mit ihrem sichtbaren Haupt eine Lehre als verbindlich definieren;[28] ferner auch, wenn der Papst »ex Cathedra spricht, d.h. wenn er in Ausübung seines Amtes als Hirte und Lehrer aller Christen kraft seiner höchsten apostolischen Autorität feierlich erklärt, daß eine Glaubens- oder Sittenlehre von der gesamten Kirche zu halten ist«.[29]

Nach katholischer Lehre erstreckt sich die Unfehlbarkeit des kirchlichen Lehramtes nicht nur auf das überlieferte Glaubensgut, sondern auch auf alles, was zu seiner Bewahrung und Auslegung rechtmäßig erforderlich ist.[30] Daß sich die Unfehlbarkeit auf das überlieferte Glaubensgut als solches bezieht, ist eine Wahrheit, von der die Kirche von Anfang an fest überzeugt war, daß sie in den Verheißungen Christi geoffenbart worden ist. Auf diese Wahrheit stützte sich das I. Vatikanische Konzil, als es den Gegenstand des katholischen Glaubens definierte: »Fide divina et catholica ist all das zu glauben, was im geschriebenen oder überlieferten Gotteswort enthalten ist und von der Kirche in feierlicher Lehrentscheidung oder durch das ordentliche und allgemeine Lehramt als göttlich geoffenbart zu glauben vorgelegt wird«.[31] Diese Aussagen des katholischen Glaubens, die wir Dogmen nennen, sind und waren zu allen Zeiten sowohl für den Glauben wie für die theologische Wissenschaft notwendig die unveränderliche Richtschnur.

4. Die Unfehlbarkeit der Kirche nicht abschwächen

Aus dem, was über den Umfang und die Voraussetzungen der Unfehlbarkeit des Gottesvolkes und des kirchlichen Lehramtes gesagt worden ist, folgt, daß es den Gläubigen in keiner Weise gestattet ist, in der Kirche nur ein »grundsätzliches« Bleiben in der Wahrheit anzuerkennen, das sich mit Irrtümern vereinbaren lasse, die sich hier und da in den vom Lehramt der Kirche verbindlich gelehrten Glaubenssätzen verstreut fänden oder auch im sicheren Konsens des Gottesvolkes in Glaubens- und Sittenfragen.

Es ist richtig, daß die Menschen sich durch den heilbringenden Glauben zu Gott bekehren,[32] der sich in seinem Sohn Jesus Christus geoffenbart hat; falsch wäre es jedoch, davon ableiten zu wollen, daß man die Dogmen der Kirche, die andere Geheimnisse zum Ausdruck bringen, geringschätzen oder sogar leugnen könnte. Die Bekehrung zu Gott, zu der wir durch den Glauben angehalten werden, ist vielmehr ein Akt des Gehorsams (vgl. *Röm* 16, 26), der sich der Natur der göttlichen Offenbarung und ihren Forderungen anzugleichen hat. Die Offenbarung aber lehrt in der ganzen Heilsordnung das Geheimnis Gottes,[33] der seinen Sohn in die Welt gesandt hat (vgl. *1 Joh* 4, 14), und zeigt, welchen Einfluß es auf das Leben der Christen ausüben soll. Ferner fordert sie, daß wir, indem wir unseren Verstand und Willen dem sich offenbarenden Gott völlig unterordnen, der Heilsbotschaft so zustimmen, wie sie von den Hirten der Kirche auf unfehlbare Weise gelehrt wird. Die Gläubigen bekehren sich also, wie es notwendig ist, durch den Glauben zu Gott, der sich in Christus geoffenbart hat, wenn sie ihm in der ganzen Lehre des katholischen Glaubens anhangen.

Es gibt in der Tat eine Ordnung und gleichsam eine Hierarchie der Dogmen der Kirche, da ihre Verbindung mit dem Fundament des Glaubens unterschiedlich ist.[34] Diese Hierarchie aber besagt, daß einige der Dogmen sich auf andere gründen, die gleichsam grundlegender sind, und von diesen erhellt werden. Alle Dogmen aber müssen, da sie geoffenbart wurden, mit demselben göttlichen Glauben geglaubt werden.[35]

5. Den Begriff von der Unfehlbarkeit der Kirche nicht verfälschen

Die Weitergabe der göttlichen Offenbarung durch die Kirche begegnet verschiedenartigen Schwierigkeiten. Diese ergeben sich vor allem daraus, daß die unergründlichen Geheimnisse Gottes »ihrer Natur nach den menschlichen Intellekt in der Weise übersteigen, daß sie auch nach erfolgter Offenbarung und gläubiger Annahme dennoch vom Schleier des Glaubens bedeckt und gleichsam in Dunkel gehüllt bleiben«;[36] ferner auch aus den geschichtlichen Umständen, in denen sich die Offenbarung ausdrücken mußte.

Hinsichtlich der geschichtlichen Bedingtheit ist vor allem zu beachten, daß der Sinn, den die Glaubensaussagen enthalten, zum Teil von der Aussagekraft der angewandten Sprache in einer bestimmten Zeitepoche und unter bestimmten Lebensverhältnissen abhängt. Es kann unter anderem geschehen, daß eine dog-

matische Wahrheit zunächst in einer unvollkommenen, jedoch nicht falschen Weise ausgedrückt wird und dann später, wenn man sie im größeren Zusammenhang mit den übrigen Glaubenswahrheiten oder menschlichen Erkenntnissen betrachtet, vollständiger und vollkommener ausgesagt wird. Ferner beabsichtigt die Kirche durch ihre neuen lehrmäßigen Verlautbarungen, das, was in der Hl. Schrift oder in früheren Aussagen der Tradition schon in irgendeiner Weise enthalten ist, zu bekräftigen oder deutlicher herauszustellen; gleichzeitig aber bemüht sie sich gewöhnlich auch darum, bestimmte Fragen zu lösen oder Irrtümer zurückzuweisen. All diesen Umständen muß Rechnung getragen werden, damit jene Aussagen richtig verstanden werden. Wenn auch die Wahrheiten, die die Kirche durch ihre dogmatischen Formeln in der Tat zu lehren beabsichtigt, sich von den wandelbaren Begriffen einer gewissen Epoche unterscheiden und auch ohne diese ausgedrückt werden können, kann es andererseits mitunter geschehen, daß jene Wahrheiten ebenso vom kirchlichen Lehramt in Worten vorgetragen werden, die selbst Anzeichen einer solchen begrifflichen Bedingtheit an sich tragen.
Nach diesen Überlegungen muß gesagt werden, daß die dogmatischen *Formeln* des kirchlichen Lehramtes von Anfang an dazu geeignet waren, die geoffenbarte Wahrheit an andere weiterzugeben, und für immer geeignet bleiben, sie denen zu vermitteln, die diese richtig verstehen.[37] Daraus folgt jedoch nicht, daß jede einzelne von ihnen dieses in gleichem Maße gewesen ist oder bleiben wird. Aus diesem Grunde bemühen sich die Theologen, genau aufzuzeigen, welches die Lehrabsicht ist, die jene verschiedenen Formeln wirklich enthalten, und bieten mit dieser ihrer Arbeit dem lebendigen Lehramt der Kirche, dem sie unterstehen, eine wertvolle Hilfe. Aus demselben Grunde kann es ferner geschehen, daß alte dogmatische Formeln und andere, die diesen eng verbunden sind, im alltäglichen Gebrauch der Kirche lebendig und fruchtbar bleiben, indem ihnen jedoch in geeigneter Weise neue Erklärungen und Aussagen hinzugefügt werden, die ihren ursprünglichen Sinn bewahren und erläutern. Andererseits ist mitunter schon der Fall eingetreten, daß in diesem alltäglichen Gebrauch der Kirche einige Formeln durch neue Ausdrucksweisen ersetzt worden sind, die vom kirchlichen

Lehramt eingeführt oder approbiert wurden und denselben lehrmäßigen Inhalt deutlicher und vollständiger zum Ausdruck bringen.

Der *Aussagegehalt* der dogmatischen Formeln aber bleibt in der Kirche stets wahr und kohärent, auch wenn er mehr verdeutlicht und besser verstanden wird. Die Gläubigen müssen deshalb die Auffassung zurückweisen, nach der die dogmatischen Formeln (oder eine bestimmte Art von ihnen) nicht die Wahrheit genau auszudrücken vermöchten, sondern nur einige veränderliche und annähernde Teilaspekte von ihr, die sie selbst in gewisser Weise entstellten und verzerrten; und daß dieselben Formeln die Wahrheit nur unbestimmt zum Ausdruck brächten, welche ständig durch die gerade genannten approximativen Aussagen gesucht werden müsse. Die diese Meinung vertreten, entgehen nicht dem dogmatischen Relativismus und verfälschen den Begriff von der Unfehlbarkeit der Kirche, der sich auf eine genau zu lehrende und zu haltende Wahrheit bezieht.

Eine derartige Auffassung steht in offenem Gegensatz zu den Erklärungen des I. Vatikanischen Konzils, das obwohl es sich des Fortschritts der Kirche in der Wahrheitserkenntnis bewußt war,[38] dennoch gelehrt hat: »Von den hl. Dogmen muß stets der Aussagegehalt gewahrt werden, den die hl. Mutter Kirche einmal dargelegt hat, und niemals darf von diesem Inhalt nach Art und im Namen einer höheren Erkenntnis abgewichen werden«;[39] ferner hat es den Satz verurteilt, nach dem es geschehen könne, »daß man den von der Kirche verkündeten Dogmen mitunter entsprechend dem Fortschritt der Wissenschaft einen anderen Sinn geben müsse, als den, welchen die Kirche verstanden hat und versteht«.[40] Es besteht kein Zweifel darüber, daß nach diesen Texten des Konzils der Aussagegehalt der Dogmen, den die Kirche darlegt, genau festgelegt und nicht zu reformieren ist.

Die genannte Auffassung ist auch nicht mit dem zu vereinbaren, was Papst Johannes XXIII. bei der Eröffnung des II. Vatikanischen Konzils über die christliche Lehre gesagt hat: »Es ist notwendig, daß diese sichere und unwandelbare Lehre, der gläubiger Gehorsam entgegenzubringen ist, in der Weise erforscht und dargelegt wird, die unsere Zeit fordert. Etwas anderes ist nämlich das Depositum fidei, d. h. die Wahrheiten, die die ehrwürdige Lehre enthält, etwas anderes die Art und Weise, in der diese verkündet werden, stets jedoch mit demselben Aussagegehalt und mit derselben Bedeutung«.[41] Da der Nachfolger des hl. Petrus hier von einer sicheren und unwandelbaren christlichen Lehre spricht, vom Depositum fidei, was gleichbedeutend ist mit den Wahrheiten, die in dieser Lehre enthalten sind, und schließlich von diesen Wahrheiten sagt, daß sie mit derselben Bedeutung bewahrt werden müssen, ist es offensichtlich, daß er einen Aussagegehalt der Dogmen anerkennt, der für uns genau erkennbar, wahr und unwandelbar ist. Die Neuerung, die er wegen der Erfordernisse unserer Zeit empfiehlt, bezieht sich nur auf die Art und Weise, in der jene Lehre mit ihrer stets gleichbleibenden Bedeutung erforscht, dargelegt und verkündet wird. Auf ähnliche Weise ermahnte Papst Paul VI. die Hirten der Kirche und erklärte: »Wir müssen uns aber entschlossen dafür einsetzen, daß die Lehre des Glaubens ihren vollen Aussagegehalt und ihre Bedeutung bewahrt, wenn sie auch in der Weise verkündet wird, die es ihr ermöglicht, den Geist und die Herzen der Menschen zu erreichen, an die sie sich richtet«.[42]

6. Die Kirche verbunden mit dem Priestertum Christi

Der Herr Jesus Christus, der Mittler des neuen und ewigen Bundes, wollte das Volk, das er sich durch sein Blut erworben hat, mit seinem vollkommenen Priestertum (vgl. *Hebr* 7, 20–22 u. 26–28; 10, 14 u. 21) verbinden und es ihm gleichgestalten. Er hat deshalb seiner Kirche Anteil an seinem Priestertum gegeben durch das allgemeine Priestertum der Gläubigen und das hierarchische Amtspriestertum, die, obgleich sie nicht nur dem Grade, sondern ihrem Wesen nach voneinander verschieden sind, sich dennoch in der Gemeinschaft der Kirche gegenseitig zugeordnet sind.[43]
Das allgemeine Priestertum der Gläubigen, das zurecht auch königliches Priestertum genannt wird (vgl. *1 Pt* 2, 9; *Apoc* 1, 6; 5, 9 f), da dieses die Gläubigen als Glieder des messianischen Volkes mit ihrem himmlischen König verbindet, wird durch das Sakrament der Taufe vermittelt. Durch dieses Sakrament werden die Gläubigen »in die Kirche eingegliedert, ... zur christlichen

Gottesverehrung bestellt« kraft des unauslöschlichen Merkmals, des sogenannten Charakters, und »wiedergeboren zu Söhnen Gottes, sind sie gehalten, den von Gott durch die Kirche empfangenen Glauben vor den Menschen zu bekennen«.[44] Die durch die Taufe wiedergeboren wurden, »wirken kraft ihres königlichen Priestertums an der eucharistischen Darbringung mit und üben ihr Priestertum aus im Empfang der Sakramente, im Gebet, in der Danksagung, im Zeugnis eines heiligen Lebens, durch Selbstverleugnung und tätige Liebe«.[45]

Darüberhinaus hat Christus, das Haupt der Kirche, die sein mystischer Leib ist, seine Apostel zu Dienern seines Priestertums bestellt, die ihn selbst in der Kirche repräsentieren,[46] und durch sie, als ihre Nachfolger, die Bischöfe, die dieses übernommene heilige Amt ihrerseits in untergeordnetem Grade rechtmäßig auch an Priester übertragen haben.[47] Auf diese Weise ist in der Kirche zur Ehre Gottes und zum Dienst seines Volkes wie der ganzen Menschheitsfamilie, die zu Gott bekehrt werden soll, die apostolische Sukzession des Amtspriestertums entstanden.

Durch dieses Priestertum werden die Bischöfe und Priester »im Schoß des Gottesvolkes in gewisser Weise ausgesondert, aber nicht, um von ihm, auch nicht von irgendeinem Menschen, getrennt, sondern um gänzlich dem Werk, zu dem sie Gott gewählt hat, geweiht zu werden«,[48] nämlich der Aufgabe zu heiligen, zu lehren und zu leiten, deren konkrete Ausübung durch die hierarchische Gemeinschaft genauer bestimmt wird.[49] In diesem vielfältigen Werk bildet die ununterbrochene Verkündigung des Evangeliums den Ausgangspunkt und die Grundlage,[50] den Höhepunkt und die Quelle des ganzen christlichen Lebens hingegen das eucharistische Opfer,[51] das die Priester, die Christus als das Haupt vertreten, in ihrem eigenen Namen und im Namen der Glieder seines mystischen Leibes[52] im Heiligen Geist Gott dem Vater darbringen; dieses wird durch das heilige Mahl ergänzt, durch das die Gläubigen, die an dem einen Leib Christi teilnehmen, alle ein Leib werden (vgl. *1 Kor* 10, 16 f.).

Die Kirche hat die Natur des Amtspriestertums immer tiefer erforscht, von dem feststeht, daß es seit der apostolischen Zeit beständig durch einen heiligen Ritus übertragen worden ist (vgl. *1 Tim* 4, 14; *2 Tim* 1, 6). Unter dem Beistand des Heiligen Geistes ist sie allmählich zur klaren Erkenntnis gelangt, daß Gott ihr

habe zeigen wollen, daß dieser Ritus den Priestern nicht nur die Gnade vermehrt, damit sie ihre kirchlichen Aufgaben in heiligmäßiger Weise erfüllen, sondern ihnen auch ein unauslöschliches Siegel Christi, den sogenannten Charakter, einprägt, durch das sie, mit einer angemessenen Vollmacht ausgestattet, die sich aus der höchsten Machtfülle Christi herleitet, für diese Aufgaben bestellt werden. Das Fortbestehen dieses Charakters, dessen Natur von den Theologen unterschiedlich erklärt wird, ist vom Konzil von Florenz gelehrt worden[53] und wurde vom Tridentiner Konzil in zwei Dekreten bekräftigt.[54] Auch jüngst hat das II. Vatikanische Konzil mehr als einmal darauf hingewiesen,[55] und die zweite allgemeine Bischofssynode hat zurecht bemerkt, daß das Fortbestehen des priesterlichen Charakters während des ganzen Lebens zur Glaubenslehre gehört.[56] Die Existenz dieses bleibenden priesterlichen Charakters muß von den Gläubigen anerkannt und in gebührender Weise beachtet werden, damit sie über die Natur des Priesteramtes und die entsprechende Weise seiner Ausübung richtig urteilen.
In Übereinstimmung mit der kirchlichen Tradition und vielen Dokumenten des Lehramtes hat das II. Vatikanische Konzil über die dem Amtspriestertum innewohnende Vollmacht folgendes gelehrt: »Wenn auch jeder die Glaubenden taufen kann, so ist es doch Sache des Priesters, die Auferbauung des Leibes durch das eucharistische Opfer zu vollenden«;[57] ferner: »Damit die Gläubigen zu einem Leib, in dem ›nicht alle denselben Dienst verrichten‹ (*Röm* 12, 4), zusammenwachsen, hat der gleiche Herr einige von ihnen zu Dienern eingesetzt, damit sie in der Gemeinde der Gläubigen heilige Weihevollmachten besäßen, das Opfer darzubringen und Sünden nachzulassen«.[58] In gleicher Weise hat die zweite allgemeine Bischofssynode zurecht bemerkt, daß allein der Priester beim Vorsitz und Vollzug des Opfermahles, in dem das Gottesvolk sich mit dem Opfer Christi verbindet, in der Person Christi zu handeln vermag.[59] Ohne nun noch auf die Fragen nach den Spendern der einzelnen Sakramente einzugehen, steht es aufgrund des Zeugnisses der kirchlichen Tradition und des kirchlichen Lehramtes fest, daß die Gläubigen, die die Priesterweihe nicht empfangen haben und sich eigenwillig anmaßen, die Eucharistie zu feiern, dieses nicht nur unerlaubter-, sondern auch ungültigerweise tun.

Es ist offensichtlich, daß derartige Mißbräuche, falls sie auftreten, von den Hirten der Kirche beseitigt werden müssen.
Die vorliegende Erklärung hat nicht beabsichtigt noch war es ihr Ziel, durch eine Untersuchung der Grundlagen unseres Glaubens zu beweisen, daß die göttliche Offenbarung der Kirche anvertraut ist, um durch sie in der Welt unverfälscht bewahrt zu werden. Dieses Dogma, das den Ausgangspunkt des katholischen Glaubens bildet, ist hingegen zusammen mit anderen Wahrheiten, die das Geheimnis der Kirche betreffen, in Erinnerung gerufen worden, damit bei der heutigen Verwirrung der Geister klar deutlich wird, welchen Glauben und welche Lehre die Gläubigen zu bekennen haben.
Die Hl. Kongregation für die Glaubenslehre stellt mit Freude fest, daß die Theologen mit Eifer immer mehr das Geheimnis der Kirche erforschen. Sie anerkennt auch, daß ihre Arbeit nicht selten Fragen berührt, die nur durch sich gegenseitig ergänzende Untersuchungen und durch verschiedene Versuche und Mutmaßungen geklärt werden können. Dennoch muß sich die berechtigte Freiheit der Theologen stets in den vom Gotteswort gesetzten Grenzen halten, wie dieses in der Kirche treu bewahrt und dargeboten und vom lebendigen Lehramt der Hirten, vor allem vom Hirten des ganzen Gottesvolkes, gelehrt und erklärt wird.[60]
Dieselbe Hl. Kongregation vertraut die vorliegende Erklärung der besonderen Aufmerksamkeit und Sorge der Bischöfe und all derer an, die in irgendeiner Weise an dem Auftrag teilhaben, das der Kirche von Christus und den Aposteln überantwortete Glaubensgut zu wahren. Schließlich richtet sie diese Erklärung auch vertrauensvoll an die Gläubigen, insbesondere wegen des in der Kirche von ihnen wahrgenommenen verantwortungsvollen Amtes an die Priester und die Theologen, damit alle einmütig im Glauben sind und in aufrichtiger Gesinnung mit der Kirche verbunden bleiben.

Diese Erklärung zur katholischen Lehre über die Kirche, die gegen einige heutige Irrtümer zu verteidigen ist, hat Papst Paul VI. in der Audienz, die er am 11. Mai 1973 dem unterzeichneten Präfekten der Hl. Kongregation für die Glaubenslehre gewährte, bestätigt und bekräftigt und deren Veröffentlichung angeordnet.

Gegeben zu Rom, von der Hl. Kongregation für die Glaubenslehre, am 24. Juni 1973, dem Fest des hl. Johannes des Täufers.

Franz Kard. Šeper
Prefekt
† *Jérôme Hamer*
Sekretär

[1] Paul VI., Apost. Rundschr. *Quinque iam anni, AAS* 63 (1971), S. 99.
[2] Paul VI., Apost. Konst. *Regiminis Ecclesiae universae, AAS* 59 (1967), S. 897.
[3] II. Vat. Konzil: Dogm. Konst. über die Kirche *Lumen Gentium,* Nr. 8; *Constitutiones Decreta Declarationes,* editio Secretariae Generalis, Typis Polyglottis Vaticanis, 1966, S. 104 f.
[4] II. Vat. Konzil: Dekret über den Ökumenismus *Unitatis redintegratio,* Nr. 3; *Const. Decr. Decl.,* S. 250.
[5] *Ebd.,* Nr. 4; *Const. Decr. Decl.,* S. 252.
[6] II. Vat. Konzil: Dogm. Konst. über die Kirche *Lumen Gentium,* Nr. 8; *Const. Decr. Decl.,* S. 106.
[7] *Ebd.; Const. Decr. Decl.,* S. 105.
[8] II. Vat. Konzil: Dekret über den Ökumenismus *Unitatis redintegratio,* Nr. 4; *Const. Decr. Decl.,* S. 253.
[9] Vgl. *ebd.,* Nr. 6–8; *Const. Decr. Decl,.* S. 255–258.
[10] Vgl. *ebd.,* Nr.1; *Const. Decr. Decl.,* S.243.
[11] Vgl. Paul VI., Enzykl. *Ecclesiam suam, AAS* 56 (1964), S. 629.
[12] II. Vat. Konzil: Dogm. Konst. über die göttliche Offenbarung *Dei Verbum,* Nr. 7; *Const. Decr. Decl.,* S. 428.
[13] Vgl. *ebd.,* Nr. 10; *Const. Decr. Decl.,* S. 431.
[14] Vgl. *ebd.,* Nr. 8; *Const. Decr. Decl.,* S. 430.
[15] II. Vat. Konzil: Dogm. Konst. über die Kirche *Lumen Gentium,* Nr. 12; *Const. Decr. Decl.,* S. 113 f.
[16] *Ebd.; Const. Decr. Decl.,* S.114.
[17] Vgl. *ebd.,* Nr. 35; *Const. Decr. Decl.,* S. 157.
[18] II. Vat. Konzil: Dogm. Konst. über die göttliche Offenbarung *Dei Verbum,* Nr. 8; *Const. Decr. Decl.,* S. 430.
[19] Paul VI., Apost. Rundschr. *Quinque iam anni, AAS* 63 (1971), S. 99.
[20] Vgl. II. Vat. Konzil: Dogm. Konst. über die Kirche *Lumen Gentium, Nr. 25; Const. Decr. Decl.,* S. 138 f.
[21] II. Vat. Konzil, *ebd.,* Nr. 18; *Const. Decr. Decl.,* S. 124 f. Vgl. I. Vat. Konzil: Dogm. Konst. *Pastor aeternus,* Prologus; *Conciliorum Oecumenicorum Decreta*[3], ed. Istituto per le Scienze Religiose di Bologna, Herder, 1973, S. 812 (Dz-Sch 3051).

[22] Paul VI., Apost. Rundschr. *Quinque iam anni, AAS* 63 (1971), S. 100.
[23] Decr. S. Congr. S. Off. *Lamentabili,* Nr. 6, *AAS* 40 (1907), S. 471 (Dz-Sch 3406). Vgl. I. Vat. Konzil: Dogm. Konst. *Pastor aeternus,* Kap. 4; *Conc. Oec. Decr.*[3], S. 815 f. (Dz-Sch 3069, 3074).
[24] I. Vat. Konzil: Dogm. Konst. *Pastor aeternus,* Kap. 4; *Conc. Oec. Decr.*[3], S. 816 (Dz-Sch 3070). Vgl. II. Vat. Konzil: Dogm. Konst. über die Kirche *Lumen Gentium,* Nr. 25, und Dogm. Konst. über die göttliche Offenbarung *Dei Verbum,* Nr. 4; *Const. Decr. Decl.,* S. 141 und 426.
[25] Vgl. II. Vat. Konzil: Dogm. Konst. über die göttliche Offenbarung *Dei Verbum,* Nr. 11; *Const. Decr. Decl.,* S. 434.
[26] Vgl. *ebd.,* Nr. 9 f.; *Const. Decr. Decl.,* S. 430–432.
[27] Vgl. II. Vat. Konzil: Dogm. Konst. über die Kirche *Lumen Gentium,* Nr. 25; *Const. Decr. Decl.,* S. 139.
[28] Vgl. *ebd.,* Nr. 25 und 22; *Const. Decr. Decl.,* S. 139 und 133.
[29] I. Vat. Konzil: Dogm. Konst. *Pastor aeternus,* Kap. 4; *Conc. Oec. Decr.*[3], S. 816 (Dz-Sch 3074). Vgl. II. Vat. Konzil: *ebd.,* Nr. 25.
[30] Vgl. II. Vat. Konzil: Dogm. Konst. über die Kirche *Lumen Gentium,* Nr. 25; *Const. Decr. Decl.,* S. 139.
[31] I. Vat. Konzil: Dogm. Konst. *Dei Filius,* Kap. 3; *Conc. Oec. Decr.*[3], S. 807 (Dz-Sch 3011). Vgl. *C.I.C.,* can. 1323, § 1 und 1325 § 2.
[32] Vgl. Trid. Konzil, Sess. 6: Dekret über die Rechtfertigung, Kap. 6; *Conc. Oec. Decr.*[3], S. 672 (Dz-Sch 1526); vgl. auch II. Vat. Konzil: Dogm. Konst. über die göttliche Offenbarung *Dei Verbum,* Nr. 5; *Const. Decr. Decl.,* S. 426.
[33] Vgl. I. Vat. Konzil: Dogm. Konst. *Dei Filius,* Kap. 3; *Conc. Oec. Decr.*[3], S. 807 (Dz-Sch 3008); vgl. auch II. Vat. Konzil: Dogm. Konst. über die göttliche Offenbarung *Dei Verbum,* Nr. 5; *Const. Decr. Decl.,* S. 426.
[34] Vgl. II. Vat. Konzil: Dekret über den Ökumenismus *Unitatis redintegratio,* Nr. 11; *Const. Decr. Decl.,* S. 260.
[35] *Réflexions et suggestions concernant le dialogue œcuménique,* IV, 4b, in *Secrétariat pour l'Unité des Chrétiens: Service d'information,* Nr. 12 (Dez. 1970, IV), S. 7 f.; *Reflections and Suggestions Concerning Ecumenical Dialogue,* IV, 4b, in *The Secretariat for Promoting Christian Unity: Information Service,* Nr. 12 (Dez. 1970, IV), S. 8.
[36] I. Vat. Konzil: Dogm. Konst. *Dei Filius,* Kap. 4; *Conc. Oec. Decr.*[3], S. 808 (Dz-Sch 3016).
[37] Vgl. Pius IX., Breve *Eximiam tuam, ASS* 8 (1874–75), S. 447 (Dz-Sch 2831); Paul VI., Enzykl. *Mysterium fidei, AAS* 57 (1965), S. 757 f. und *L'Oriente cristiano nella luce di immortali Concili,* in *Insegnamenti di Paolo VI,* Bd. 5, Tip. Poligl. Vatic., S. 412 f.
[38] Vgl. I. Vat. Konzil, Konst. *Dei Filius,* Kap. 4; *Conc. Oec. Decr.*[3], S. 809 (Dz-Sch 3020).
[39] *Ebd.*
[40] *Ebd.,* can. 3; *Conc. Oec. Decr.*[3], S. 811 (Dz-Sch 3043).
[41] Johannes XXIII., Eröffnungsansprache zum II. Vat. Konzil, *AAS* 54 (1962), S. 792. Vgl. II. Vat. Konzil: Pastoralkonst. über die Kirche in der Welt unserer Zeit *Gaudium et Spes,* Nr. 62; *Const. Decr. Decl.,* S. 780.
[42] Paul VI., Apost. Rundschr. *Quinque iam anni, AAS* 63 (1971), S. 100 f.

[43] Vgl. II. Vat. Konzil: Dogm. Konst. über die Kirche *Lumen Gentium,* Nr. 10; *Const. Decr. Decl.,* S. 110.
[44] *Ebd.,* Nr. 11; *Const. Decr. Decl.,* S. 111.
[45] *Ebd.,* Nr. 10; *Const. Decr. Decl.,* S. 111.
[46] Vgl. Pius XI., Enzykl. *Ad catholici sacerdotii, AAS* 28 (1936), S. 10 (Dz-Sch 3755). Vgl. II. Vat. Konzil: Dogm. Konst. *Lumen Gentium,* Nr. 10, und Dekret über den Dienst und das Leben der Priester *Presbyterorum ordinis,* Nr. 2; *Const. Decr. Decl.,* S. 110 f., 622 f.
[47] Vgl. II. Vat. Konzil: Dogm. Konst. über die Kirche *Lumen Gentium,* Nr. 28; *Const. Decr. Decl.,* Nr. 145.
[48] II. Vat. Konzil: Dekret über den Dienst und das Leben der Priester *Presbyterorum ordinis,* Nr. 3; *Const. Decr. Decl.,* S. 625.
[49] Vgl. II. Vat. Konzil: Dogm. Konst. *Lumen Gentium,* Nr. 24, 27 f.; *Const. Decr. Decl.,* S. 137, 143–149.
[50] II. Vat. Konzil: Dekret über den Dienst und das Leben der Priester *Presbyterorum ordinis,* Nr. 4; *Const. Decr. Decl.,* S. 627.
[51] Vgl. Dogm. Konst. über die Kirche *Lumen Gentium,* Nr. 11; *Const. Decr. Decl.,* S. 111 f. Vgl. auch Trid. Konzil, Sess. 22: Doctrina de Missae Sacrificio, Kap. 1 u. 2; *Conc. Oec. Decr.*[3], S. 732–734 (Dz-Sch 1739–1743).
[52] Vgl. Paul VI., Sollemnis Professio fidei, Nr. 24, *AAS* 60 (1968), S. 442.
[53] Flor. Konzil: Bulle über die Wiedervereinigung mit den Armeniern *Exultate Deo; Conc. Oec. Decr.*[3], S. 546 (Dz-Sch 1313).
[54] Trid. Konzil: Dekret über die Sakramente, can. 9 und Dekret über das Weihesakrament, Kap. 4 und can. 4; *Conc. Oec. Decr.*[3], S. 685, 742, 744 (Dz-Sch 1609, 1767, 1774).
[55] Vgl. II. Vat. Konzil: Dogm. Konst. über die Kirche *Lumen Gentium,* Nr. 21, und Dekret über den Dienst und das Leben der Priester *Presbyterorum ordinis,* Nr. 2; *Const. Decr. Decl.,* S. 130, 622 f.
[56] Vgl. Documenta Synodi Episcoporum: *I. De sacerdotio ministeriali,* Erster Teil, Nr. 5, *AAS* 63 (1971), S. 907.
[57] II. Vat. Konzil: Dogm. Konst. über die Kirche *Lumen Gentium,* Nr. 17; *Const. Decr. Decl.,* S. 123.
[58] II. Vat. Konzil: Dekret über den Dienst und das Leben der Priester *Presbyterorum ordinis,* Nr. 2; *Const. Decr. Decl.,* S. 621 f. Vgl. auch 1) Innozenz III., Brief *Eius exemplo* mit dem den Waldensern vorgeschriebenen Glaubensbekenntnis, *P.L.* vol. 215, col. 1510 (Dz-Sch 794); 2) IV. Lat. Konzil: Konst. 1: De Fide catholica; *Conc. Oec. Decr.*[3], S. 230 (Dz-Sch 802), die zitierte Stelle über das Altarssakrament ist mit dem nachfolgenden Text über das Taufsakrament zu lesen; 3) Flor. Konzil: Bulle über die Wiedervereinigung mit den Armeniern *Exultate Deo; Conc. Oec. Decr.*[3], S. 546 (Dz-Sch 1321), die zitierte Stelle über den Spender der Eucharistie ist mit den benachbarten Texten über die Spender der anderen Sakramente zu vergleichen; 4) Trid. Konzil, Sess. 23: Dekret über das Weihesakrament, Kap. 4; *Conc. Oec. Decr.*[3], S. 742 f. (Dz-Sch 1767, 4469); 5) Pius XII., Enzykl. *Mediator Dei, AAS* 39 (1947), S. 552–556 (Dz-Sch 3849–3852).
[59] Documenta Synodi Episcoporum: *I. De Sacerdotio ministeriali,* Erster Teil, Nr. 4, *AAS* 63 (1971), S. 906.

[60] Vgl. Synodus Episcoporum (1967), *Relatio Commissionis Synodalis Constitutae ad examen ulterius peragendum circa opiniones periculosas et atheismum,* II, 4: *De theologorum opera et responsabilitate,* Typis Polyg. Vat., 1967, S. 11 (*L'Osservatore Romano,* 30–31 Okt. 1967, S. 3).

VATIKANISCHE POLYGLOTT DRUCKEREI

2 Begleitschreiben der Glaubenskongregation vom 4. Juli 1973

SACRA CONGREGATIO
PRO DOCTRINA FIDEI

Roma, den 4. Juli 1973.
Piazza del S. Uffizio, 11

Prot. N. 399/57 i
(In responsione fiat mentio huius numeri)

Sehr geehrter Herr Professor,
Mit Schreiben vom 6. Mai 1971 haben Sie bezüglich der in Ihrem Buch »Die Kirche« vertretenen Thesen, die diese Hl. Kongregation als unvereinbar mit der katholischen Glaubenslehre feststellte, geantwortet. Auch mit Schreiben vom 24. Januar 1972 haben Sie sodann zu den mit der Lehre der Kirche nicht übereinstimmenden Punkten, die die Kongregation für die Glaubenslehre in Ihrem Buch »Unfehlbar? Eine Anfrage« zu beanstanden hatte, Stellung genommen.
Ihre Schreiben wurden von dieser Kongregation geprüft, und es wurde – am 26. April 1972 – mit Billigung des Heiligen Vaters beschlossen, eine Erklärung vorzubereiten, die die katholische Lehre gegenüber den heutigen irrigen Meinungen auf ekklesiologischem Gebiet für die ganze Kirchengemeinschaft darlegt.
Was das Lehrverfahren zur Prüfung Ihrer zwei oben genannten Bücher betrifft, stehen Ihnen jetzt zwei Wege offen:
1) die »Ratio agendi« sieht die Möglichkeit eines Kolloquiums mit den Vertretern der Kongregation für die Glaubenslehre über die in den zwei Briefen dieser Kongregation enthaltenen Lehrpunkte vor;
2) oder Sie nehmen die in der Erklärung enthaltene Lehre gleich an; in diesem Falle wäre das laufende Lehrverfahren über Ihre beiden Bücher abgeschlossen.

In Erwartung Ihrer baldigen Antwort und mit dem Ausdruck unserer Hochachtung sind wir

Hochwürdigen Herrn
Prof. Dr. Hans Küng
D-74 Tübingen
Waldhäuserstrasse 23

Ihre ergebenen
Franc. Card. Šeper, Präf.
† *Jérôme Hamer* o. p.

3 Begleitschreiben des Apostolischen Nuntius in Deutschland vom 4. Juli 1973

APOSTOLISCHE NUNTIATUR
IN DEUTSCHLAND

Nr. 40.380
Bonn – Bad Godesberg, den 4. Juli 1973

Sehr geehrter Herr Professor!
Die Kongregation für die Glaubenslehre hat mich beauftragt, Ihnen die beiliegende »Declaratio circa catholicam doctrinam de Ecclesia contra nonnullos errores hodiernos tuendam« und deren deutsche Übersetzung zukommen zu lassen. Diese »Declaratio« wird morgen, 5. Juli, um 11.00 Uhr MEZ veröffentlicht.
Indem ich mich des Auftrags entledige, bin ich mit freundlichem Gruß

Ihr in Christo ergebener
† *Konrad Bafile*
Apostolischer Nuntius

Dem Hochwürdigen Herrn
Professor Dr. Hans Küng
74 Tübingen
Waldhäuserstraße 23
(Anlagen)

4 Begleiterklärung der Deutschen Bischofskonferenz zu »Mysterium Ecclesiae« vom 5. Juli 1973

Das Zweite Vatikanische Konzil hat Reaktionen verschiedener, ja gegensätzlicher Art hervorgerufen. Einerseits ist nicht selten der Aufbruch, den dieses Konzil bewirkt hat, in einer Weise mißverstanden worden, die der Bewahrung des »Depositum fidei« (des anvertrauten Glaubensgutes) kaum noch entsprach. Andererseits wurden Positionen eingenommen, die in zu kurzsichtiger Weise sich der Bewahrung des kirchlichen Glaubens zu verschreiben glaubten. Es ist kein Wunder, daß es in der nachkonziliaren Zeit Auseinandersetzungen bis zu Polarisationen gab. Kein Wunder auch, daß das Organ, das im Dienst des Papstes als Hirten der Kirche und ihres Glaubens steht, sich genötigt sieht, zu gewissen in letzter Zeit vertretenen Auffassungen bezüglich des Geheimnisses der Kirche und ihrer Aufgabe Stellung zu nehmen – unbequem vielleicht, aber doch wohl notwendig.

Dies Dokument ist nicht von derselben Art wie etwa eine Päpstliche Enzyklika oder eine Apostolische Konstitution, die unmittelbar als Schreiben des Papstes an die Gesamtkirche zu gelten hätten.

Das vorliegende Dokument hat aber doch für den Bereich des kirchlichen Glaubenslebens eine verbindliche Bedeutung. Denn es ist eine offizielle Verlautbarung der Kongregation für die Glaubenslehre, die unter dem Auftrag des Papstes in seiner Eigenschaft als oberster Diener der Glaubenslehre in der ganzen katholische Welt zu wachen hat. Diese Bedeutung ist durch die Bestätigung des Papstes zum Ausdruck gebracht.

Das Dokument will keine Gesamtdarstellung der kirchlichen Glaubenslehre über das Geheimnis der Kirche geben. Es geht um einige Lehrstücke, die in letzter Zeit Gegenstand besonderer Erörterung, ja von Angriffen waren. Das sind besonders die folgenden Punkte:

1. Die ökumenischen Bemühungen unserer Tage müssen als Anruf des Gottesgeistes an unsere Zeit verstanden werden. Das Gebet des Johanneischen Christus um Einheit gibt ihnen eine unüberbietbare Legitimation. Dennoch haben sie – wo sie mißverstanden wurden – zu falschen Schlußfolgerungen geführt.

Dazu gehört eine Geringachtung oder ein falsches Verständnis der Glaubenslehre von der Einzigkeit der von Christus gestifteten Kirche. Daß es nur eine Kirche Christi gibt, enthält die unaufgebbare Tatsache, daß:

a) das im Papst weiterlebende Petrusamt zu den Merkmalen der Kirche Christi gehört, wobei allerdings das Kollegium der übrigen Bischöfe mit dem Papst als seinem Haupt an der Hirtenaufgabe gegenüber der Gesamtkirche teilnimmt.

b) beides aber ist nur in der römischen Kirche im vollen Sinne verwirklicht.

Das alles schließt nicht aus, daß eine Reihe echter von Christus kommender Elemente auch in nichtkatholischen kirchlichen Gemeinschaften verwirklicht sind, so daß sie nicht einfach als Nichtkirche erklärt werden können, andererseits aber auch nicht Kirche im vollen Sinne sind. Darum kann man die Vielheit der »Kirchen« nicht so deuten, als ob alle kirchlichen Gemeinschaften gleichberechtigte Zweige jener Kirche wären, die sich aus diesen vielen Einzelkirchen zusammensetzte, von der es in einer nicht vorauszusehenden Zukunft auch zur erfahrbaren, organisatorischen Einheit käme.

62. Der zweite Zeil des Dokumentes spricht von der Unfehlbarkeit der Kirche unter verschiedenen Gesichtspunkten. Jeder sieht hier gleich, daß die Auseinandersetzung mit Hans Küng das Thema bestimmt, wenn auch sein Name im Dokument selbst nicht genannt ist.

Jesus Christus hat seine Kirche gestiftet, damit sie nicht nur nach Art eines religiösen Vereins die Menschen in sich versammle, sondern sein eigenes Geheimnis – Wort an die Menschen und deren Antwort an den Vater zu sein – in sich enthalte und den Menschen präsentiere. Diese göttliche Herkunft der Kirche wirkt sich unter anderem darin aus, daß die Kirche mit göttlicher Sanktion, bewahrt vor Irrtum, die Wirklichkeiten des Heils des Menschen verkünden kann. Das bedeutet »Unfehlbarkeit«, nämlich die Tatsache, daß Gottes Heiliger Geist die Kirche in der Verkündigung des Wortes Gottes und im Glauben an dieses Wort – wenigstens da, wo Kirche im letzten Engagement sich in diesem Glauben und seiner Verkündigung einsetzt (diese Einschränkung ist sehr wichtig) – vor Irrtum bewahrt. Diese der ganzen Kirche verheißene Bewahrung vor Irrtum (in der genannten Einschränkung) ist nun strukturiert wie die Kirche selbst. Die »Hirten« der Kirche – Papst und Bischöfe als qualifiziertes Lehramt – spielen dabei eine besondere Rolle. Das Lehramt kann gar nicht anders ausgeübt werden, als daß es sich in geprägten Sätzen äußert. In solchen geschieht die authentische und, unter festgelegten Umständen, unfehlbare Ausübung des von Christus gesetzten Lehramtes.

3. Es folgt noch ein dritter Teil, der mit dem vorigen nicht ganz leicht zu verbinden ist. Er ist mit gewissen In-Frage-Stellungen unserer Zeit begründet. Es geht um eine erneute Bestätigung dessen, was sowohl im zweiten Vatikanischen Konzil wie in einem Lehrschreiben der deutschsprachigen Bischöfe, dann aber auch noch in einem Dokument der römischen Bischofssynode über das Amtspriestertum in der Kirche gesagt worden ist. Nach Bestätigung der Tatsache, daß durch das Sakrament der Taufe alle Gläubigen zum gemeinsamen Priestertum geweiht worden sind, werden erneut die Tatsache und der Sinn des durch Priester- und Bischofsweihe sakramental begründeten Amtspriestertums betont, daß die Bischöfe und Priester zu besonderen, ihnen vorbehaltenen Funktionen im Gottesvolk bestellt sind, wozu besonders der Vorsitz in der Eucharistiefeier gehört.

Das vorliegende Dokument wendet sich gegen Irrtümer, die eine Stellungnahme des Lehramtes herausgefordert haben. Dadurch will es den Glauben der Kirche fördern, wenn auch in diesem Falle durch Zurückweisung von den den Glauben gefährdenden Lehren.

Es betont die Aufgabe der Theologen, deren Forschung nicht unterdrückt werden soll. Als besondere Aufgabe der Theologen – das ist allerdings bemerkenswert – wird auf die Beachtung der geschichtlichen Bedingtheit hingewiesen, die in den verschiedenen Epochen und Umständen auf die Ausdrucksweise eingewirkt hat, in der das göttliche Offenbarungsgut weitergegeben worden ist. Mit der Betonung des von der göttlichen Offenbarung gesteckten Rahmens wird die Freiheit der theologischen Forschung betont – zwei Dinge, die miteinander zu verbinden, in der Praxis nicht ganz leicht ist.

5 Presseerklärung Professor Küngs vom 5. Juli 1973

Juristisch und theologisch hat sich die römische Glaubenskongregation durch ihr Vorgehen disqualifiziert. Im Jahre 1967 hat sie ein Geheimverfahren gegen mein Buch »Die Kirche « eingeleitet, 1971 ein zweites gegen »Unfehlbar? – Eine Anfrage«. Ebenfalls im Jahre 1971 hat Papst Paul VI. für die Glaubenskongregation eine Verfahrensordnung erlassen, damit die notorischen Mißbräuche dieser alten Inquisitionsbehörde abgestellt werden sollen. Doch die Glaubenskongregation sah sich offenkundig nicht in der Lage, in diesen langen Jahren die beiden Verfahren entsprechend der päpstlichen Verfahrensordnung formgerecht durchzuführen und abzuschließen. Statt dessen greift sie nun gegen Recht und Billigkeit durch eine allgemeine öffentliche Erklärung zu den in den beiden Büchern anstehenden Fragen in das schwebende Verfahren ein.
Dieses Vorgehen und die Erklärung mit lauter Behauptungen ohne stichhaltige Begründungen machen offenkundig, daß die Glaubenskongregation unfähig ist, zu den heute weltweit in der katholischen Theologie und in der Ökumene diskutierten Fragen nach Kirche, Amt und Unfehlbarkeit einen weiterführenden Beitrag zu leisten. Dabei tritt die eine und selbe römische Behörde erneut zugleich als Anklägerin und Richterin auf und beweist durch das ganze Vorgehen ihre Befangenheit in den angestrengten Verfahren nun auch vor aller Öffentlichkeit.

6 Zeitungsartikel Professor Küngs zu »Mysterium Ecclesiae« vom 6. Juli 1973

Unfähigkeit zu lernen?

Roma locuta, causa aperta

Rom hat in nachkonziliarer Zeit eine Reihe gewichtiger Dokumente veröffentlicht, die alle die anstehenden Fragen nicht gelöst, sondern erst recht offengelegt und verschärft haben: Zöli-

batsenzyklika (1967), Enzyklika »Humanae vitae« (1968), Dekrete über die Nuntien (1969), Ehenichtigkeitsprozesse (1971), Normen zur Bischofsernennung (1972), Erklärungen zum Bußsakrament (1972) sowie zur Gottessohnschaft und Trinität (1972). Es steht zu befürchten, dass die neueste römische Erklärung über die Kirche einen vergleichbaren kontraproduktiven Effekt haben wird.
Rom hat eine grosse Chance verpasst. Denn selbstverständlich sind in den zehn Jahren, seitdem Johannes XXIII. zur Eröffnung des Vatikanum II als erster Papst vom sich wandelnden Kleid der Glaubensformulierungen gesprochen hatte, eine Menge von Fragen um Kirche und Dogma aufgebrochen, die nach Beantwortung rufen. Für eine konstruktive Orientierungshilfe, etwa in der Art der grossen Enzykliken Johannes XXIII. über Frieden und gesellschaftliche Probleme, wären viele dankbar.
Die neueste römische Erklärung jedoch hat bedauerlicherweise einen anderen Charakter. Sie stammt aus jener in der Gegenreformation begründeten Inquisitionsbehörde (»Sanctum Officium«), die durch die Verurteilung von Giordano Bruno und Galilei berühmt geworden ist und die zusammen mit der später vereinnahmten Indexkongregation über 4000 Bücher bei Strafe der Exkommunikation unter Leseverbot gestellt hat. Die bedeutendsten katholischen Theologen unseres Jahrhunderts – von Karl Adam bis zu Chenu, Congar, de Lubac, Teilhard de Chardin, Karrer, Rahner, Schoonenberg und Schillebeeckx – hatten alle ernsthafte Schwierigkeiten mit dieser Behörde. Noch unter Pius XII. konnte sie regelrechte Säuberungswellen mit Absetzungen, Verbannungen, Lehr- und Publikationsverboten in Gang bringen. Johannes XIII. hat einige dieser Theologen rehabilitiert und zu Konzilsberatern ernannt. Paul VI. hat den Index abgeschafft, eine Internationale Theologenkommission ernannt und eine Reform des Sanctum Officium eingeleitet. Aber trotz neuen Namens (»Kongregation für die Glaubenslehre«) und neuer Verfahrensordnung versucht die römische Glaubensbehörde verschiedene ihrer alten Inquisitionspraktiken wieder aufzunehmen. Sie selber bleibt gerne im Hintergrund (Holland, Affäre Pfürtner) und schickt, soweit sie mitmachen, Ordensgeneräle und Bischöfe vor. Der diplomatische Dienst des Vatikans

steht für Information und Durchsetzung hilfreich zur Seite. Aber genug: Was diese ganzen Praktiken im Palazzo del S. Uffizio, die der Glaubwürdigkeit der katholischen Kirche und ihrer Theologie unabsehbaren Schaden zugefügt haben, mit dem Evangelium Christi zu tun haben, fragen sich heute nicht mehr nur Leser von Dostojewskis Karamasov, sondern auch zahlreiche Bischöfe und sogar nicht wenige römische Kuriale.

1967 wurde von der römischen Glaubensbehörde ein Geheimverfahren gegen mein Buch »Die Kirche« (damals mit Verbreitungs- und Übersetzungsverbot) eingeleitet, 1971 ein zweites gegen »Unfehlbar? Eine Anfrage«. Schon 1965 hatte Paul VI. angeordnet, die Kongregation habe eine neue gerechtere Verfahrensordnung zu erstellen und auch zu publizieren. Erst sechs Jahre später veröffentlichte die Kongregation ein solches Reglement, das aber wegen seiner inquisitorischen Züge (keine Gewaltentrennung, keine Akteneinsicht für den Angeklagten, keine angemessene Verteidigungsmöglichkeit, keine Appellationsinstanz, absolute Geheimhaltung) auf starke öffentliche Kritik stiess.

Doch selbst mit Hilfe dieser von ihr selbst verfertigten Verfahrensordnung sah sich die Kongregation nicht in der Lage, die beiden Verfahren in diesen langen Jahren formgerecht durchzuführen und abzuschliessen. Stattdessen greift sie nun gegen Recht und Billigkeit durch eine allgemeine öffentliche Erklärung zu den in den beiden Büchern anstehenden Fragen um Kirche, Amt und Unfehlbarkeit in das schwebende Verfahren ein. Erneut tritt die eine und selbe römische Behörde als Anklägerin und Richterin auf und beweist durch das ganze Vorgehen ihre Befangenheit in den angestrengten Verfahren nun auch vor aller Öffentlichkeit. Dabei wurde die eigene Theologenkommission nicht konsultiert. Und die internationale katholische und ökumenische Diskussion hat man ebensowenig ernstgenommen wie die beiden umfangreichen Diskussionsbände zu »Die Kirche« und »Unfehlbar?« sowie schliesslich die »operative Einigung« mit Karl Rahner, dem gewichtigsten Opponenten in der Unfehlbarkeitsdebatte.

Es geht hier jedoch um weit mehr als um einen Einzelfall. Durch diese Stellungnahme zu Einheit der Kirche, apostolischer Sukzession, allgemeinem Priestertum, kirchlichen Ämtern,

Eucharistiefeier und Unfehlbarkeit sind viele betroffen: ungezählte engagierte Laien und Seelsorger »an der Front«, katholische Exegeten, Dogmatiker und Ökumeniker in aller Welt, die ähnliche Auffassungen vertreten haben und wohl auch weiterhin verteten werden. Betroffen sind bedeutsame ökumenische Verständigungsversuche der letzten Jahre wie der in den USA über Eucharistie und Amt zwischen offiziellen Kommissionen der Lutheraner und der katholischen Bischofskonferenz (1970), weiter das Dokument der Studienkommission des Lutherischen Weltbundes und des Römischen Einheitssekretariats (Malta-Bericht 1971), das französische Dokument für eine Versöhnung der Ämter zwischen Katholiken und Protestanten (Gruppe von Dombes, 1972), das Memorandum der Arbeitsgemeinschaft deutscher ökumenischer Universitätsinstitute zur Reform und gegenseitigen Anerkennung kirchlicher Ämter (1973) sowie schliesslich das von J. Feiner und L. Vischer herausgegebene »Neue Glaubensbuch« (1973). In all den genannten Fragen, in denen sich eine Verständigung aufgrund der Lage der Christenheit aufdrängt, erweist sich das römische Dokument leider als antiökumenisch. Statt im Sinne der theologischen, innerkirchlichen und ökumenischen Entwicklung das Vatikanum II sachgerecht und schriftgemäss zu interpretieren, wird es in vorkonziliarem Geist gelesen. Dieses Konzil, das so viele Türen öffnete und andere nicht schliessen wollte, wird dazu missbraucht, um den weiteren Fortschritt der Theologie, der kirchlichen Erneuerung und der ökumenischen Verständigung zu blockieren.
Freilich wäre es übertrieben zu behaupten, die Glaubenskongregation hätte nichts hinzugelernt. Unter dem Druck der »Anfrage« ist die »geschichtliche Bedingtheit« der als zeitlos angesehenen Glaubensformulierungen erstmals in einem römischen Dokument nicht nur berührt oder gar abgewehrt, sondern positiv thematisiert worden: Die Unvollkommenheit und Verbesserungsfähigkeit dogmatischer Aussagen wird nachdrücklich unterstrichen. Der Sinn der Glaubensaussagen sei mindestens zum Teil vom Sprachgebrauch einer bestimmten Zeit und Situation abhängig und müsse von den Theologen unter Umständen wieder neu eruiert werden. Auch lehramtliche Aussagen trügen oft die Spuren eines zeitgebundenen Denkens an sich. Nicht alle dogmatischen Formeln seien zur Übermittlung der Offenba-

rungswahrheit gleichermassen und für immer geeignet. Manchmal müssten neue Erklärungen und Aussagen hinzugefügt, manchmal gar alte Formeln durch neue ersetzt werden. Dies alles in einer Erklärung der Glaubenskongregation zu lesen, verdient Hervorhebung.

Hätte man nun aber aufgrund dieses relativ verschärften Problembewusstseins nicht erwarten dürfen, dass man sich der »Anfrage« bezüglich Unfehlbarkeit ehrlich und ernsthaft stellt: ob denn diese so vielfach geschichtlich bedingten, situationsabhängigen, unvollkommenen, verbesserungsfähigen, ergänzbaren, ersetzbaren Glaubensformulierungen nicht unter Umständen auch einmal *falsch* sein könnten? Verlangt es nicht die Konsequenz, dass man mit der »geschichtlichen Bedingtheit« auch die »Irrtumsmöglichkeit« zugibt, die ja die Theologie- und Dogmengeschichte zu belegen scheint? Oder warum sollte der von den Amtsträgern so gern und viel bemühte Heilige Geist Irrtümer im einzelnen unbedingt verhindern müssen?

An diesem zentralen Punkt wird man arg enttäuscht. Die *»Anfrage«* nach einer durch den Heiligen Geist garantierten Unfehlbarkeit bestimmter Aussagen oder Instanzen wurde *nicht beantwortet, sondern umgangen*: Wo man eine Begründung erwartet, hört man Behauptungen, wo Erklärungen Mahnungen, und schliesslich das Eingeständnis: Es soll nicht das Unfehlbarkeitsdogma »durch eine Untersuchung der Grundlagen unseres Glaubens bewiesen«, sondern nur die römische Lehre »in Erinnerung gerufen werden«.

Ob diese römische Lehre heute noch verantwortet werden kann, war gerade gefragt. Wieviel wurde von derselben römischen Glaubensbehörde seit den Zeiten der Reformatoren in Dogmatik, Exegese, Moral, Kirchendisziplin und Politik den Gläubigen »in Erinnerung gerufen«, was schliesslich doch auch in Rom faktisch aufgegeben werden musste! Und dennoch: *Trotz* aller Irrtümer ist die Kirche doch nicht einfach von der Wahrheit des Evangeliums abgefallen; sie wurde in ihr immer wieder erhalten und erneuert. Was will man begründeterweise gegen eine solche Auffassung sagen? Die in »Unfehlbar?« vorgebrachten und später vielfach erhärteten Gründe sind jedenfalls nicht widerlegt worden.

So bleibt denn die »Anfrage« bestehen: causa aperta. Und

nachdem sogar die Glaubenskongregation keine begründete Antwort weiss, schwindet die Aussicht immer mehr, dass sich die römische Unfehlbarkeitslehre im Sinne des 19. Jahrhunderts aufrechterhalten lässt. Das neueste römische Dokument wird diese Entwicklung beschleunigen, denn:
1. das knappe Resumé der römischen Unfehlbarkeitslehre macht die schwachen Punkte – offensichtlich auch in der Lehre von der apostolischen Sukzession – besonders sichtbar;
2. das Wort »unfehlbar« wird auffällig oft zugunsten von anderen Worten wie »unwandelbar«, »irreformabel«, »indefektibel« ersetzt;
3. die auch in Rom umstrittene Frage nach der Unfehlbarkeit der hinter »Humanae vitae« stehenden Lehre wird weder bejaht noch verneint;
4. man wagt nicht mehr wie früher unzweideutig von »unfehlbaren Sätzen oder Aussagen« zu reden.
Insofern ist der Erfolg der »Anfrage« offenkundig. Im übrigen setzt sich das römische Dokument schon dadurch Zweifeln aus, dass es über die Unfehlbarkeit des kirchlichen Lehramtes nicht in unfehlbarer, sondern (auch nach römischer Auffassung) in grundsätzlich fehlbarer Weise spricht. Aber umgekehrt, hätte es besser überzeugt, wenn es über die Unfehlbarkeit mit dem Anspruch auf Unfehlbarkeit gesprochen hätte? So leicht setzt man voraus, was zu beweisen wäre!
Etwas Erfreuliches jedoch sei zum Schluss nicht verschwiegen: Es werden im Dokument selbst nicht nur keine Namen ausgesprochen, sondern auch keine Exkommunikations- und Verdammungsformeln gebraucht. Auch dies scheint man in Rom aus der bisherigen Entwicklung gelernt zu haben: Fragen wie die anstehenden können nicht durch Verurteilungen beantwortet, eine causa wie diese nicht mit disziplinarischen Massnahmen geregelt werden; Märtyrer zu kreieren, zahlt sich nicht aus. Die katholischen Theologen – und der Verfasser hat sich immer rückhaltlos als katholischer Theologe bezeichnet – werden gewiss auf Rom achten. Und sie werden es sogar gerne tun, wo immer in den Nöten und Hoffnungen dieser Zeit auch konstruktive, hilfreiche und begründete Antworten gegeben werden. Rom hat im Laufe der Jahrhunderte gezeigt, dass es zum Lernen fähig ist. Und so ist denn auch die Hoffnung nicht unbegründet,

dass die römische Glaubensbehörde lernen wird und dass aus einem Organ der Glaubensinquisition doch einmal ein Organ der Glaubensverkündigung wird, wie es Paul VI. im Dekret der Reform und Namensänderung des Sanktum Offiziums vom 7. Dezember 1965 als Aufgabe der Kongregation umschreibt: statt durch die ausschliessliche Verfolgung von Irrtümern sei dem Schutz des Glaubens heute besser gedient durch die positive Förderung der christlichen Lehre.

7 Brief Kardinal Döpfners vom 7. Juli 1973

Der Vorsitzende der
Deutschen Bischofskonferenz

z. Zt. 6 Frankfurt, den 7. 7. 73

Herrn Professor
Dr. Hans Küng
74 Tübingen
Waldhäuserstr. 23

Sehr geehrter Herr Professor Küng!
Ton und Stil Ihrer ersten Stellungnahme zu »Mysterium Ecclesiae« vom 5. 7. 1973 haben mich und viele andere betroffen. Ich sehe mich gezwungen, hierzu eine Erklärung der Öffentlichkeit zu übergeben, die ich als Anlage auch Ihnen zustelle.
Indem ich Sie eindringlich um einen sachlichen Beitrag zur Klärung dieses tiefreichenden Konflikts bitte, bleibe ich mit freundlichen Grüßen

† Julius Card. Döpfner

8 Presseerklärung Kardinal Döpfners vom 7. Juli 1973

Die römische Glaubenskongregation hat trotz Einleitung eines Lehrverfahrens längere Zeit hindurch der theologischen Diskus-

sion über das Buch von Professor Küng »Unfehlbar? – Eine Anfrage« (Einsiedeln 1970) Raum gegeben. Am 5. Juli 1973 nahm sie aus der ihr aufgetragenen Verantwortung heraus in einer »Erklärung« zu den aufgeworfenen Fragen Stellung, um weitere Verwirrung unter den Gläubigen zu verhüten. Dabei hat die Glaubenskongregation auf Irrtümer in einigen Thesen Professor Küngs zur kirchlichen Lehre von der Unfehlbarkeit hingewiesen. Ein Gespräch mit der Glaubenskongregation bleibt ihm dennoch weiterhin angeboten.
Leider hat Professor Küng in einer ersten Stellungnahme vom 5. Juli 1973 durch nicht näher begründete und disqualifizierende Urteile über die Glaubenskongregation den Fortgang einer sachlichen Auseinandersetzung erheblich erschwert.
Als Vorsitzender der Deutschen Bischofskonferenz weise ich diese Äußerungen Professor Küngs über die Glaubenskongregation, die zum Teil diffamierenden Charakter haben, entschieden zurück. Bei dem Gewicht der Angelegenheit erwarte ich, daß Professor Küng durch eine sachliche Mitwirkung zu einer zufriedenstellenden Klärung beiträgt. Nur so kann größerer Schaden abgewendet werden.

9 Presseerklärung Professor Küngs vom 10. Juli 1973

Vatikanische Kreise versuchen die Stellungnahme Kardinal Döpfners zu verfälschen. Im Gegensatz zu Döpfner, dem es um eine ›zufriedenstellende Klärung‹ der Kontroverse mit der römischen Glaubensbehörde um Kirche und Unfehlbarkeit geht, behaupten Agenturmeldungen, die sich auf vatikanische Kreise berufen, ich sei schon zehnmal in Rom vergeblich vorgeladen worden. Diese Behauptungen weise ich als unwahr zurück. Ich war stets zu einem Gespräch mit der römischen Glaubenskongregation bereit, wie mein Brief vom 30. Mai 1968 aktenkundig macht, und bin es auch weiterhin. Bisher aber konnte weder ein Termin vereinbart werden noch wurde mein Schreiben bezüglich gerechter und fairer Bedingungen für ein solches Kolloquium beantwortet. Bis heute wurden mir verweigert: Einsicht in die Akten, angemessene Verteidigungsmöglichkeit, der Name

des mir von der Kongregation zugewiesenen Verteidigers, angemessene Fristen für beide Seiten.
Ich unterstütze Kardinal Döpfners Bemühung um eine »sachliche Auseinandersetzung« und wäre der Deutschen Bischofskonferenz aufrichtig dankbar, wenn sie zur Abwendung grösseren Schadens für die Glaubwürdigkeit der katholischen Kirche sich in Rom für ein solches Gespräch unter gerechten und fairen Bedingungen einsetzen würde. In Deutschland wird man sich darüber einig sein, dass die Freiheit der theologischen Forschung nicht unterdrückt, der Fortgang der ökumenischen Bemühungen nicht gestoppt, die Ansätze des Zweiten Vatikanischen Konzils nicht rückgängig gemacht werden dürfen.

10 Brief Kardinal Volks an Professor Küng vom 10. Juli 1973

DER BISCHOF VON MAINZ

65 Mainz, den 10. Juli 1973
Am Rosengarten 2

Herrn
Professor Dr. Dr. H. Küng
Tübingen
Waldhäuserstr. 23

Sehr geehrter, lieber Herr Professor Küng!
Vielen Dank, daß Sie mir Ihren Artikel in der FAZ zugeschickt haben. Ich möchte jetzt mit Ihnen nicht streiten über den Artikel und andere Äußerungen. Mir geht es vielmehr jetzt darum, daß wir über den Streit hinwegkommen. Dafür scheint mir eine Chance zu bestehen. Sie anerkennen in Ihrem Artikel ja auch selbst, daß in der Römischen Verlautbarung ein neues Element deutlich enthalten ist, indem ausdrücklich auf die Geschichtlichkeit jeder Glaubensaussage – dann auch der heutigen! – und auf die damit gegebenen Grenzen hingewiesen wird, und daß dies die Arbeit der Theologen erfordert. Das ist ja nicht wenig. Man kann sich dazu fragen, ob es Aufgabe einer solchen Stelle ist, die theologische Arbeit selbst zu leisten. Wenn ich mich nicht irre betrachtet es die Römische Kongregation nicht als ihre Auf-

gabe. Man kann darin gerade eine Anerkennung der Theologen und ihrer Arbeit sehen, wenn eine solche Stelle in ihrer Erklärung diese Arbeit nicht selbst leistet. Die Frage wird dann immer sein, wieweit die Arbeit der Theologen in ihren Ergebnissen von einer solchen Stelle in ihren Erklärungen aufgenommen wird. Darüber wird es immer wieder Meinungsverschiedenheiten geben. Sie sind offenbar der Überzeugung, Ihr Buch »Unfehlbar...« habe hier endgültig Klarheit geschafft über das, was nicht mehr möglich ist. Sie wissen zugleich, daß dies von anderen bestritten wird; »operative Einigung mit Karl Rahner« wird ja kaum dasselbe bedeuten wie Einigung im Sachlichen. Über die Sachfrage und über die Antwort, in die leicht philosophische Elemente eingehen, wird auch in Zukunft theologisch gearbeitet werden müssen.
Hier geht es aber nun darum, und darum möchte ich Sie herzlich bitten, daß Sie doch einmal mit Rom reden. Sie wissen, daß im Text selbst Ihr Name nicht genannt ist, und daß die Bereitschaft zu einem Gespräch ausdrücklich ausgesprochen und zugesagt ist. Daß in der Erklärung nicht de fide gesprochen wird, das sollten Sie wirklich nicht als Zeichen der Schwäche oder der Feigheit auslegen, eher doch als ein Zeichen dafür, daß man zu sprechen bereit ist. Deshalb bitte ich Sie ganz persönlich, doch zu einem Gespräch zu kommen.
Sie äußerten mir einmal, Sie würden sich gern anderen Aufgaben zuwenden. Wenn ich Sie recht verstanden habe – Sie nannten meiner Erinnerung damals das Sonntagsgebot, das Sie bejahen würden –, dachten Sie dabei stärker an die positiven Beiträge. Es scheint mir auch, es fehlt nicht an solchen Aufgaben. Wir tun sicher nicht alles Notwendige, wenn wir vorherrschend Nein sagen zu dem, was ist und wie es gemacht wird. Wir sollten uns alle um die notwendigen Beiträge zur Vertiefung des Glaubens und der Gläubigkeit bemühen. Seit Jahren ist es meine These landauf, landab, auch in Predigten, daß die Zeit Vertiefen im Glauben und in der Gläubigkeit erfordert; denn es gäbe Zeiten, in welchen der Glaube wachsen müsse, wenn er überhaupt bestehen solle. Ich bin überzeugt, wir sind in einer solchen Zeit und ich bin überzeugt, hier liegen für uns alle ganz wesentliche Aufgaben.
Ich würde es daher sehr bedauern, wenn diese anstehende

Sache nicht soweit aus der Welt geschafft werden könnte, daß eine ruhige Weiterarbeit in den notwendigen Bereichen möglich wäre. Sie enttäuschen ganz gewiß nicht, wenn Sie Ihren ganz persönlichen Beitrag leisten durch ein Gespräch mit Rom.

Ihnen herzliche Grüße!
Ihr
† Hermann Kard. Volk

11 Brief Professor Küngs an Kardinal Volk vom 27. Juli 1973

PROFESSOR DR. HANS KÜNG
74 TÜBINGEN · WALDHÄUSERSTR. 23

27. Juli 1973

Herrn
Kardinal Dr. Hermann Volk
Bischof von Mainz
Mainz

Sehr geehrter, lieber Herr Kardinal,
Die konzertierte Aktion gegen mich hat mir im Zeitraum einer Woche
eine Erklärung der Glaubenskongregation (zweifach überreicht durch Nuntiaturkurier und Einschreibebrief),
zwei vatikanische Pressekonferenzen,
zwei Artikel im »Osservatore Romano«,
zwei Erklärungen der Deutschen Bischofskonferenz,
einen Bischofsbesuch auf Ihre Anregung hin
und schliesslich auch noch Ihren Eilbrief gebracht – von den zahllosen Telefonaten, Briefen, Gesprächen, Presseberichten, Radio- und Fernsehsendungen ganz zu schweigen. Alles etwas viel für einen einzigen Mann, der einem riesigen und mächtigen Apparat gegenübersteht.
Sie werden es somit gewiss verstehen, wenn ich vor diesem ganzen Hintergrund Ihren Brief, am 12. Juli morgens um 7 Uhr durch einen Eilboten ins Haus gebracht, mit etwas gemischten

Gefühlen zur Kenntnis nahm. Es wäre doch ein leichtes gewesen, mit mir schon längst in aller Ruhe Kontakt aufzunehmen. Nachdem die Verfahren der römischen Glaubenskongregation, deren Mitglied Sie bis in allerjüngste Zeit waren, seit drei (»Unfehlbar? Eine Anfrage«) oder gar seit sechs (»Die Kirche«) Jahren laufen, nachdem mein letzter Brief an die Kongregation vom 24. Januar 1972 nicht beantwortet und stattdessen im geheimen schon am 26. April 1972 das nun veröffentlichte Dokument beschlossen worden war, kann ich nicht recht verstehen, warum ich fünf Tage nach der Veröffentlichung des Dokuments gerade mit einem Eilbrief bedacht werden musste. Auch auf die Gefahr hin, dass man erneut mir schlechten »Stil« vorwirft, wenn ich meine Verwunderung über solche Methoden ausdrücke, muss ich doch feststellen, dass ich mich massivstem Druck ausgesetzt fühle, wiewohl gerade dies in meinem Fall nicht die geeignete Methode sein dürfte, um etwas zu erreichen.
Ich bin überzeugt, dass Sie persönlich mir wohlgesinnt sind und an einer gütlichen Regelung dieser von der Glaubenskongregation in solcher Weise behandelten Angelegenheit ein aufrichtiges Interesse haben. Über den freundlichen Ton Ihres Schreibens habe ich mich sehr gefreut, gerade weil er sich unterscheidet von einer anderen öffentlichen Stellungnahme, auf die ich, um die durch die römischen Aktionen schon genügend dramatisierte Situation nicht noch mehr zu verschärfen, nur indirekt geantwortet habe (vgl. beiliegende Presseerklärung vom 10. Juli 1973 und den ebenfalls beiliegenden Abzug eines Gesprächs für die nächste Nummer der »Herder-Korrespondenz«).
Weniger verständlich war mir, warum Sie mich so eindringlich zu positiven theologischen Beiträgen auffordern. Es dürfte doch wohl nicht notwendig sein, meine Bibliographie von »Rechtfertigung« und »Konzil und Wiedervereinigung« angefangen bis zu »Die Kirche« und »Menschwerdung Gottes« aufzuzählen. Ich möchte nur darauf Gewicht legen, dass auch kritische Schriften wie »Wahrhaftigkeit«, »Unfehlbar?« und »Fehlbar?« eine eminent positive Zielsetzung haben und von Ungezählten so verstanden wurden. Die von Ihnen zu Recht geforderte Vertiefung des Glaubens und der Gläubigkeit scheint mir und anderen in der heutigen Situation nur dann sinnvoll, wenn sie mit

aufrichtiger Kritik an kirchlichen Zu- und Mißständen verbunden ist, eine Kritik, welche die Bischöfe nicht nur den Theologen und Laien überlassen sollten. Ich habe mir erlaubt, Ihnen zu Ihrer Kardinalskreierung meinen überall positiv aufgenommenen Vortrag »Was in der Kirche bleiben muss« zuzusenden, wo in aller Kürze zum Ausdruck kommt, wie in meiner Theologie Kritisches und Konstruktives notwendig zusammenhängen; das eine hat ohne das andere keinen Sinn. Auf diesem Wege gedenke ich opportune importune weiterzugehen. Eine Einführung ins Christentum hätte ich bereits abgeschlossen, wenn mich nicht gerade der auf Anregungen in der deutschen Glaubenskommission zurückgehende Sammelband zur Unfehlbarkeitsdebatte, in welchem ich nicht zu Worte kommen durfte, zu einem eigenen Sammelband gezwungen hätte.
Die Eindringlichkeit Ihres Wunsches nach einem Gespräch mit Rom kann ich durchaus verstehen. Wenn ich von deutschen Kollegen richtig orientiert wurde, habe ich es vor allem Ihnen zu verdanken, dass diese Möglichkeit erneut in das Schreiben der Glaubenskongregation aufgenommen wurde. Dafür bin ich Ihnen aufrichtig dankbar, da auf diese Weise ein frontaler Zusammenstoss mit dieser Behörde mit allen unvermeidbaren Auswirkungen fürs erste vermieden werden konnte. Deshalb kann ich denn auf Ihren in so freundlicher Weise ausgesprochenen Wunsch sogleich antworten: Ich war stets zu einem Gespräch mit Rom bereit und werde es ungeachtet aller Vorfälle auch weiterhin bleiben. Auf die öffentliche Aufforderung Kardinal Döpfners hin habe ich mich auch in aller Öffentlichkeit bereit erklärt, durch eine sachliche Mitwirkung zu einer zufriedenstellenden Klärung beizutragen.
Sachliche Mitwirkung ist freilich von beiden Seiten gefordert. Erstaunt hat mich in diesem Zusammenhang, dass weder der Brief der Glaubenskongregation vom 4. Juli 1973 noch Ihr eigener Brief auf die zentrale Frage nach gerechten und fairen Bedingungen für ein solches Gespräch, wie ich sie bereits schon in meinem Brief vom 30. Mai 1968 an die Glaubenskongregation entwickelt und in meinem letzten Brief vom 24. Januar 1972 (veröffentlicht in »Fehlbar?«) wiederholt habe, eingegangen sind. Immer wieder habe ich in verschiedener Weise deutlich gemacht, dass ich zu jedem echten Gespräch bereit bin, jegliche

Inquisition aber von vornherein ablehne. Zweimal habe ich in Deutschland mit Ihnen zusammen an Gesprächen teilgenommen, was meine ehrliche Bereitschaft beweisen mag. Mit Rom aber konnte bisher weder ein Termin noch ein Themenkatalog vereinbart werden. Die Fragen meines letzten Schreibens bezüglich gerechter und fairer Bedingungen wurden von der Kongregation mit keinem Wort beantwortet. Noch immer werden mir Einsicht in die Akten, angemessene Verteidigungsmöglichkeit, der Name des mir von der Kongregation zugewiesenen Verteidigers sowie angemessene Fristen für beide Seiten verweigert. Stattdessen greift nun die Kongregation in eklatanter Weise durch eine allgemeine öffentliche Erklärung zu den in den beiden Büchern anstehenden Fragen in das schwebende Verfahren ein und fungiert dabei zugleich als Anklägerin, Gesetzgeberin und Richterin. Trotz dieser ungewöhnlichen Vorgänge möchte ich bei meiner Bereitschaft zum Gespräch bleiben. Nachdem man aber in Rom anderthalb Jahre mit einer Antwort auf meinen Brief gewartet und nun das Ergebnis des Gesprächs in unverständlicher Weise durch eine öffentliche Erklärung präjudiziert hat, wird man mir gewiss die nötige Zeit zugestehen müssen, um zu überlegen, was sich aus dieser neuen, juristisch wie theologisch komplexen Situation für ein derartiges Kolloquium ergibt. Ich bitte Sie deshalb um Verständnis, dass ich mich dazu zur Zeit noch nicht genauer äussern kann. Ich bin mir wohl bewusst, dass die ganze Angelegenheit mit grösster Behutsamkeit behandelt werden muss, wenn noch grösserer Schaden für die Glaubwürdigkeit der katholischen Kirche in Deutschland und in der Welt abgewendet werden soll.
Sie werden bereits festgestellt haben, dass die römische Erklärung überall, und selbst in Italien, die schlechtest mögliche Presse gefunden hat und weder beim Klerus noch beim Volk wirklich »angekommen« ist. Die Auswirkungen für die Ökumene wären verheerend, wenn die Erklärung von der Kirche »rezipiert« würde, was freilich unwahrscheinlich ist. Umso mehr hat es allgemein Verwunderung hervorgerufen, wie sich deutsche Bischöfe unkritisch hinter die römische Aktion und gegen einen ihrer eigenen Theologen gestellt haben. Zum Wohl unserer Kirche wäre von Herzen zu hoffen, dass die Bischöfe, die wieder einmal von Rom bezüglich des Textes des Doku-

ments nicht konsultiert worden sind, sich zu einer vorurteilslosen Sicht der Dinge durchringen würden. In Rom möchte man in diesen wie in anderen Fällen gern, dass die Bischöfe für die Kurie die Kastanien aus dem Feuer holen. In Deutschland aber dürften sich, wie ich den Erklärungen der Bischofskonferenz entnehme, Bischöfe und Theologen darüber einig sein, dass die Freiheit der theologischen Forschung nicht unterdrückt, der Fortgang der ökumenischen Bemühungen nicht gestoppt, die Ansätze des Zweiten Vatikanischen Konzils nicht rückgängig gemacht werden dürfen.

Was meine eigene Position in der ganzen Angelegenheit betrifft, so dürfte es auch für Rom wichtig sein zu wissen, was ich hier in aller Kürze feststelle: dass ich mich für meine Sache, die wahrhaftig nicht nur die meine ist, mit allen legitimen Mitteln zu wehren gedenke. Ich darf weder gegen mein Gewissen handeln, das ich in aller Fehlbarkeit am Evangelium zu orientieren versuche, noch darf ich die zahllosen Menschen enttäuschen, die in aller Welt auf diesen Weg für die Zukunft ihre Hoffnung setzen und von mir persönlich – wie in diesen Tagen in ungezählten Briefen und Gesprächen zum Ausdruck gebracht, – ein Bleiben in der Kirche und unprätentiöse Standfestigkeit erwarten. Und nachdem ich es nun schon rund zehn Jahre mit der römischen Inquisitionsbehörde zu tun habe, wird man es mir vielleicht glauben, dass ich das, wenn es denn sein muss, Deo bene volente auch noch weitere zehn Jahre aushalten werde. Jedenfalls wäre – das sei ganz klar ausgesprochen – irgendeine disziplinäre Massnahme nicht das Ende, sondern der Anfang der eigentlichen Auseinandersetzung, deren Ende nicht abzusehen wäre. Die Auswirkungen sowohl im innerkirchlich-pastoralen wie im staatspolitisch-universitären und schliesslich auch im ökumenischen Bereich möchte ich Ihnen und mir nicht ausmalen. Gewiss haben auch Sie in den vergangenen Wochen erfahren, wie sehr zahllose Menschen, Männer und Frauen in und ausserhalb unserer Kirche, besonders aber viele Priester und Theologiestudenten, von der generalstabsmässig gegen mich vorbereiteten Aktion zutiefst betroffen sind. Ich habe die Möglichkeiten zur Aufklärung der Öffentlichkeit nur begrenzt wahrgenommen und zugleich einer weiteren Eskalation vorgebeugt, indem ich bisher öffentliche Stellungnahmen bestimmter Gruppen und Solidarisierungen nicht nur nicht herausgefordert, sondern verhindert habe. Doch wäre ich umgekehrt den Bischöfen ausserordentlich dankbar, wenn sie ihrerseits einer römischen Eskalation, deren Folgen wir gemeinsam zu tragen hätten, aus ihrer pastoralen Verantwortung heraus energisch entgegenwirkten. Darüber ist man sich auch in Rom im klaren: Gegen den Willen der Bischöfe kann Rom in Deutschland keine Massnahme durchsetzen.

Ich darf zum Schluss, sehr verehrter, lieber Herr Kardinal, Sie in etwas persönlicherer Form ansprechen: Es tut mir aufrichtig leid, und dies habe ich schon bei einem früheren Zusammentreffen ausgesprochen, dass zwischen Ihnen und mir keine konstruktivere Zusammenarbeit Wirklichkeit geworden ist. Deshalb möchte ich gerade bei dieser für beide Seiten mehr als unliebsamen Auseinandersetzung die tiefe Gemeinsamkeit in Fundament und Ziel hervorheben. Sie kennen mich seit so vielen Jahren gut genug um zu wissen, dass es mir in all meinem theologischen Tun und Lassen nach bestem Wissen und Gewissen um das wahrhaft Christliche in Kirche und Welt zu tun ist, dessen Aushöhlung ich jederzeit nicht nur nach rechts, sondern auch nach links entgegentrete. Von daher nur lässt sich verstehen – obwohl es mir natürlich leicht als Stolz, Arroganz und »Unfehlbarkeit« ausgelegt werden kann –, dass ich, meiner eigenen Fehlbarkeit durchaus bewusst, in manchen Dingen so deutlich und unmissverständlich zu reden habe und es auch in diesem Brief, wo der Ernst der Stunde keine Verharmlosung zulässt, getan habe. Ich verspreche Ihnen jedoch, dass ich ohne Rücksicht auf Protokoll und persönliches Prestige gerne zu jeder honorigen, ehrlichen und gerechten Lösung in christlichem Geiste beitragen werde. Zugleich bitte ich Sie, mit Ihren Mitbischöfen sich dafür einsetzen zu wollen, dass man sich auch in Rom um eine honorige, ehrliche und gerechte Lösung bemüht. Ich erwarte im Grunde nicht mehr und nicht weniger, als dass ich in Ruhe forschen und lehren kann, wie dies meinem Auftrag als Lehrer der Theologie in der katholischen Kirche entspricht. Zu ihr werde ich immer in voller Loyalität und eindeutiger Treue stehen.

In aufrichtiger Verbundenheit sendet Ihnen herzliche Grüsse

Ihr sehr ergebener
Hans Küng

Beilagen: Presseerklärung vom 10. Juli 1973, Interview mit Herder-Korrespondenz August 1973

Kopien: Kardinal Dr. Julius Döpfner, Bischof Dr. Carl Joseph Leiprecht

12 Brief Professor Küngs an Kardinal Döpfner vom 27. Juli 1973

PROF. DR. HANS KÜNG
74 TÜBINGEN
WALDHÄUSERSTRASSE 23

27. Juli 1973

Herrn
Kardinal Dr. Julius Döpfner
Erzbischof von München und Freising
8 München 2
Ludwigstrasse 22

Sehr verehrter Herr Kardinal,
Ich war erstaunt über die Einseitigkeit Ihrer Stellungnahme in der Unfehlbarkeitsdebatte. Wieder einmal mehr wurden die römischen Instanzen von jeglicher auch nur der leisesten Kritik verschont, während ein Theologe getadelt wird, der sich mit legitimen Mitteln gegen einen Angriff auf seine katholische Kirchlichkeit zur Wehr setzt.
Obwohl es ein leichtes gewesen wäre, im selben Stil auch öffentlich zu replizieren, habe ich, um die von Rom aus schon genügend dramatisierte Situation nicht noch mehr anzuheizen, auf eine direkte Erwiderung verzichtet und die beiliegende Erklärung vom 10. Juli abgegeben. Meine eigene Einstellung ergibt sich aus dem Brief an Herrn Kardinal Volk sowie aus dem Interview in der Herder-Korrespondenz.
Aus all dem können Sie sehen, dass ich auf Ihr Anliegen einer »sachlichen Mitwirkung zu einer zufriedenstellenden Klärung« eingegangen bin. Ich werde auch weiterhin in voller Loyalität

und steter Treue zur katholischen Kirche alles tun, um noch grösseren Schaden für die Glaubwürdigkeit der katholischen Kirche abzuwenden. Ich darf zugleich meinem Wunsche Ausdruck geben, dass Sie in Rom Ihren ganzen Einfluss geltend machen, damit man sich auch dort um eine »sachliche Mitwirkung zu einer zufriedenstellenden Klärung« bemüht. Statt zu einer solchen die Voraussetzungen zu schaffen, haben dortige unerleuchtete Geister eine Eskalation in Gang gesetzt und möchten dafür gerne, ohne sich über die möglichen Auswirkungen einer weiteren Auseinandersetzung im klaren zu sein, den deutschen Episkopat einspannen.

Falls sich einmal die Gelegenheit zu einem persönlichen Gespräch mit Ihnen ergäbe, würde mich dies freuen. Ich bedaure jedenfalls, dass diese ganze wenig glückliche Angelegenheit in die Zeit Ihrer Krankheit fiel. Ich hoffe sehr, dass Sie sich unterdessen gut erholen konnten, um voll genesen Ihre ganze Kraft erneut der Kirche in Deutschland zur Verfügung stellen zu können.

Mit allen guten Wünschen für Ihre Gesundheit und freundlichen Grüssen

Ihr sehr ergebener
Hans Küng

13 Brief Professor Küngs an Bischof Leiprecht vom 27. Juli 1973

PROF. DR. HANS KÜNG
74 TÜBINGEN
WALDHÄUSERSTRASSE 23

27. Juli 1973

Herrn
Bischof Dr. Carl Joseph Leiprecht
7407 Rottenburg

Sehr verehrter, lieber Herr Bischof,
Aus dem beiliegenden Brief an Herrn Kardinal Volk können Sie ersehen, dass ich auch Ihren Wunsch nach einem Gespräch positiv aufzunehmen gedenke, wenn ich auch an gerechten und fairen Bedingungen festhalten muss. Der gegenwärtige Stand der Dinge wird deutlich aus dem Interview der Herder-Korrespondenz, das ich Ihnen in einem Vorabzug beilege.
Sowohl meine Kollegen wie unsere Studenten in Tübingen haben ohne mein Zutun Initiativen ergriffen, um an Sie beziehungsweise die deutschen Bischöfe zu schreiben. Als ich darüber orientiert wurde, habe ich sehr darauf gedrungen, dass man im gegenwärtigen Stadium der Auseinandersetzung von allen öffentlichen Schritten absieht. Auch habe ich verschiedentlich darauf bestanden, dass beabsichtigte Solidarisierungskampagnen unter Klerus und Laien unterblieben. Ich hoffe damit auch in Ihrem Sinne gehandelt zu haben.
Die erste Phase der Auseinandersetzung ist glücklicherweise nicht zu meinen Ungunsten ausgegangen. Die zweite wird sich nun mehr hinter den Kulissen im Briefwechsel mit Rom abspielen. Ich werde Sie über meine Schritte auf dem laufenden halten. Jeder Schritt muss genau überlegt sein, und ich möchte alle überstürzte Eile tunlichst vermeiden.
Ab Ende dieser Woche bin ich unter meiner Schweizer Adresse in Sursee zu erreichen, wo ich mich von den nicht gewöhnlichen Strapazen der vergangenen Wochen zuerst ein wenig zu erholen gedenke. Ich hoffe, dass auch Sie einige erholsame Ferienwochen vor sich haben.

Ich darf Ihnen zum Schluss sehr herzlich danken für das Verständnis, das Sie, lieber Herr Bischof, und Ihre Mitarbeiter in dieser schwierigen Situation mir entgegengebracht haben.
In aufrichtiger Ergebenheit sendet Ihnen freundliche Grüsse

Ihr
Hans Küng

14 Brief der Professoren des Fachbereichs Katholische Theologie der Universität Tübingen an die deutschen Bischöfe vom 27. Juli 1973

74 Tübingen, den 27. Juli 1973
Liebermeisterstrasse 12

An den Vorsitzenden der Deutschen Bischofskonferenz
Herrn Julius Kardinal Döpfner
Erzbischof von München und Freising,
an die Erzbischöfe der Diözesen in der
Bundesrepublik Deutschland

Hochverehrte Herren Kardinäle!
Sehr verehrte Herren Erzbischöfe und Bischöfe!
Die unterzeichnenden Professoren der katholischen Theologie der Universität Tübingen wenden sich aus Anlass des Verfahrens der Kongregation für die Glaubenslehre gegen unseren Kollegen Hans Küng in ernster Sorge an die deutschen Bischöfe.
Eingangs möchten wir ausdrücklich feststellen, dass wir uns der Verantwortung der Theologen für die echte Einheit und den wahren Frieden für die Kirche und ihrer Glieder bewusst sind. Wir bejahen das Lehramt des Papstes und der Bischöfe und verstehen unsere Aufgabe als eine Teilhabe an ihrer Verantwortung. Lehramt und Theologie leben aus dem vom Glauben getragenen Ringen um ein lebendiges Verständnis der Wahrheit. Dieses Ringen muss jedoch in einer dem Wesen der Wahrheitsfindung und der Glaubwürdigkeit der Kirche dienlichen Weise erfolgen.

1. Herr Kollege Küng hat mit seinen beanstandeten Büchern »Die Kirche« und »Unfehlbar? Eine Anfrage« weltweit eine intensive theologische Diskussion in Gang gesetzt, die noch keineswegs zu einem wissenschaftlichen Konsens geführt hat. Angesichts der in Rede stehenden äusserst diffizilen Fragen halten wir ein Verfahren, wie es die Glaubenskongregation aus diesem Anlass praktiziert, für sachlich nicht angemessen. Nach unserer Ueberzeugung können strittige Fragen im Bereich der wissenschaftlichen Theologie in der Regel nicht durch disziplinäre Maßnahmen erledigt werden, ohne dass sich dies folgenschwer rächt. Die antimodernistischen Massnahmen und die Entscheidungen der Bibelkommission belegen das in vielfacher Weise. Das Verfahren gegen Hans Küng bedeutet leider nichts anderes als die Wiederaufnahme einer Praxis, die dem Ansehen der Theologie als Wissenschaft und der Kirche insgesamt geschadet hat.

Wir bedauern dies besonders deshalb, weil gegenwärtig der Kirche viel schwerere Gefahren drohen. Es hat den Anschein, als übersähe das kirchliche Lehramt die Tatsache, dass heute die grundsätzliche geistige Auseinandersetzung in einer ganz anderen Richtung und mit anderen Fronten ausgetragen wird.

2. Die Unterzeichner halten dafür, dass, wann immer die Kongregation für die Glaubenslehre oder die Bischöfe sich genötigt glauben, eine bestimmte Lehrmeinung beanstanden zu müssen, dies nicht nur in einem ordentlichen und korrekten, sondern auch in einem sachlich angemessenen Verfahren und auf eindeutiger theologischer Grundlage geschehen muss. Die Deutsche Bischofskonferenz hat diesem Grundsatz durch die Aufstellung von Normen für ein Lehrbeanstandungsverfahren Rechnung zu tragen versucht. Dagegen lässt die von der Glaubenskongregation 1971 erlassene Verfahrensordnung für die Prüfung von Lehrmeinungen wesentliche, heute allgemein bejahte Sicherungen der Rechte der Betroffenen ausseracht. Es ist heute in der staatlich-bürgerlichen Verwaltungspraxis der zivilisierten Rechtsstaaten selbstverständlich, dass der Betroffene ein Recht auf Akteneinsicht und angemessene Verteidigung nicht nur im Strafverfahren hat.

In diesem Zusammenhang verweisen wir auf die diesbezüglichen Grundsätze, die von mehr als dreizehnhundert Theologen unterstützt und am 17. 12. 1968 dem Päpstlichen Sekretariat übergeben worden sind. Wir stellen uns hinter diese Erklärung und bitten die Bischöfe, sich dafür einzusetzen, dass diese Verfahrensgrundsätze im Geist der aequitas canonica auch von der Glaubenskongregation im Interesse der Wahrheit ebenso wie im Interesse des Ansehens der Kirche und der Personwürde der Betroffenen beachtet werden. Wir erlauben uns, Ihnen diese Grundsätze in Anlage beizufügen.

3. In diesem Zusammenhang bitten wir ferner die deutschen Bischöfe, auch die pastoralen Konsequenzen zu bedenken, die ein Verfahren, das viele als nicht den heutigen Rechtsgrundsätzen und dem Wesen der theologischen Wissenschaft entsprechend empfinden, nach sich ziehen wird. Zweifellos hängt für nicht wenige – zu Recht oder zu Unrecht – ihr Urteil über die Kirche und den Fortgang der vom Konzil angestossenen Neuerung wesentlich davon ab, wie das Lehramt der Kirche mit einem Manne verfährt, dessen kirchliche Gesinnung und dessen Einsatz für die Glaubwürdigkeit der Kirche auch von jenen nicht bestritten werden, die theologisch im Einzelnen andere Ansichten vertreten.

An diesem Punkt stellt sich die Frage, ob die Kirche in der Oeffentlichkeit unseres Landes auf eine breite Wirksamkeit, auf das Vertrauen in ihre Rechtlichkeit und auf die Hochschätzung der Lauterkeit ihrer Botschaft und ihres dementsprechenden Verhaltens verzichten will. Die deutschen Bischöfe werden auch zu prüfen haben, ob der Rat jener, die, unter Berufung auf das Wort von der »kleinen Herde«, harte Abgrenzungen verlangen, dem universalen Verkündigungsauftrag der Kirche und ihrer Tradition entspricht.

4. Endlich bitten wir die deutschen Bischöfe zu bedenken, dass in den letzten Jahren die Frage nach dem Verbleib der kirchlichen Theologie an staatlichen Universitäten ebenso wieder aktuell geworden ist wie jene nach der Verfassungsgemässheit der Kirchensteuer. Ueberdies sind an einigen Universitäten bereits eigene religionswissenschaftliche Studiengänge eingerichtet worden oder werden geplant. Man muss auch beachten, dass in der gegenwärtigen Situation ein Entzug der missio canonica und erst recht ein Lehrbeanstandungsverfahren, das nicht nach klaren und verfahrensrechtlich einwandfreien Grundsätzen und

nach eindeutigen theologischen Kriterien geführt wird, diese und noch weitergehende Bestrebungen gewiss fördern werden. Ein Verfahren, das nicht allen heute üblichen Rechtserfordernissen entspricht, wird auf jeden Fall den Kräften politischen Auftrieb geben, die die besondere Rechtsstellung der Kirche aufgrund der Konkordate einer wachsenden Kritik unterziehen. Wenn der Hl. Stuhl und die deutschen Bischöfe in den anstehenden theologischen Diskussionen nicht mit der gebotenen Klugheit und Sorgfalt verfahren, wird die historisch gewachsene Stellung der Kirche in der Bundesrepublik Deutschland Schaden nehmen.
Aus diesem Grund bitten wir die deutschen Bischöfe dringend, ihren Einfluss dahingehend geltend machen zu wollen, dass das Verfahren über die Werke von Herrn Küng auch vor den Augen einer kritischen Oeffentlichkeit als ein korrektes und rechtmässiges bestehen kann.
Schliesslich möchten wir nicht versäumen, den Bischöfen zu danken, die schon bisher darum bemüht waren, die Möglichkeit für sachliche Klärungen theologischer Streitfragen offen zu halten.
Ihre sehr ergebenen
gez.: A. Auer, G. Greshake, H. Haag, W. Kasper, W. Korff, J. Neumann, R. Reinhardt, M. Seckler, H. J. Vogt

f. d. R. *Neumann*
(Prof. Dr. J. Neumann)

15 Erklärung der 1360 katholischen Theologen für die Freiheit der Theologie (1968)

In voller Loyalität und eindeutiger Treue zur katholischen Kirche sehen sich die unterzeichneten Theologen veranlasst und verpflichtet, mit grossem Ernst öffentlich darauf hinzuweisen: die durch das 2. Vatikanische Konzil wieder gewonnene Freiheit der Theologen und der Theologie zum Dienst an der Kirche darf heute nicht erneut gefährdet werden. Diese Freiheit ist eine Frucht und Forderung der befreienden Botschaft Jesu selbst und bleibt ein wesentlicher Aspekt der von Paulus verkündeten

und verteidigten Freiheit der Kinder Gottes in der Kirche. Daher obliegt es allen Lehrern in der Kirche, das Wort zu verkünden opportune importune, gelegen oder ungelegen.
Diese Freiheit bedeutet für uns Theologen zugleich die schwere Verantwortung, die echte Einheit und den wahren Frieden der Kirche und all ihrer Glieder nicht zu gefährden. Wir sind uns wohl bewusst, dass auch wir Theologen in unserer Theologie irren können. Aber wir sind überzeugt, dass irrige theologische Auffassungen nicht durch Zwangsmassnahmen erledigt werden können. In unserer Welt können sie wirkungsvoll nur durch eine unbehinderte sachliche wissenschaftliche Diskussion korrigiert werden, in der die Wahrheit durch sich selbst siegen kann. Wir bejahen mit Überzeugung ein Lehramt des Papstes und der Bischöfe, das unter dem Worte Gottes und im Dienste der Kirche und ihrer Verkündigung steht. Aber wir wissen zugleich, dass dieses pastorale Verkündigungsamt die wissenschaftliche Lehraufgabe der Theologen nicht verdrängen oder behindern darf. Jegliche Art von noch so subtiler Inquisition schadet nicht nur der Entwicklung einer gesunden Theologie. Sie fügt zugleich der Glaubwürdigkeit der gesamten Kirche in der Welt von heute unabsehbaren Schaden zu. Wir erwarten deshalb vom pastoralen Verkündigungsamt des Papstes und der Bischöfe ein selbstverständliches Vertrauen zu unserer kirchlichen Gesinnung und die vorurteilslose Unterstützung unserer theologischen Arbeit zum Wohle der Menschen in Kirche und Welt. Wir möchten unserer Pflicht, die Wahrheit zu suchen und zu sagen, nachkommen ohne Behinderung durch administrative Massnahmen und Sanktionen. Wir erwarten, dass man unsere Freiheit respektiert, wo immer wir nach bestem Wissen und Gewissen unsere begründete theologische Überzeugung aussprechen oder publizieren.
Weil nun gegenwärtig wieder eine Gefährdung der freien theologischen Arbeit zu wachsen scheint, sehen wir uns veranlasst, eine Reihe konstruktiver Vorschläge zu machen. Ihre Verwirklichung halten wir für unerlässlich, damit Papst und Bischöfe ihre Aufgabe auch im Hinblick auf die Funktion der Theologen in der Kirche angemessen und würdig erfüllen können.
1. Die Behörden der römischen Kurie, insbesondere die Kongregation für die Glaubenslehre, werden auch nach einer gewissen

Internationalisierung durch Papst Paul VI. sich solange des Anscheins der Parteilichkeit zugunsten einer bestimmten theologischen Richtung ausgesetzt sehen, als sie in ihrer personellen Zusammensetzung der legitimen Vielfalt heutiger theologischer Schulen und Mentalitäten nicht deutlich Rechnung tragen.

2. Dies gilt in erster Linie für das entscheidende Organ der Kongregation für die Glaubenslehre, die Vollversammlung der Kardinäle (»Plenaria«). Hier sollte die Altersgrenze von 75 Jahren eingeführt werden.

3. Als Konsultoren sollen nur ausgewiesene und allgemein anerkannte Fachleute berufen werden. Ihre Amtszeit ist definitiv zu begrenzen und soll in keinem Fall die Altersgrenze von 75 Jahren übersteigen.

4. Die von der Bischofssynode gewünschte internationale Theologenkommission, die ebenfalls die verschiedenen theologischen Richtungen und Mentalitäten in der Kirche in gerechter Verhältnismässigkeit umfassen soll, möge umgehend errichtet werden. Mit ihr soll die Glaubenskongregation aufs engste zusammenarbeiten. Auch sollen die Kompetenzen der Kongregation und der bischöflichen Kommissionen für die Glaubensfragen innerhalb der Bischofskonferenzen grundsätzlich und klar abgegrenzt werden.

5. Wenn die Kongregation für die Glaubenslehre in ausserordentlichen und gewichtigen Einzelfällen genötigt zu sein meint, einen Theologen oder eine Gruppe von Theologen wegen ihrer Lehre zu beanstanden, so hat dies in jedem Fall (die Ordensleute nicht ausgenommen) in einem geordneten Verfahren zu geschehen. Für dieses Verfahren ist, entsprechend den Anweisungen des Papstes für die Reform des Sanktum Offizium »Integrae servandae« vom 7. Dezember 1965, eine klare und bindende Verfahrensordnung auszuarbeiten und endlich rechtmässig zu publizieren. Die Kompetenz der Kongregation für die Glaubenslehre soll dabei klar auf theologische Sachfragen begrenzt sein. Für rein persönliche Angelegenheiten kann nur der ordentliche Rechtsweg beschritten werden.

6. In der Verfahrensordnung, die auch im revidierten kirchlichen Gesetzbuch ihren Niederschlag finden soll, müsste folgendes garantiert sein:

a) Die Prüfung von Glaubensfragen durch die Kongregation hat

zu erfolgen aufgrund von authentischen Veröffentlichungen des Verfassers selbst in der Originalsprache, nicht aber aufgrund von unautorisierten Berichten oder Übersetzungen. Es soll von Anfang an ein von der Kongregation beauftragter amtlicher Verteidiger des betreffenden Theologen (relator pro auctore) hinzugezogen werden. Nach erfolgter Begutachtung werden alle beanstandeten Lehren dem betreffenden Theologen schriftlich mitgeteilt zugleich mit allen eventuell vorliegenden Gutachten, Dekreten, Relationes und wichtigen Aktenstücken. Der betreffende Theologe nimmt zu diesem Material schriftlich Stellung.
b) Befriedigt diese Stellungnahme nicht, so sind zu den strittigen Fragen zwei oder mehrere Fachgutachten anerkannter Theologen einzuholen, von denen wenigstens die Hälfte der betreffende Theologe selbst bestimmen kann.
c) Sollte danach eine persönliche Aussprache für notwendig erachtet werden, so sind dem betreffenden Theologen die Namen der Gesprächspartner, der Gegenstand des Gesprächs und der volle Wortlaut aller bestehenden Gutachten, Dekrete, Relationes und sonstiger wichtiger Protokolle und Aktenstücke rechtzeitig vorher mitzuteilen. Der Theologe kann das Gespräch in jeder von ihm gewünschten Sprache führen und einen Fachmann zu seiner Unterstützung mitbringen. Eine Verpflichtung zur Geheimhaltung besteht nicht. Über dieses Gespräch geht ein von allen Teilnehmern unterzeichnetes Protokoll an die Kongregation.
d) Wenn es nach dem Urteil der Kongregation auch nach diesem Kolloquium eindeutig erwiesen ist, dass die beanstandeten Lehren dem wirklich verpflichtenden Bekenntnis der Kirche eindeutig widersprechen und weite Kreise im Glaube gefährden, so soll die Kongregation diese Lehren in einer begründeten Stellungnahme öffentlich widerlegen.
e) Unbeschadet der Verbindlichkeit kirchlicher Lehrautorität sind in der heutigen gesellschaftlichen Situation darüberhinausgehende Massnahmen administrativer und wirtschaftlicher Art gegen Autoren oder Verlage in der Regel als nutzlos oder gar schädlich zu unterlassen.
7. Da aller Glaube ohne Liebe nichts ist, so muss in allem Bemühen um die Wahrheit in der Kirche nach den Grundsätzen der christlichen Caritas verfahren werden.

16 Brief Bischof Leiprechts an Professor Küng vom 30. Juli 1973

DER BISCHOF VON ROTTENBURG

7407 Rottenburg am Neckar,
den 30. Juli 1973
Postfach 9

Herrn
Professor Dr. Hans Küng
z. Zt.
CH-6210 Sursee
Seehaus

Lieber Herr Professor!
Für Ihren Brief vom 27. Juli aus Tübingen mit den verschiedenen Anlagen danke ich Ihnen sehr. Ich habe mit besonderem Interesse vom Inhalt Ihres Briefes an Herrn Kardinal Volk Kenntnis genommen.
Nach wie vor sehe ich in einem Gespräch mit der Glaubenskongregation die einzige Möglichkeit, um aus der sich immer mehr verdichtenden Situation herauszukommen. Ich möchte annehmen, daß Sie auch Verständnis haben für die Belastungen, denen ein Bischof ausgesetzt ist, dem daran gelegen ist, daß unnötige Kollisionen vermieden werden. Es ist gut, daß wir uns keine Illusionen machen über künftige Entwicklungen, sollte es zu keinem versöhnlichen Ausgang kommen. Darum bitte ich Sie noch einmal ganz dringend, alles zu tun, was von Ihrer Seite aus möglich ist, um solches zu verhindern.
Für Ihren Aufenthalt in der Schweiz wünsche ich Ihnen die so notwendige Entspannung und Erholung. Ich werde in den kommenden Wochen ebenfalls versuchen, neue Kräfte zu sammeln. Die Nachwirkungen des vor bald 2 Jahren erlittenen Herzinfarkts sind eben noch spürbar, wenn ich mich auch wider Erwarten gut erholt habe.

Mit freundlichen Grüßen
Ihr
† Carl Jos. Leiprecht
(Bischof)

17 Brief der Glaubenskongregation an Professor Küng vom 16. August 1973

SACRA CONGREGATIO
PRO DOCTRINA FIDEI

Roma, den 16. August 1973.
Piazza del S. Uffizio, 11

PROT. N. 399/57/i
(In responsione fiat mentio huius numeri)

Sehr geehrter Herr Professor!
In unserem unter dem 4. Juli 1973 an Sie gerichteten Schreiben haben wir der Erwartung Ausdruck gegeben, bald im Besitz Ihrer Antwort zu sein.
Da wir bis heute eine solche nicht erhalten haben, sehen wir uns veranlasst, Sie daran zu erinnern und zugleich einen Termin zu setzen. Wir erwarten, dass wir innerhalb eines weiteren Monats, spätestens bis 20. September, Ihre Stellungnahme zu unserem Schreiben erhalten.
Wir sind in der Tat der Meinung, dass eine Spanne von zweieinhalb Monaten für eine Äusserung Ihrerseits hinreichend sein dürfte.
Mit dem Wunsche, eine positive Antwort von Ihnen zu erhalten, und dem Ausdruck der Hochachtung

Franc. Card. Šeper, Präf.
Fr. Jérôme Hamer o. p. Sekr.

Hochwürdigen Herrn
Prof. Dr. Hans Küng
Waldhäuserstrasse 23
D-74 — Tübingen
Deutschland

18 Brief Professor Küngs an Papst Paul VI. vom 22. September 1973

PROFESSOR DR. HANS KÜNG
74 TÜBINGEN · WALDHÄUSERSTR. 23

22. September 1973

Seiner Heiligkeit
Papst Paul VI.
Città del Vaticano

Heiligkeit,
Das Wohlwollen, das Sie mir verschiedentlich gezeigt haben, ermutigt mich, auch dieses Mal mich persönlich an Sie als den obersten Hirten unserer Kirche zu wenden. Zwar fühlte ich mich verpflichtet, meine Kritik an dieser unserer Kirche nach bestem Wissen und Gewissen offen auszusprechen. Aber auch in meinen letzten Büchern war es immer eine Kritik aus Liebe, und Sie kennen mich seit vielen Jahren und wissen, wie sehr mir an der vollen Loyalität und eindeutigen Treue zu unserer katholischen Kirche gelegen ist, aus der ich mich auf keinen Fall hinausdrängen lasse.
Nun laufen seit vielen Jahren in der Glaubenskongregation Verfahren wegen »Die Kirche« und »Unfehlbar? Eine Anfrage«. Sie haben bisher kein Ergebnis gezeitigt. Vertrauensvoll möchte ich mir gestatten, Ihnen gegenüber zu diesem Verfahren in Kürze und – wofür ich um Verständnis bitte – nicht in stile curiale Folgendes zu bemerken:
1. Immer wieder neu musste ich gegen die Rechtmässigkeit der eingeleiteten Verfahren grundsätzlichen Einspruch erheben und zugleich gewichtige Fragen bezüglich der theologischen Problematik aufwerfen. Aber in beiden Punkten habe ich bisher von der Kongregation keine Antwort bekommen.
2. Die von der Glaubenskongregation zuletzt im Zusammenhang der Erklärung »Mysterium Ecclesiae« betriebene Eskalation dieser Angelegenheit wird von vielen Bischöfen, Priestern, Theologiestudenten, Männern und Frauen und überdies von der ganzen Weltpresse mit grösster Besorgnis verfolgt. Sollte

mir eine weitere Eskalation aufgezwungen werden, müsste ich sie annehmen. Aber die Auswirkungen wären unabsehbar; es würden die Polarisierungen verschärft, unnötige laute und stille Proteste ausgelöst, die öffentliche Glaubwürdigkeit der katholischen Kirche und Roms weiter erschüttert und eine Auseinandersetzung ohne Ende ausgelöst. Nicht nur innerhalb der katholischen Kirche, sondern auch in der Ökumene sind die gesteigerten Angriffe gegen mich auf Unverständnis gestossen.
3. Mir selber liegt daran, dass aus dieser Sache nicht eine causa maior der nachkonziliaren Kirchengeschichte wird. Bei allem Eintreten für die Freiheit der Theologie bin ich gerne bereit, zu jeder anständigen, ehrlichen und gerechten Lösung in christlichem Geist beizutragen. Ich erwarte im Grunde nicht mehr und nicht weniger, als dass ich, ohne verdächtigt zu werden, forschen und lehren kann, wie es meinem Auftrag als Lehrer der Theologie in der katholischen Kirche entspricht.
4. Durch ihre »Erklärung« hat die Kongregation in aller Öffentlichkeit zur Sache gesagt, was sie glaubte sagen zu müssen. Ist es die Wahrheit, wird sie sich von selbst durchsetzen. Ich meinerseits habe zur Diskussion um »Die Kirche« und »Unfehlbar?« in ausführlichen Veröffentlichungen Stellung genommen und werde auch weiterhin, meiner Fehlbarkeit bewusst, für begründete Kritik an meinen Auffassungen offen und dankbar sein. Im übrigen bin ich nicht auf diese Themen fixiert. Bereits bin ich dazu übergegangen, mich mit anderen zentraleren theologischen Themen – insbesondere eine Einführung in den christlichen Glauben – zu beschäftigen.
5. Meine Frage an die Kongregation ist somit: Wäre es, nachdem von beiden Seiten das Notwendige gesagt wurde, nicht an der Zeit, die katholischen Theologen diese komplexen Fragen aufgrund der bisherigen Stellungnahmen unbehindert durch Disziplinarmassnahmen ausdiskutieren zu lassen? Wäre es nicht besser, diese Frage zwischen der Kongregation und mir ruhen zu lassen und das Urteil über die Antwort der Geschichte anheimzustellen? Mir liegt wenig daran, recht zu haben. Die Wahrheit soll an den Tag kommen, nicht mehr und nicht weniger.
6. Aus allen diesen Gründen habe ich der Kongregation einen konkreten Vorschlag gemacht: Es mögen die schon so lange lau-

fenden Verfahren kirchlicher Stellen, bei denen weder für die eine noch für die andere Seite etwas Gutes herauskommen kann, endgültig und ohne weitere Konsequenzen eingestellt werden.
Ich weiss, dass ein Wort von Ihnen, Heiligkeit, genügt, um die Angelegenheit auf den richtigen Weg zu bringen. Nicht nur um meine Person geht es dabei, sondern um unsere Kirche, die die Sachwalterin Jesu Christi sein sollte. Ich bitte Sie deshalb sehr inständig um Ihre helfende Vermittlung und grüsse Sie

in aufrichtiger Ergebenheit
Hans Küng

19 Brief Professor Küngs an die Glaubenkongregation vom 22. September 1973

Institut für Ökumenische Forschung
der Universität Tübingen
Direktor: Prof. DDr. H. Küng

74 Tübingen, den 22. Sept. 1973
Nauklerstrasse 37 a

Herrn
Kardinal Franjo Šeper
Präfekt der Kongregation für die Glaubenslehre
Città del Vaticano

Sehr verehrter Herr Kardinal,
Ihr aus Rom datiertes Schreiben vom 4. Juli 1973 erreichte mich in Tübingen am Morgen des 5. Juli. Ich möchte es mir versagen, näher einzugehen auf die auch in der Öffentlichkeit wohl beachteten merkwürdigen Begleitumstände dieses Briefes:
- der mir zuerst durch einen Kurier der Bonner Nuntiatur in mein Tübinger Haus gebracht wurde;
- der mir eine halbe Stunde später postalisch durch einen Einschreibebrief des Nuntius übermittelt wurde;
- der dann eine Stunde später zusammen mit der Erklärung »Mysterium Ecclesiae« dem Inhalt nach von den Sprechern der Glaubenskongregation auf einer eigens einberufenen vatikani-

schen Pressekonferenz der Öffentlichkeit zur Kenntnis gebracht und kommentiert wurde;
- der flankiert war durch Artikel im »Osservatore Romano« und eine weitere vatikanische Presseerklärung;
- der in Deutschland unterstützt wurde durch zwei Erklärungen der Bischofskonferenz und durch ebenfalls auf römische Initiative zurückgehende persönliche Interventionen mehrerer Bischöfe.

Was Ihre Behörde und die anderen eingeschalteten vatikanischen und bischöflichen Stellen mit dieser gegen mich gerichteten »konzertierten Aktion« erreichen wollten, lässt sich nur vermuten. Aber ich darf doch um Verständnis für die Verzögerung meiner Antwort bitten: Für mich als einzelnen Theologen, der nicht über den mächtigen Apparat des Vatikans verfügt und der einem derart massiven Druck ausgesetzt wurde, wäre es in einer solchen Situation unverantwortlich gewesen, Ihrer Erwartung einer »baldigen« Antwort sofort zu entsprechen. Ich habe jedoch den Eingang Ihres Briefes vom 4. Juli durch ein Schreiben an den Herrn Nuntius in Bonn, Erzbischof Bafile, umgehend bestätigt. Zu meiner Entlastung möchte ich nur in Erinnerung rufen, wieviel Zeit sich die Kongregation selber zur Beantwortung meiner eigenen Schreiben genommen hat:
- Meine Antwort auf Ihr Schreiben bezüglich des Verfahrens gegen mein Buch »Unfehlbar? Eine Anfrage« ist datiert vom 24. Januar 1972. Die Kongregation benötigte $1^1/_2$ (anderthalb) Jahre, um mir den Empfang zu bestätigen.
- Meine Antwort auf Ihr Schreiben bezüglich des Verfahrens gegen mein Buch »Die Kirche« ist datiert vom 21. Juni 1971. Die Kongregation benötigte zur Eingangsbestätigung mehr als 2 (zwei) Jahre.
- Mit Schreiben vom 31. August 1968 sicherte mir die Kongregation zu, »bald« würden mir die »Themen« für ein Kolloquium zu meinem Buch »Die Kirche« mitgeteilt. Bis heute jedoch, also 5 (fünf) Jahre später, hat mir die Kongregation nichts dergleichen mitgeteilt, noch hat sie mir irgendwelche Gründe oder Erklärungen für diese Nichteinhaltung ihrer Zusage angegeben.

Angesichts dieser Tatsache durfte ich gewiss zu Recht annehmen, dass Sie mir für meine Antwort mehr Zeit einräumen wür-

den, zumal in der Sommerpause. Aber nach all den mir zugemuteten ausserordentlichen Beanspruchungen traf bereits mitten in meinen Ferien Ihr Brief vom 16. August ein und fordert mich mit Terminangabe auf, bis zum 20. September Ihr Schreiben vom 4. Juli zu beantworten. Wieder einmal mehr setzt Ihre Kongregation ähnlich den früheren 30-Tage-Fristen einseitig Termine, innerhalb derer sie von mir quasi ultimativ Antwort verlangt.
Ohne meinen Einspruch gegen Ihre einseitigen Fristensetzungen aufzugeben, möchte ich am heutigen 22. September Ihr Schreiben beantworten, da genau vor einem Monat Ihre Mahnung an meine Schweizer Ferienadresse eingetroffen ist.
Es sei mir aber zur Einleitung noch folgender Hinweis gestattet, der nur indirekt mit der Frage der Unfehlbarkeit zu tun hat: Im Schreiben vom 4. Juli ist Ihrer Kongregation offensichtlich ein Irrtum unterlaufen: Sie behaupten, dass ich der Kongregation am 6. Mai 1971 bezüglich meines Buches »Die Kirche« geantwortet habe. Ein Schreiben von mir unter diesem Datum an Ihre Kongregation existiert nicht. Ich vermute, dass es sich hier um mein Schreiben vom 21. Juni 1971 handelt.
Zu Ihrem Schreiben vom 4. Juli möchte ich nun unter zwei Gesichtspunkten Stellung nehmen.

I. Grundsätzlicher Einspruch gegen die Verfahren Ihrer Behörde

Ihr Schreiben informiert mich darüber, dass die »ratio agendi« Ihrer Kongregation die Möglichkeit eines Kolloquiums über die in zwei Briefen Ihrer Kongregation enthaltenen Lehrpunkte vorsieht, falls ich die in der »Erklärung« der Kongregation enthaltene Lehre nicht »gleich« annehmen wolle. Genau dies wurde auf der vatikanischen Pressekonferenz auch der Öffentlichkeit bekanntgegeben und im »Osservatore Romano« publiziert. Das wirft verschiedene Fragen auf:
1. Zu meinem Befremden haben die beiden Sprecher der Glaubenskongregation auf der Pressekonferenz die Öffentlichkeit darüber im Dunkeln gelassen, wie es in Wirklichkeit mit den Kolloquien der Kongregation steht. Darf ich an folgendes erin-

nern: Die Kongregation hat mich zu einem Kolloquium über mein Buch »Die Kirche« vor fünf Jahren nach Rom gebeten. Ich habe dazu meine grundsätzliche Bereitschaft erklärt und später immer wieder bekräftigt (vgl. besonders mein Schreiben vom 30. Mai 1968). Es entstand eine Diskussion um die gerechten und fairen Voraussetzungen eines solchen Kolloquiums. Einige Fragen konnten zur gegenseitigen Befriedigung geklärt werden. Unter anderem versprach mir die Kongregation, bald die Themenliste für das Kolloquium mitzuteilen. Das ist jedoch nie geschehen. Zu einem Kolloquium über mein Buch »Unfehlbar? Eine Anfrage« hat mich die Kongregation nie eingeladen, bis sie bei Veröffentlichung ihrer »Erklärung« verkündete, ein Kolloquium sei »möglich«. Wenn die Kongregation die ganze Angelegenheit schon einer Pressekonferenz würdig erachtet, hätten es Wahrheit und Wahrhaftigkeit geboten, der Öffentlichkeit den wahren Sachverhalt nicht vorzuenthalten. Deshalb meine Frage: Ist die Glaubenskongregation bereit, der Öffentlichkeit, der sie obige verschleiernde, ja irreführende Information zukommen liess, den wahren Sachverhalt mit dem gleichen Nachdruck zur Kenntnis zu bringen?

2. Zu meinem noch grösseren Befremden aber nimmt auch das neueste Schreiben Ihrer Kongregation vom 4. Juli mit keinem Wort zu der seit fünf Jahren verhandelten Frage nach den gerechten und fairen Bedingungen Stellung und gibt sich im Gegensatz zu früheren Äusserungen der Kongregation ganz so, als ob von diesen überhaupt nie die Rede gewesen wäre. Dabei haben gerade noch meine beiden letzten Schreiben an die Kongregation, auf die sich Ihre Briefe ausdrücklich beziehen, meine grundsätzlichen Bedenken gegen die Rechtmässigkeit des Verfahrens Ihrer Kongregation erneut erhoben und bekräftigt. Noch am 24. Januar 1970 waren Sie so freundlich, mir in aller Form zuzusichern, »dass die Kongregation loyal und gerecht und ohne Willkür verfahren will«. In meinem letzten Schreiben vom 24. Januar 1972 (vgl. aber auch schon mein Schreiben vom 30. Mai 1968) habe ich mir die Mühe gemacht, auf mehreren Seiten zu begründen, was ich hier im einzelnen nicht zu wiederholen brauche: Ich kann ein Verfahren unmöglich als »loyal und gerecht und ohne Willkür« anerkennen, das

- mir keine Einsicht in die Akten gestattet,

- einen Relator »pro auctore« vorschreibt, den ich nicht selber gewählt habe, ja dessen Namen ich nicht einmal weiss,
- klare Kompetenzabgrenzungen und die Möglichkeit der Appellation vermissen lässt,
- nur an einseitige Fristen gebunden ist.

Dass mein grundsätzlicher Einspruch gegen die beiden Verfahren, den ich hiermit noch einmal anmelden und bekräftigen muß, nicht aus einer unkirchlichen, sondern aus einer zutiefst kirchlichen Grundhaltung heraus geschieht, habe ich in meinen früheren Briefen (1. Juli 1970 und 24. Januar 1972) ausführlich dargelegt, so dass ich auf das dort Gesagte verweisen kann. Deshalb meine Frage: Ist die Kongregation bereit, auf diese gemessen am modernen Rechtsbewusstsein selbstverständlichen Wünsche einzugehen und auf diese Weise »loyal und gerecht und ohne Willkür« zu verfahren, wenn es überhaupt schon zu solch problematischen Lehrverfahren kommen muss?

3. Seit meinem letzten Brief vom Januar 1972 ist durch das öffentliche Vorgehen der Kongregation auf verschiedenen Ebenen eine von mir nicht gewollte Verschärfung der Lage eingetreten. Statt auf die von mir erhobenen Bedenken zu antworten, hat sich die Kongregation bereits am 26. April 1972 dazu entschlossen, mit einer »Erklärung« an die Öffentlichkeit zu treten. Aus Ihrem Brief geht eindeutig hervor, dass diese »Erklärung zur katholischen Lehre über die Kirche, die gegen einige heutige Irrtümer zu verteidigen ist«, im Zusammenhang der beiden gegen mich laufenden Verfahren erarbeitet worden ist, so dass diese Erklärung faktisch als »Lex Küng« erscheint. Damit ist offenkundig: Statt sich an ihre eigene Verfahrensordnung zu halten, greift die Kongregation gegen Recht und Billigkeit durch eine allgemeine öffentliche Erklärung zu den in den beiden Büchern anstehenden Fragen in die nicht abgeschlossenen, schwebenden Verfahren ein und fungiert auf diese Weise zugleich quasi als Gesetzgeberin, Anklägerin und Richterin.

Es fällt mir bei diesen für modernes Rechtsempfinden höchst ungewöhnlichen Vorgängen, die auch in der Öffentlichkeit in und ausserhalb unserer Kirche auf Unverständnis gestossen sind, nicht leicht, bei meiner Bereitschaft zum Gespräch zu bleiben. Ich habe auch öffentlich zum Ausdruck gebracht, wie sehr mein Vertrauen in das rechtmässige Vorgehen der Kongregation erschüttert worden ist. Nur um noch grösseren Schaden für die Glaubwürdigkeit der katholischen Kirche und insbesondere Roms abzuwenden und meinerseits guten Willen zu zeigen, habe ich mich schon auf die öffentliche Aufforderung Kardinal Döpfners hin öffentlich bereit erklärt, ungeachtet aller Vorfälle meine Bereitschaft zum Gespräch aufrechtzuerhalten und durch eine sachliche Mitwirkung zu einer zufriedenstellenden Klärung beizutragen.

Diese von Kardinal Döpfner geforderte sachliche Mitwirkung zu einer zufriedenstellenden Klärung darf ich aber gewiss auch von der Glaubenskongregation erwarten. Da sich nun die gegenwärtige Verfahrensordnung der Kongregation durch das Vorgehen der Kongregation selbst als offenkundig ungenügend erwiesen hat, ist eine Überprüfung der gesamten Verfahrensordnung angebracht. Schon im April 1968 haben 1360 katholische Theologen aus 53 Ländern – darunter bekannteste Namen der katholischen Theologie – bei den zuständigen römischen Instanzen eine »Erklärung für die Freiheit der Theologie« eingereicht. Sie alle fordern eine andere Verfahrensweise des kirchlichen Lehramtes gegenüber Theologen. Die Vorschläge der Theologen sind in der »ratio agendi« der Kongregation vom Januar 1971 leider nur zu einem geringen Teil erfüllt worden. Ich möchte mich deshalb nochmals ausdrücklich hinter diese »in voller Loyalität und eindeutiger Treue zur katholischen Kirche« verfassten Erklärung stellen. Zugleich möchte ich die Kongregation bitten, dasselbe zu tun.

Deshalb meine Frage: Ist auch die Glaubenskongregation bereit, sich die Desiderata der 1360 Theologen zu eigen zu machen, »damit Papst und Bischöfe ihre Aufgabe auch im Hinblick auf die Funktion der Theologen in der Kirche angemessen und würdig erfüllen können«? Ich gestatte mir, Ihnen die genannte Erklärung in deutscher, italienischer, französischer, englischer und spanischer Sprache beizulegen.

4. Das Vorgehen der Kongregation wirft schliesslich auch die Frage nach dem Sinn des vorgesehenen Kolloquiums auf, für das Sie bisher nicht einmal einen Themenvorschlag gemacht haben. Es fragt sich nämlich, ob die veröffentlichte »Erklärung« der Kongregation das Ergebnis eines solchen Kolloquiums nicht derartig präjudiziert, dass das Kolloquium praktisch zur

»Farce« wird, wie in der Presse vermutet wurde. Tatsächlich wird mir ja von Ihnen als Alternative zum Kolloquium vorgeschlagen, die in der Erklärung enthaltene Lehre »gleich« anzunehmen, womit dann das laufende Lehrverfahren gegen meine beiden Bücher »abgeschlossen« wäre. Manche haben diese Alternative für Zynismus gehalten, insofern nämlich jedes Verfahren »abgeschlossen« sei, in welchem der Angeklagte seine Verurteilung schon vor dem Urteilsspruch »gleich« unterschreibt.

Ich selber möchte darüber nicht rechten. Mir geht es nur darum zu wissen, ob unter den gegebenen Voraussetzungen ein echtes und faires Kolloquium überhaupt noch möglich ist. Ich habe bisher an jedem erfolgversprechenden Kolloquium über die Unfehlbarkeit teilgenommen: In Frankfurt, Paris und Bern mit Theologen verschiedenster Richtung, aber auch mit Bischöfen und Theologen der deutschen Glaubenskommission in Stuttgart. Hier überall ging es um ein echtes Con-loquium, ein echtes Miteinander-Reden, in welchem beide Seiten lernen konnten. Ein solches echtes Kolloquium würde ich auch gerne in Rom führen. Ein Diktat aber, in welchem die eine Seite die Kapitulation der anderen fordert, bzw. ein Kolloquium, das nur der verschleierte Beginn von Disziplinarmassnahmen ist, hilft weder der gemeinsamen Sache noch mir persönlich. Sie blockiert vielmehr eine echte Lösung der entstehenden Fragen und schadet der Glaubwürdigkeit der katholischen Kirche.

Deshalb meine Fragen:

a. Kann mir die Kongregation ein echtes Kolloquium zusichern, oder habe ich ein Diktat zu erwarten, in welchem das, was nicht »gleich« unterschrieben wird, dann unterschrieben werden soll? Ist also das Ziel des Kolloquiums die Findung der Wahrheit oder eine Unterwerfung beziehungsweise die Einleitung von Disziplinarmassnahmen? Ist die Kongregation bereit, die diesbezüglichen Vorschläge der Theologen-Erklärung »Für die Freiheit der Theologie« zu realisieren?

b. Wie erklärt die Kongregation den Widerspruch zwischen ihren beiden Schreiben? In ihrem früheren Schreiben vom 12. Juli 1971 spricht sie von Thesen meines Buches, die »mit der katholischen Lehre unvereinbar scheinen«, »die der Kongregation Schwierigkeiten für eine katholische Interpretation bereiten«.

Sie bittet mich zu erklären, »ob und in welcher Weise Sie diese Thesen und Behauptungen mit der katholischen Lehre vereinbaren zu können glauben«. In ihrem letzten Schreiben vom 4. Juli 1973 jedoch spricht dieselbe Kongregation von »den mit der Lehre der Kirche nicht übereinstimmenden Punkten« sowie von »Thesen, die diese Hl. Kongregation als unvereinbar mit der katholischen Glaubenslehre feststellte«. Ist nicht auch hier das Urteil schon vorausgenommen?

c. Wenn es um ein echtes Kolloquium gehen soll, wie ist dann die Aussage des Sprechers der Kongregation in der Pressekonferenz vom 5. Juli 1973 zu verstehen, dass jeder, der die Lehre dieser Erklärung der Kongregation nicht annehme, von vornherein schon »ausserhalb der Kirche« sei? Wie verhält sich diese Aussage zur Tatsache, dass in der Erklärung selbst alle exkommunikatorischen Formeln erfreulicherweise vermieden sind?

d. Stimmt die in katholischen Blättern Deutschlands aufgetauchte Meldung, dass die Glaubenskongregation ein weiteres Verfahren eröffnet hat, das sich gegen meine Schrift »Wozu Priester? Eine Hilfe« (1971) richtet?

Gestatten Sie mir zu diesem Fragenkomplex folgende abschliessende Bemerkung: Seit fünf Jahren – um von früheren Verfahren zu schweigen – mache ich mir alle erdenkliche Mühe, auf die verschiedenen Schreiben Ihrer Kongregation ausführlich und sachlich zu antworten. Seit fünf Jahren stelle ich immer wieder dieselben Fragen bezüglich der Rechtmässigkeit Ihrer Verfahren. Ihre Kongregation dagegen gibt mir nicht einmal auf die fundamentalsten Fragen nach Recht und Billigkeit der mir aufgedrängten Verfahrensweise eine Antwort. Dabei weiss die Kongregation sehr klar, dass es hier um die Voraussetzungen geht, die ein sachliches Kolloquium überhaupt erst ermöglichen. Manch einer hätte unter solchen Umständen die Korrespondenz mit Ihrer Behörde abgebrochen, wie mir auch verschiedentlich geraten wurde. In der Sorge aber um die von Ihnen und mir zu vertretende gemeinsame Sache der katholischen Kirche bin ich immer wieder auf Ihre Briefe eingegangen, habe meine Gesprächsbereitschaft erkennen lassen und mich um eine wissenschaftliche Klärung der anstehenden Probleme aus katholischer Glaubensüberzeugung heraus bemüht. Aber die Kongregation hat ihr mir unbegreifliches Vorgehen ständig eskaliert und bis zu meiner öffentlichen Disqualifizierung ohne Urteilsspruch vorangetrieben: ob sie sich darüber genügend im Klaren ist, wie sehr sie durch ihr Vorgehen Geduld, Loyalität und Glaubenssinn eines katholischen Theologen der Belastung aussetzt? Das jedenfalls sollte nun in diesem Abschnitt unmissverständlich deutlich gemacht sein: Ohne eine Klärung der wesentlichen Vorbedingungen ist das von der Kongregation geforderte Kolloquium für beide Seiten sinnlos.

II. Fragen zur theologischen Problematik

Wegen des Verfahrens der Kongregation mußte viel von Fragen der Gerechtigkeit die Rede sein. Ich komme jetzt zu den theologischen Fragen.

1. Die »Erklärung« der Kongregation sollte das in Frage stehende Dogma nicht »durch eine Untersuchung der Grundlagen unseres Glaubens beweisen«, sondern nur bereits Bekanntes insbesondere aus dem Vatikanum I und II »in Erinnerung rufen«. Damit redet die Erklärung über die Fragen meines Buches hinweg, ohne auch nur im geringsten auf sie einzugehen. Die in der »Erklärung« zitierten Sätze des Vatikanum I und II sind selbstverständlich auch mir bekannt: Nicht nur war ich im Vatikanum II als Peritus dabei, sondern ich habe den betreffenden konziliaren Aussagen seit über 10 Jahren eingehende historische und theologische Analysen gewidmet. Wie ich Ihnen schon in meinem Brief vom 24. Januar 1972 schrieb, geht es in meinem Buch gerade darum, zu wissen, wie bestimmte lehramtliche Aussagen und besonders die entsprechenden Abschnitte des Vatikanum I und II theologisch verantwortet und begründet werden sollen. Hier wiederum nur auf jene lehramtlichen Dokumente zu verweisen, auf die meine Fragen zielen, ist ein circulus vitiosus, in welchem vorausgesetzt wird, was bewiesen werden sollte. Von Argumenten werde ich mich jederzeit überzeugen lassen. Deshalb bat ich schon damals die Kongregation, mir in wenigstens kurzer Form eine Begründung für die Möglichkeit unfehlbarer Sätze zu liefern, die jedoch die von mir dargelegten Schwierigkeiten bezüglich gewisser lehramtlicher Texte nicht ignoriert, sondern berücksichtigt.

Es bleibt mir nach der Veröffentlichung dieser »Erklärung« nichts anderes übrig, als meine Bitte um eine Begründung an die Kongregation mit noch grösserer Inständigkeit zu wiederholen. Wie die Reaktionen auf mein Buch und auf die Erklärung der Kongregation zeigten, sind dies alles nicht nur meine persönlichen Fragen. Die »Erklärung« der Kongregation ist in weiten Schichten des katholischen Klerus und Volkes auf Unverständis gestossen, weil sie nichts klärt, sondern nur Ungeklärtes in Erinnerung ruft. Man erwartete Begründungen und erhielt Behauptungen.

2. Im Zusammenhang mit der neuesten Erklärung der Kongregation fiel mir ein Widerspruch auf: Das Schreiben der Kongregation vom 12. Juli 1971 enthält einen ganzen Abschnitt über unfehlbare Sätze«: »IV. De sententiis (»Sätze«) infallibilibus«. Auffälligerweise aber spricht sich nun jene Erklärung bei allem Reden von Unfehlbarkeit nirgendwo für »unfehlbare Sätze« aus. Darf ich dieses Schweigen so verstehen, dass es keine solchen »unfehlbaren Sätze« gibt? In diesem Falle könnte meine »Anfrage« als weitgehend erledigt angesehen werden.

3. Im gleichen Zusammenhang stellt sich eine weitere Frage: Die »Erklärung« spricht als erstes lehramtliches Dokument mit erfreulicher Ausführlichkeit von der »geschichtlichen Bedingtheit« der Glaubensformulierungen: dass die Glaubensformulierungen situationsabhängig, unvollkommen, verbesserungsfähig, ergänzbar, ersetzbar seien. Daraus ergibt sich die Frage an das Lehramt: Warum können solche vielfach geschichtlich bedingten, situationsabhängigen, unvollkommenen, verbesserungsfähigen, ergänzbaren, ersetzbaren Glaubensformulierungen nicht unter Umständen auch einmal von der Wahrheit abweichen? Inwiefern schliesst »geschichtliche Bedingtheit« nicht auch eine Möglichkeit des Irrens im einzelnen ein, wie die Geschichte mannigfach zu belegen scheint? Inwiefern ist die Aussage, dass der Heilige Geist Irrtümer in bestimmten Einzelfällen unbedingt verhindere, nicht eher ein theologisches Wunschdenken als eine in den »Grundlagen unseres Glaubens« gründende Aussage?

4. Es ist offensichtlich, dass die »Erklärung« die neueste internationale Diskussion über die Unfehlbarkeit nicht genügend zur Kenntnis genommen hat. Leider hat die Glaubenskongrega-

tion meine Einladung, einen ihrer Experten zu unserem Tübinger Oberseminar über die Unfehlbarkeitsdebatte, an welchem zahlreiche Fachgelehrte auch von auswärtigen Universitäten – unter anderm die Professoren H. Fries, K. Lehmann, K. Rahner und J. Ratzinger – teilnahmen, unbeantwortet gelassen und damit eine gute Gelegenheit für ein echtes Kolloquium versäumt. Es soll in diesem Zusammenhang auch nicht unerwähnt bleiben, dass das Institut für ökumenische Forschung der Universität Tübingen ein Archiv zur Unfehlbarkeitsdebatte angelegt hat, in welchem die bei uns eingegangenen Dokumente verschiedenster Art zur Unfehlbarkeitsdebatte gesammelt und wissenschaftlich analysiert worden sind.
Als weitere Zeichen dafür, wie sehr ich mich bemüht habe, mich der ernsthaften theologischen Diskussion zu stellen, alle Argumente gegen mein Buch zu sammeln und zu beantworten und schliesslich auch meine eigene Auffassung zu präzisieren, darf ich Ihnen den von mir herausgegebenen Sammelband zur Unfehlbarkeitsdebatte »Fehlbar? Eine Bilanz« (524 S.) zukommen lassen. Meine Widmung für die Kongregation »non in destructionem, sed in aedificationem Ecclesiae« drückt aus, welche Gesinnung hinter diesem Band steht.
5. Zu den undifferenzierten Äusserungen über die Einzigkeit der katholischen Kirche, die apostolische Sukzession, das kirchliche Amt, den sakramentalen Charakter und die Gültigkeit der Eucharistiefeier wären entsprechende Anfragen zu stellen. Damit aber dieser bereits allzu lange Brief nicht noch länger wird, möchte ich sie zurückstellen.

III. Ein persönliches Wort

Ich bin mir wohl bewusst, sehr verehrter Herr Kardinal, dass meine verschiedenen formalen wie inhaltlichen Desiderata auf einen größeren Freiraum hinzielen, den das kirchliche Lehramt den Theologen für ihren Dienst an der Kirche gewähren sollte. Aber auch Sie wissen, dass ungezählte treue Katholiken die Massnahmen Roms gegen katholische Theologen als schwerste Belastung für die Glaubwürdigkeit der katholischen Kirche in der heutigen Gesellschaft und für ihren eigenen Glaubensvollzug betrachten. Ich meinerseits fühle mich gedeckt nicht nur durch ungezählte positive Zuschriften und Ermunterungen, sondern auch durch die genannte schon vor bald fünf Jahren veröffentlichte Erklärung der 1360 Theologen, die in ihrer Einleitung das zum Ausdruck bringt, was mich in dieser ganzen bedrückenden Angelegenheit zutiefst bewegt:

»In voller Loyalität und eindeutiger Treue zur katholischen Kirche sehen sich die unterzeichneten Theologen veranlasst und verpflichtet, mit grossem Ernst öffentlich darauf hinzuweisen: die durch das 2. Vatikanische Konzil wieder gewonnene Freiheit der Theologen und der Theologie zum Dienst an der Kirche darf heute nicht erneut gefährdet werden. Diese Freiheit ist eine Frucht und Forderung der befreienden Botschaft Jesu selbst und bleibt ein wesentlicher Aspekt der von Paulus verkündeten und verteidigten Freiheit der Kinder Gottes in der Kirche. Daher obliegt es allen Lehrern in der Kirche, das Wort zu verkünden opportune importune, gelegen oder ungelegen.

Diese Freiheit bedeutet für uns Theologen zugleich die schwere Verantwortung, die echte Einheit und den wahren Frieden der Kirche und all ihrer Glieder nicht zu gefährden. Wir sind uns wohl bewusst, dass auch wir Theologen in unserer Theologie irren können.

Aber wir sind überzeugt, dass irrige theologische Auffassungen nicht durch Zwangsmassnahmen erledigt werden können. In unserer Welt können sie wirkungsvoll nur durch eine unbehinderte sachliche wissenschaftliche Diskussion korrigiert werden, in der die Wahrheit durch sich selbst siegen kann. Wir bejahen mit Überzeugung ein Lehramt des Papstes und der Bischöfe, das unter dem Worte Gottes und im Dienste der Kirche und ihrer Verkündigung steht. Aber wir wissen zugleich, dass dieses pastorale Verkündigungsamt die wissenschaftliche Lehraufgabe der Theologen nicht verdrängen oder behindern darf. Jegliche Art von noch so subtiler Inquisition schadet nicht nur der Entwicklung einer gesunden Theologie. Sie fügt zugleich der Glaubwürdigkeit der gesamten Kirche in der Welt von heute unabsehbaren Schaden zu. Wir erwarten deshalb vom pastoralen Verkündigungsamt des Papstes und der Bischöfe ein selbstverständliches Vertrauen zu unserer kirchlichen Gesinnung und die vorurteilslose Unterstützung unserer theologischen Arbeit zum

Wohle der Menschen in Kirche und Welt. Wir möchten unserer Pflicht, die Wahrheit zu suchen und zu sagen, nachkommen ohne Behinderung durch administrative Massnahmen und Sanktionen. Wir erwarten, dass man unsere Freiheit respektiert, wo immer wir nach bestem Wissen und Gewissen unsere begründete theologische Überzeugung aussprechen oder publizieren.«

Doch bei allem Eintreten für die Freiheit der Theologie liegt mir daran, Ihnen, sehr verehrter Herr Kardinal, zu versichern, dass ich gerne zu jeder anständigen, ehrlichen und gerechten Lösung in dieser Angelegenheit in christlichem Geiste beitragen werde.

Eine weitere Eskalation in dieser Sache, die von vielen Bischöfen, Priestern, Theologiestudenten, Männern und Frauen in aller Welt mit grösster Besorgnis verfolgt wird, könnte unabsehbare negative Auswirkungen für unsere Kirche haben. Deshalb bitte ich Sie inständig, dafür zu sorgen, dass man sich auch von Rom aus um eine anständige, ehrliche und gerechte Lösung bemüht. Ich erwarte im Grund nicht mehr und nicht weniger, als dass ich, ohne verdächtigt zu werden, forschen und lehren kann, wie dies meinem Auftrag als Lehrer der Theologie in der katholischen Kirche entspricht. Zu dieser unserer katholischen Kirche werde ich immer in voller Loyalität und eindeutiger Treue stehen.

Im aufrichtigen Bemühen um eine gute Lösung gestatte ich mir, Ihrer Kongregation folgenden Vorschlag zu unterbreiten: Durch ihre »Erklärung« hat die Kongregation in aller Öffentlichkeit zur Sache gesagt, was sie glaubte, sagen zu müssen. Ist es die Wahrheit, wird sie sich von selbst durchsetzen. Ich meinerseits habe zur Diskussion um »Die Kirche« und »Unfehlbar?« in ausführlichen Veröffentlichungen Stellung genommen und werde auch weiterhin, meiner Fehlbarkeit bewusst, für begründete Kritik an meinen Auffassungen offen und dankbar sein. Bereits bin ich dazu übergegangen, mich mit anderen zentraleren theologischen Themen zu beschäftigen.

Wäre es unter diesen Umständen nicht an der Zeit, dieser für alle Seiten wenig erfreulichen und wenig zukunftsträchtigen Angelegenheit ein Ende zu bereiten? Wäre es nicht an der Zeit, die katholischen Theologen diese schwierigen Fragen auf Grund der bisherigen Stellungnahmen unbehindert ausdiskutieren zu lassen?

Wäre es nicht an der Zeit, ähnlich wie in meiner Auseinandersetzung mit Karl Rahner um die kirchliche Unfehlbarkeit ein versöhnliches Schlusswort zu sprechen? Was ich Rahner schrieb, möchte ich auch Ihnen, sehr verehrter Herr Kardinal, und Ihrer Kongregation schreiben:
»Wäre es nicht an der Zeit, diese Frage zwischen uns nun einmal ruhen zu lassen und das Urteil über die Antwort einfach der Geschichte anheimzustellen? Mir liegt wenig daran, recht zu haben. Wenn es schon in der Menschen Hand gelegt wäre, mit Hilfe des Heiligen Geistes solche Sätze zu machen: was soll das mich stören? Ich würde höchstens darum bitten, dass man von dieser Möglichkeit zum Heil der Menschen etwas mehr Gebrauch mache. Zur Zeit sieht es freilich nicht danach aus, als ob wir solch rosigen Zeiten entgegengingen. Aber was soll's: Nicht um unsere ›subjektive Meinung‹ geht es. Die Wahrheit soll an den Tag kommen, nicht mehr und nicht weniger. Wohl schon in ein paar Jahren dürfte man klarer sehen. Jedenfalls möchte ich, wenn immer möglich, in dieser Sache mit Ihnen Frieden schliessen. Das heisst nicht, dass Sie sich meiner Auffassung anschliessen sollen. Wohl aber, dass Sie meine Auffassung als eine katholische gelten lassen.«
Kurz, mein schlichter Vorschlag an die Kongregation, den ich mit Wohlwollen zu prüfen bitte, lautet, die gegen mich seit vielen Jahren laufenden Verfahren, bei denen weder für die eine noch für die andere Seite etwas Gutes herauskommen kann, ohne weitere Kolloquien oder andere Konsequenzen einzustellen. In diesem Fall würde sich die Beantwortung der in Teil I und II gestellten formalen und inhaltlichen Fragen, was mich betrifft, erübrigen.
In der Hoffnung, dass Ihre Kongregation auf diesen Vorschlag eingehen möge, grüsst Sie mit vorzüglicher Hochachtung

Ihr sehr ergebener
Hans Küng

Kopien an:

Kardinal Dr. Julius Döpfner, Vorsitzender der Deutschen Bischofskonferenz
Kardinal Dr. Hermann Volk, Bischof von Mainz
Dr. Carl Joseph Leiprecht, Bischof von Rottenburg
Professor Dr. H.-J. Vogt, Dekan des Fachbereichs Katholische Theologie der Universität Tübingen

Beilagen:
1. Die »Erklärung für die Freiheit der Theologie« in deutscher, italienischer, französischer, englischer und spanischer Sprache
2. H. Küng – K. Rahner, Versöhnliches Schlusswort unter eine Debatte, in: Publik-Forum vom 1. Juni 1973
3. Fehlbar? Eine Bilanz, hrsg. von H. Küng (Zürich-Einsiedeln-Köln 1973) (mit separater Post)

20 Brief Professor Küngs an Kardinal Döpfner vom 22. September 1973

PROFESSOR DR. HANS KÜNG
74 TÜBINGEN · WALDHÄUSERSTR. 23

22. September 1973

Herrn
Kardinal Dr. Julius Döpfner
Vorsitzender der Deutschen Bischofskonferenz
München

Sehr verehrter Herr Kardinal,
Wie bereits angekündigt, darf ich Ihnen meine Antwort an die Glaubenskongregation in Kopie zukommen lassen.
Dieser meiner Antwort habe ich nichts hinzuzufügen ausser der eindringlichen Bitte, meinen versöhnlichen Vorschlag zur Erledigung der Angelegenheit zu unterstützen und dafür zu sorgen, dass von seiten kirchlicher Stellen in meiner Sache kein Unrecht geschieht. Die Art und Weise, wie das gutgemeinte »Kolloquium« der Schweizer Bischofskonferenz mit Professor Pfürtner benützt wurde, um eine »rechtliche« Grundlage für Disziplinarmassnahmen zu haben, hat mich gegenüber Veranstaltungen dieser Art doppelt vorsichtig gemacht.
Mit guten Wünschen und freundlichen Grüssen

Ihr sehr ergebener
Hans Küng

21 Brief der Glaubenskongregation an Professor Küng vom 22. Oktober 1973

SACRA CONGREGATIO
PRO DOCTRINA FIDEI

00193 Romae, den 22. Oktober 1973
Piazza del S. Uffizio, 11

EINSCHREIBEN!

Prot. Nr. 399/57/i
(In responsione fiat mentio huius numeri)

Sehr geehrter Herr Professor!
Die Kongregation für die Glaubenslehre erhielt Ihr ausführliches Antwortschreiben vom 22. September.
Ihr Schreiben wirft zahlreiche und schwierige Fragen auf, die mit Umsicht und Aufmerksamkeit geprüft werden müssen. Über den Ausgang werde ich Sie zu gegebener Zeit entsprechend unterrichten.
Mit dem Ausdruck meiner Hochachtung bin ich

Ihr ergebener
Franc. Card. Šeper, Präf.

An
Herrn Prof. Dr. Hans Küng
Institut für Ökumenische Forschung
der Universität Tübingen
D-74 Tübingen
Deutschland

22 Brief des Sekretärs der Bischofskonferenz an Professor Küng vom 30. November 1973

DER SEKRETÄR
DER DEUTSCHEN BISCHOFSKONFERENZ

53 Bonn,
Beringstraße 30

Herrn Professor
Dr. Hans Küng
7400 Tübingen
Waldhäuserstr. 23

Sehr geehrter Herr Professor Küng!
Sie hatten kürzlich telefonisch im Sekretariat von Herrn Kardinal Döpfner um einen Gesprächstermin gebeten. Herr Kardinal Döpfner hat mich beauftragt, Ihnen mitzuteilen, daß er Sie gern zu einem Gespräch einlädt. Er bittet aber um Verständnis, wenn dieses Gespräch wegen seines Terminkalenders leider erst in der zweiten Hälfte des Dezembers stattfinden kann.
Sobald einige wichtige Verpflichtungen terminlich festgesetzt sind, werde ich mich mit Ihnen telefonisch wegen der genauen Terminabsprache in Verbindung setzen.
Ich bitte um Verständnis für diese Verzögerung.

Mit freundlichen Grüßen
Ihr
Homeyer
(Dr. Homeyer)

23 Brief Professor Küngs an den Sekretär der Bischofskonferenz vom 6. Dezember 1973

PROF. DR. HANS KÜNG
74 TÜBINGEN
WALDHÄUSERSTRASSE 23

6. Dezember 1973

Herrn
Dr. Homeyer
Sekretär der Deutschen Bischofskonferenz
D-53 Bonn
Beringstraße 30

Sehr geehrter Herr Dr. Homeyer,
für Ihre Mitteilung vom 30. 11. 1973, die heute hier eingetroffen ist, danke ich Ihnen. Ich hatte mich den ganzen Monat November für ein Gespräch mit Herrn Kardinal Döpfner bereitgehalten. Leider muss ich aber in wenigen Tagen verreisen und werde erst Mitte Januar wieder erreichbar sein. Ich bitte Sie, dies Herrn Kardinal Döpfner wissen zu lassen.
Mit freundlichen Grüssen

Ihr
Hans Küng

24 Brief des Sekretärs der Bischofskonferenz an Professor Küng vom 21. Januar 1974

DER SEKRETÄR
DER DEUTSCHEN BISCHOFSKONFERENZ

53 Bonn, 21. 1. 1974
Beringstraße 30

Jr. Nr. 443/74

Herrn Professor
Dr. Hans Küng
CH-6210 Sursee
Seehaus

Sehr geehrter Herr Professor Küng!
Hiermit möchte ich noch einmal schriftlich die telefonische Termin-Absprache bestätigen.
Das Gespräch mit Kardinal Döpfner und Kardinal Volk findet also Dienstag, 19. Februar, 15.30 Uhr bis etwa 18.00 Uhr im Hause von Herrn Kardinal Döpfner (München, Kardinal-Faulhaber-Straße 7) statt.

Mit freundlichen Grüßen
Ihr
Homeyer
(Dr. Homeyer)

25 Brief der Glaubenskongregation an Professor Küng vom 30. März 1974

SACRA CONGREGATIO
PRO DOCTRINA FIDEI

00193 Romae, den 30. März 1974
Piazza del S. Uffizio, 11

Prot. N. 399/57/i
(In responsione fiat mentio huius numeri)

An den hochwürdigsten Herrn
Professor Hans Küng
Waldhäuserstrasse 23
D-74 Tübingen
Deutschland

Sehr geehrter Herr Professor!
Die Kongregation für die Glaubenslehre erhielt Ihr Schreiben vom 22. September 1973. Wie Ihnen schon in der Eingangsbestätigung vom 22. Oktober 1973 mitgeteilt wurde, behielt sich die Kongregation eine ausführliche Antwort vor, die hiermit erfolgt.
Mit Schreiben vom 4. Juli 1973 an Sie hat die Kongregation für die Glaubenslehre ihre Position Ihnen gegenüber bezüglich der in der Erklärung »Mysterium Ecclesiae« behandelten Lehrstücke dargelegt. Falls Sie die Lehre dieser vom Papst approbierten Erklärung annehmen, betrachtet die Kongregation das gegen Ihre Lehrmeinung laufende Verfahren als beendet. Dabei ist nicht einzusehen, warum diese Feststellung »zynisch« ist vonseiten der Kongregation oder warum es eine »Schande« oder eine »Verurteilung« für einen katholischen Theologen ist, wenn er aufgefordert wird, die Lehre der Kirche anzunehmen.
Für den Fall, dass Sie die Lehre der Erklärung »Mysterium Ecclesiae« nicht annehmen, hat Ihnen die Kongregation die Möglichkeit eines Kolloquiums angeboten.
In Ihrem langen Brief behandeln Sie nun viele Fragen unter folgenden Themen:

1. Einwände gegen die Verfahrensordnung der Kongregation und gegen das konkrete Verfahren in Ihrem Falle mit der Bitte um Auskünfte über den Sinn des Kolloquiums.

2. Einige Bemerkungen zur theologischen Problematik.
3. Ihr persönlicher Vorschlag.

Auf den Hauptinhalt Ihrer Fragen antwortet die Kongregation wie folgt:

I. Das Verfahren

Ihre Briefe an die Kongregation sind ein ständiger Versuch, das Schwergewicht der Auseinandersetzung auf Verfahrensfragen zu verlagern und von dem Problem Ihrer Lehrmeinung abzulenken. Im übrigen sind wir der Überzeugung, daß unsere Vorgehensweise gerecht und loyal ist, wenn auch noch verbesserungsfähig.

1) Die Verfahrensordnung

Der Grundirrtum (und nicht nur Ihrer) besteht offensichtlich darin, die Verfahren bei der Kongregation wie ein Strafverfahren in einem Kriminalfalle zu betrachten. Vielmehr geht es darum, eine theologische Meinung daraufhin zu untersuchen, »ob sie mit der göttlichen Offenbarung und mit dem Lehramt der Kirche übereinstimmt« (Art. 3). Es handelt sich nicht um eine Privatmeinung, die nur dem Verfasser bekannt ist, sondern um eine Lehrmeinung, die dieser öffentlich in der kirchlichen Gemeinschaft verbreitet hat. Diese Untersuchung und Feststellung geschieht in zwei Phasen. In der ersten, kongregationsinternen Phase gelangt die Kongregation nach einer Prüfung der zu untersuchenden Schrift durch ihre kollegialen Organe zu dem Urteil, ob die Lehrmeinungen der untersuchten Schrift der Glaubensregel widersprechen oder nicht. Diese Untersuchung geschieht in seriöser und kollegialer Weise unter besonderer Mithilfe eines Fachmannes; dieser hat die Aufgabe, immer auf die positiven Argumente und Anliegen des Autors, aufmerksam zu machen (»relator pro auctore«, der allerdings nicht mit einem Verteidiger in gerichtlichen Verfahren verwechselt werden darf). Alle Dokumente dieser Phase haben nur den Wert von Untersuchungsdokumenten der einzelnen Fachleute. Diese ganze Prüfung kann zu dem Ergebnis führen, dass die untersuchte Lehrmeinung der verbindlichen Lehre der Kirche widerspricht. In diesem Falle beginnt die zweite Phase des Verfahrens, die nicht mehr kongregationsintern ist.

Die erste Handlung der Kongregation als solcher, wo ihre Autorität ins Spiel kommt, ist darum nicht die Erstellung anderer vorgehender Gutachten, sondern die Formulierung der Meinung bei der Abstimmung durch die Kardinäle und deren Billigung durch den Papst. Das Ergebnis dieses offiziellen Akts wird dem Ortbischof und dem Autor schriftlich mitgeteilt. Dieser Brief enthält jene Aussagen die nach Überzeugung der Kongregation mit der Offenbarung und der Lehre des Lehramtes unvereinbar erscheinen. In diesem Stadium – nachdem die Kongregation ihre Einwände schon präzisiert hat – wird der Autor nun eingeladen, sich zu erklären. Der Autor übernimmt also selbst die »Verteidigung« (da der »relator pro auctore« seine Funktion innerhalb der kongregationsinternen Feststellungsphase bereits beendet hat). Der Autor gibt seine Erklärung schriftlich ab: falls nötig, ist auch ein Kolloquium vorgesehen. Nachdem diese Erklärungen des Autors untersucht worden sind und je nach Ausgang der Prüfung, entscheidet die Kongregation kollegial, was zu tun ist. Diese Entscheidung wird dem Autor und dem Ordinarius mitgeteilt.
Die »Ratio agendi« geht nicht näher auf eventuelle weitere Schritte ein, noch spricht sie von einer Berufungsmöglichkeit, da solches von den allgemeinen Normen geregelt ist.

2) Das Verfahren und die Untersuchung einiger Ihrer Schriften
a) Die Kongregation für die Glaubenslehre ist der Auffassung die Bestimmungen von »Integrae servandae« und der »Ratio agendi« eingehalten zu haben. Die Kongregation gesteht, dass die Untersuchungsverfahren zu Ihren beiden Büchern sich zu lange hingezogen haben; aber die Kongregation wurde nicht zuletzt durch Ihr Verhalten zu dieser Verzögerung gezwungen. Auf die Einladung zu dem Kolloquium über Ihr Buch »Die Kirche« antworteten Sie, dass »eine nicht eingeplante Romreise nicht zu realisieren ist, solange das Semester an der Universität Tübingen andauert«; ausserdem baten Sie darum, »dass vor meiner Abreise die Bedingungen ... garantiert sind«, und zählten fünf »wesentliche« Bedingungen auf; als die Kongregation auf diese Bitte geantwortet hatte, kamen Sie am 27. Juli 1968 mit einer neuen Bitte, nämlich »mir die aufgrund von »Integrae servandae« erarbeitete Verfahrensordnung Ihrer Kongregation zu-

kommen zu lassen«. Um Ihrem Wunsche zu entsprechen, wartete man die Veröffentlichung dieser Verfahrensordnung ab, die schon vor der Veröffentlichung in der Praxis angewendet wurde. Diese Verfahrensordnung sieht als ersten Schritt nicht das Kolloquium vor, sondern eine schriftliche Antwort des Autors zu den gemachten Einwänden. Darum wurde von Ihnen eine schriftliche Erklärung zu den einzelnen Einwänden erbeten. Natürlich sind diese einzelnen Punkte die gleichen wie die Themen eines eventuellen Kolloquiums. Auf den Brief der Kongregation vom 12. Juli 1971 antworteten Sie dann am 24. Januar 1972, und auf das hiesige Schreiben vom 4. Juli 1973 antworteten Sie am 22. September 1973. Zwar hat die Kongregation von Ihnen die Antworten jeweils binnen 30 Tagen erbeten, entsprechend der Verfahrensordnung, die für alle ähnlichen Fälle gilt; aber sie hat Ihre Antworten abgewartet, auch wenn die Frist überschritten war, ohne weitere Schritte zu unternehmen.
Ich hoffe, diese kurzen und unvollständigen Bemerkungen werden Sie dazu veranlassen, Ihre Klagen über die Verzögerungen und die einseitigen Fristen zu mässigen.
b) Das oben über die Natur der Verfahrensordnung Gesagte enthält implizit schon die Antwort auf Ihre Fragen und »Bedingungen«.
Die »volle Kenntnis und der freie Gebrauch Ihres Dossiers« bei der Kongregation (Ihre Briefe vom 30. Mai 1968 und vom 22. September 1973) werden von der Verfahrensordnung nicht vorgesehen, da das Untersuchungsverfahren kein gerichtlicher Vorgang oder ein Strafprozess ist und weil die Akten des entsprechenden Dossiers nicht den Wert von Prozessakten haben. Die öffentliche Schrift des Autors, und nicht die eventuelle Anklage oder die Akten des Dossiers, bildet das Dokument, das zum Zwecke der Feststellung der Lehrmeinung des Autors gültig ist. Die Position der Kongregation ergibt sich nur aus jener vom Papst approbierten Entscheidung nach Beendigung der Untersuchung, und dieses Ergebnis ist Ihnen mit zwei Briefen von 6. 5. 1971 und 12. 7. 1971 mitgeteilt worden. Deshalb können Briefe und Gutachten der einzelnen Fachleute, Konsultoren oder Mitglieder der Kongregation nur als vorläufige interne Arbeitsinstrumente angesehen werden.
Bezüglich des relator pro auctore (den man nicht mit einem An-

walt in einem Prozess verwechseln darf) sieht es die Verfahrensordnung vor, dass die Kongregation selber diesen bestimmt; der Relator hat während der kongregationsinternen Untersuchungsphase die Aufgabe, der Kongregation selber auf dialektische Weise behilflich zu sein, damit die Kongregation sich ein möglichst objektives Urteil von den Lehrmeinungen des Autors bilden kann.
Im übrigen schliesst die Untersuchung bisweilen mit der Feststellung, dass die untersuchten Lehrmeinungen mit der offenbarten und vom Lehramt vermittelten Lehre übereinstimmt, oder dass sie zu den unter den Theologen frei diskutierbaren Ansichten gehören. In diesem Falle wird das Verfahren eingestellt, ohne dass der Autor davon erfährt oder unnütz beunruhigt wird.
Das Recht der Verteidigung steht dem Autor selber zu: er wird schriftlich aufgefordert, sich zu erklären, und nötigenfalls auch zu einem Kolloquium eingeladen.
Das Recht der Berufung ist dem Autor garantiert durch die allgemeinen Normen des geltenden Rechtes, falls der Autor glaubt, dass Unregelmässigkeiten vorgekommen sind.

3) Das Kolloquium

Sie fragen nach dem Sinn eines Kolloquiums der Kongregation mit Ihnen; Sie fragen das vor allem nach der Veröffentlichung der Erklärung »Mysterium Ecclesiae«, die Sie eine »Lex Küng« nennen und die den Ausgang des Kolloquiums präjudiziere.
Im Zusammenhang mit dem eingangs Erwähnten muss hier klar festgestellt werden, dass die Kongregation in einem eventuellen Kolloquium selbstverständlich nicht die Lehre der beiden Vatikanischen Konzilien und auch nicht der Erklärung »Mysterium Ecclesiae« ändern wird. Wie kann ein katholischer Theologe diese Lehre des authentischen Lehramtes ein »Diktat« nennen?
Eine weitere Klarstellung: dieses Kolloquium darf nicht verstanden werden als eine freie akademische Diskussion unter Theologen oder als ein Meinungsaustausch nach Art eines Kongresses. Vielmehr würde es sich um ein Kolloquium auf wissenschaftlicher Ebene handeln, das der Autor mit von der Kongregation benannten Theologen führt zu dem Zweck, genauestens

die Lehre des Autors kennenzulernen und mit den Aussagen des Lehramtes zu konfrontieren. Die Kongregation täte dies kraft der ihr vom Lehramt des Römischen Papstes delegierten Autorität. Das Kolloquium hätte also dem Zweck, Ihnen noch einmal die Möglichkeit zu geben, Ihre Gründe zu erklären, warum sie Ihre Meinung für frei diskutierbar halten, ohne dass dadurch die für einen Katholiken verpflichtenden und verbindlichen Lehren beeinträchtigt werden. Im Grunde ist also das Kolloquium eine erneute Möglichkeit zur Klärung der Meinung und in diesem Sinne zur »Verteidigung« des Autors.
Ihren Vorwurf, die Kongregation verfahre gegen Sie unloyal, weil sie die Erklärung über Ihre Lehrmeinungen vor einem Kolloquium veröffentlichte, kann die Kongregation nicht hinnehmen. Zunächst einmal muss festgehalten werden, dass es sich in der Erklärung nicht allein um Ihre persönlichen Ansichten handelt, sondern um Meinungen auch von manchen anderen Theologen.
Was nun Ihre Schriften anbelangt, so ist zu sagen, dass nach der Verfahrensordnung ein Kolloquium mit dem Autor nicht obligatorisch, sondern fakultativ ist. Die Kongregation ist nur verpflichtet, vom Autor eine schriftliche Erklärung zu den fraglichen Punkten zu erbitten; dies ist geschehen. Die Veröffentlichung der Erklärung »Mysterium Ecclesiae« wurde auch deswegen notwendig, weil Sie trotz des laufenden Verfahrens und gegen die ausdrückliche Einladung der Kongregation vom Dezember 1967 und unter Missachtung des geltenden Gesetzes über das Imprimatur (vgl. den Brief der Kongregation an Sie v. 12. Febr. 1971 und Ihre Antwort v. 26. Febr. 1971) fortfuhren, Meinungen, die den Glauben der kirchlichen Gemeinschaft zutiefst verwirrt haben, in Ihren Schriften in vielen Sprachen und in Vorträgen in verschiedenen Erdteilen zu verbreiten. Die zuständige Autorität der Kirche war nicht zuletzt auch darum verpflichtet, eine Massnahme zum Schutze des Glaubens zu treffen und klärend einzugreifen, wozu die Gläubigen ein Recht haben.
Sie beklagen sich über die »Verschärfung der Lage ... durch das öffentliche Vorgehen der Kongregation«. Die Kongregation ist überrascht, dass Sie einen solchen Vorwurf erheben, da Sie es doch waren, der schon seit langer Zeit die Briefe dieser Kongre-

gation veröffentlichte, der Presse Mitteilungen machte, der Interviews über Ihren »Fall« gab, der in verschiedener Weise während des Untersuchungsverfahrens seine Lehrmeinungen verbreitete, wogegen die Kongregation geschwiegen hat, auch dann, als Sie diese in der Öffentlichkeit sehr negativ schilderten.

II. Die theologische Problematik

1. Sie erbitten von der Kongregation vor allem »eine Begründung für die Möglichkeit unfehlbarer Sätze ...«, »wie die entsprechenden Abschnitte des Vatikanum I und II theologisch verantwortet und begründet werden sollen«. Dies ist tatsächlich die grundlegende Hauptfrage (um nicht zu sagen, der grundlegende Zweifel) Ihres Buches »Unfehlbar? Eine Anfrage«.
Es ist sicherlich einem katholischen Theologen erlaubt, eine Frage zu stellen, die eine Glaubenswahrheit berührt, und dann eine Erklärung zu suchen. Aber auch wenn er nicht sofort eine verstandesmässige Rechtfertigung dieser Wahrheit fände, kann ein katholischer Theologe die Glaubenswahrheit selber nicht in Zweifel ziehen oder gar leugnen. Kein katholischer Theologe, solange er katholisch ist, hält die Leugnung oder Bezweiflung eines Glaubensdogmas im Namen der Theologie für erlaubt. Und soweit es sich um damit in Zusammenhang stehende theologische Probleme handelt, haben auf Ihre Anfrage schon viele kompetente Autoren geantwortet.
2. Die Distinktion zwischen Unfehlbarkeit und »unfehlbaren Sätzen«, die Sie aufstellen, ist interessant und könnte einer der Gegenstände des Kolloquiums sein in folgendem Sinne: Wie kann man die Unfehlbarkeit in der vom I. und II. Vatikanischen Konzil dogmatisierten Weise aufrechterhalten, wenn man die Möglichkeit unfehlbarer Sätze negiert?
3. »Inwiefern schliesst ›geschichtliche Bedingtheit‹ nicht auch eine Möglichkeit des Irrens im einzelnen ein, wie die Geschichte mannigfach zu belegen scheint?«
Ihnen als Theologen sind die Voraussetzungen der Unfehlbarkeit bekannt, und Ihnen ist auch die Antwort auf diese Frage bekannt: Die katholische Kirche glaubt (vgl. I. Vat. Konzil), dass diese Voraussetzungen wegen des Beistandes des Heiligen Geistes die Möglichkeit eines Irrtums über den als Dogma defi-

nierten Inhalt auschliessen (vgl. »Mysterium Ecclesiae« Nr. 5). Die Fragen, die Sie in diesem Zusammenhang Ihres Briefes stellen (S. 10), zeigen mit genügender Klarheit, dass diese sich auf der Ebene des Dogmas bewegen und nicht nur auf der Ebene einer freien theologischen Diskussion. Glauben Sie, dass Ihre Feststellungen mit der Lehre der beiden Vatikanischen Konzilien in Einklang stehen?

4. Sie behaupten, die Erklärung »Mysterium Ecclesiae« trage der internationalen Diskussion über die Unfehlbarkeit nicht genügend Rechnung. Sie drücken Ihr Bedauern darüber aus, dass die Kongregation nicht ihre Experten zu dem Oberseminar über die Unfehlbarkeit in Tübingen sandte. Das in Ihren Büchern zum Ausdruck kommende Anliegen gehe »non in destructionem, sed in aedificationem Ecclesiae«.

Wie Ihnen bekannt ist, erstreckt sich die Zuständigkeit der Kongregetion auf die Glaubenslehre und nicht auf die frei diskutierbaren Lehrmeinungen, wenn diese in ihren internationalen Dimensionen der Kongregation auch durchaus bekannt sind; die Kongregation ist aber keine theologische Fakultät, sondern ein Organ im Dienste des Lehramtes des Papstes.

Ob Ihre Lehrmeinungen »in aedificationem Ecclesiae« sind oder nicht, ist keine Frage Ihrer Intentionen, sondern eine Frage der Fakten. Es wäre nicht »in aedificationem Ecclesiae«, der definierten Kirchenlehre widersprechende Lehrmeinungen zu vertreten.

III. Persönliches Wort

1. Sie berufen sich auf die Freiheit der Theologen. Die Kongregation jedoch muss Sie an das oberste Prinzip einer solchen Freiheit erinnern: sowohl das Lehramt als auch die Theologen stehen im Dienste der offenbarten Wahrheit. Darum gibt es für einen gläubigen Katholiken nicht die Freiheit, im Namen der theologischen Freiheit eine geoffenbarte Wahrheit zu leugnen. Indessen gibt es auch eine Verantwortung der Theologen vor der kirchlichen Gemeinschaft und vor der kirchlichen Autorität, der Christus selber die Aufgabe anvertraute, die geoffenbarte Wahrheit zu lehren und zu schützen (Lumen Gentium, 25; Dei Verbum, 10).

Zum Wohle der Gemeinschaft der Gläubigen, die ein Recht darauf hat, die gesunde Lehre zu empfangen, veröffentlichte die Kongregation die Erklärung »Mysterium Ecclesiae« nicht als irgendeinen theologischen Beitrag, sondern im Auftrag und mit Approbation des Papstes. Wenn Sie Thesen vertreten, die der Erklärung entgegenstehen, müssen Sie sich die Frage stellen, ob Sie noch über sich eine Lehrautorität in der Kirche anerkennen.

Diese Frage ist in der Tat nicht überflüssig. Denn tatsächlich erscheint in allen Ihren Antworten die dogmatische Ebene als schlechterdings inexistent, geradezu als seien die von Ihnen vertretenen Lehrmeinungen alle Gegenstand freier theologischer Diskussion und als berührten sie nicht die für einen gläubigen Katholiken verbindlichen Wahrheiten. Darum stellt sich die Frage: Welchen Wert haben für Sie die Dogmen und die Aussagen des kirchlichen Lehramtes? Nehmen Sie den dogmatischen Charakter des I. Vatikanischen Konzils an?

2. Schliesslich schlagen Sie als Lösung vor, Sie selber und die Kongregation sollten schweigen; die Geschichte würde schon beweisen, wer recht hat.

Die Kongregation bedauert, diese Ihre Berufung auf das Urteil der Geschichte als Kriterium des Glaubens nicht annehmen zu können. In der Kirche gibt es ein anderes Kriterium als das Urteil der Geschichte: dies ist die Autorität des lebendigen Lehramtes, die zum Dienst an der geoffenbarten Wahrheit eingesetzt ist. Hinsichtlich der Unfehlbarkeit der Kirche und des Papstes beruft sich die Erklärung »Mysterium Ecclesiae« auf ein definiertes Dogma; es ist nicht einzusehen, wie man eine solche definierte Lehre dem »Urteil« der Zukunft überlassen könnte.

Wenn also Ihr Vorschlag zu schweigen die Eindeutigkeit oder Klarheit der Glaubenslehre verschleiern oder verdecken soll, kann die Kongregation Ihren Vorschlag nicht annehmen.

Wenn aber das Schweigen verstanden und klar interpretiert werden könnte als Akt Ihres Respektes gegenüber dem Lehramt und als Bedenkzeit, damit Sie Ihre Lehrmeinungen überprüfen und dem Lehramt angleichen können, wäre Ihr Vorschlag vielleicht sinnvoll.

Die Kongregation hält also ihr Angebot zu einem Kolloquium als ergänzende Verteidigungsmöglichkeit für Sie aufrecht, damit

Sie sich besser erklären können. Wie bereits erwähnt, wären Gegenstand eines solchen Kolloquiums jene Fragen, die die Kongregation Ihnen stellte in den Schreiben vom 6. 5. 1971 und 12. 7. 1971.
Die Kongregation ist nur daran interessiert, dass die katholische Lehre in Reinheit und Treue zu Christus verkündet wird. Die Kongregation hat keinerlei Absicht, Personen zu verfolgen, sondern sie will nur sicherstellen, dass die katholische Kirchengemeinschaft jene geistige Nahrung erhält, auf die sie ein Anrecht hat. Angesichts der Verantwortung für die Verkündigung und das Bekenntnis der Kirchenlehre, die die Kongregation und auch Sie tragen, jeder auf seine Weise, ist jede Frage menschlicher Rücksicht oder Prestiges zweitrangig. Im demütigen Dienst am Wort Gottes haben wir, und zwar alle gemeinsam, die »regula fidei« zu bewahren, das schliesst ein Doppeltes: Treue zum Überlieferten und dynamische Orientierung auf die Zukunft hin. Es geht nur darum, der Wahrheit Christi zu dienen. Wir setzen so viel Vertrauen in Ihren priesterlichen Geist, dass Sie in echter Treue zu dieser Wahrheit handeln werden.
Lassen Sie bitte die Kongregation wissen, ob Sie die Absicht haben, diese Ihre Verteidigungsmöglichkeit wahrzunehmen und wann Sie nach Rom kommen können. Der Termin und die Teilnehmer des Kolloquiums werden unmittelbar nach Ihrer Zusage vereinbart, da die Kongregation die Frage möglichst bald zu lösen wünscht.
Mit freundlichen Grüssen

Franc. Card. Šeper, Präf.
† *Fr. Jérôme Hamer* o. p. Sekr.

26 Begleitschreiben des Apostolischen Nuntius in Deutschland vom 5. April 1974

APOSTOLISCHE NUNTIATUR
IN DEUTSCHLAND

Nr. 43.491/XV-Pr.
Bonn - Bad Godesberg, 5. April 1974

Hochwürdiger Herr Professor!
Im Auftrag der Kongregation für die Glaubenslehre übersende ich Ihnen den beiliegenden, an Sie gerichteten Brief, der mit heutiger Kurierpost hier eingetroffen ist.
Mit freundlichem Gruß

Ihr in Christo ergebener
† *Konrad Bafile*
Apostolischer Nuntius

(Anlage)

Dem Hochwürdigen Herrn
Professor Dr. Hans Küng
74 Tübingen
Waldhäuserstraße 23

27 Brief Kardinal Döpfners an Professor Küng vom 30. Mai 1974

DER VORSITZENDE DER
DEUTSCHEN BISCHOFSKONFERENZ

8 München 2, den 30. 5. 1974.
Kardinal-Faulhaber-Straße 7

Herrn Professor
Dr. Hans Küng
74 Tübingen
Waldhäuserstr. 23

Lieber Mitbruder!
Die Glaubenskongregation in Rom hat mir eine Photokopie ihres an Dich gerichteten Schreibens vom 30. März 1974 übersandt.

Entsprechend unserem letzten mündlichen Gespräch hier in München rechne ich schon seit Wochen damit, etwas von Dir zu hören.
Im Gespräch mit Erzbischof Hamer habe ich eine solche Einladung sehr unterstützt, da ich eine mündliche Erörterung der Problemlage als notwendig und sinnvoll ansehe. Natürlich sollte solch ein Gespräch unter zumutbaren Bedingungen stattfinden. Diese sind aber meines Erachtens durchaus erreichbar. Gern will ich dabei vermitteln, falls Du es wünschst.
Mit diesen Zeilen wollte ich Dich nur bitten, der Einladung zum Kolloquium zu folgen bzw. Dir mitteilen, daß ich zu einem klärenden Gespräch für Dich gern bereit bin.

In der Hoffnung auf eine gute Lösung sendet Dir einen brüderlichen Pfingstgruß
† Julius Card. Döpfner

28 Brief Professor Küngs an Kardinal Döpfner vom 22. Juni 1974

PROFESSOR DR. HANS KÜNG
74 TÜBINGEN · WALDHÄUSERSTRASSE 23

22. Juni 1974

An den
Vorsitzenden der Deutschen Bischofskonferenz
Herrn Kardinal Dr. Julius Döpfner
Kardinal-Faulhaber-Strasse 7
8 München 2

Lieber Mitbruder,
Für Deinen freundlichen Brief vom 30. 5. danke ich Dir aufrichtig. Während der vergangenen Monate habe ich sehr eingehend überlegt, was in der misslichen Lage zu tun ist, die durch die Ablehnung meines Stillhalte-Vorschlages durch die Glaubenskongregation entstanden ist.
Auf die Auswirkungen jeglicher Eskalation von römischer Seite habe ich sowohl in den Gesprächen in Rom wie im Gespräch mit Dir und Kardinal Volk hingewiesen. Du weisst, wie froh ich

gewesen wäre, wenn mir das erspart geblieben wäre. Aber nachdem durch die Schuld von Erzbischof Hamer die Sache erneut in die Öffentlichkeit kam und in der Schweiz ohne mein Zutun die öffentlichen Reaktionen immer grösseres Ausmass annehmen und nachdem ich andererseits im Gespräch in München wie in Deinem Brief nur erneut die Aufforderung zu dem für mich unter diesen Bedingungen, wie ich darlegte, unakzeptablen Kolloquium erhalten habe, blieb mir keine andere Wahl: ich musste mich zu der beiliegenden öffentlichen Stellungnahme entschliessen, die ich ursprünglich nicht vorhatte und die in verschiedenen Zeitungen erscheinen wird. Auch von Deutschland aus wurde ich in den vergangenen Tagen verschiedentlich darum gefragt, ob ich Solidaritätsaktionen wünsche. Ich habe das verneint, meine aber, dass nur eine deutlichere Stellungnahme der Bischöfe eine weitere Eskalation verhindern kann.

Ich wäre Dir herzlich dankbar, wenn Du meiner Lage Verständnis entgegenbringen könntest. Für die ganze Angelegenheit wäre es gut, wenn mein Vorschlag von der Bischofskonferenz positiv aufgenommen würde. Bewusst habe ich mich um sachliche und zurückhaltende Formulierung bemüht.

Ich brauche nicht zu betonen, dass ich auch gern erneut nach München kommen werde, wenn sich irgendwelche neuen positiven Möglichkeiten zur Lösung des Konflikts zeigen. Zur Zeit bin ich allerdings mit dem Abschluss meines Buches aufs äusserste belastet. Dies und die neuen Komplikationen haben denn auch meine Antwort nach Rom verzögert. Trotz allem, was vorgefallen ist, werde ich in meiner Antwort versuchen, der Kongregation erneut einen Vorschlag zu machen, nach welchem sie die Angelegenheit ohne weiteres Aufsehen erledigen könnte.

Mit der nochmaligen herzlichen Bitte um Dein Verständnis sendet Dir freundliche Grüsse

Dein
Hans Küng

29 Zeitungsartikel Professor Küngs vom 25. Juli 1974

Zu einem römischen Glaubensprozeß

Es gibt Dinge, über die man lieber schweigen würde. Aber die Gerüchte und Anfragen haben sich so gehäuft, dass ein Schweigen nicht mehr länger verantwortet werden kann.
Der Unfehlbarkeitsstreit schien erloschen. In zahlreichen wissenschaftlichen Veröffentlichungen hatte man zu der komplexen theologischen Problematik Stellung genommen, und es zeigte sich im Lauf der Diskussion eine grössere Übereinstimmung in der Sache, als zunächst zu erwarten war. Die theologischen Hauptkontrahenten erreichten eine »operative Einigung«. Und es schien, als sei die Frage endgültig in eine ruhige Diskussionsphase übergegangen. Nachdem die römische Glaubenskongregation am 5. Juli 1973 durch die feierliche Erklärung »Mysterium Ecclesiae« und eine Pressekonferenz zur Problematik Stellung genommen hatte, hätte man annehmen können, dass auch von seiten Roms für alle Katholiken unüberhörbar zur Sache das gesagt worden ist, was im derzeitigen Zeitpunkt aus römischer Sicht zu sagen war.
Stattdessen aber zeigte sich immer deutlicher, dass mit dem allgemein wenig überzeugenden Dokument nachträglich eine bessere Basis für das weitere Verfahren gegen die Bücher »Die Kirche« (1967) und »Unfehlbar? Eine Anfrage« (1970) geschaffen werden sollte, da die Kongregation offensichtlich ihre bisherige Position als juristisch und theologisch zu schwach begründet ansah. Nur der Entschlossenheit deutscher Bischöfe war es allerdings schon damals zu verdanken, dass buchstäblich in letzter Minute eine ultimative Aufforderung von römischer Seite fallengelassen wurde und eine Konfrontation mit unübersehbaren Auswirkungen verhindert werden konnte.
Der angesprochene Verfasser gab sich in einem ausführlichen Antwortschreiben an die Kongregation alle Mühe, die römischen Autoritäten von den kaum übersteigbaren juristischen und theologischen Schwierigkeiten eines weiteren Verfahrens zu überzeugen: es wäre am besten, die Angelegenheit von beiden Seiten zunächst ruhen und die Theologen in aller Freiheit weiterdiskutieren zu lassen. Ein privater Besuch in Rom im Ok-

tober vergangenen Jahres und private Gespräche mit den Verantwortlichen schienen eine Entspannung zu bringen und liessen allseits die Hoffnung auf eine stillschweigende Beilegung der Streitigkeiten keimen, zumal der Verfasser in einer theologischen Bilanz zur Debatte und Stellungnahmen zu »Mysterium Ecclesiae« seinerseits alles gesagt hatte, was im Augenblick zu sagen war.

Angesichts dieser Lage ist umso bedauerlicher, dass sich die römische Glaubensbehörde mit der Erklärung »Mysterium Ecclesiae« und mit dem Stillhalteangebot des Verfassers schliesslich doch nicht zufriedengeben wollte. Der wiederholten Bitte um ein gerechtes Verfahren, um Akteneinsicht und faire Bedingungen für ein theologisches Kolloquium wurde nicht stattgegeben. Die gleichzeitig vorgebrachte Bitte, die Vorschläge von 1360 Theologieprofessoren aus über 53 Ländern »Für die Freiheit der Theologie« zu berücksichtigen, wurde ignoriert. Stattdessen drängt die Kongregation in einem langen Schreiben an den Verfasser auf einen baldigen Abschluss des Verfahrens und ein Kolloquium im Vatikan, das nach den gegenwärtigen Richtlinien einem Verhör gleichkommt und dann einen Abschluss des Geheimverfahrens ohne den Betroffenen ermöglicht. Trotz dieses theologisch fragwürdigen und verfahrensrechtlich problematischen Vorgehens der Kongregation wollte der Verfasser jedoch die juristischen und theologischen Fragen mit der Kongregation in einer sachlich angemessenen Weise austragen.

Leider aber hatte sich inzwischen der zweite Mann der Kongregation, Erzbischof Hamer, mit einem mehrseitigen Interview (Herder-Korrespondenz Mai 1974) an die deutsche Öffentlichkeit gewandt und die inquisitorischen Praktiken der Glaubenskongregation, des früheren Sanktum Offizium, zu beschönigen und zu rechtfertigen versucht. Mit dieser überraschenden Eskalation trifft die Kongregation die Verantwortung für eine erneute und verschärfte Diskussion der verschiedenen römischen Verfahren in der Presse und für eine erhebliche Unruhe in breiten Kreisen des katholischen Klerus und Volkes.

Es war verständlich, dass gerade in der Schweizer Heimat des Verfassers, wo sich die Katholiken samt ihrem Episkopat im Fall des zum Rücktritt gezwungenen Moralprofessors Stephan Pfürtner von Rom überspielt sahen, die Erregung bisher am greifbarsten zum Durchbruch kam. Neben vielen einzelnen Stimmen fordert nun auch in Bern die Synode des grössten Schweizer Bistums, dem sich wenige Tage darauf bereits auch zwei kantonale Synoden (Basel-Land und Luzern) anschlossen, die Einstellung des römischen Verfahrens. Eine von katholischen Laien initiierte Unterschriftensammlung setzte sich in nicht weniger dankenswerter Weise für die Beachtung der Menschenrechte in der Kirche ein. Alle diese Aktionen sind als Zeichen der Solidarität und des wachen Bewusstseins für Widersprüche zum Evangelium und zu den Menschenrechten in der katholischen Kirche zu verstehen. Sie haben über den Einzelfall hinaus auch für andere schwebende Verfahren eine nicht zu unterschätzende Bedeutung. Für den Betroffenen aber sind sie in einer schwierigen Situation Unterstützung und Ermutigung.

Von vielen Seiten wird nun aber gefragt, was weiterhin getan werden soll. Die Antwort kann nur heissen: Es ist jetzt an den offiziellen Organen auch der Kirche in Deutschland, hier zu helfen und zugleich weitere spontane Aktionen überflüssig zu machen.

Im Februar 1974 haben die Schweizer Bischöfe folgende Empfehlung der gesamtschweizerischen Synode bezüglich Lehramt und theologischer Forschung angenommen: »In jedem Fall soll der Betroffene bei Lehrverfahren das Recht haben, selber einen Verteidiger zu bestimmen und Einblick in alle Akten zu erhalten.« Mit Bezug auf diesen gesamtschweizerischen Beschluss hat die Diözesansynode Basel am 16. Juni 1974 beinahe einstimmig folgende Entschliessung verabschiedet:

»Schon ein Verfahren, das diesen Bedingungen, und damit den Menschenrechten (UNO-Charta, Art. 10 und 11), nicht entspricht, und umsomehr eine eventuell daraus folgende Verurteilung, tragen zu einer verschärften Polarisierung in unserer Kirche bei, gefährden die Glaubwürdigkeit der kirchlichen Autorität, belasten die Seelsorge und die ökumenische Zusammenarbeit.

Bei den von Prof. Küng aufgeworfenen Fragen handelt es sich nicht um Probleme, die von ihm geschaffen wurden, vielmehr bewegen sie eine breite Öffentlichkeit und wurden von ihm lediglich aufgegriffen und zur Diskussion gestellt. Die Probleme, die solche Fragen hervorrufen, können nur in einem offenen Dialog und nicht durch ein blosses Machtwort gelöst werden.

Die Synode erwartet, dass die Bischöfe sich entschieden und unverzüglich dafür einsetzen, dass das gegenwärtig laufende Verfahren, welches eindeutig unserer Empfehlung widerspricht, eingestellt wird.«
Es wäre zu wünschen, dass die Synode der katholischen Bistümer Deutschlands und der deutsche Episkopat sich diese ausgewogene Entschliessung zu eigen machen. Ein entschiedenes Wort gerade der deutschen Bischöfe wird in Rom Gehör finden. Der bisherige Bischof von Rottenburg hat viel dazu beigetragen, eine Verschärfung des Konflikts zu vermeiden. Die Sedisvakanz im Bistum Rottenburg dürfte kein Anlass zu unmittelbarer Befürchtung und weiteren spontanen Solidaritätsaktionen sein. Der Verfasser selber wünscht in dieser Sache weiterhin keine kirchenpolitische Eskalation, sondern eine innerkirchliche Befriedung und theologische Klärung. Dass es in den gegenwärtigen wichtigen Auseinandersetzungen trotz allem um Randfragen des Christlichen geht, soll in Bälde ein Buch über »Christ sein« zeigen.

Hans Küng

30 Brief Kardinal Döpfners an Professor Küng vom 26. Juni 1974

DER ERZBISCHOF
VON MÜNCHEN UND FREISING

8 München, den 26. Juni 1974.
Kardinal-Faulhaber-Straße 7

Herrn Professor
Dr. Hans Küng
74 Tübingen
Waldhäuserstrasse 23

Lieber Mitbruder!
In aller Kürze will ich sofort nach Eintreffen Deines Briefes vom 22. Juni 1974 einige Feststellungen machen, ohne jetzt auf die Sachfragen im Einzelnen einzugehen. Zunächst stelle ich fest, daß man seit vielen Wochen rundum merkte, daß Du den

Brief der Glaubenskongregation vom 30. März 1974 bekannt gibst. Ich selbst erfahre nichts von Dir trotz meiner damaligen von Dir akzeptierten Bitte bei der Besprechung am 19. Februar 1974, mit mir bei einem Schritt der Kongregation Kontakt aufzunehmen. Ich schrieb Dir dann am 30. Mai 1974 und bekomme nun erst Antwort, nachdem Du bereits eine Stellungnahme zum Schreiben der Kongregation veröffentlicht hast, eine Stellungnahme, in der wieder die einen gegen die anderen ausgespielt werden. Man wird den Eindruck nicht los, Du habest letztlich kein Interesse an einer guten Lösung, bei der Du einen Schritt entgegenkommst, sondern treibest das gewohnte Spiel einer gezielten Animierung der Öffentlichkeit. So geht es nicht.

Mit brüderlichen Grüßen
† Julius Card. Döpfner

31 Brief Professor Küngs an Kardinal Döpfner vom 27. Juni 1974

PROFESSOR DR. HANS KÜNG
74 TÜBINGEN
WALDHÄUSERSTRASSE 23

27. Juni 1974

Persönlich

Herrn
Kardinal Dr. Julius Döpfner
Erzbischof von Freising und München
8 München
Kardinal-Faulhaber-Str. 7

Lieber Mitbruder,
Wenn ich auf Deinen Brief sofort antworte, so nicht um die Vorwürfe mit Vorwürfen zu beantworten. Ich möchte auch nicht an den Vorsitzenden der Bischofskonferenz schreiben, sondern an Dich persönlich. So kann ich offener schreiben. Denn einige Missverständnisse scheinen mir doch aufklärbar:

Natürlich habe ich auf die ständigen Fragen, denen ich ausgesetzt bin, immer wahrheitsgemäss geantwortet, dass wieder ein römischer Brief da ist und dass man in Rom wider Erwarten doch weiter macht. Aber ich habe den Brief vom 30. März 1974 nicht »bekanntgegeben«, wiewohl der Plan eines neuen Dossiers über den Fortgang des Unfehlbarkeitsstreites an mich herangetragen wurde. Dir von diesem Brief Mitteilung zu machen, schien mir unnötig, da ich annahm, dass Dir eine Kopie des Briefes zugeschickt wurde. Allerdings stellte ich zu meinem Erstaunen fest, dass auch der Bischof von Rottenburg keine Kopie erhalten hatte, worauf ich ihm umgehend eine Kopie zukommen liess. Die Antwort habe ich noch immer nicht abgeschickt, weil durch das Interview von Msg. Hamer immer neue Komplikationen auftraten, die mich den Gang der Dinge abwarten liess. Eine Stellungnahme zum Schreiben der Kongregation, wie Du schreibst, habe ich nur indirekt gegeben, insofern ich auf Hamers Interview antworten musste. Wäre dieses Interview nicht erschienen, so hätte ich keinen Anlass gehabt, in die Öffentlichkeit zu gehen.
Vielleicht hilft es nun aber auch, wenn ich Dir persönlich offen sage, warum ich zu diesem Zeitpunkt ein weiteres Gespräch in München für wenig sinnvoll angesehen habe. Ich meinte, dass ich dies in meinem Brief klar genug angedeutet hatte. Aber es waren vor allem drei Fakten, die mir zu denken gegeben haben:
1. Der letzte Brief der Glaubenskongregation war bei aller Verbindlichkeit im Ton in der Sache derart hart abgefasst – und zwar juristisch ebenso wie theologisch –, dass ich nur daraus schliessen konnte, dass das Gespräch mit Dir und Kardinal Volk in Rom keine meiner Sache förderliche Auswirkung gehabt hat. Wieder wird das juristisch wie theologisch unhaltbare Vorgehen der Kongregation verteidigt, wieder wird die theologische Anfrage nicht beantwortet, wieder wird auf die Bedingungen für ein gerechtes und faires Kolloquium nicht eingegangen. Auf alles dies hatte ich in Rom wie in München genügend nachdrücklich hingewiesen, so dass es mir einfach nicht sinnvoll und aussichtsreich schien, davon wieder erneut zu sprechen. Kannst Du denn nicht auch verstehen, dass ich bei bestem Willen mich nicht einem solchen Kolloquium ausliefern kann – gerade auch

im Interesse der Vermeidung einer Konfrontation –, in dem ich nur gegen meine Überzeugung meiner Auffassung abschwören oder dann eben verurteilt werden kann? In der Schweiz ist ja gerade deshalb die Erregung so gross, weil Pfürtner sich auf alle diese Dinge eingelassen hat und gerade so – nachdem er sich dem Gespräch gestellt hatte – unter die Räder kam. Mein ganzes Bestreben war bis anhin, eine solche direkte Konfrontation mit unabsehbaren Auswirkungen zu vermeiden.

2. Sehr betroffen hat mich, dass Du mich über die Aktion von Hamer, an der Prälat Homeier beteiligt ist, nicht orientiert hast. Ich musste annehmen, dass Du mit diesem Vorgehen einverstanden warst. Sollte dies nicht der Fall sein, bitte ich um ein klärendes Wort. Für mich war es offenkundig, dass man auf zwei Ebenen gleichzeitig arbeitete: mit dem Brief direkt für mich und dann mit dem Interview für die Öffentlichkeit, welches Beschwichtigungsfunktionen erfüllte. Freilich hat sich Hamer auch diesmal verrechnet, wenn er meinte, durch solche Ausführungen die Öffentlichkeit über den wahren Stand der Dinge in der Glaubenskongregation hinters Licht führen zu können. Ich wundere mich, dass er meine diesbezüglichen Warnungen nicht ernst genommen hat; sagte ich ihm doch deutlich, dass er mit einer juristischen und theologischen Rechtfertigung der gegenwärtigen Praktiken der Glaubenskongregation, die, ob man es nun einmal liebt oder nicht, noch immer Inquisition bedeuten, in der Öffentlichkeit nicht durchkommen wird und dass ich mich nicht mehr an meinen Stillhaltevorschlag gebunden fühlen kann, sobald die Kongregation die Angelegenheit gegen mich weiterbetreibt. Mit »Mysterium Ecclesiae« versuchte man es im Frontalangriff, und, nachdem man scheiterte, jetzt auf Umwegen. Schon früh hörte man die Kunde aus Freiburg. Aber auch die Aktionen Hamers in Fribourg/Schweiz kamen ohne mein Zutun in die Presse, wo dieses Interview in lügenhafter Weise »im Auftrag der Bischofskonferenz« an die schweizerischen Synodalen verbreitet werden sollte. Aus Paris konnte man hören, dass Hamers Interview der »Documentation Catholique« mehr oder weniger aufgezwungen wurde, jetzt aber die Veröffentlichung der Antwort von Professor Neumann strikt abgelehnt wird. Ich will nicht weitere Details ausbreiten. Aber dass dies alles mein Vertrauen zu meinen Gesprächspartnern

nicht gerade fördert, wirst Du doch gewiss auch verstehen können.
3. Aus Norddeutschland vernahm ich – auch in diesem Fall von sehr sicherer Quelle –, dass der Sekretär der Bischofskonferenz in einem privaten Kreis geäussert hat, dass mein Fall bis im August erledigt sein würde. Wenn man den Namen von Homeier im selben römischen Gästebuch gesehen hat, weiss man, dass man solche Bemerkungen ernst zu nehmen hat. Am Willen der Kongregation in dieser Hinsicht hat es ja bisher nicht gefehlt. Was mich aber in diesem Kontext am meisten enttäuscht und zusammen mit allem anderen an der Bitte um ein neues Gespräch hinderte, war Deine Antwort im Münchner Gespräch auf meine klare Frage, auf welcher Seite Du im Falle einer (»rechtmässigen«) römischen Verurteilung stehen würdest. Du sagtest, dass das dann eben durchgestanden werden müsse, obwohl Du andererseits zugibst, dass Dir die theologische Wahrheitsfrage keineswegs klar scheint. Kannst Du nicht verstehen, dass bei der erneuten Betreibung der Sache von seiten Roms meine Skepsis verstärkt wurde, ob ich von Dir im Ernstfall ernsthafte Hilfe erwarten dürfe?
Nach all dem, was ich Dir gesagt und nach Rom geschrieben habe, empfinde ich es als schmerzlich, wenn man mir noch immer vorwirft, ich habe kein Interesse an einer »guten Lösung«. Es wäre für die Kongregation ein Leichtes gewesen, meinen Vorschlag zum beidseitigen Stillehalten (nachdem die Kongregation immerhin ausserordentlich deutlich gesprochen hatte) anzunehmen. Man hat es nicht getan und ist selber in die Öffentlichkeit gegangen. Warum eigentlich nicht die Vorwürfe an die Adresse richten, an die sie gerichtet sein müssen? Von Deiner Seite hörte man bisher in der Öffentlichkeit kein einziges kritisches Wort zum ganzen Vorgehen der Kongregation, während ich immer als Prügelknabe der Bischofskonferenz zu dienen hatte und die Vorwürfe an die Bischofskonferenz nicht zurückgab.
Seit zwölf Jahren habe ich es nun ständig mit der Glaubenskongregation zu tun, seit sieben Jahren allein wegen des Buches »Die Kirche«, seit vier Jahren wegen »Unfehlbar?«. Ewig werden Briefe geschrieben und Gespräche geführt: Wie lange soll dies nun eigentlich noch weitergehen? Für unsere Kirche aber

stellt sich die Frage, ob die römische Inquisition, die in den vergangenen vier Jahrhunderten der wahren Orthodoxie so viel geschadet hat, auch noch ins dritte Jahrtausend mitgeschleppt werden soll – zum Schaden nicht zuletzt dann auch der Theologen, die sich nicht so gut wehren können wie ich. Die Artikel von Neumann und Blank sagen doch alles überdeutlich, und ich wundere mich nur, dass nicht zumindest in Deutschland diese Problematik, die sich sowohl vom Rechtsempfinden wie insbesondere vom Evangelium her stellt, durchschaut wird.
Angesichts dieser ganzen Entwicklung musst doch auch Du zugeben, dass mein letzter Artikel in der FAZ ausserordentlich gemässigt in Ton und Sache war. Man könnte hier ganz anders reden und anderes fordern, wenn man eine »gezielte Animierung der Öffentlichkeit« im Sinne hätte. Was in der Schweiz geschehen ist, ist nicht auf mein Betreiben geschehen, sondern aufgrund der Erregung, die seit dem Fall Pfürtner noch immer nicht abgeklungen ist. Für mich selber kommen diese Verwicklungen schon deswegen zu äusserst ungelegener Zeit, weil ich jede Stunde brauche, um das Manuskript zu meinem nächsten Buch abzuschliessen. Schon daraus könntest Du entnehmen, dass mir die Eskalation aufgezwungen wurde. Und dass ich trotzdem Tag und Nacht an diesem Buch weiterzuarbeiten versuche, zeigt Dir vielleicht auch, dass für mich diese ganze Debatte trotz allem peripher ist gegenüber der eigentlichen christlichen Sache, die wir alle gemeinsam zu verteten hätten.
Es wäre nun genügend Zeit zu einer vernünftigen Regelung der Angelegenheit vor der Synodensitzung im November. Meine Antwort nach Rom, die sich aufgrund der römischen »Öffentlichkeitsarbeit« (Hamer) verzögert hat, wird erneut mein Angebot des Stillhaltens enthalten. Ich bin überzeugt, dass ein deutliches Wort von Dir, aus all dem könne nichts Gutes entstehen und man möge die Sache zumindest vorläufig aufs Eis legen, in Rom Gehör finden würde. Du sprichst ja von einer »guten Lösung«, ohne anzudeuten, wie Du sie Dir vorstellst. Mit einem Kolloquium ohne Garantien ist es jedenfalls nicht getan. Ich kann mir keine andere »gute Lösung« in dieser Situation vorstellen, als eben die faktische Einstellung der Sache. Dann würden sich von mir Antworten in der Öffentlichkeit von selbst erledigen, wie es ja auch in den vergangenen Monaten in dieser

Sache sehr ruhig gewesen ist, bevor man von Rom aus wieder anfing.
In der Schweiz zumindest zeigt sich deutlich, dass diese Forderung auf Einstellung des Verfahrens nicht nur meine persönliche Forderung ist. Du weisst selber, wie viele in Deutschland gleich denken. Ich würde es vorziehen, wenn die ganze Angelegenheit vor dem November erledigt wäre. Sollte das aber in Rom nicht erreicht werden können, so möchte ich doch auch Dich persönlich sehr herzlich bitten, Dich hinter die Erklärung der Basler Diözesansynode zu stellen, der Bischof Hänggi bereits die Berücksichtigung versprochen hat. Sollte man die Behandlung dieser für die deutsche Kirche wahrhaftig nicht unwichtigen Angelegenheit in der Synode blockieren wollen, wird es deshalb nicht ruhiger werden. Es geht in dieser ganzen Sache um sehr viel mehr als um meine persönliche Angelegenheit, wie manche nach den Artikeln von Neumann und Blank noch besser begreifen werden als zuvor.
Meine Antwort nach Rom ist fertig konzipiert und kann jederzeit abgeschickt werden. Wenn Du mir für diesen Brief noch eine Anregung zu geben hast, möchte ich Dich bitten, mir dies schriftlich oder auch telefonisch mitzuteilen. Ich werde gerne alles aufgreifen, was zu einer guten Lösung beitragen kann.
Du hast gemerkt, lieber Mitbruder, dass ich sehr offen und ungeschützt geschrieben habe. Es würde mich freuen, wenn Du den Brief so aufnehmen würdest, wie er von mir gedacht ist. Ich bin Dir jederzeit dankbar, wenn Du dieselbe Offenheit walten lässt und brauche Dir nicht zu sagen, dass ich Briefe, die an mich persönlich geschrieben sein sollen, als solche behandeln werde.
Mit der nochmaligen Bitte um ein wenig Verständnis sendet Dir

brüderliche Grüsse
Hans Küng

Beilagen: Art. Prof. Neumann
Art. Prof. Blank

32 Presseerklärung des Präsidenten und des Vizepräsidenten der Schweizerischen Bischofskonferenz vom 8. Juli 1974

Wie an der Pressekonferenz vom 3. Juli 1974 in Zürich bekanntgegeben wurde, sind der Präsident und der Vizepräsident der Schweizerischen Bischofskonferenz (die Bischöfe Nestor Adam und Anton Hänggi) nach Rom gereist. Sie hatten den Auftrag, sich bei den zuständigen römischen Stellen über den Stand des Verfahrens bezüglich Professor Hans Küng zu erkundigen und über die Lage in der Schweiz zu informieren. Im Verlaufe der Aussprache hat sich gezeigt, daß die schweizerische Öffentlichkeit ungenau und sachlich einseitig informiert war.
Die beiden Bischöfe erhielten Kenntnis vom Inhalt des letzten Briefes der Glaubenskongregation an Professor Hans Küng vom 30. März 1974, in dem dieser zu einem Gespräch eingeladen wurde, ohne daß ihn die Glaubenskongregation dazu gezwungen hätte. Dieser Brief ist bisher ohne Antwort geblieben. Die Glaubenskongregation hat den beiden Bischöfen erklärt, daß Professor Küng sich einen Verteidiger wählen könne, der ihn zu diesem Gespräch begleiten darf. Alle Akten, auf die sich die Glaubenskongregation stützt, befinden sich jetzt schon in den Händen von Professor Küng. Der Sekretär der Glaubenskongregation ist außerdem bereit, in die Schweiz zu kommen, um in einem Gespräch mit der Bischofskonferenz weitere noch offene Fragen zu erörtern und zu klären. Die Eingabe der Synode 72, die von der Bischofskonferenz weitergeleitet wurde, ist in Rom eingetroffen. Die Glaubenskongregation bereitet eine schriftliche Stellungnahme vor. Diese Voraussetzungen lassen eine gerechte Lösung dieser Fragen erhoffen.

33 Presseerklärung Professor Küngs vom 8. Juli 1974

Zu meinem großen Bedauern haben sich die Schweizer Bischöfe von ihren römischen Gesprächspartnern täuschen lassen. Zwar darf jetzt auch für die Bischöfe kein Zweifel mehr darüber bestehen, daß ein römisches Verfahren gegen den Verfasser der Bücher »Die Kirche« und »Unfehlbar? – Eine Anfrage« läuft und jederzeit ernsthafte disziplinarische Folge haben kann.

Es ist indessen eine grobe Irreführung der schweizerischen Öffentlichkeit, wenn die Vorsteher des früheren Sanctum Officium behaupten, »alle Akten, auf die sich die Glaubenskongregation stützt, befinden sich schon jetzt in den Händen von Professor Küng«. Außer den Briefen der Kongregation, die zu veröffentlichen ich gerne bereit bin, habe ich von der Glaubenskongregation nichts erhalten. Vielmehr wurde mir auch im letzten Brief vom 30. März 1974, von dem die Schweizer Bischöfe merkwürdigerweise erst in Rom sich Kenntnis verschaffen konnten, erneut jegliche Einsicht in mein Dossier verwehrt. Selbst Briefe und Gutachten der einzelnen Fachleute, Konsultoren oder Mitglieder der Kongregation seien vorläufig interne Arbeitsinstrumente und dürfen vom Verfasser nicht eingesehen werden.
Wenn ich die Einladung zu einem Kolloquium im Vatikan, das nach den bestehenden Richtlinien einem Verhör gleichkommt, ablehne, so läuft das Verfahren auch ohne das Kolloquium weiter. In jedem Fall aber kann dieses Geheimverfahren jederzeit ohne den Betroffenen zum Abschluß gebracht werden. In dem ganzen mehrjährigen Verfahren ist mir bisher niemals ein Verteidiger zuerkannt worden. Der den Schweizer Bischöfen offenbar jetzt in Aussicht gestellte Verteidiger, der keinerlei Rechtsgrundlagen in der Verfahrensordnung der Kongregation haben dürfte, scheint nach der Formulierung des Kommuniqués nichts anderes als ein Begleiter zum Kolloquium zu sein.
Daß der Sekretär der Glaubenskongregation, Erzbischof Hamer, in die Schweiz kommen will, um sich hoffentlich auch über die tatsächliche Stimmung in unserem Lande zu informieren, begrüße ich sehr. Ich bin gerne bereit, bei dieser Gelegenheit zur objektiven Orientierung der Öffentlichkeit ein öffentliches Kolloquium mit Erzbischof Hamer über das Verfahren zu führen.
Allen, die sich in den letzten Wochen für die Einstellung des Verfahrens eingesetzt haben, fühle ich mich zu tiefem Dank verpflichtet.

34 Brief Professor Küngs an die Glaubenskongregation vom 4. September 1974

INSTITUT FÜR
ÖKUMENISCHE FORSCHUNG
DER UNIVERSITÄT TÜBINGEN
DIREKTOR: PROF. DDR. H. KÜNG

74 Tübingen, den 4. Sept. 1974
Nauklerstrasse 37a

Herrn
Kardinal Franjo Šeper
Präfekt der Kongregation für die Glaubenslehre
Città del Vaticano

Sehr verehrter Herr Kardinal,
Die Antwort Ihrer Kongregation auf meinen Brief vom 22. September 1973 ist mit dem Datum vom 30. März 1974 durch die Vermittlung des Apostolischen Nuntius in Deutschland am 6. April 1974 in meine Hände gekommen. Ich darf Ihnen hiermit den Empfang höflich bestätigen. Auch ich habe mir die Antwort mehrere Monate überlegen müssen, und die neueste Initiative von seiten der Kongregation und die daraus folgenden Komplikationen zwangen mich, mit der Antwort erneut zuzuwarten.
Ich weiss es zu schätzen, dass die Kongregation zum ersten Mal im Verlauf dieser nun bereits mehr als siebenjährigen Verhandlungen bezüglich der Bücher »Die Kirche« und »Unfehlbar? Eine Anfrage« auf die meisten meiner Fragen ausführlich eingeht und eine Begründung Ihres Standpunktes versucht. Besonders bin ich dankbar für die, wenn ich nicht irre, in meinem Fall erstmalige Belehrung über die Rechtslage, insofern diese nicht aus der Verfahrensordnung der Kongregation zu ersehen ist. Auch die Ausführungen zur theologischen Problematik helfen mir, die ganze Angelegenheit in einem klareren Licht zu sehen.
Freilich sind die in meinem letzten Brief geäusserten Erwartungen bezüglich einer Beendigung des Verfahrens leider nicht in Erfüllung gegangen. Im Gegenteil: Zu meinem grossen Bedauern hat der Sekretär der Kongregation sich gleichzeitig mit

der Antwort an mich in einem mehrseitigen Interview in der Herder-Korrespondenz an die Öffentlichkeit gewandt, um das Selbstverständnis und die Methoden der Kongregation, wie sie im Verfahren gegen mich zur Anwendung kommen, zu verteidigen und zu rechtfertigen. Aufgrund dieser überraschenden Eskalation trifft die Kongregation die Verantwortung für eine erneute und verschärfte Diskussion der verschiedenen römischen Verfahren in der Presse und für eine erhebliche Unruhe in breiten Kreisen des katholischen Klerus und Volkes. Es ist verständlich, dass gerade in meiner Schweizer Heimat, wo wegen des Falles Pfürtner eine nicht leicht auszuräumende Bitterkeit und Empörung gegenüber den Methoden der Kongregation zurückgeblieben ist, die Erregung bisher am greifbarsten zum Durchbruch kam. Sie schlug sich nicht nur in vielen Einzelstimmen, Unterschriftensammlungen und Presseverlautbarungen nieder, sondern auch in der Synode meiner eigenen Heimatdiözese Basel, der sich bereits mehrere kantonale Synoden und zahlreiche andere kirchliche Gremien angeschlossen haben. Sie alle erheben schwere Bedenken gegen die Verfahrensweise der Kongregation und fordern eine Einstellung der gegen mich gerichteten Verfahren.

Auch die gewichtigsten theologischen Reaktionen auf das Interview des Sekretärs stellen das Selbstverständnis und die Methoden der Kongregation mit sowohl juristischen wie theologischen Argumenten zutiefst in Frage und legen der Kongregation eine Generalrevision ihres Verfahrens nahe. Ich gestatte mir, insbesondere die ausgewogenen und sachlich fundierten Stellungnahmen von Professor Dr. Johannes Neumann »Es ginge anders besser« (Herder-Korrespondenz Juni 1974) und von Professor Dr. Josef Blank »Macht und/oder Wahrheit? Zur Problematik der römischen Glaubenskongregation als einer Wahrheitsverordnungsbehörde« (Publik-Forum Nr. 13, 1974) beizulegen. Es dürfte kein Zweifel sein, dass sich aus diesen kompetenten Beiträgen renommierter Fachleute klare Konsequenzen auch für die Verfahren gegen mich ergeben.

Auf dem Hintergrund dieser nun auch von anderen aufgeworfenen sehr ernsten grundsätzlichen Fragen an die Kongregation, erscheint es im Augenblick wenig opportun, wenn ich erneut auf alle einzelnen Punkte eingehe, um meine Einwände gegen das gesamte Verfahren und insbesondere die »konzertierte Aktion« gegen mich im vergangenen Juli zu bekräftigen und die Vorwürfe der Kongregation etwa bezüglich der jahrelangen Verzögerungen der Verfahren und anderes mehr abzuwehren. Liest man den Brief der Kongregation und besonders die gleichzeitig von ihrem Sekretär in der Herder-Korrespondenz erschienene Rechtfertigung ihrer Methoden, dann erscheint das Vorgehen der Kongregation auf den ersten Blick korrekt. Aber man wird es vielleicht auch in Rom verstehen, dass für mich als den Betroffenen – wie für einige in den letzten Jahrzehnten durch solche Verfahren, die nach Ihrem Brief keine Strafverfahren sein sollen, gemassregelten oder gar mit Absetzung von ihrem Lehrstuhl bestraften Theologen – diese Methoden weniger korrekt erscheinen. Es ist verständlich, dass Ihre Kongregation den Geruch der Inqusition gerne losbekäme. Aber vor den Augen der Öffentlichkeit dürfte Apologetik nur dann den gewünschten Eindruck erzielen, wenn man die noch immer inquisitorische Züge tragende Verfahrensordnung der Kongregation entschieden wie gefordert revidiert. Im langen Schreiben der Kongregation und im noch längeren Presse-Interview ihres Sekretärs wird mit keinem einzigen Wort darauf eingegangen, warum die Kongregation sich die Vorschläge der 1360 Theologieprofessoren aus aller Welt (Erklärung »Für die Freiheit der Theologie« 1968), um deren Realisierung ich in meinem Brief erneut nachdrücklichst gebeten habe, nicht zu eigen machen will. Würde die Kongregation diese Vorschläge, deren Rechtmässigkeit, Fairness und Praktikabilität niemand bezweifelt und die dem Ansehen der Kongregation und der römischen Kirche nur dienen könnten, übernehmen, würde sich jegliche Apologetik erübrigen. Zugleich könnte sich die Kongregation der ihr von Papst Paul VI. schon im Jahre 1965 aufgetragenen positiven »Promotion des Glaubens« zuwenden. Ich möchte deshalb die Kongregation erneut ersuchen, sich die Desiderate der 1360 Theologen, die ich Ihnen in meinem letzten Brief in mehreren Sprachen beilegte, zu eigen zu machen.

Nun wird mir gleich zu Beginn Ihrer Antwort vorgeworfen, meine Briefe an die Kongregation seien »ein ständiger Versuch, das Schwergewicht der Auseinandersetzung auf Verfahrensfragen zu verlagern und vom Problem Ihrer (meiner) Lehrmeinung abzulenken«. Aber nachdem die Kongregation gleichzeitig zwei »Verfahren« (mit möglichen disziplinarischen Konsequenzen) gegen mich anstrengt, musste ich mich gezwungenermassen den »Verfahrensfragen« zuwenden und die Kongregation immer wieder neu darum bitten, zu diesen »Verfahrensfragen« wenigstens Stellung zu nehmen. Mindestens dieser wiederholten Bitte wurde jetzt endlich entsprochen. Ich habe aber damit von meiner Lehrmeinung nie ablenken wollen, sondern habe immer wieder neu die Kongregation auf meine »Anfrage« aufmerksam gemacht. Erst jetzt habe ich erreicht, dass sich die Kongregation zur »theologischen Problematik« äussert, wobei sie meine »Anfrage« bezüglich unfehlbarer Aussagen freilich nicht beantwortet, sondern, wenn ich recht verstanden habe, als bereits beantwortet hinstellt. Das aber kann ich nicht als eine begründete Antwort auf meine Anfrage verstehen, die ich durchaus mit Respekt anzunehmen bereit wäre.

Ich hätte nun gerade zur Rechtslage des Verfahrens auch noch zahlreiche gewichtige Einzelfragen anzumelden, etwa: bezüglich der mir bisher unbekannten Zwei-Phasen-Theorie und besonders der »kongregationsinternen« Geheimphase;

bezüglich des nicht strafrechtlichen Charakters des Verfahrens, das doch strafrechtliche Folgen haben kann;

bezüglich des »Relators pro auctore«, der der Kongregation »auf dialektische Weise behilflich« ist und den der Autor selber nicht kennen darf;

bezüglich der von der Kongregation erstellten »Untersuchungsdokumente« (»Briefe und Gutachten der einzelnen Fachleute, Konsultoren oder Mitglieder der Kongregation«), die der Betroffene aus mir uneinsichtigen Gründen nicht einsehen darf;

bezüglich der mir somit erneut generell verweigerten Akteneinsicht und ihrer unverständlichen Hintergründe;

bezüglich meines Ausschlusses bei der über die »Anklage« entscheidenden ersten Phase des Verfahrens und ebenso bei seiner für die Beurteilung oder Verurteilung entscheidenden Endphase;

bezüglich der in der Verfahrensordnung nicht behandelten, aber in Ihrem Schreiben erwähnten »eventuellen weiteren Schritte«;

bezüglich der mir aufgrund der Apostolischen Konstitution

»Regimini Ecclesiae« noch immer unklaren Berufungsmöglichkeit;
bezüglich des Kolloquiums, das »auf wissenschaftlicher Ebene« geführt und doch keine »freie akademische Diskussion« sein soll und bei dem offensichtlich nicht vorgesehen ist, dass auch einmal die Kongregation theologisch im Unrecht sein könnte;
bezüglich der Präjudizierung des ganzen Verfahrens durch die Erklärung »Mysterium Ecclesiae«, die in verschiedener Hinsicht über das Vatikanum I und II hinausgeht usw.
Aber alle diese Fragen zeigen nur, wie berechtigt die Forderung nach einer Generalrevision des Verfahrens der Kongregation ist. Bevor ich nun der theologischen Problematik mein Augenmerk zuwende, möchte ich wenigstens kurz auf einen Vorwurf eingehen, den ich in diesem Zusammenhang nicht unwidersprochen lassen kann: Die Kongregation wirft mir vor, dass ich mich verschiedentlich an die Öffentlichkeit gewandt habe, »wogegen die Kongregation geschwiegen« habe. Anscheinend erinnert man sich im Vatikan nicht mehr, dass es die sehr gezielten Indiskretionen vatikanischer Kreise waren, die am 12. Juni 1968 in der italienischen und später auch in der übrigen Presse verbreitet wurden, nach der auf der ersten Sitzung des vom Papst neu errichteten »Ministerrates« der Kurienkardinäle gegen den Verfasser Massnahmen wegen »Beleidigungen des Papstes« beschlossen worden seien. Da vom Vatikan kein Dementi zu erreichen war und Ihre Kongregation zu allen Gerüchten beharrlich geschwiegen und meine katholische Gesinnung nie in Schutz genommen hat, sah ich mich gezwungen, eine Berichtigung an die Presse zu geben und auch später die Öffentlichkeit sachgemäss zu orientieren. Man wird von mir nicht erwarten können, dass ich die interessierte Öffentlichkeit uninformiert lasse, wenn mir Ihre Kongregation in einem Geheimverfahren ohne meine Anhörung dekretiert (wie in der in Ihrem Brief zitierten »ausdrücklichen Einladung der Kongregation vom Dezember 1967« geschehen), dass die weitere Verbreitung und alle Übersetzungen meines Buches »Die Kirche« verboten seien. Seither war von Deutschland bis Korea und Neuseeland eine gezielte »Öffentlichkeitsarbeit« vatikanischer Organe gegen mich zu beobachten. Auf diesem Hintergrund mag das »Schweigen« der Kon-

gregation in einem anderen Licht erscheinen, ebenso wie meine öffentlichen Re-aktionen.
In der Zwischenzeit hat die Kongregation mit einer über das Vatikanum I hinausgehenden »Erklärung« in das schwebende Verfahren eingegriffen. Da in diesem Zusammenhang von beiden Seiten die Anliegen deutlich gemacht worden waren, habe ich im Herbst 1973 der Kongregation schriftlich und mündlich angeboten, mich in der Unfehlbarkeitsfrage nicht mehr öffentlich zu äussern, wenn mich die Kongregation nicht selber dazu zwingt. Auf diese Weise sollte der wenig erspriesslichen öffentlichen Auseinandersetzung um schwierige theologische Probleme ein Ende gesetzt werden. Ich habe mich strikt an diese freiwillig gegebene Zusicherung gehalten. Auch jetzt war es aber wieder die Kongregation, die erneut die Aufmerksamkeit der Presse auf diese Angelegenheit gelenkt und damit auch mich zur Verteidigung herausgefordert hat gegenüber einer Verfahrensweise, die mir nach wie vor weder gerecht noch sachgemäss erscheint.
In den Bereich irreführender Information der Öffentlichkeit gehört auch das Kommuniqué über die Erkundigungen von seiten der Schweizerischen Bischofskonferenz bei Ihrer Kongregation. Obwohl mir von seiten der Kongregation die Einsicht in mein Dossier 399/57i und insbesondere in die Verfahrensakte gegen die Bücher »Die Kirche« und »Unfehlbar? Eine Anfrage« jahrelang ebenso verweigert worden ist wie die Beiziehung eines Anwalts, wurden die schweizerischen Bischöfe dahingehend informiert, dass mir beides gewährt sei. Dieser – zumindest missverständlichen – öffentlichen Äusserung musste ich leider ebenso öffentlich widersprechen.
Die durch das Vorgehen der Kongregation entstandenen neuesten Verwicklungen, denen nur zu leicht andere folgen können, zeigen erneut, dass es besser gewesen wäre, auf meinen Vorschlag unmittelbar einzugehen und die Angelegenheit vorläufig der theologischen Diskussion zu überlassen: um nämlich herauszufinden – und darum geht es in meiner »Lehrmeinung« – was in dem durch meine Anfrage angesprochenen Punkt die »geoffenbarte Wahrheit« ist, in deren »Dienst« auch nach Ihrer Auffassung nicht nur die Theologen, sondern auch das »kirchliche Lehramt« zu stehen hat.

Von der »Verantwortung der Theologen vor der kirchlichen Gemeinschaft und vor der kirchlichen Autorität« und vor allem vor dem Herrn der Kirche und seinem Evangelium habe ich wahrhaftig keine geringe Meinung. In der Tat gibt es für niemanden in der Kirche die »Freiheit, eine geoffenbarte Wahrheit zu leugnen«. Sofern das kirchliche Lehramt »im Dienst der geoffenbarten Wahrheit steht«, habe ich auch immer »eine Lehrautorität in der Kirche« anerkannt. Ja, ich habe verschiedentlich gewünscht, das »Lehramt« möge – in den entscheidenden Aussagen der christlichen Botschaft – die »gesunde Lehre« nachdrücklicher, konzentrierter und überzeugender vertreten.

So zielt denn meine ganze Anfrage gerade darauf zu wissen, was auf der »dogmatischen Ebene« jene »für einen gläubigen Katholiken verbindlichen Wahrheiten« sind. Dass dies nicht so einfach ist, zeigen viele heute auch in Rom in ihrer Problematik durchschauten römischen Lehrentscheidungen vom Galilei-Fall über den Syllabus errorum bis zu den Enzykliken »Humani generis« und »Humanae vitae«. Das zeigen aber auch die verschiedenen Interpretationen der Definitionen des Ersten Vatikanischen Konzils, um die ich mich in meinen theologischen Veröffentlichungen nicht so intensiv bemüht hätte, wenn ich ihnen keinen »dogmatischen Charakter« zubilligte.

Dass meine Anfrage bezüglich der Unfehlbarkeit einen unklaren Punkt in der Lehre der Kirche getroffen hat, wird allgemein zugegeben. Und dass in der katholischen Kirche und Theologie über die auf die Anfrage zu gebende Antwort keine Einigkeit besteht, weiss man sicher auch in Rom und wurde in dem von mir herausgegebenen Sammelband »Fehlbar? Eine Bilanz« (1973) ad oculos demonstriert. In dankenswerter Weise gibt ja auch die Kongregation zu, dass es sich »nicht allein um Ihre (meine) persönlichen Ansichten handelt, sondern um Meinungen auch von manchen anderen Theologen«. Gerade dieses Eingeständnis der Kongregation erhärtet die grundsätzlichen Bedenken gegen die Sachgemässheit eines solchen Verfahrens. Ich vermag nicht einzusehen, warum die Kongregation ausgerechnet allein gegen mich ein solches Verfahren durchführt. Ebensowenig vermag ich einzusehen, warum von allen Theologen der Welt nur ich die Erklärung »Mysterium Ecclesiae« offiziell ins Haus geschickt bekam und nur ich sie förmlich »anneh-

men« sollte. Aus diesem Grund dürfte die Vermutung nicht grundlos sein, dass diese Declaratio der Kongregation letztlich eben doch nur eine »Lex Küng« ist.
Schliesslich möchte ich ein wichtiges theologisches Missverständnis der Kongregation richtigstellen: Für mich ist nicht, wie mir die Kongregation fälschlicherweise unterstellt, »das Urteil der Geschichte« das »Kriterium des Glaubens«. Das »Kriterium des Glaubens« ist für mich wie für die Kongregation »die geoffenbarte Wahrheit«. Aber offenkundig wird auch für das kirchliche Lehramt manchmal erst im Lauf der Geschichte klar, was in einem bestimmten Punkt die geoffenbarte Wahrheit ist, an die sich »die Autorität des lebendigen Lehramtes, die zum Dienst an der geoffenbarten Wahrheit eingesetzt ist«, ebenso zu halten hat wie die Theologen. Die Kongregation gibt denn auch in ihrer Erklärung »Mysterium Ecclesiae« in erfreulich deutlicher Weise zu, dass die Glaubensformulierungen des Lehramtes situationsabhängig, unvollkommen, verbesserungsfähig, ergänzbar, ersetzbar sind. Daraus scheint sich zu ergeben, dass in der Frage der »geoffenbarten Wahrheit« sich niemand von vornherein zu den »beati possidentes« zählen darf.
Mein Vorschlag, die Angelegenheit nach den von beiden Seiten abgegebenen öffentlichen Stellungnahmen ruhen und der klärenden Diskussion der Theologen Zeit zu lassen, hatte also gerade nicht zum Ziel, »die Eindeutigkeit oder Klarheit der Glaubenslehre zu verschleiern oder zu verdecken«, sondern im Gegenteil sie voll ans Licht zu bringen. Ich habe meinerseits dem Gesagten zur Zeit kaum etwas hinzuzufügen und erneuere deshalb den in meinem letzten Brief gemachten persönlichen Vorschlag. Andererseits ist auch nicht zu erkennen, was von der Kongregation über ihre »Erklärung« hinaus noch Entscheidendes gesagt werden könnte. Und wenn diese »Erklärung« tatsächlich in Eindeutigkeit und Klarheit die geoffenbarte Wahrheit hinter sich hat, wird sie sich gewiss in der Kirche auch ohne disziplinarische Zwangsmassnahmen durchsetzen.
An meinem »Respekt gegenüber dem Lehramt« wird es, wo immer dieses Lehramt die geoffenbarte Wahrheit bezeugt, nie fehlen. Und es wird selbstverständlich auch von mir auf keinen Fall ausgeschlossen, dass ich im Lauf der Zeit die geoffenbarte Wahrheit besser, klarer und eindeutiger erkennen werde. Im

Gegenteil: darum bemühe ich mich täglich, stets bereit zu jeglicher Korrektur, die mit Gründen von mir verlangt wird. Und insofern nehme ich auch gerne die mir von der Kongregation dankenswerterweise eingeräumte »Bedenkzeit« in Anspruch, um meine »Lehrmeinungen zu überprüfen«, wie dies Pflicht und Aufgabe eines jeglichen ernsthaften Wissenschaftlers und insbesondere eines ernsthaften Theologen ist. So will ich denn gewiss nicht ausschliessen, dass sich meine Lehrmeinung im Laufe der Zeit der des Lehramtes »angleichen« könnte, wie sich sicherlich auch die Kongregation für neue Entwicklungen und Einsichten offenhalten wird. Insbesondere dürfte sich, wie eingangs mit Bezug auf gewichtige Stimmen dargelegt, eine grundsätzliche Reflexion über das Selbstverständnis und die Methoden der Kongregation nahelegen. Auch ich selber möchte die ganze Sache in einem weiteren theologischen und kirchlichen Kontext überdenken: um für mich und andere deutlich zu machen, was denn überhaupt die »geoffenbarte Wahrheit« und damit auch die »Lehre der Kirche« und so schliesslich der Inhalt unseres Glaubens ist.

Mit der Versicherung, dass es mir stets darum gehen wird, der Kirchengemeinschaft und ihrem Glauben zu dienen, grüsse ich Sie

mit vorzüglicher Hochachtung
Ihr ergebener
Hans Küng

Kopien an: Kardinal Dr. Julius Döpfner, Vorsitzender der Deutschen Bischofskonferenz
Kardinal Dr. Hermann Volk, Bischof von Mainz
Bischof Nestor Adam, Vorsitzender der Schweizer Bischofskonferenz
Bischof Dr. Anton Hänggi, Bischof von Basel
Kapitelsvikar Weihbischof Anton Herre, Rottenburg
Professor Dr. Wilhelm Korff, Dekan des Fachbereichs Katholische Theologie der Universität Tübingen

Anlagen: Die genannten Stellungnahmen von Prof. Josef Blank und Prof. Johannes Neumann

35 Pressekonferenz Professor Küngs zum Erscheinen des Buches »Christ sein« am 10. Oktober 1974 in Frankfurt

Es wird immer wieder von rechts und links darüber diskutiert, ob ein katholischer Theologe mit meinen Auffassungen in der katholischen Kirche bleiben könne. Gestatten Sie mir bei dieser Gelegenheit eine persönliche Bemerkung: Heute, am 10. Oktober 1974, gerade zu dieser Stunde ordiniert Kardinal Döpfner in der römischen Kirche St. Ignazio elf Alumnen des päpstlichen Collegium Germanicum zu Priestern der katholischen Kirche. Man kann es einen Zufall nennen, denn ich habe Tag und Stunde dieser Pressekonferenz nicht selber gewählt: Heute vor genau zwanzig Jahren, am 10. Oktober 1954 zur selben Stunde in derselben römischen Kirche des Ignatius von Loyola wurde als Alumnus desselben päpstlichen Collegium Germanicum ich selber zum Priester der katholischen Kirche ordiniert. Und nachdem ich dieser Kirche zwanzig Jahre lang bei aller unumgänglichen konstanten Kritik Loyalität und Treue bewahrt, für sie gearbeitet, studiert und gestritten habe, werden Sie es vielleicht verstehen: Ich habe es, geradeheraus gesagt, satt, immer wieder neu zu beteuern, dass und warum ich vom Evangelium her konsequent in dieser katholischen Kirche zu bleiben gedenke. In meinem neuen Buch habe ich es noch einmal dargelegt. Jedenfalls fühle ich mich nach zwanzig Jahren nicht weniger katholisch als am Tag meiner Ordination, was die Realisierung der berechtigten evangelischen Forderungen in unserem ökumenischen Zeitalter freilich nicht aus-, sondern einschliesst.

Ein zweites sei sogleich hinzugefügt: Man kann es ebenfalls einen Zufall nennen, dass ich heute nach zwanzig Jahren nicht im Pfarramt stehe, zu dem ich mich damals hingezogen fühlte, sondern im akademischen Lehramt, zu dem ich mich nicht gedrängt habe. Die pastoralen Intentionen sind dieselben geblieben wie die des damaligen Dienerkaplans des Collegium Germanicum, des späteren Vikars in Luzern, des geistlichen Heimleiters in Münster/Westfalen, auch wenn nun seit fünfzehn Jahren die Arbeit eines akademischen Lehrers und Forschers in Tübingen zu leisten war. Die Arbeit also eines Theologen, dessen nüchterne und reichlich mühselige Aufgabe die »Theo-logie«, die »Rede von Gott« ist: wie man so von Gott und vom Göttlichen in der Welt von heute sprechen kann, dass die Menschen es nicht unverstanden nachbeten, sondern wirklich verstehen. Und nicht irgendeine, sondern eine »christliche« Theologie: wie man so von diesem Christus Jesus sprechen kann, dass die Menschen nicht nur traditionelle christliche Formeln wiederholen, sondern aus der christlichen Botschaft in der Gesellschaft von heute überzeugend leben und handeln können. Theologie also verstanden als eine »Dienstleistung« an den Menschen, die, wie man sich in der heutigen Industriegesellschaft immer mehr bewusst wird, andere Bedürfnisse haben als nur die materiellen.

Zwanzig Jahre Theologie sind in dieses Buch eingegangen. Das Buch ist trotz erster Presseberichte kein Blick zurück im Zorn, sondern ein realistisch sichtender Blick nach vorn. Es ist keine Abrechnung mit den zwanzig Jahren; ich habe keine theologische Vergangenheit zu bewältigen. Es ist eine Aufarbeitung von zwanzig Jahren, in denen mir langsam deutlicher wurde, was Menschsein und Christsein bedeuten kann: vom evangelischen Ursprung her für den Menschen in der Gegenwart. Dieses nach vielen Richtungen hin zweifellos sehr kritische Buch ist nicht gegen Rom geschrieben, aber es ist auch für Rom – und für den Weltrat der Kirchen – geschrieben. Es ist geschrieben zur Verteidigung und Rechtfertigung, zur Klärung und Herausforderung christlichen Glaubens und Lebens in einer Zeit, in der die Kirchen an Glaubwürdigkeit leider eher verloren als gewonnen haben. Es möchte für diese Gegenwart die ursprüngliche christliche Botschaft und insbesondere die Gestalt Jesu von Nazaret zum Leuchten bringen. Es möchte freilich nicht nur theologisch proklamieren, deklamieren oder deklarieren. Es möchte begründen: dass, warum, wie auch ein kritischer Mensch es heute vor seiner Vernunft und seiner Umgebung verantworten kann, Christ zu sein. Vielleicht desavouiert dieses Buch nun doch endgültig die wohlfeilen Küng-Klischees vom destruktiven Kirchenkritiker, Papstfeind und Dogmenzertrümmerer. Dieses Buch möchte nicht mehr und nicht weniger als Mut machen zum Christsein.

Freilich lässt dieses Buch nichts kritisch unbefragt, aber es stösst durch alle negative Kritik hindurch immer zu positiven Antworten vor. Und weil es überall möglichst umfassend sichten und in den entscheidenden Punkten möglichst genau differenzieren und interpretieren wollte, konnte es nicht kurz sein. Es behandelt einen Stoff, der anderwärts in mehreren Bänden untergebracht ist.

Erwarten Sie also von diesem Buch keine billigen Sensationen. Die eigentliche Sensation ist, was hier und heute, für den Einzelnen und die Gesellschaft dieser Jesus von Nazaret selber von Gott und den Menschen durch Wort, Tat und Geschick zu sagen hat. Also einfach ein Jesus-Buch mehr? Keineswegs. Was aber ist dann die Originalität dieses Buches? Jedenfalls nicht, was hier alles über Wunder, echte und unechte Jesusworte, Jungfrauengeburt und leeres Grab, Himmelfahrt und Höllenfahrt, Kirchengründung und vielgestaltige neutestamentliche Kirchenverfassung zu sagen war und was man schon längst bei führenden evangelischen und katholischen Exegeten nachlesen konnte – wenn man wollte.

Die Originalität liegt anderswo. Es wird in diesem Buch versucht:

□ nicht nur Einzelfragen und Einzelgebiete der Theologie anzugehen, sondern das Ganze der christlichen Botschaft vor dem Horizont der heutigen Ideologien und Religionen zur Darstellung zu bringen: in einer umfassenden, in sich stimmigen und bis ins Detail einheitlich durchgestalteten systematischen Synthese, wie sie gerade bei der Spezialisierung der theologischen Disziplinen von einem Einzelnen versucht werden muss;

□ ohne kirchenpolitische Rücksichten und unbekümmert um theologische Frontbildungen und Modetrends in Unbestechlichkeit die Wahrheit zu sagen: auf neuestem wissenschaftlichem Forschungsstand und in intellektuell redlicher Argumentation eine ungeschmälerte theologische Kritik, verbunden mit einem unerschütterten Vertrauen in die christliche Sache;

□ konsequent nicht von theologischen Fragestellungen der Vergangenheit, sondern von den weiträumigen und vielschichtigen Fragen des heutigen Menschen auszugehen und von daher bei aller Fülle der Information in immer wieder neuer Konzentration zur Mitte des christlichen Glaubens vorzustossen: so dass das Menschliche, das Allgemeinreligiöse, das Ausserkirchliche fundierter denn sonst ernstgenommen und doch zugleich das unterscheidend Christliche schärfer denn sonst herauskristallisiert und das Wesentliche vom Unwesentlichen geschieden wird;

□ ohne biblische Archaismen und scholastische Dogmatismen, aber auch ohne modischen Theologenjargon in der Sprache des heutigen Menschen zu sprechen: mit grösstmöglicher sprachlicher Anstrengung einfach und für den theologisch nicht vorgebildeten Zeitgenossen verständlich, doch zugleich präzis, differenziert und packend zu formulieren;

□ aufgrund persönlicher Forschungsarbeit von der Rechtfertigungslehre bis zur Christologie und Ekklesiologie auch die konfessionellen Differenzen zu integrieren und so das den christlichen Konfessionen Gemeinsame als erneuten Anruf endlich auch zur praktisch-organisatorischen Verständigung herauszustellen: keine neue Theorie neben anderen, sondern der heute mögliche grundlegende Konsens nicht nur zwischen den christlichen Kirchen, sondern auch den wichtigsten theologischen Richtungen;

□ die oft kaum feststellbare Einheit der Theologie – auf der Grundlage der exegetischen und historischen Forschung von der Fundamentaltheologie über Dogmatik und Ethik bis zur praktischen Theologie – derart zum Ausdruck zu bringen, dass von der Gottesfrage bis zur Kirchenfrage der unverbrüchliche Zusammenhang von glaubbarer Theorie und lebbarer Praxis, von Individualem und Sozialem, von Zeitkritik und Kirchenkritik, von persönlicher Frömmigkeit und Reform der Institutionen nicht mehr übersehen werden kann.

Zum Schluss sei einem möglichen Missverständnis gewehrt: Als Autor dieser Handreichung zum Christsein für den modernen Menschen halte ich mich selbst keineswegs für einen Musterchristen. Deshalb sei als einziger Satz aus dem Buch zitiert: »Der Verfasser hat das Buch nicht geschrieben, weil er sich selber für einen guten Christen, sondern weil er Christsein für eine besonders gute Sache hält.«

Hans Küng

36 Brief Kardinal Döpfners an Professor Küng vom 4. Dezember 1974

DER VORSITZENDE DER
DEUTSCHEN BISCHOFSKONFERENZ

8 München 2, den 4. 12. 1974.
Kardinal-Faulhaber-Straße 7

Herrn Professor
Dr. Hans Küng
74 Tübingen
Waldhäuserstr. 23

Lieber Mitbruder!
Leider komme ich jetzt erst dazu, Dir für die Übersendung Deines neuen Buches »Christ sein« zu danken. Ich habe das Buch während der Bischofssynode in Rom erhalten. Die ständige Belastung während der Synode und zahlreiche Aufgaben, die nach der Rückkehr auf mich warteten, haben es mir leider noch nicht ermöglicht, Dein neues Buch über die Lektüre einiger ausgewählter Stücke hinaus so zu lesen, daß ich mir hätte ein endgültiges Urteil bilden können. Du hast viel Kraft und Arbeit eingesetzt und die pastorale Sorge, von der her das Buch mitmotiviert ist, ist spürbar. Ich hoffe darum auch, daß Dein Buch zu einer wirklichen Erneuerung des Glaubens und unserer Kirche beiträgt. Du wirst Dich nicht wundern, daß ich in diesem Buch auch eine Reihe von Äußerungen gefunden habe, von denen ich überzeugt bin, daß sie diesem Ziel nicht nützlich sind, es sogar erschweren. Sie werden einen vernünftigen Abschluß des Lehrverfahrens in Rom nicht gerade fördern.
Der Aufenthalt in Rom bot die Gelegenheit, um die Frage des Lehrverfahrens mehrfach zu besprechen. Ich habe die Hoffnung, daß sich am Ende trotz aller Schwierigkeiten eine vernünftige Lösung ergeben wird. Es ist mir allerdings auch klargeworden, daß ohne Dein Mitwirken ein solcher Abschluß nicht erreichbar sein wird. Mehr kann ich im Augenblick darum nicht sagen, weil ich von Rom selbst genauere Nachrichten und Bestätigungen erwarte. Dies wird vermutlich noch eine Weile dauern. Du kannst jedenfalls versichert sein, daß ich Dich rechtzeitig informieren werde, sobald eine klare Linie eindeutig er-

kennbar sein wird.
In diesem Sinne brüderliche Grüße und gerade in dieser Adventszeit alles Gute für Deine Arbeit und Deinen persönlichen Weg

Dein
† Julius Card. Döpfner

37 Brief Professor Küngs an Kardinal Döpfner vom 11. Dezember 1974

PROF. DR. HANS KÜNG
74 TÜBINGEN
WALDHÄUSERSTRASSE 23

11. Dezember 1974

An den Vorsitzenden
der Deutschen Bischofskonferenz
Herrn Kardinal Dr. Julius Döpfner
Kardinal-Faulhaber-Str. 7
8000 München 2

Lieber Mitbruder,
Für Dein freundliches Schreiben danke ich Dir aufrichtig. Gefreut hat mich vor allem, dass Du mein neues Buch bei aller Kritik an einzelnen Punkten grundsätzlich doch positiv beurteilst. Natürlich setzt gerade dieses Buch voraus, dass man es zur wirklichen Beurteilung von vorne bis hinten durchgelesen hat. Man merkt dann auch, wie deutlich Kritik nach rechts und links geübt wird.
Die Nachrichten aus Rom haben mich natürlich besonders interessiert, da ich mit Sorge feststelle, dass mein Brief vom 4. September an die Glaubenskongregation noch immer keine Antwort gefunden hat. Wenn ich Deinen Brief richtig verstanden habe, so wäre die vor einiger Zeit vom Römerkorrespondenten der FAZ im Zusammenhang Deiner Privataudienz bei Papst Paul VI. verbreitete Nachricht doch nicht richtig. Selbst-

verständlich ist auch mir an einer vernünftigen Lösung gelegen. Diese schien mir ja immer im Stillehalten von beiden Seiten zu liegen. Jeglicher öffentliche Akt von römischer Seite würde eine angemessene Antwort bezüglich Verfahren und Ergebnis herausfordern; eine solche könnte ich nach allem Vorausgegangenen, selbst wenn ich wollte, nicht vermeiden. Ich hoffe also noch immer, dass man in Rom mein Stillhalteangebot annehmen wird. Diese Möglichkeit zeichnete sich doch auch im letzten Brief der Glaubenskongregation an mich ab.
Ich möchte es nicht unterlassen, Dir ausdrücklich für Deinen Einsatz in »meiner« Angelegenheit in Rom zu danken; ich weiss sehr wohl, wie wenig angenehm solche Pflichten sind. Auch bin ich froh darüber, dass Du mich rechtzeitig informieren wirst, sobald eine klare Linie eindeutig erkennbar ist. Mir wäre sehr daran gelegen, eine weitere öffentliche Kontroverse zu vermeiden, nachdem mein neues Buch eine derartig positive Aufnahme in der katholischen wie nichtkatholischen Öffentlichkeit gefunden hat und auch meine früheren Publikationen besser verstehen lässt. Das konnte ich am vergangenen Sonntag gerade auch in der Münchner Akademietagung dankbar feststellen.
Auch ich wünsche Dir eine nicht allzu unruhige Adventszeit, ein frohes Weihnachtsfest und Gottes Segen für das kommende Jahr 1975

Dein
Hans Küng

PHASE II

Einstellung der römischen Verfahren gegen »Die Kirche« und »Unfehlbar?« und erste Stellungnahme gegen »Christ sein«

Überblick

1 Brief der Glaubenskongregation vom 15. Februar 1975: Die Glaubenskongregation erklärt die Beendigung gegen »Die Kirche« und »Unfehlbar?«

2 Text der Erklärung zum Abschluß der Lehrverfahren gegen »Die Kirche« und »Unfehlbar?«: Die Kongregation insistiert in den umstrittenen Punkten auf der »authentischen Lehre«, wie sie schon in »Mysterium Ecclesiae« dargelegt wurde. Am Donnerstag, dem 20. Februar, wurde gleichzeitig in Bad Honnef – im Rahmen einer Pressekonferenz über die Frühjahrsvollversammlung der Deutschen Bischofskonferenz – und im Pressesaal des Vatikans eine Erklärung der Kongregation für die Glaubenslehre veröffentlicht. Hier wird eine deutsche Übersetzung des lateinischen Originals dieses Dokuments abgedruckt.

3 Begleitschreiben des Apostolischen Nuntius in Deutschland vom 17. Februar 1975.

4 Erklärung der Deutschen Bischofskonferenz zum Abschluß des Lehrverfahrens und erste Stellungnahme gegen »Christ sein« vom 17. Februar 1975.

5 Begleitschreiben Kardinal Döpfners vom 17. Februar 1975.

6 Pressekonferenz Kardinal Döpfners vom 20. Februar 1975 in Bad Honnef.

7 Presseerklärung Professor Küngs vom 20. Februar 1975: Diese Stellungnahme ist zu sehen auf dem Hintergrund des von Kardinal Döpfner in Rom mit der Glaubenskongregation ausgehandelten Kompromisses: kein Disziplinarverfahren, aber öffentliche Zurechtweisung mit Namensnennung.

8 Brief Professor Küngs an Kardinal Döpfner vom 26. Februar 1975: Dieser in der Bischofsdokumentation nicht enthaltene Brief zeigt deutlich, wie sehr Professor Küng an eine echte Beendigung des Streites glaubte und nicht mit einer neuen Aktion gegen »Christ sein« rechnete.

9 Brief des Sekretärs der Bischofskonferenz vom 3. März 1975.

10 Brief des Bundestagsabgeordneten Peter Conradi an Professor Küng vom 20. März 1975 und Text der beabsichtigten Kleinen Anfrage im Deutschen Bundestag.

11 Brief Professor Küngs an den Bundestagsabgeordneten Peter Conradi vom 20. März 1975.

12 Brief Professor Küngs an Kardinal Döpfner vom 20. März 1975.

13 Brief Kardinal Döpfners an Professor Küng vom 6. Mai 1975.

1 Brief der Glaubenskongregation vom 15. Februar 1975

SACRA CONGREGATIO
PRO DOCTRINA FIDEI

00193 Romae, 15. II. 1975
Piazza del S. Uffizio, 11

Prot. N. 399/57/i
(In responsione fiat mentio huius numeri)

Sehr geehrter Herr Professor!
Um dem beiderseitigen Wunsch zu entsprechen, die Ihre Bücher »Die Kirche« und »Unfehlbar?« betreffenden Verfahren zu beenden, hat die Kongregation für die Glaubenslehre beschlossen, die beiden Verfahren durch die beiliegende Erklärung einzustellen.
Wir sind der Überzeugung, dass Sie diese Erklärung in jenem positiven Geist entgegennehmen werden, in dem sie abgefasst ist.

Mit freundlichen Grüssen
Ihre ergebenen
Franc. Card. Šeper, Präf.
† Fr. J. Hamer o. p. Sekr.

(Anlage)

An
Herrn Prof. Dr. Hans Küng
D-74 Tübingen

2 Text der Erklärung zum Abschluß der Lehrverfahren gegen »Die Kirche« und »Unfehlbar?«

Die Kongregation für die Glaubenslehre hat in Erfüllung ihrer Aufgabe, die Glaubens- und Sittenlehre in der Gesamtkirche zu fördern und zu schützen, die beiden Werke von Prof. Hans Küng *Die Kirche* und *Unfehlbar? Eine Anfrage,* die in mehreren

Sprachen veröffentlicht wurden, einer Prüfung unterzogen. In zwei verschiedenen Schreiben vom 6. Mai 1971 und 12. Juli 1971 hat die Kongregation dem Autor die Schwierigkeiten mitgeteilt, die sie in seinen Auffassungen gefunden hat, und ihn gebeten, schriftlich darzulegen, wie diese Auffassungen mit der katholischen Lehre zu vereinbaren seien. In einem Schreiben vom 4. Juli 1973 bot die Kongregation Prof. Küng als weitere Möglichkeit an, in einem Gespräch seine Meinung zu erklären. In seinem Brief vom 4. September 1974 hat Prof. Küng diese Möglichkeit ungenützt gelassen. In seinen Antworten hat er nicht nachgewiesen, daß einige seiner Auffassungen über die Kirche nicht im Widerspruch zur katholischen Lehre stehen, vielmehr hielt er auch noch nach Erscheinen der Erklärung *Mysterium Ecclesiae* an ihnen fest.

Damit nun kein Zweifel über die Lehre bleibt, welche die katholische Kirche aufrechterhält, und damit in keiner Weise der Glaube der Christgläubigen verdunkelt wird, ruft die Kongregation die kirchenamtliche Lehre, wie sie in der Erklärung *Mysterium Ecclesiae* dargelegt wurde, in Erinnerung und erklärt:

In den oben genannten beiden Werken von Prof. Küng finden sich einige Auffassungen, die in verschiedenem Grad der von allen Gläubigen festzuhaltenden Lehre der katholischen Kirche widersprechen. Wir nennen nur die folgenden, weil bedeutsameren Punkte, wobei wir von einem Urteil über einige andere von Prof. Küng vertretene Auffassungen absehen:

Die Auffassung, die das Glaubensdogma von der Unfehlbarkeit in der Kirche zum mindesten in Zweifel zieht oder auf eine grundsätzliche Indefektibilität der Kirche in der Wahrheit reduziert, mit der Möglichkeit des Irrtums in Sätzen, die das Lehramt der Kirche definitiv als festzuhalten lehrt, widerspricht der vom I. Vatikanischen Konzil definierten und vom II. Vatikanischen Konzil bestätigten Lehre.

Ein anderer, die Lehre von Prof. Küng schwer belastender Irrtum bezieht sich auf seine Auffassung vom Lehramt der Kirche. Er verwendet nämlich nicht den genuinen Begriff des authentischen Lehramtes, demgemäß die Bischöfe in der Kirche »authentische, das heißt mit der Autorität Christi ausgestattete Lehrer sind, die dem ihnen anvertrauten Volk die Botschaft zum Glauben und zur Anwendung auf das sittliche Leben ver-

kündigen« (II. Vatikanisches Konzil, Dogmatische Konstitution *Lumen gentium* über die Kirche, Art. 25). Denn »die Aufgabe, das geschriebene und überlieferte Wort Gottes verbindlich zu erklären, ist nur dem lebendigen Lehramt der Kirche anvertraut« (II. Vatikanisches Konzil, Dogmatische Konstitution *Dei Verbum* über die göttliche Offenbarung, Art. 10).
Ferner ist die Auffassung, die Prof. Küng schon in seinem Buch *Die Kirche* nahelegt, daß nämlich die Eucharistie wenigstens im Notfall von Getauften ohne Priesterweihe gültig vollzogen werden könne, mit der Lehre des IV. Laterankonzils und des II. Vatikanischen Konzils nicht vereinbar.
Weil nun Prof. Küng in seinem Brief vom 4. September 1974 keineswegs ausschließt, daß er in einer angemessenen Zeit vertieften Studiums seine eigenen Auffassungen in eine Übereinstimmung mit der authentischen kirchenamtlichen Lehre bringen könne, erteilt diese Kongregation trotz der Gewichtigkeit dieser Lehrmeinungen auf Weisung von Papst Paul VI. für jetzt die Mahnung, solche Lehrmeinungen nicht weiter zu vertreten, und ruft in Erinnerung, daß die kirchliche Autorität ihm die Befugnis gegeben hat, Theologie im Geist der kirchlichen Lehre zu dozieren, nicht aber Auffassungen zu vertreten, die diese Lehre verkehren oder in Zweifel ziehen.
Die Bischöfe in Deutschland und andernorts, wo die besondere Lage es erfordert – vor allem dort, wo die obengenannten Lehrmeinungen in theologischen Fakultäten, Seminarien und anderen Einrichtungen für katholische oder priesterliche Bildung vertreten werden – sind gebeten, dafür zu sorgen, daß die Gläubigen über die Lehre der Kirche, die Erklärung *Mysterium Ecclesiae* sowie die vorliegende Erklärung in geeigneter Weise unterrichtet werden.
Die Priester, die Verkündiger des Evangeliums, die Lehrer des katholischen Glaubens und die Katecheten sind auf Grund ihres Amtes gehalten, die Lehre der Kirche über die hier anstehenden Fragen in Treue zu bekennen und anderen darzulegen.
Schließlich werden die Theologen erneut gebeten, das Geheimnis der Kirche und die übrigen Glaubensgeheimnisse im Gehorsam des Glaubens zur wahren Erbauung der Kirche zu erforschen und zu erklären.
Diese Erklärung, mit der das Verfahren der Kongregation für

die Glaubenslehre in dieser Sache für jetzt beendet wird, hat Papst Paul VI. in der dem Präfekten dieser Kongregation gewährten Audienz am 14. 2. 1975 approbiert und ihre Veröffentlichung angeordnet.
Gegeben zu Rom, von der Kongregation für die Glaubenslehre, am 15. Februar 1975

Franjo Kardinal Šeper
Präfekt
† *P. Jérôme Hamer* o. p.
Sekretär

3 Begleitschreiben des Apostolischen Nuntius in Deutschland vom 17. Februar 1975

APOSTOLISCHE NUNTIATUR
IN DEUTSCHLAND

Nr. 46.818
Bonn – Bad Godesberg,
den 17. Februar 1975

Hochwürdiger Herr Professor!
Im Auftrage der Kongregation für die Glaubenslehre beeile ich mich, Ihnen in der Anlage den an Sie gerichteten Brief, der mit amtlicher Kurierpost hier eingetroffen ist, zu übersenden.

Mit freundlichen Grüßen
Ihr in Christo ergebener
† *Konrad Bafile*
Apostolischer Nuntius

Dem Hochwürdigen Herrn
Professor Dr. Hans Küng
74 Tübingen
Waldhäuserstr. 23

(Anlage)

4 Erklärung der Deutschen Bischofskonferenz zum Abschluß des Lehrverfahrens und erste Stellungnahme gegen »Christ sein« vom 17. Februar 1975

I

Aus Anlaß des Abschlusses des Lehrverfahrens zu den Büchern »Die Kirche« und »Unfehlbar? Eine Anfrage« von Professor Dr. Hans Küng dankt die Deutsche Bischofskonferenz der Glaubenskongregation in Rom für die getroffene Entscheidung. Der Verzicht auf die Anwendung schwerwiegender disziplinärer Maßnahmen soll die unzweideutige Klarstellung in der Wahrheitsfrage nicht verschleiern. Die »Erklärung« der Kongregation vom 15. Februar 1975 stellt dies mit aller Deutlichkeit und im einzelnen fest. Zum Buch von Professor Küng »Unfehlbar?« braucht sich die Deutsche Bischofskonferenz nach der Erklärung »Mysterium ecclesiae« (5. Juli 1973) und der jetzt vorliegenden Entscheidung nicht mehr zu äußern. Im übrigen hält sie unverändert an ihren diesbezüglichen Stellungnahmen vom 4. Februar 1971 und 4. März 1971 fest und bekräftigt diese erneut.
Die soeben von der Kongregation für die Glaubenslehre getroffene und von Papst Paul VI. gebilligte Entscheidung verzichtet auf andere Maßnahmen und rechnet dabei auf die Solidarität von Professor Küng. Die Deutsche Bischofskonferenz schließt sich darum der Mahnung der Kongregation für die Glaubenslehre an und erwartet von Professor Küng, daß er die vom kirchlichen Lehramt mehrfach abgewiesenen Positionen nicht weiter vertritt. Dies gilt zugleich für alle, die im Auftrag der Kirche verkünden und lehren, sofern sie sich möglicherweise diese Thesen zu eigen gemacht und sie als mit dem Selbstverständnis der katholischen Kirche vereinbar erklärt haben.

II

In diesem Zusammenhang erinnert die Deutsche Bischofskonferenz an einige Prinzipien, die zum Grundverständnis katholischer Theologie gehören und die in einzelnen theologischen Werken von Professor Küng (besonders »Die Kirche«, »Unfehlbar?«, »Fehlbar?«, »Wozu Priester?«, »Christ sein«) nicht ausreichend gewahrt sind. Alle beziehen sich auf die grundsätzliche Einstellung des Theologen und jedes Christen zur Glaubenstradition und damit letztlich auf das Verständnis der Kirche selbst.

1. Normative Bedeutung der kirchlichen Glaubensüberlieferung

Mit Recht wird heute die Notwendigkeit einer stetigen Ausrichtung des kirchlichen Lebens und der theologischen Arbeit am Zeugnis der Schrift gefordert. Dazu gehört auch, daß sich Glaubensverkündigung und Theologie immer wieder fragen lassen, ob sie nach Geist und Gehalt der Schrift entsprechen und unablässig von ihr zu lernen bereit sind. Die historisch-kritische Exegese ist dabei eine wertvolle und heute unentbehrliche Hilfe, jedoch erschöpft sich in ihr keineswegs der legitime Umgang mit der Schrift im Raum der Kirche. Der katholische Glaube lebt vom Ganzen der Schrift und läßt bei ihrer Auslegung und in ihrem theologischen Gebrauch keine einseitige oder gar exklusive Bevorzugung einiger, meist »früherer« Schichten mit gleichzeitiger Abwertung der späteren Entfaltungsstufen zu. Der sachliche Zusammenhang der verschiedenen Aussagen und die Entfaltung der Lehre innerhalb des Neuen Testaments ist durch die Aufnahme der Schriften in den Kanon anerkannt.
Die nachbiblische Interpretation der Offenbarung durch die Kirche bedenkt in ihrer Weise und mit den jeweiligen geschichtlichen Mitteln die in der Schrift bezeugte Offenbarungswahrheit. Diese Entfaltung des apostolischen Evangeliums ist nicht nur ein Stück Theologiegeschichte, sondern bildet, vor allem in ihren maßgeblichen Entscheidungen, unter dem Beistand des Heiligen Geistes eine wahre und unverlierbare Geschichte des Glaubens der Kirche. Darum hat diese verbindliche Glaubenstradition in ihrer den Ursprung interpretierenden Funktion auch heute noch eine normative Bedeutung.
Diese normative Bedeutung der kirchlichen Glaubensentfaltung spielt in den von der Kongregation für die Glaubenslehre untersuchten, aber auch in den zuletzt erwähnten Schriften Professor Küngs eine zu geringe Rolle. Stattdessen vollzieht Professor Küng in seinem theologischen Denken oft einen Sprung vom Neuen Testament in unsere Gegenwart, ohne die reiche Glaubensgeschichte der Kirche mit ihren vielfältigen Erfahrungen

und Einsichten einzubringen oder hinreichend zu würdigen. Diese ungeschichtliche Konfrontation von Schrift und Gegenwart ist in ihrer Durchführung nicht selten darum problematisch, weil die veränderte geistige und besonders theologische Situation nicht beachtet wird und darum fragwürdige Parallelisierungen das Ergebnis sind. Nur mit Hilfe der ganzen Schrift und der ganzen Glaubenstradition, und damit in Anerkennung geschichtlicher Lehrentfaltung ist es möglich, das Evangelium Gottes sachgerecht und situationsgemäß so zu verkünden, daß keine Anpassung an momentane und kurzlebige Tendenzen erfolgt, denen auch die Fachtheologie ausgesetzt bleibt.

2. Zum Verhältnis von Lehramt und Theologie

Jeder Anspruch des Glaubens bedarf – gerade im Licht der katholischen Verhältnisbestimmung von Offenbarung und Vernunft – der Rechenschaft und heute besonders der wissenschaftlichen Analyse und Reflexion. Die Theologie ist jedoch von Anfang an und unaufhebbar auf das Zeugnis der Schrift und die verbindliche Auslegung des Gotteswortes durch die Lehre der Kirche verwiesen; sie zeigt, ob und wie eine Glaubenswahrheit oder eine theologische Aussage in der Schrift und in der Tradition der Kirche begründet ist. Dabei hat die Theologie durchaus auch kritische Funktionen: Sie überprüft die Übereinstimmung mit dem Erstzeugnis der Bibel und mit der normativen kirchlichen Tradition; sie vertieft das Verständnis; sie deckt verborgene Voraussetzungen oder bisher nicht entdeckte Zusammenhänge auf, diskutiert und klärt sie. Es gibt jedoch – auch bei Anwendung aller wissenschaftlichen Methoden – keinen Ort außerhalb der Schrift und der lebendigen Glaubensüberlieferung der Kirche, von wo aus eine prinzipiell distanziert-neutrale Schiedsrichterrolle über die gesamte Tradition eingenommen und zugleich eine für den Raum der Kirche gültige Theologie angeboten werden könnte. Ähnlich wie die Schrift nicht außerhalb der Urkirche entstand, so existiert auch keine katholische Theologie außerhalb ihrer konkreten Glaubensgemeinschaft. Der katholische Theologe stellt sich also in aller wissenschaftlichen Erhellung des Glaubens grundsätzlich auf den Boden der kirchlichen Glaubensüberzeugung und sucht mit seinen Mitteln ihre Begründung und Deutung. Dabei kann

z. B. das Aufkommen neuer Fragestellungen zunächst zu Spannungen führen. Aber im Prinzip vertraut der katholische Theologe aufgrund der Verheißungen Jesu Christi der kirchlichen Glaubenstradition und versucht, ihre geistige Kraft auch für die Gegenwart überzeugend darzustellen.

Professor Küng hat diese Struktur katholischer Theologie mehrfach, besonders aber in seinem Buch »Unfehlbar? Eine Anfrage«, vernachlässigt und scheint von einem Standort außerhalb der Glaubensgemeinschaft her zu argumentieren, wenn er die »Beweislast« für dogmatische Entscheidungen allein dem kirchlichen Lehramt aufbürdet und bis zur Einlösung dieser Nachweise einer verbindlichen Wahrheit des Glaubens die klare Zustimmung verweigert. Professor Küng verlangt vom kirchlichen Lehramt »Beweise«, welche gerade der Theologe – und zwar nicht nur auf dem Weg historisch-kritischer Erforschung der Schrift – erbringen soll. Hier droht eine prinzipielle Umkehrung im Verhältnis eines katholischen Theologen zur Glaubensüberlieferung seiner Kirche.

Diese Glaubenstradition muß in ihrem Anspruch zwar theologisch begründet werden; noch mehr begründungsbedürftig ist aber der Widerspruch zum Glauben der Kirche. Denn keine wissenschaftliche Methode vermag über die Heilige Schrift und ihre Auslegung, über die Glaubenswirklichkeit überhaupt, eine solche Gewißheit zu geben, daß wir unser Leben und Sterben in der christlichen Hoffnung darauf gründen könnten, wenn nicht die Kirche in der Kraft des gesendeten Geistes uns sagte, was Heilige Schrift, was legitime Schriftauslegung und was legitime Lehrentfaltung ist.

Überdies kann der Theologe allein nie endgültig über die kirchliche Tradition befinden, wenn die Einheit des Glaubens nicht zugunsten subjektiver Ermessensentscheidungen verlorengehen soll. Dies gilt zumal, wenn man bedenkt, daß die theologische Forschung mit einer gewissen Notwendigkeit einem beständigen Wandel unterliegt und heute zusätzlich und nicht selten unter einem widersprüchlichen Pluralismus leidet.

Darum gehört der Rückhalt im Lehramt der Kirche unaufgebbar zur Methode der Theologie. Gewiß kann der Theologe auf neue Fragen nicht gleich die fertige Antwort vorlegen. Es muß darum in der Kirche Raum zu Klärungsversuchen geben; nur dürfen diese nicht als gesicherte Wahrheit oder gar als kirchliche Lehre ausgegeben werden. Daß dies möglich ist, zeigt die Geschichte der kirchlichen Glaubensentwicklung, die den Glauben entfaltet, ohne ihm seine Identität zu nehmen.

3. Konkrete Verbindlichkeit im Glauben

Wer sich und sein ganzes Leben im Glauben auf Gottes Offenbarung in Jesus Christus gründet, muß die Gewißheit haben, daß er auf die Wahrheit baut. Im Dienste dieser Gewißheit hat die katholische Kirche stets auf zuverlässigen und verständlichen Aussagen des christlichen Glaubensinhaltes und seiner Entfaltung bestanden. Auch der christliche Glaube selbst verlangt seinerseits diese Gewißheit, weil vom eschatologischen Ereignis Jesu Christi her die christliche Botschaft entschiedenen und unwiderruflichen Charakter besitzt: Indem Gott wirklich beim Menschen der konkreten Geschichte ankommt, nimmt er uns auch seinerseits entschieden in Anspruch. Dies geschieht durch die Kirche, die dazu im Heiligen Geist gesendet und befähigt ist. Das vollmächtige Sprechen und das sakramentale Handeln der Kirche gehört zur konkreten Gestalt des Entschiedenseins Gottes für den Menschen in seiner Geschichte. So lebt bei aller Geschichtlichkeit der sprachlichen Formulierung und zeitbedingter Problemstellungen im Dogma der Kirche eine endgültige und unüberholbare Wahrheit, welche gerade darum mit allem Ernst und konkret bindet und über die aktuelle Situation der Entstehung und Erstformulierung hinaus in Pflicht nimmt. Der Kirche, näherhin dem Papst und den Bischöfen als den Nachfolgern Petri und der übrigen Apostel, ist vom Herrn der Kirche der Auftrag erteilt und die Gnade verheißen, bei sorgfältigem Hören auf die Offenbarung in Vollmacht und darum verbindlich das Wort Gottes auszulegen. Die »Unfehlbarkeit« der Gesamtkirche, des Kollegiums der Bischöfe und des Papstes dient keinem anderen Ziel. Sie ist nicht anders begründet als in der Verheißung Jesu Christi und im Wirken seines Geistes.

Professor Küng leugnet nicht die Möglichkeit verbindlicher Sätze. Er scheint jedoch ihre Notwendigkeit und die geschichtliche Reichweite ihrer Geltung auf Notsituationen zu beschränken, ohne dafür selbst inhaltliche Kriterien zu liefern. Die bestimmte und bleibende Verbindlichkeit kirchlicher Lehrentscheidungen ist in seiner Theologie nicht gewährleistet.

III

Die Deutsche Bischofskonferenz ist sich der Tatsache bewußt, daß es heute unbeschadet aller Einheit im Glauben verschiedenartige Entwürfe und Gestalten in der methodischen Durchführung der Theologie gibt (z. B. mehr biblische, mehr spekulative Orientierung usw.). Die oben aufgestellten Grundsätze, die keinesfalls erschöpfend sind, bleiben jedoch für jede katholische Theologie allgemein verbindlich und unverzichtbar.

Wenn Professor Küng die in diesen Prinzipien ausgesprochenen Normen des kirchlichen Glaubens nicht als Grundlage seiner theologischen Arbeit beachtet, können Konflikte mit dem kirchlichen Lehramt nicht ausbleiben. Darum sind auch »Erklärungen« zu einzelnen Positionen von Professor Küng, so notwendig diese sein mögen, unzureichend. So finden sich auch im neuen Buch von Professor Küng »Christ sein« (München 1974), dessen theologische Bemühung und pastorale Zielsetzung anerkannt werden, eine Reihe von Aussagen, die nicht erkennen lassen, wie sie mit den eben erwähnten Grundsätzen in Einklang zu bringen sind (vgl. besonders die Christologie, die Trinitätslehre, die Theologie der Kirche und der Sakramente, die heilsgeschichtliche Stellung Marias).

Mit dieser Grundhaltung hängt auch die erneut vorgetragene Aufforderung eng zusammen, die Ordnung der Kirche im Widerspruch zu verantwortlichen Erklärungen der zuständigen Organe des kirchlichen Amtes durch sogenannte »Reformforderungen« eigenmächtig zu verändern (vgl. z. B. jetzt wiederum »Christ sein«, S. 481 ff., 515–517: Ämteranerkennung, Interkommunion usw.).

Die Deutsche Bischofskonferenz richtet daher an Professor Küng den dringlichen Appell, das methodische Vorgehen und die beanstandeten inhaltlichen Aussagen seines theologischen Denkens im Lichte der dargelegten Grundsätze zu überprüfen.

5 Begleitschreiben Kardinal Döpfners vom 17. Februar 1975

DER VORSITZENDE
DER DEUTSCHEN BISCHOFSKONFERENZ

8 München 2,
Kardinal-Faulhaber-Str. 7

z. Zt. Bad Honnef, 17. 2. 1975

Herrn Professor
Dr. Hans Küng
7400 Tübingen
Waldhäuserstr. 23

Sehr geehrter Herr Professor Küng,
die Kongregation für die Glaubenslehre in Rom hat Ihnen mit einer Erklärung vom 15. Februar d. J. mitgeteilt, daß das Verfahren dieser Kongregation bzgl. einiger Lehrmeinungen in Ihren Veröffentlichungen »Die Kirche« und »Unfehlbar? Eine Anfrage« beendet worden ist. Zugleich hat die Glaubenskongregation festgestellt, daß einige Auffassungen in den genannten Veröffentlichungen der Lehre der Kirche widersprechen. Die Kongregation hat damit die Mahnung verbunden, solche Lehrmeinungen nicht weiter zu vertreten.
Die Deutsche Bischofskonferenz hat in einer Erklärung, die ich Ihnen hiermit übersende, die Weise der Beendigung des Verfahrens begrüßt und zugleich die Hoffnung ausgesprochen, daß Sie die Mahnung der Kongregation ernst nehmen.
Ihrerseits sah sich die Deutsche Bischofskonferenz verpflichtet, in ihrer Erklärung zum Abschluß des Verfahrens auf einige Prinzipien hinzuweisen, die nach ihrer Überzeugung zum Grundverständnis katholischer Theologie gehören und die nach Meinung der deutschen Bischöfe in einigen Ihrer Veröffentlichungen nicht immer genügend gewahrt sind. Die Bischöfe bitten Sie eindringlich, diese Grundsätze in Ihrer weiteren Arbeit zu bedenken und zu beachten. Diese Prinzipien sind Ihnen nicht unbekannt, zumal Sie in mehreren Gesprächen darauf hingewiesen worden sind. Es hat seinen guten Sinn, daß diese Grundsätze nun auch schriftlich formuliert worden sind.

Sie wissen, daß sich die deutschen Bischöfe seit langem für eine faire Durchführung und möglichst gute Beendigung des Verfahrens bemüht haben. Darum sind sie auch der römischen Glaubenskongregation für die jetzt getroffene Entscheidung dankbar. Sie wissen sich aber ebenso verpflichtet, für die volle und ungeschmälerte Wahrheit des Evangeliums Jesu Christi Sorge zu tragen und dafür einzutreten. Diese Weise der Beendigung des Verfahrens der Glaubenskongregation ist darum auch geeignet, bei Wahrung und Würdigung der je eigenen Aufgabe des Lehramtes und der Theologie auftretende Konfliktsituationen in einer Weise beizulegen, die einen bedeutenden Fortschritt darstellen könnte.
Wir hoffen sehr auf Ihre Bereitschaft, auch Ihrerseits nun den Teil beizutragen, der für eine endgültige Bereinigung der Angelegenheit notwendig sein dürfte. Wir wären sehr dankbar, wenn mit dieser »Erklärung« eine Ära von Auseinandersetzungen beendet werden könnte, die unserer Kirche und unserer gemeinsamen Aufgabe als Theologen und Bischöfe in der Öffentlichkeit nicht gerade von Nutzen war.
Ausdrücklich möchte ich bemerken, daß weder die Glaubenskongregation noch die Deutsche Bischofskonferenz daran denken, Ihre Integrität als Christ und Priester in Frage zu stellen oder gar global Ihre Theologie überhaupt negativ zu qualifizieren. Sie werden bei einer sorgfältigen und unvoreingenommenen Lektüre beider »Erklärungen« feststellen, wie differenziert und vorsichtig bei aller Entschiedenheit die notwendigen Abgrenzungen und Einschränkungen vorgenommen worden sind. Die deutschen Bischöfe werden sich Mühe geben, die ergangenen »Erklärungen« auch in der Öffentlichkeit in diesem Sinne zu interpretieren. Es wird Ihnen auch nicht entgehen, daß wir Ihre intensiven theologischen Bemühungen und gerade die pastorale Zielsetzung Ihres theologischen Schaffens anerkennen und würdigen. Umso bedauerlicher wäre es, wenn neue Differenzen auftreten würden.
Zum Schluß darf ich noch darauf aufmerksam machen, daß die beiliegende »Erklärung« erst am kommenden Donnerstag, 20. Februar 1975, 14.00 Uhr (Sperrfrist), der Öffentlichkeit bekannt werden soll.
Ich hoffe sehr auf ein gutes Gespräch, das wir am vergangenen

Freitag in München für den kommenden Mittwoch (19. Februar 1975) vereinbart haben und bleibe

mit freundlichen Grüßen
Ihr
† Julius Card. Döpfner

Anlage:
Erklärung der Deutschen Bischofskonferenz zum Abschluß des Lehrverfahrens der Kongregation für die Glaubenslehre zu »Die Kirche« und »Unfehlbar? Eine Anfrage« von Professor Dr. Hans Küng (17. 2. 1975).

Telefonisch bin ich in Bad Honnef über das Sekretariat der Deutschen Bischofskonferenz unter der Nr. 02224–2815 und 02224–2680 erreichbar.

6 Pressekonferenz Kardinal Döpfners vom 20. Februar 1975 in Bad Honnef

Meine Damen und Herren,
wir haben uns bei der diesjährigen Frühjahrsvollversammlung mit einer Fülle von Themen beschäftigt. Ich weiß, daß dabei ein Thema Ihr ganz besonderes Interesse gefunden hat. In den letzten Tagen ist in der Presse bereits viel spekuliert worden. Ich habe dies sehr bedauert, weil solche Spekulationen geeignet sein können, Lösungen zu erschweren.
Sie haben jetzt die Erklärung der Glaubenskongregation und die Erklärung der Deutschen Bischofskonferenz zum Abschluß des Lehrverfahrens gegen einige Thesen von Prof. Hans Küng erhalten. Erlauben Sie mir, daß ich Ihnen beide kurz erläutere.

1. Kurze Darstellung der Vorgeschichte

Seit 1968 gibt es ein Verfahren der Glaubenskongregation gegen das Buch »Die Kirche«. In dieser Zeit bestand noch keine veröffentlichte Verfahrensordnung. Diese wurde als »Agendi ratio in doctrinarum examine« am 15. Januar 1971 herausgegeben und rechtskräftig.

Nach dieser Ordnung wurde am 6. Mai 1971 ein Verfahren zu »Die Kirche« und am 12. Juli 1971 zu »Unfehlbar? – Eine Anfrage« eingeleitet. Von da ab liefen beide Verfahren in einem Gang. Küng wurden eine Reihe von Aussagen vorgelegt, gegenüber denen die Glaubenskongregation im Blick auf die Vereinbarkeit mit der katholischen Lehre Bedenken anmeldete. Die Diskussion verlief aber dann vorwiegend über formelle Verfahrensfragen.
Die deutschen Bischöfe drängten auf eine optimale Lösung und vor allem auf ein Kolloquium, das nach dem vorgesehenen Verfahren zwar angeboten werden kann, das aber nicht stattfinden muß.
Wegen der Unmöglichkeit, überhaupt zu ersten Ergebnissen zu kommen, veröffentlichte die Glaubenskongregation am 5. Juli 1973 die Erklärung »Mysterium ecclesiae«. Wenn Küng sein Einverständnis mit dieser Erklärung bekundet hätte, wäre das Verfahren abgeschlossen worden. Als Alternative wurde ein Kolloquium angeboten, bei dem Küng die genauere Absicht seiner Ausführungen hätte erklären können. In dem Brief vom 4. September 1974 an die Glaubenskongregation ließ Küng erkennen, daß er das Kolloquium nicht annehmen wollte. Zugleich kündigte er an, daß eine Angleichung seiner Thesen an das Lehramt nicht ausgeschlossen erscheine. Dadurch wurde das jetzige Verfahren ermöglicht.

2. Entscheidung der Glaubenskongregation

Die Erklärung der Glaubenskongregation weist in aller Deutlichkeit darauf hin, daß einige Auffassungen von Prof. Küng der katholischen Lehre widersprechen. Dabei werden folgende drei Feststellungen geltend gemacht:
a) Die Unfehlbarkeit der Kirche wird bei Küng zumindest in Zweifel gezogen.
b) Der genuine Begriff des authentischen Lehramtes wird nicht verwendet.
c) Küng vertritt die Ansicht, daß die Eucharistie im Notfall auch von einem Getauften ohne Priesterweihe gültig vollzogen werden kann.

Da Prof. Küng in seinem Brief vom 4. September 1974 an die Glaubenskongregation nicht ausgeschlossen hat, daß er in einer angemessenen Zeit vertieften Studiums seine eigenen Auffassungen in Übereinstimmung mit der authentischen kirchenamtlichen Lehre bringen könne, hat sich die Glaubenskongregation dazu entschlossen, nur die Mahnung zu erteilen, die beanstandeten Auffassungen nicht mehr zu wiederholen. Das bedeutet also, daß Prof. Küng nicht zum Widerruf aufgefordert wurde, sondern nur dazu, die irrigen Ansichten künftig nicht mehr zu äußern.

Man wird sicher zu Recht sagen dürfen, daß dieses Verfahren fair ist und einen neuen Stil darstellt. Die Entscheidung im Hinblick auf die geäußerten mit der kirchlichen Lehre nicht vereinbaren Ansichten ist unzweideutig, aber gleichzeitig wird auf disziplinäre Maßnahmen gegenüber dem Autor verzichtet.

Es ist deshalb auch nicht gerechtfertigt, von einem Publikationsverbot zu sprechen, wie es in den letzten Tagen wiederholt gemeldet wurde.

3. Erklärung der Deutschen Bischofskonferenz

Nach Meinung der deutschen Bischöfe sind die von der Glaubenskongregation beanstandeten Auffassungen verursacht durch falsche Grundansätze in den Veröffentlichungen Küngs. Die Bischöfe wollen dies besonders gegenüber Küng, aber auch gegenüber allen Theologen und der Öffentlichkeit verständlich machen. Aus diesem Anlaß haben sie bedenkliche Grundeinstellungen in der Theologie von Küng angesprochen. Dies betrifft auch die Bücher »Fehlbar?«, »Wozu Priester?« und »Christ sein«. Sie haben bewußt ihre Auffassung ausführlich begründet, um so jedem einsichtig zu machen, daß es hier um grundlegende Aussagen des Lehramtes geht. Um es deutlich zu sagen: es ging den Bischöfen nicht darum, einige Einzelaussagen richtig zu stellen, vielmehr war es unser Anliegen, die verbindlichen und unverrückbaren Grundeinstellungen unseres Glaubens und der am Glauben orientierten Theologie darzulegen. Daran sind alle theologischen Aussagen zu messen.

Die Deutsche Bischofskonferenz stimmt der Erklärung der

Glaubenskongregation zu. Sie hat dieser eigens dafür gedankt, daß dieses Verfahren möglich war. Auch sie ermahnt Prof. Küng, die als irrig bezeichneten Äußerungen nicht mehr zu wiederholen. Dies gelte auch für all jene, die sich diese Ansichten möglicherweise zu eigen gemacht hätten.
Die Deutsche Bischofskonferenz hat – wie eben dargelegt – ihre Einwände gegen Ansichten von Prof. Küng in drei Grundaussagen erläutert:
a) Sie weist darauf hin, daß auch die verbindliche Glaubenstradition eine normative Bedeutung hat. Das heißt, man kann in der Theologie nicht einen Sprung vom Neuen Testament in unsere Gegenwart machen, ohne die reiche Glaubensgeschichte der Kirche mit ihren vielfältigen Erfahrungen und Einsichten einzubringen oder hinreichend zu würdigen. Nur mit Hilfe der ganzen Schrift und der ganzen Glaubenstradition und damit in Anerkennung der geschichtlichen Lehrentfaltung ist es möglich, den Glauben sachgerecht und situationsgemäß so zu verkünden. Nur so ist eine Anpassung an momentane und kurzlebige Tendenzen zu überwinden, denen auch die Fachtheologie ausgesetzt bleibt.
b) Die Deutsche Bischofskonferenz erklärt ferner, daß sich auch der katholische Theologe bei aller wissenschaftlichen Erhellung des Glaubens grundsätzlich auf den Boden der kirchlichen Glaubensüberzeugung stellen und mit seinen Mitteln ihre Begründung und Deutung suchen muß. Dabei sind natürlich auch Spannungen nicht ausgeschlossen. Aber im Prinzip vertraut der katholische Theologe aufgrund der Verheißungen Jesu Christi der kirchlichen Glaubenstradition.
Prof. Küng hat diese Struktur der katholischen Theologie mehrfach vernachlässigt. Er scheint, von einem Standort außerhalb der Glaubensgemeinschaft her zu argumentieren. Es geht nicht an, allein dem Lehramt die »Beweislast« für dogmatische Entscheidungen aufzubürden und bis zur Einlösung dieser Nachweise einer verbindlichen Wahrheit des Glaubens die klare Zustimmung zu verweigern. Prof. Küng erwartet vom Lehramt die Beweise, die gerade der Theologe erbringen soll. Folgte man der Argumentation von Küng, dann droht eine prinzipielle Umkehrung im Verhältnis eines katholischen Theologen zur Glaubensüberlieferung seiner Kirche.

c) Die katholische Kirche hat immer auf zuverlässige Aussagen des Glaubensinhalts und seiner Entfaltung bestanden. Bei aller Geschichtlichkeit der sprachlichen Formulierungen und zeitbedingter Problemstellungen lebt im Dogma der Kirche eine endgültige und unüberholbare Wahrheit. Sie nimmt alle in Pflicht.
Die unverkürzte Weitergabe der Wahrheit ist dem Papst und den Bischöfen als den Nachfolgern der Aposteln aufgegeben. Diese bestimmte und bleibende Verbindlichkeit kirchlicher Lehrentscheidungen ist in der Theologie Küngs nicht gewährleistet.
Die Deutsche Bischofskonferenz fordert darum Prof. Küng auf, seine Äußerungen an der in der Erklärung dargelegten Grundwahrheit des Glaubens auszurichten.

4. Würdigung der Entscheidung

Die Art, wie dieser Konflikt einer Lösung zugeführt wird, ist erstmalig. Vor allem deshalb, weil – wie eben schon erwähnt – auf disziplinäre Maßnahmen, vor allem auf den Entzug der »Missio canonica« verzichtet wurde. Und dies, obwohl in der Wahrheitsfrage klare Positionen, die mit der Lehre der Kirche nicht vereinbar sind, bezogen wurden.
Es darf auch nicht unbeachtet bleiben, daß die Glaubenskongregation lange Zeit die Diskussion über das Buch »Unfehlbar? – Eine Anfrage« möglich machte, d. h. gewähren ließ, ohne einzugreifen. Wenn man sich zudem daran erinnert, wie Kardinal Frings während des zweiten Vatikanums die Verfahrensweise der Glaubenskongregation kritisierte, so ist der Fortschritt unverkennbar. Man sollte dies nicht gering erachten.
Das jetzt eingeschlagene Verfahren, das auf einen Widerruf verzichtet und statt dessen den Autor ermahnt, seine Meinungen, die mit dem Lehramt nicht übereinstimmen, nicht mehr zu wiederholen, hat einen Weg beschritten, der für die Zukunft modellhaft sein könnte. Er erfordert aber auch ein hohes Maß an Mitwirkung des Autors. Hinter diese Regelung wird man – falls sie sich bewährt – nicht mehr zurück können. Allerdings schließt dies nicht aus, daß es auch in Zukunft Lehrverfahren geben wird. Einfach deshalb, weil es die Aufgabe des Lehramtes

ist, über die Unversehrtheit des Glaubens zu wachen. Und da der Theologe den offiziellen Auftrag der Kirche hat – er ist in dieser Frage nicht Privatmann –, den Glauben der Kirche zu verkünden, werden die Bischöfe darüber wachen, daß diese Verkündung unverkürzt erfolgt. Geschieht dies nicht, ist ein Konflikt mit dem Lehramt unvermeidlich.

Lassen Sie mich noch ganz offen ein Wort dazu sagen, in welcher Form Prof. Küng über die heute bekanntgegebenen Entscheidungen informiert worden ist. Am 14. 2. 1975 habe ich Herrn Prof. Küng in München empfangen, um ihn über den Inhalt der getroffenen bzw. noch zu treffenden Entscheidungen zu informieren. An dem Gespräch haben außerdem Herr Prof. Neumann und Herr Dr. Homeyer, der Sekretär der Bischofskonferenz, teilgenommen. Die beiden Erklärungen konnte ich dort noch nicht übergeben, weil am selben Tag die Erklärung der Glaubenskongregation von Papst Paul VI. approbiert wurde und die Erklärung der Deutschen Bischofskonferenz erst am 17. 2. 1975 endgültig verabschiedet wurde. Am 18. 2. 1975 hatte Prof. Küng dann beide Erklärungen in Händen. Wir hatten vereinbart, daß vor dem 20. 2. 1975 weder in Rom noch durch die Bischofskonferenz, noch durch Prof. Küng etwas verlautet wird. Für den 19. 2. 1975 war abgesprochen, daß zwischen Prof. Küng und mir nochmals ein Gespräch stattfindet. Dabei blieb offen, ob dies persönlich oder telefonisch erfolgen soll. Das Gespräch hat gestern fernmündlich stattgefunden.

Zum Abschluß dieses Punktes möchte ich klar und deutlich betonen, daß das hohe Engagement und das pastorale Anliegen von Prof. Küng nie in Zweifel gezogen wurden. Er schreibt eine einfache und verständliche Sprache. Es ging zu keinem Zeitpunkt um eine Verurteilung der gesamten Theologie von Prof. Küng, sondern um die Richtigstellung einiger – allerdings sehr wesentlicher – Fragen. Diese Kritik hat mit Küngs Integrität als Priester und Christ nichts zu tun. Ich kann ehrlichen Herzens sagen, daß die Deutsche Bischofskonferenz sich nie an solchen Äußerungen beteiligt hat. Es hat ja auch in der Zwischenzeit immer wieder Gespräche mit Küng gegeben. Ich habe die Hoffnung, daß in Zukunft mehr die Gemeinsamkeiten als die Unterschiede betont werden, wenn auch damit zu rechnen ist, daß dies die Öffentlichkeit vermutlich weniger interessieren wird.

7 Presseerklärung Professor Küngs vom 20. Februar 1975

Es geht mir nicht darum, in den weithin umstrittenen Fragen von Unfehlbarkeit und Kirchenordnung gegen Rom und die Bischöfe recht zu behalten. Nicht wer recht hat, sondern was recht ist, das ist die Frage. Die Wahrheit, bei wem immer sie liegt, wird sich durchsetzen. Mir geht es als Theologe und Seelsorger nur darum, auf drängende Fragen der Menschen von heute eine überzeugende christliche Antwort zu geben, und zahllose Reaktionen bestätigen mich darin.
Nun haben Rom und die Bischöfe ihrerseits geantwortet. Auch diese »Erklärungen« haben nichts von dem widerlegt, was ich theologisch begründet zu sagen hatte. Die Erklärung der römischen Glaubensbehörde ist vielmehr das öffentliche Eingeständnis, dass sich die Geheimverfahren gegen mich als undurchführbar erwiesen haben und nun eingestellt werden. Solche Inquisitionsverfahren widersprechen ja auch dem Evangelium, den Menschenrechten und dem Geist des »Heiligen Jahres der Versöhnung«.
Seit 1968 bat ich immer wieder um Akteneinsicht, immer wieder um Zulassung eines Rechtsbeistandes – vergebens. Dies freilich verschweigt die neueste Erklärung der Glaubensbehörde, die, wie auch in anderen Fällen, dem Angeklagten die Beweislast für seine Unschuld zuschieben möchte. Ein Kolloquium in Rom habe ich nie abgelehnt. Doch bestand ich auf gerechten und menschlichen Bedingungen. Einem Inquisitionsverfahren konnte ich mich nicht unterziehen. Auf meinen wiederholten Stillhaltevorschlag ist die Glaubensbehörde leider nicht eingegangen. Zwar hat das römische Ex-St. Offizium auf Drängen der deutschen Bischöfe hin dankenswerterweise von disziplinarischen Massnahmen gegen mich abgesehen. Doch durch den erneuten Angriff auf meine katholische Rechtgläubigkeit, der über die Erklärung »Mysterium Ecclesiae« (1973) hinaus sachlich nichts Neues bringt, sehe ich mich genötigt, auch öffentlich zu antworten.
Unter den obwaltenden Umständen begrüsse ich es, dass die deutsche Verlautbarung nun differenzierter als bisher die strittigen Punkte anspricht und grundsätzlich »in der Kirche einen Raum zu Klärungsversuchen« anerkennt. Man kann jetzt die

Positionen vergleichen und sich selbst ein Urteil bilden. Ich habe nie, wie durch die Erklärung der Deutschen Bischofskonferenz nahegelegt wird, Theologie »von einem Standort ausserhalb der Glaubensgemeinschaft« getrieben. Darum werde ich mich auch nicht davon abhalten lassen, meinen theologischen Dienst an den Menschen in kritischer Solidarität mit der katholischen Kirche und in ökumenischem Geist weiterhin zu erfüllen und das zu lehren, was sich vom Neuen Testament und der grossen christlichen Tradition her als katholische Lehre vertreten lässt. Dabei werde ich gewiss Methode und Inhalt meiner Theologie immer wieder neu in theologischer Verantwortung überdenken, wie hoffentlich auch die römische Kurie die theologischen Grundsätze der Deutschen Bischofskonferenz sich zu eigen machen wird, auch wenn das für Methode und Inhalt der römischen Theologie nicht geringe Konsequenzen haben dürfte.

8 Brief Professor Küngs an Kardinal Döpfner vom 26. Februar 1975

PROF. DR. HANS KÜNG
WALDHÄUSER STR. 23
D-7400 TÜBINGEN

26. Februar 1975

Herrn Kardinal
Dr. Julius Döpfner
8 München 2
Kardinal-Faulhaber-Strasse 7

Lieber Mitbruder,
Es sind nun acht Tage her, dass ich die beiden Erklärungen erhalten habe, und ich kann nun bereits mit einigem Abstand auf die vergangenen sehr rasch abgerollten Ereignisse zurückblikken. Ich möchte dieses Mal einen persönlichen Brief an Dich schreiben, da mir, falls ich von Dir nicht anderen Bescheid er-

halte, die beiden Erklärungen nicht notwendig eine offizielle Antwort erfordern. Auf diese Weise brauche ich hier auch nicht auf die leidigen Verfahrensmängel zurückzukommen und auch nicht auf die in beiden Dokumenten unbeantwortet gebliebenen theologischen Fragen.

Ich bin auch aus der Distanz heraus noch immer der Meinung, es wäre für alle Beteiligten besser gewesen, man hätte die Verfahren stillschweigend eingestellt oder man hätte sich meinen Fragen in mehr positiver Weise gestellt. Aber ich kann andererseits auch verstehen, dass in Rom nicht mehr zu erreichen war und dass die Situation für die dortige Behörde sehr schwierig war.

So kann ich mich denn in diesem Brief darauf beschränken, Dir nach all den nicht leichten Auseinandersetzungen, die es leider Gottes auch zwischen uns geben musste, ein ehrliches, herzliches Wort des Dankes zu sagen. Ich bin mir wohl bewusst, wie viel Mühe es Dich in Rom und wohl auch in Deutschland gekostet hat, um eine solche Lösung zu erreichen, bei der beide Seiten ihr Gesicht wahren konnten. Dass Du für alles dies die Geduld und die Ausdauer aufgebracht hast, stösst bei mir auf nicht geringe Dankbarkeit, hätte doch die drohende Generalkonfrontation nicht nur für unsere Kirche, sondern auch für mich persönlich Unabsehbares mit sich bringen können. Dass mir dies erspart blieb, weiss ich mehr als alle Beteiligten zu schätzen.

Ich war mir ebenfalls wohl bewusst, dass Dir meine eigene öffentliche Stellungnahme im Moment nicht angenehm sein konnte; für mich war sie aber das Minimum dessen, was mir auf Grund des verfehlten Verfahrens und der unbeantworteten theologischen Fragen zu sagen nötig schien. Um so mehr habe ich es aufrichtig bewundert, dass Du in der Pressekonferenz, die ich im Tübinger Radiostudio »life« mitverfolgen konnte, in von Anfang bis Ende fairer und freundlicher Weise den Standpunkt der Bischofskonferenz dargelegt hast, ohne mich selber in irgendeiner Form zu verletzen.

Deine Ehrenerklärung in aller Öffentlichkeit hat meine aufs Ganze gesehen doch wohl sehr milde Reaktion ganz entscheidend bestimmt: in den Interviews in Presse, Radio und Fernsehen konnte ich gerade deshalb eine, wie man ziemlich allgemein anerkannte, gemässigte Haltung einnehmen und auf Gegenangriffe besonders bezüglich der hier diskutierten Lehrpunkte verzichten. Deiner Haltung auf der Pressekonferenz war es auch zuzuschreiben, dass ich alle bereits angelaufenen Solidaritätsaktionen zu meinen Gunsten abgeblasen habe. Und schliesslich habe ich auch auf einen vor acht Tagen geplanten grossen Artikel in der FAZ verzichtet, der meine eigene theologische Position – anders als in der Bischofserklärung – darstellen und sehr deutliche Gegenfragen stellen sollte. Ich will damit selbstverständlich nicht ausschliessen, dass ich zu einem späteren Zeitpunkt, wie Du ja auch andeutetest, zu den »Erklärungen« theologisch Stellung nehmen werde, aber zur Zeit habe ich nichts geplant und möchte jedenfalls die Diskussion nicht unnötig anheizen. Sollte nach diesen »Erklärungen« nicht allzuviel erfolgen, bräuchte es wohl keine eigene Stellungnahme von meiner Seite.

Damit ist nun, wie Du in der Öffentlichkeit deutlich gemacht hast, eine für alle Beteiligten unangenehme Periode abgeschlossen. Wenn ich sehr oft einen »harten« Standpunkt einnehmen musste und von bestimmten juristischen Forderungen und theologischen Positionen nicht abrücken konnte, dann geschah dies – und ich bitte Dich, mir dies zu glauben – nie aus Sturheit und Eigensinnigkeit, sondern auf Grund einer im christlichen Glauben begründeten Gewissensverpflichtung, die mich opportune importune für diese Forderungen einstehen liess. Der nun aufs Ganze gesehen doch glückliche Ausgang, der Rom teilweise sogar den Ruf der »Weisheit« und Dir persönlich sehr viel Sympathie auch in sonst eher kritischen Kreisen eingetragen hat, lässt nun bestimmt auch hoffen, dass die Kongregation ihre Verfahrensordnung von Grund auf revidiert und es in anderen Verfahren nicht mehr so weit kommen lässt. Ich aber darf nochmals meinen sehr persönlichen Dank wiederholen: es würde mich sehr freuen, wenn wir in Zukunft für das zusammen einstehen, was uns beiden doch wohl das Wichtigere ist: die gemeinsame christliche Sache.

Mit allen guten Wünschen für Deine verantwortungsvolle seelsorgerliche Aufgabe bin ich mit herzlichen Grüßen

Dein
Hans Küng

9 Brief des Sekretärs der Bischofskonferenz vom 3. März 1975

DER SEKRETÄR
DER DEUTSCHEN BISCHOFSKONFERENZ

53 Bonn, 3. März 1975
Beringstraße 30

AZ.
JNr. B 3719/75 – H/ha

Herrn Professor
Dr. Hans Küng
7400 Tübingen
Waldhäuserstr. 23

Sehr geehrter Herr Professor Küng,
da ich Sie in diesen Tagen nicht telefonisch erreichen konnte, darf ich Sie auf diesem Wege im Auftrage von Herrn Kardinal Döpfner bitten, in der ERKLÄRUNG DER DEUTSCHEN BISCHOFSKONFERENZ ZUM ABSCHLUSS DES LEHRVERFAHRENS DER KONGREGATION FÜR DIE GLAUBENSLEHRE ZU »DIE KIRCHE« UND »UNFEHLBAR? EINE ANFRAGE« VON PROFESSOR DR. HANS KÜNG, die Ihnen mit Datum vom 17. 2. 1975 zugesandt worden ist, eine Korrektur vorzunehmen. Es handelt sich um die Zeile 10 auf der Seite 2, in der das Wort »einzig« gestrichen werden muß, so daß der Text heißt: »... ihr keineswegs der legitime Umgang ...«. Das Wort war bei der letzten Durchsicht gestrichen, aber bei der Übertragung aus Versehen übernommen worden. Die zur Veröffentlichung freigegebene Erklärung enthält das Wort bereits nicht mehr.
In der Hoffnung, Sie in der kommenden Woche doch noch telefonisch zu erreichen, verbleibe ich mit freundlichen Grüßen

Ihr
Homeyer
(Dr. Homeyer)

10 Brief des Bundestagsabgeordneten Peter Conradi an Professor Küng vom 20. März 1975 und Text der beabsichtigten Kleinen Anfrage im Deutschen Bundestag

PETER CONRADI
MITGLIED DES
DEUTSCHEN BUNDESTAGES

53 Bonn
Bundeshaus
Telefon (0 22 21) 16-37 29

7301 Kemnat über Esslingen/N.
Im Haurer 1
Telefon (0711) 45 41 02

Herrn
Professor Hans Küng
74 Tübingen
Waldhäuser Str. 23

17. 3. 1975–Co/Be

Sehr geehrter Herr Professor Küng!
Ich wollte in der vergangenen Woche in der Fragestunde des Bundestags die beiliegende Frage an die Bundesregierung stellen, die vermutlich vom Bundesinnenminister zu beantworten gewesen wäre. Der Fraktionsvorstand der SPD-Bundestagsfraktion hat mich jedoch gebeten, die Frage zurückzuziehen, weil der Fraktionsvorstand der Meinung ist, eine solche Frage könnte Ihnen unter Umständen schaden und sollte deshalb nur mit Ihrer Zustimmung gestellt werden.
Ich wäre Ihnen sehr dankbar, wenn Sie die beiliegenden Fragen prüfen würden. Sofern ich nichts von Ihnen höre, gehe ich davon aus, daß Sie die Fragen für nicht hilfreich halten und werde die Fragen dann nicht mehr einbringen. Wenn Sie jedoch der Auffassung sind, diese Fragen (ggf. andere Formulierungen) seien sinnvoll, lassen Sie mich dies bitte wissen.

Mit freundlichen Grüssen
Ihr
Peter Conradi
(Peter Conradi MdB)

Peter Conradi
Mitglied des
Deutschen Bundestages

53 Bonn
Bundeshaus
Telefon (0 22 21) 16-37 29

7301 Kemnat über Esslingen/N.
Im Haurer 1
Telefon (0711) 45 41 02

5. 3. 1975–Co/Be

Frage für Fragestunde in der 11. Woche (10.–15. 3.)

Auf welche Weise wird die Bundesregierung die verfassungsmäßige Freiheit der Forschung und Lehre gem. Art. 5 Abs. 3 GG für Professor Küng sichern?

Zusatzfragen:
1. Sind der Bundesregierung Äußerungen des Bundes Freiheit der Wissenschaft oder der CDU/CSU bekannt, in denen die verfassungsgemäße Freiheit der Lehre für Professor Küng verteidigt wird?
2. Hat die Bundesregierung dagegen Einspruch erhoben, daß die Lehrfreiheit von Professor Küng durch ausländische Weisungen beeinträchtigt wird?

11 Brief Professor Küngs an den Bundestagsabgeordneten Peter Conradi vom 20. März 1975

PROF. DR. HANS KÜNG
74 TÜBINGEN
WALDHÄUSERSTRASSE 23

20. März 1975

Herrn
Peter Conradi MdB
Bundeshaus
53 Bonn

Sehr geehrter Herr Conradi,
Für Ihre geplante Initiative im deutschen Bundestag bezüglich meiner akademischen Lehrfreiheit bin ich Ihnen zu aufrichtigem Dank verpflichtet. Mit Ihnen bin ich der Meinung, dass Art. 5, Abs. 3 GG auch für katholische Theologieprofessoren zur Anwendung gebracht werden muss.
Nun hat sich aber in meiner Angelegenheit, wie ja auch in der Presse bekannt wurde, eine spürbare Entspannung ergeben, die zu einem Modus vivendi führen dürfte und dabei erhoffen lässt, dass man in Zukunft nicht mehr mit den alten Methoden innerkirchliche Konfliktsbereinigung betreibt. In diesem Sinne sprach auch Kardinal Döpfner in der diesbezüglichen Pressekonferenz von einem »Modellfall«, der freilich noch längst nicht alle Fragen als gelöst erscheinen lässt.
Für jetzt scheint mir deshalb eine Initiative, wie Sie sie planen, nicht erforderlich zu sein. Es tut aber gut zu wissen, dass auch verantwortlichen Politikern in diesem Lande an der Wahrung der verfassungsmässigen Freiheit für die Theologieprofessoren – so wichtig für das offene Verhältnis der Kirchen zur Gesellschaft – ernsthaft gelegen ist.
In diesem Sinne nochmals besten Dank und freundliche Grüße

Hans Küng

12 Brief Professor Küngs an Kardinal Döpfner vom 20. März 1975

PROFESSOR DR. HANS KÜNG
74 TÜBINGEN
WALDHÄUSER STR. 23

20. März 1975

Herrn Kardinal
Dr. Julius Döpfner
8 München 2
Kardinal-Faulhaber-Str. 7

Lieber Mitbruder,
In Ergänzung meines letzten persönlichen Briefes schicke ich Dir den Briefwechsel mit dem SPD-Bundestagsabgeordneten Peter Conradi. Ich bin froh, dass sich eine solche Anfrage erübrigt.
Mit Erstaunen habe ich freilich den Artikel gegen mich im deutschen »Osservatore Romano« sowie die Pressemeldung bezüglich eines Vortrags von Erzbischof Schäufele zur Kenntnis genommen. Besonders im Zusammenhang mit unserem Mitbruder Schäufele habe ich mir sehr überlegt, ob ich nicht öffentlich antworten soll. Und nur um den mühselig erreichten Burgfrieden nicht zu gefährden, habe ich davon abgesehen. Doch würde die Fortsetzung einer solchen Hetze – und das Wort brauche ich bewusst – eine Stellungnahme meinerseits unausweichlich machen. Ich wäre deshalb froh, wenn von seiten des Episkopats alles getan würde, dass nun nach der offiziellen Stellungnahme, die ich gut aufgenommen habe, nun durch nachträgliche Einzelaktionen faktisch nicht doch eine Verketzerung und Diskriminierung meiner Person und Theologie stattfindet.
Indem ich Dir, lieber Mitbruder, noch einmal für alle Deine Mühen in meiner Angelegenheit danke, sende ich Dir herzliche Grüsse und wünsche Dir Gottes Segen zu einem frohen Osterfest.

Dein
Hans Küng

13 Brief Kardinal Döpfners an Professor Küng vom 6. Mai 1975

DER VORSITZENDE DER
DEUTSCHEN BISCHOFSKONFERENZ

8 München 2, den 6. Mai 1975
Kardinal-Faulhaber-Straße 7

Herrn Professor
Dr. Hans Küng
7400 Tübingen
Waldhäuserstr. 23

Lieber Mitbruder!
Vielen Dank für Deinen Brief vom 26. Februar und für das Schreiben vom 20. März 1975. Zunächst danke ich Dir dafür, daß Du bei der Bekanntgabe der Beendigung des Lehrverfahrens – was jedenfalls die Substanz Deiner Stellungnahme betrifft – Deinen Anteil dazu beigetragen hast, um die Angelegenheit in der Öffentlichkeit vernünftig abzuschließen. Die öffentliche Reaktion hat ja im ganzen gezeigt, daß man die eingeschlagene Richtung einer Lösung durchaus zu würdigen weiß. Meine öffentliche Erklärung vom 20. Februar zu der Entscheidung der Glaubenskongregation und zu Deiner Person brauche ich gewiß nicht zu wiederholen. Dazu stehe ich selbstverständlich. Dein bekundetes Verständnis und den geäußerten Dank für die Bemühungen der deutschen Bischöfe habe ich mit Befriedigung zur Kenntnis genommen.
Allerdings möchte ich um der Redlichkeit willen nicht meine Enttäuschung verschweigen, daß Du nicht nur kein einziges Wort des Dankes, sondern nur harte Anklagen und sachlich ungerechte Angriffe (»öffentliches Eingeständnis«, »Geheimverfahren«, »Inquisitionsverfahren«, »Glaubensbehörde«, »Ex-St. Offizium« usw.) für die Glaubenskongregation finden konntest. Ohne eine sehr hohe Bereitschaft der verantwortlichen Kreise der Glaubenskongregation zu der getroffenen Entscheidung wäre die gefundene Lösung sicher nicht möglich gewesen. Vielleicht hast Du bemerkt, daß einige Dir sonst wohlgesonnene Kommentatoren liberaler Blätter – und sei es nur in Nebensät-

zen – dieses Mal auch die Grenzen Deiner Antwort aufgezeigt haben. Im Unterschied zu dieser »Erklärung« war ich über Deine – von einigen Passagen abgesehen – ausgewogenere Antwort in dem Fernsehgespräch am Abend des 20. Februar 1975 eher erleichtert.
Die Veröffentlichung des ungezeichneten Artikels »Wie oft noch – Herr Küng?« im deutschen »L'Osservatore Romano« vom 28. Februar 1975 geschah ohne mein Wissen und erst recht ohne eine Absprache. Es wäre besser gewesen, wenn manches in dieser Form nicht geschrieben worden wäre. Wir lassen uns innerhalb der Deutschen Bischofskonferenz von Artikeln dieser Art auch nicht beeinflussen. Nur darfst Du Dich nicht ganz über den Ton und den Stil dieser Antwort wundern: Wenn Du nochmals Deine »Erklärung« vom 20. Februar 1975 durchliest, dann wirst Du unschwer erkennen, daß der Artikel in mancher Hinsicht ein zwar wenig gekonntes, aber vielleicht unvermeidliches Echo auf Deine Attacken gewesen ist.
Ich hörte von einer Äußerung des Erzbischofs von Freiburg zu »Christ sein«, aber ich kenne den genauen Text nicht. Solche einzelne Stellungnahmen von Bischöfen, über die ich selbst vorher nichts weiß, unterliegen selbstverständlich der Urteilsbildung und dem Gutdünken der einzelnen Mitbrüder. Du hast sicher Verständnis dafür, daß ich solche Beiträge nicht im geringsten »lenken« kann und auch grundsätzlich gar nicht will.
Besten Dank auch für die Übermittlung des Briefwechsels mit dem Bundestagsabgeordneten Peter Conradi aus Stuttgart. Du hast sicher richtig entschieden, Dich nicht in partikuläre politische Interessen verstricken zu lassen. Obgleich ich froh bin, wenn in dieser Sache und in anderen Angelegenheiten unnötiges und unfruchtbares »Störfeuer« vermieden werden kann, so halte ich jedoch die gestellten Fragen des Herrn Conradi für unzureichend, »politisch« zu durchsichtig und darum seinen Plan geradezu peinlich.
Was mich am meisten beschäftigt, ist der Hintergrund Deiner mehr theologisch orientierten Ausführungen, und zwar sowohl in der Presseerklärung vom 20. Februar 1975 wie auch in Deinem Brief vom 26. Februar 1975. Einmal empfinde ich es als unannehmbar, wie Du die im Verfahren angesprochene Glaubensfrage weitgehend auf die Ebene des Kirchenpolitischen (im

weitesten Sinn) und des Pragmatisch-Taktischen reduzierst. Dies fängt an bei dem Stichwort »Stillhalteangebot« und durchzieht auch den Tenor Deines Briefes (z. B. »... in Rom nicht mehr zu erreichen war und daß die Situation für die dortige Behörde sehr schwierig war«). Ich will solche Momente im Ganzen und ihre relative Bedeutung nicht leugnen. Aber damit ist keineswegs das Problem zu lösen. An einem bestimmten Punkt geht es doch ganz hart um die unumgängliche Frage nach der Wahrheit unseres Glaubens und nach der Aufrechterhaltung oder dem Verlust der prinzipiellen Identität unserer Kirche. Ich halte ein Abdrängen der ganzen Problematik in das »Kirchenreformerische« und auch in das taktische Spiel darum für schlechthin unmöglich.
Im selben Zusammenhang habe ich ein weiteres Bedenken: Du sprichst in Deiner Erklärung vom 20. Februar und im Brief vom 26. Februar 1975 davon, die Erklärungen der Glaubenskongregation und der Deutschen Bischofskonferenz hätten nichts von dem widerlegt, was Du theologisch begründet gesagt hättest. Es fällt mir schwer, in solchen Aussagen nicht eine extreme Hartnäckigkeit zu sehen, die den Ausgang des gesamten Verfahrens leicht hätte in Frage stellen können. Einmal kannst Du – auch nach »Fehlbar?« – doch nicht gewichtige Einwände einer großen Zahl von Theologen zu den Kernthesen von »Unfehlbar?« übersehen. Zum anderen verwechselst Du auch nach der »Erklärung« der Deutschen Bischofskonferenz immer wieder und immer noch die verschiedenen Ebenen des kirchlichen Lehramtes und der Theologie. Sonst könnte eine Reihe von Sätzen und Aussagen in Deinen Äußerungen nicht in der entsprechenden Form vorkommen. Solange aber hier die Unterschiede der Legitimation, der Funktion und darum der Argumentationsart des jeweiligen Sprechens verwischt werden und Du dem »Lehramt« nur einen sehr eingeschränkten »pastoralen« Dienst einräumst, fürchte ich um ein unvermeidliches Neuaufflackern des Konfliktes, sobald Du zu Fragen um die Lehre der Kirche Stellung beziehst. Ich will in diesem Zusammenhang nicht leugnen, daß das kirchliche Lehramt in seiner Funktion tiefer durchdacht werden und in seinen Äußerungen noch präziser sein könnte. Aber es geht hier um das Grundsätzliche.
Diese Gesichtspunkte bedrängen mich beim nochmaligen Über-

denken und beim mehrfachen Überlesen Deines Briefes und Deiner Erklärung. Ich bitte Dich darum nochmals um ein gründliches und ernsthaftes Bedenken gerade dieser Sachverhalte. Wenn wir nochmals über diese Schwierigkeiten streiten müßten und keine Annäherung feststellbar wäre, wüßte ich mir kaum mehr zu helfen.
In der Hoffnung auf ein fruchtbares Zusammenwirken im Dienst am gemeinsamen Auftrag unseres Herrn wünsche ich Dir für Deine Arbeit Gottes Segen und bin

mit herzlichen Grüßen
Dein
† Julius Card. Döpfner

PHASE III

Der Sammelband gegen »Christ sein« 1976

Überblick

1 Pressekonferenz Professor Küngs für die italienische Ausgabe von »Christ sein« in Rom am 6. April 1976: Bei diesem Rombesuch führte Professor Küng rein private Gespräche mit Kardinal Šeper und Erzbischof Hamer.

2 Deutsche Übersetzung der Pressekonferenz-Erklärung vom 6. April 1976.

3 Brief Professor Küngs an Kardinal Döpfner vom 27. April 1976: Durch die unberechtigte Veröffentlichung dieses Briefes in der bischöflichen Dokumentation wurde die den römischen Stellen zugesicherte Vertraulichkeit gebrochen.

4 Brief des Sekretärs von Kardinal Döpfner an Professor Küng vom 7. Mai 1976.

5 Ankündigung eines Sammelbandes »Diskussion über Hans Küngs ›Christ sein‹«: Obwohl Kardinal Döpfner vom Erscheinen des Sammelbandes von Anfang an unterrichtet war – die Glaubenskommission hatte ihn ja angeregt und ihn Rom als Gegenmaßnahme gegen Küng präsentiert –, setzte er Professor Küng davon nicht in Kenntnis. Als dieser schließlich davon vernahm, bat er zweimal den Herausgeber H. U. von Balthasar ebenso wie nachher den Grünewald-Verlag um die Aufnahme einer Antwort. Obwohl dies in Diskussionsbänden üblich, wurde es ihm von beiden Seiten verweigert. Diese Manöver, die wie schon in der Unfehlbarkeitsdebatte eine echte Diskussion verhindern sollten, erklären die scharfe Reaktion Professor Küngs im nachfolgenden Artikel.

6 Zeitungsartikel Professor Küngs: Antwort an meine Kritiker. Theologie für den Menschen? In: Frankfurter Allgemeine Zeitung vom 22. Mai 1976.

7 Brief Kardinal Döpfners an Professor Küng vom 24. Juni 1976.

8 Brief Professor Küngs an Kardinal Döpfner vom 28. Juni 1976.

1 Pressekonferenz Professor Küngs für die italienische Ausgabe von »Christ sein« in Rom am 6. April 1976

Coraggio per essere cristiani

E' forse superfluo sottolineare: sono venuto qui assolutamente libero e non costretto. Perchè sono venuto? Per presentare al pubblico italiano qui a Roma il mio libro per quello che è: un libro veramente cattolico, ma anche veramente ecumenico!
Quasi trent'anni fa cominciai i miei studi di teologia qui alla Pontificia Università Gregoriana e al Pontificio Collegio Germanico Ungarico. Non mi sono mai pentito dei miei sette anni romani, ai quali si aggiunsero poi anche quattro anni di Concilio. Ne sono anzi fiero in quanto ho saputo trarne profitto.
Quasi trent'anni di teologia cattolica ed ecumenica sono confluiti in questo libro che non vuole guardare indietro in chiave polemica, ma piuttosto guardare in avanti in una prospettiva realistica e critica. Non è un regolamento di conti con questi trent'anni, è piuttosto la conclusione del lavoro di trent'anni, nei quali mi si è chiarito a poco a poco che cosa può significare essere uomini ed essere cristiani per l'uomo d'oggi alle luce delle origini evangeliche.
Per tutti gli uomini nel presente: cioè non solo per Professori di Teologia, per dignitari ecclesiastici, per una élite di intelletuali, ma per il popolo, per tutti gli uomini interessati a problemi spirituali. Come è detto nella prima pagina:
»Questo libro è scritto per i tanti che con motivazioni diverse si vogliono sinceramente e onestamente informare sui contenuti autentici del cristianesimo, su ciò che propriamente significa essere cristiani.
E' anche scritto
per chi non crede e tuttavia ricerca seriamente,
per chi ha creduto e oggi, senza fede, è insoddisfatto,
per chi crede, ma si sente incerto nella sua fede,
per chi oscilla tra fede e incredulità,
per chi dubita delle sue convinzioni, ma anche dei suoi dubbi.
E' quindi un libro per cristiani e atei, gnostici e agnostici, pietisti e positivisti, cattolici tiepidi e ferventi, protestanti e ortodossi«.

Se si vuole scrivere un libro tale di teologia per tutti gli uomini, per il popolo, non si può fare a meno di critica e di autocritica. Il mio libro è indubbiamente un libro molto critico nei confronti di molti orientamenti. In Italia e a Roma, dove all'epoca dell'antimodernismo non era sempre permesso, in campo teologico, dire la piena verità, si sentirà forse tale critica in modo ancora più forte che nei paesi della Riforma, in Germania o anche nella mia patria, la terra die Guglielmo Tell.
Ma qui a Roma lo posso dire chiaramente: questo libro, pur nel suo atteggiamento critico, non è scritto contro il Magistero, ma per il Magistero della Chiesa. E' concepito come un aiuto: per difendere e giustificare, per chiarire e stimolare la fede e la vita cristiane in un tempo in cui la Chiesa purtroppo ha più perduto che guadagnato in credibilità. Vuole mettere in luce per questo tempo l'originario messaggio cristiano ed in particolare Gesù di Nazaret. Non vuole certo presentare solo proclamazioni, declamazioni o dichiarazioni teologiche. Vuole invece fondare la possibilità e il modo per un uomo critico di essere cristiano oggi, responsabilmente di fronte alla sua ragione ed al mondo in cui vive.
Questo libro riuscirà forse a smentire definitivamente i clichés a buon mercato di un Küng critico disfattista della Chiesa, nemico del Papa e distruttore di dogmi. Questo libro non vuole nè più nè meno che incoraggiare ad essere cristiani, e ad essere cristiani in un modo veramente cattolico.
Da destra e da sinistra si continua a discutere se un teologo cattolico con le mie idee possa rimanere nella Chiesa Cattolica. Ma dopo che per circa trent'anni, pur nella indispensabile e costante critica, ho mantenuto lealtà e fedeltà a questa Chiesa, per essa ho lavorato, studiato e lottato, Loro forse mi capiranno, se lo dico francamente: ne ho abbastanza di protestare e ripetere che e perché in forza del Vangelo intendo conseguentemente restare in questa Chiesa Cattolica. Nel mio nuovo libro l'ho esposto ancora una volta. Una cosa è certa: dopo tanti anni non mi sento meno cattolico che nel giorno della mia Ordinazione qui a S. Ignazio e della mia prima Santa Messa sulla tomba di S. Pietro.
Non si aspettino cose sensazionali da questo libro. L'unica cosa sensazionale è ciò che hic et nunc questo Gesù di Nazaret ha da

dire al singolo e al popolo su Dio e sugli uomini con la sua parola, la sua azione e la sua missione:
»Gesù, chiaramente, non si è lasciato inquadrare in nessuna categoria: non ha trovato posto nè tra i potenti nè tra i rebelli, nè tra moralizzatori nè tra la gente tranquilla. Si è infatti rivelato un provocatore – verso destra e verso sinistra. Un provocatore che non aveva alle spalle nessun partito, in atteggiamento di perenne sfida in ogni direzione: ›l'uomo che rompe tutti gli schemi‹. Non un filosofo, non un politico, non un sacerdote e non un innovatore sociale. Un genio, un eroe, un santo? Oppure un riformatore? Ma non è egli più radicale di ogni ri-formatore? Un profeta? Ma può un profeta ›ultimo‹, insuperabile essere soltanto un profeta? La tipologia consueta appare inadeguata. Gesù sembra avere qualcosa di tutti i più disparati tipi umani (specialmente, si direbbe, del profeta e del riformatore), senza identificarsi in particolare con nessuno di essi. Appartiene a un rango diverso: Evidentemente più vicino a Dio di quanto non lo siano i sacerdoti. Più libero di fronte al mondo di quanto non lo siano gli asceti. Più morale dei moralisti. Più rivoluzionario dei rivoluzionari. Difficile da comprendere, pressoché impenetrabile per amici e nemici, rivela profondità e ampiezze che agli altri mancano. Non si finisce mai di constatarlo: Gesù è diverso! Suscettibile di accostamenti nei particolari, nell'insieme il Gesù storico si dimostra assolutamente inconfondibile – oggi come allora« (p. 231s).
Allora semplicemente un nuovo libro su Gesù? No assolutamente. Qual'è dunque l'originalità di questo libro? Certo non tutto ciò che vi è detto sui miracoli, sulle parole autentiche e non autentiche di Gesù, sulla nascita verginale e sul sepolcro vuoto, sull'Ascensione al cielo e sulla discesa agl'inferi, sulla fondazione e sull'ordinamento molteplice della Chiesa nel Nuovo Testamento: tutto questo lo si sarebbe potuto trovare da tempo anche presso i principali esegeti cattolici, se lo si avesse voluto. Però da parte dei teologi si è tenuta nascosta molto spesso la verità al popolo. Tuttavia l'originalità dell'opera non consiste in questi punti.
L'originalità è da cercare nel tentativo di sviluppare questi momenti essenziali:
1. non si trattano questioni e campi particolari della teologia,

ma sie espone il messaggio cristiano nella sua interezza davanti all'orizzonte delle ideologie e delle religioni di oggi: in una sintesi sistematica comprensiva, coerente con se stessa fin nei minimi dettagli e articolata unitariamente, come deve essere tentata da un singolo teologo nella specializzazione delle diverse discipline teologiche;

2. ci si propone di dire la verità con inflessibile rigore, senza riguardi per la politica ecclesiastica e noncuranti della esistenza di fronti teologici e di tendenze alla moda: una critica teologica non ridotta, fondata sugli ultimi risultati della ricerca scientifica e su argomentazioni improntate a onestà intellettuale, critica unita ad una incrollabile fiducia nellá causa cristiana;

3. si parte di conseguenza non da impostazioni teologiche del passato, ma dai problemi vasti e complessi dell'uomo contemporaneo; quindi si va alla ricerca del centro del messaggio cristiano tenendo conto il più possibile dei dati e con sempre rinnovata concentrazione, in modo che l'umano, il religioso in generale, ciò che è fuori della Chiesa sia preso più fondatamente che mai sul serio e nello stesso tempo risulti ancora più evidente lo specifico cristiano e si distingua l'essenziale dal non essenziale;

4. senza arcaismi biblici e dommatismi scolastici, ma anche evitando il gergo teologico di moda si parla nella lingua dell'uomo di oggi: sforzandocisi di esprimerci in un linguaggio il più possibile semplice e comprensibile dal contemporaneo non fornito di preparazione teologica, in un linguaggio però nello stesso tempo preciso, differenziato e conciso;

5. in base alla ricerca personale dalla dottrina sulla giustificazione fino alla cristologia e alla ecclesiologia si cerca di integrare anche le differenze confessionali e di porre così in evidenza gli elementi comuni alle confessioni cristiane, come rinnovato appello ad una intesa finalmente anche in campo pratico-organizzativo: non una nuova teoria accanto alle altre, ma il consenso fondamentale oggi possibile non solo tra le chiese cristiane, ma anche tra le più importanti correnti teologiche;

6. si cerca di far risaltare l'unità della teologia spesso difficilmente constatabile – sulla base della ricerca esegetica e storica dalla teologia fondamentale tramite la dommatica e l'etica fino alla teologia pastorale – in modo che sia nel problema di Dio

come nel problema della Chiesa non si possa più trascurare il nesso inscindibile tra teoria di fede e prassi di vita, tra individuale e sociale, tra critica al proprio tempo e critica alla Chiesa, tra religiosità personale e riforma delle istituzioni.
Per finire vorrei mettere in guardia da un possibile fraintendimento: come autore di questo libro, che vuol dare un aiuto all'uomo moderno per essere cristiano, non mi ritengo affatto un cristiano modello. Per questo vorrei ancora citare una frase dal libro:
»L'autore ha scritto questo libro non perché si reputi un buon cristiano, ma perché scorge nell'essere cristiani un valore straordinariamente positivo« (p. 9).

2 Deutsche Übersetzung der Pressekonferenz-Erklärung vom 6. April 1976

Mut zum Christ sein

Es ist vielleicht überflüssig zu betonen: ich bin völlig frei und ungezwungen hierher gekommen! Warum? Um mein Buch hier in Rom dem italienischen Publikum vorzustellen als das, was es ist: ein wahrhaft katholisches, aber auch ein wahrhaft ökumenisches Buch!
Vor bald dreissig Jahren habe ich meine theologischen Studien hier an der Pontificia Università Gregoriana und am Pontificio Collegio Germanico Ungarico begonnen. Ich habe meine sieben römischen Jahre – zu denen dann noch vier römische Konzilsjahre hinzukamen – nie bereut. Ich bin stolz auf sie, und habe sie zu nutzen gewusst.
Fast dreissig Jahre katholischer und ökumenischer Theologie sind in dieses Buch eingegangen. Dieses Buch ist kein Blick zurück im Zorn, sondern ein realistisch sichtender Blick nach vorn. Es ist keine Abrechnung mit den dreissig Jahren, in denen mir langsam deutlicher wurde, was Menschsein und Christsein bedeuten kann: vom evangelischen Ursprung her für den Men schen in der Gegenwart.
Für alle Menschen in der Gegenwart: also nicht nur für Theologieprofessoren, für Amtsträger, für eine Elite von Intellektuel-

len, sondern für das Volk, für alle geistig interessierten Menschen. Wie es auf der ersten Seite heisst:

»Dieses Buch ist geschrieben für alle, die sich, aus welchen Gründen auch immer, ehrlich und aufrichtig informieren wollen, um was es im Christentum, im Christsein eigentlich geht.

Es ist auch geschrieben für solche,
die nicht glauben, aber doch ernstlich fragen,
die geglaubt haben, aber unzufrieden sind mit ihrem Unglauben,
die glauben, aber in ihrem Glauben sich verunsichert fühlen,
die zwischen Glauben und Unglauben ratlos sind,
die skeptisch sind gegen ihre Glaubensüberzeugungen, aber auch ihre Glaubenszweifel.

Es ist also geschrieben, für Christen und Atheisten, Gnostiker und Agnostiker, Pietisten und Positivisten, laue und eifrige Katholiken, Protestanten und Orthodoxe.«

Wenn man so ein theologisches Buch für alle Menschen, für das Volk, schreiben will, kommt man um Kritik und Selbstkritik nicht herum. Mein Buch ist zweifellos ein nach vielen Richtungen sehr kritisches Buch. In Italien und in Rom, wo in der Zeit des Antimodernismus in der Theologie die volle Wahrheit nicht immer gesagt werden durfte, wird man seine Kritik vermutlich noch stärker empfinden als in den Ländern der Reformation, in Deutschland oder auch in meiner eigenen Heimat, im Lande Wilhelm Tells.

Aber hier in Rom darf ich es deutlich sagen: dieses Buch ist bei aller Kritik nicht gegen das Magisterium der Kirche, sondern für das Magisterium der Kirche geschrieben. Es ist geschrieben als Hilfe zur Verteidigung und Rechtfertigung, zur Klärung und Herausforderung christlichen Glaubens und Lebens in einer Zeit, in der die Kirche an Glaubwürdigkeit leider eher verloren als gewonnen hat. Es möchte für diese Gegenwart die ursprüngliche christliche Botschaft und insbesondere Jesus von Nazaret selbst zum Leuchten bringen. Es möchte freilich nicht nur theologisch proklamieren, deklamieren oder deklarieren. Es möchte begründen: daß, warum, wie auch ein kritischer Mensch es heute vor seiner Vernunft und seiner Umgebung verantworten kann, Christ zu sein.

Vielleicht desavouiert dieses Buch nun doch endgültig die wohlfeilen Küng-Klischees vom destruktiven Kirchenkritiker, Papstfeind und Dogmenzertrümmerer. Dieses Buch möchte nicht mehr und nicht weniger als Mut machen zum Christsein, zum wahrhaft katholischen Christsein.

Es wird immer wieder von rechts und links darüber diskutiert, ob ein katholischer Theologe mit meinen Auffassungen in der katholischen Kirche bleiben könne. Aber nachdem ich dieser Kirche rund dreissig Jahre lang bei aller unumgänglichen konstanten Kritik Loyalität und Treue bewahrt, für sie gearbeitet, studiert und gestritten habe, werden Sie es vielleicht verstehen, wenn ich Ihnen frei heraus sage: ich habe es satt, immer wieder neu zu beteuern, dass und warum ich vom Evangelium her konsequent in dieser katholischen Kirche zu bleiben gedenke. In meinem neuen Buch habe ich es nochmals dargelegt. Jedenfalls fühle ich mich nach so vielen Jahren nicht weniger katholisch als am Tag meiner Ordination hier in St. Ignazio und meiner ersten heiligen Messe am Grabe des heiligen Petrus.

Erwarten Sie von diesem Buch keine billigen Sensationen. Die eigentliche Sensation ist, was hier und heute, für den Einzelnen und das Volk, dieser Jesus von Nazaret selber von Gott und den Menschen durch Wort, Tat und Geschick zu sagen hat: »Jesus ließ sich offensichtlich nirgendwo einordnen: weder bei den Herrschenden noch bei den Rebellierenden, weder bei den Moralisierenden noch bei den Stillen im Lande. Er erwies sich als provokatorisch – aber nach rechts und links. Von keiner Partei gedeckt, herausfordernd nach allen Seiten: ›der Mann, der alle Schemen sprengt‹. Kein Philosoph und kein Politiker, kein Priester und kein Sozialreformer. Ein Genie, ein Held, ein Heiliger? Oder ein Reformator? Aber ist er nicht radikaler als ein Reformator? Ein Prophet? Aber ist ein ›letzter‹, unüberbietbarer Prophet noch ein Prophet? Die übliche Typologie scheint zu versagen. Von verschiedensten Typen scheint er etwas zu haben (vielleicht am meisten vom Propheten und vom Reformator), um gerade keinem von ihnen zuzugehören. Er ist von anderem Rang: Gott anscheinend näher als die Priester. Der Welt gegenüber freier als die Asketen. Moralischer als die Moralisten. Revolutionärer als die Revolutionäre. So hat er Tiefen und Weiten, die anderen fehlen. Offensichtlich schwer zu verstehen und kaum ganz zu durchschauen, für Feinde und Freunde. Immer wieder neu zeigt sich: *Jesus ist anders!* Bei allen Parallelen im einzelnen erweist sich der geschichtliche Jesus als im ganzen völlig *unverwechselbar* – damals und heute.«

Also einfach ein Jesus-Buch mehr? Keineswegs. Was aber ist dann die Originalität dieses Buches? Jedenfalls nicht, was hier alles über Wunder, echte und unechte Jesusworte, Jungfrauengeburt und leeres Grab, Himmelfahrt und Höllenfahrt, Kirchengründung und vielgestaltige neutestamentliche Kirchenverfassung zu sagen war: dies alles hätte man schon längst auch bei führenden katholischen Exegeten nachlesen können – wenn man gewollt hätte. Aber man hat von seiten der Theologen dem Volk sehr oft die Wahrheit vorenthalten. Doch nicht an diesen Punkten liegt die Originalität des Buches.

Die Originalität liegt anderswo. Es wird in diesem Buch versucht:

1. nicht nur Einzelfragen und Einzelgebiete der Theologie anzugehen, sondern das Ganze der christlichen Botschaft vor dem Horizont der heutigen Ideologien und Religionen zur Darstellung zu bringen: in einer umfassenden, in sich stimmigen und bis ins Detail einheitlich durchgestalteten systematischen Synthese, wie sie gerade bei der Spezialisierung der theologischen Disziplinen von einem Einzelnen versucht werden muss;
2. ohne kirchenpolitische Rücksichten und unbekümmert um theologische Frontbildungen und Modetrends in Unbestechlichkeit die Wahrheit zu sagen: auf neuestem wissenschaftlichem Forschungsstand und in intellektuell redlicher Argumentation eine ungeschmälerte theologische Kritik, verbunden mit einem unerschütterten Vertrauen in die christliche Sache;
3. konsequent nicht von theologischen Fragestellungen der Vergangenheit, sondern von den weiträumigen und vielschichtigen Fragen des heutigen Menschen auszugehen und von daher bei aller Fülle der Information in immer wieder neuer Konzentration zur Mitte des christlichen Glaubens vorzustossen: so dass das Menschliche, das Allgemeinreligiöse, das Ausserkirchliche fundierter denn sonst ernstgenommen und doch zugleich das unterscheidend Christliche schärfer denn sonst herauskristallisiert und das Wesentliche vom Unwesentlichen geschieden wird;
4. ohne biblische Archaismen und scholastische Dogmatismen,

aber auch ohne modischen Theologenjargon in der Sprache des heutigen Menschen zu sprechen: mit grösstmöglicher sprachlicher Anstrengung einfach und für den theologisch nicht vorgebildeten Zeitgenossen verständlich, doch zugleich präzis, differenziert und packend zu formulieren;
5. aufgrund persönlicher Forschungsarbeit von der Rechtfertigungslehre bis zur Christologie und Ekklesiologie auch die konfessionellen Differenzen zu integrieren und so das den christlichen Konfessionen Gemeinsame als erneuten Anruf endlich auch zur praktisch-organisatorischen Verständigung herauszustellen: keine neue Theorie neben anderen, sondern der heute mögliche grundlegende Konsens nicht nur zwischen den christlichen Kirchen, sondern auch den wichtigsten theologischen Richtungen;
6. die oft kaum feststellbare Einheit der Theologie – auf der Grundlage der exegetischen und historischen Forschung von der Fundamentaltheologie über Dogmatik und Ethik bis zur praktischen Theologie – derart zum Ausdruck zu bringen, dass von der Gottesfrage bis zur Kirchenfrage der unverbrüchliche Zusammenhang von glaubbarer Theorie und lebbarer Praxis, von Individualem und Sozialem, von Zeitkritik und Kirchenkritik, von persönlicher Frömmigkeit und Reform der Institutionen nicht mehr übersehen werden kann.
Zum Schluss sei einem möglichen Missverständnis gewehrt: Als Autor dieser Handreichung zum Christsein für den modernen Menschen halte ich mich selbst keineswegs für einen Musterchristen. Deshalb sei noch ein Satz aus diesem Buch zitiert: »Der Verfasser hat das Buch nicht geschrieben, weil er sich selber für einen guten Christen, sondern weil er Christsein für eine besonders gute Sache hält.«

Hans Küng

3 Brief Professor Küngs an Kardinal Döpfner vom 27. April 1976

PROFESSOR DR. HANS KÜNG 27. 4. 1976
WALDHÄUSER STR. 23
7400 TÜBINGEN 1

An den
Vorsitzenden der Deutschen Bischofskonferenz
Herrn Kardinal Dr. Julius Döpfner
Kardinal-Faulhaber-Strasse 7
8 München 2

Sehr verehrter Herr Kardinal,
Ein Besuch in Rom und private Gespräche mit Kardinal Šeper und Erzbischof Hamer sowie zwei längere Unterredungen mit dem Bischof von Rottenburg, Dr. Georg Moser, geben mir Anlass, Ihnen einen kleinen Bericht zu schicken, der vermutlich auch für die Mitglieder der Bischofskonferenz von Interesse sein dürfte.
Anlass des Besuches in Rom war das Erscheinen der italienischen Ausgabe von »Christ sein«: Eine Pressekonferenz an Ort und Stelle mit einem vorbereiteten Statement bezüglich der Katholizität des Buches (s. Beilage) schien mir die beste Methode zu sein, um gerade am Anfang der Diskussion tendenziöse und gar falsche Berichte (wie damals über die deutsche Ausgabe im »Spiegel«) in Italien zu vermeiden. Wie das Presse-Echo zeigt, ist dies auch weithin gelungen. Es gab keine unliebsamen Sensationen bezüglich einzelner Lehrpunkte, nachdem ich meiner Loyalität zur katholischen Kirche und ihrer Lehre deutlich Ausdruck gegeben habe. Der einzige schrille Ton kam in die italienische und dann auch internationale Presse durch eine am selben Tag verbreitete, mich persönlich diskreditierende Stellungnahme von P. Galot SJ an der Radio Vaticana, die von Missdeutungen und Unterstellungen nur so strotzte. Doch habe ich mich durch diese vatikanische Provokation zu keiner entsprechenden Reaktion verleiten lassen. Auch gelang es mir, die boh-

renden Fragen der Journalisten bezüglich vatikanischem Sexualdokument, Ehescheidung, Abortus, italienischer Innenpolitik usw. aufzufangen.
Jedenfalls hoffe ich, dass trotz Galots und ähnlicher Verfälschungen meines Buches in einzelnen kirchlichen Organen die Grosszahl der Katholiken in Italien das Buch so aufnehmen und verstehen wird, wie es in Deutschland geschehen ist: als eine Hilfe für die Menschen in und ausserhalb der katholischen Kirche für ihr christliches Glauben und Leben. Nachdem Rom und den Bischöfen zweifellos auch Klagen und Denunzierungen zukommen dürften, möchte ich bei dieser Gelegenheit nur darauf hinweisen, dass noch keines meiner Bücher so breite Zustimmung auch und gerade bei katholischen Seelsorgern, Religionslehrern, Schwestern und kirchlich engagierten Männern und Frauen gefunden hat wie »Christ sein«. Oft überlege ich mir deshalb, ob es nicht nützlich wäre, einige eindrucksvolle Äusserungen des »sensus fidelium« zu veröffentlichen.
Die privaten Gespräche unter vier Augen zuerst mit Kardinal Šeper und dann mit Erzbischof Hamer dauerten rund fünf Stunden, wurden in gewohnter Offenheit und Freundlichkeit geführt und berührten ungefähr alle zur Zeit wichtigen Fragen. Man hat anerkannt, dass ich mich an die »admonitiones« der Glaubenskongregation vom 15. Februar 1975 loyal gehalten habe. Es wurde weiterhin deutlich, dass gegenwärtig kein neues römisches Verfahren, nun auch gegen »Christ sein«, geplant ist. Andererseits aber war man auch nicht bereit, irgendwelche Zusicherungen zu geben, dass nicht doch in Bälde ein Verfahren eingeleitet wird. Freilich habe ich in beiden Unterredungen sehr nachdrücklich darauf hingewiesen, dass jene Erklärung der Glaubenskongregation und die Zusatzerklärung der Deutschen Bischofskonferenz, die ja auch bereits zu »Christ sein« Stellung nahm, von der internationalen Öffentlichkeit und auch von mir so verstanden wurde, dass damit nun alles Bisherige bereinigt sei und überhaupt in ähnlichen Auseinandersetzungen über Lehrfragen künftig ein »neuer Stil« praktiziert werde. In Deutschland, in der Schweiz und weit darüber hinaus würde man es nicht verstehen, wenn schon wieder – und gerade gegen das für viele so hilfreiche Buch »Christ sein« – ein neues Verfahren eingeleitet würde. Im übrigen dürfte auch ein neues Ver-

fahren mit der ihm eigenen Mechanik doch wieder zu derselben ausweglosen Situation führen wie alle bisherigen. Der Glaubwürdigkeit der katholischen Kirche und ihrer Theologie könne das nur schaden. – Immerhin schienen sich beide Gesprächspartner darüber im klaren zu sein, dass ein neuer Konflikt für alle Seiten völlig unkalkulierbare Risiken in sich birgt.
Ich brachte die Rede auch auf von Balthasars u. a. Sammelband »Diskussion um Hans Küngs ›Christ sein‹«, der gegen meinen Willen eine öffentliche Konfrontation provoziert. Man sagte mir, dass dies eine »lis theologorum« sei, die Rom nicht engagiere. Ich habe anerkannt, dass es zweifellos ein Fortschritt sei, wenn theologische Streitfragen von Theologen wissenschaftlich diskutiert statt lehramtlich diszipliniert würden. Freilich könne ich nicht verstehen, warum man dann – von der sehr einseitigen Zusammensetzung der Autoren abgesehen – den diskutierten Verfasser nicht im selben Diskussionsband, wie in Diskussionsbänden üblich, als Diskussionspartner zu Wort kommen lasse; nur so könne sich ja der Leser ein objektives Urteil über Wahrheit und Unwahrheit bilden. Man sagte mir darauf, ich könne ja in einem Artikel auf diesen Sammelband antworten.
Bei dem Gewicht der Autoren und der Breitenwirkung eines Buches meinte ich nicht nur in einer wissenschaftlichen Zeitschrift, sondern in einer weiter verbreiteten seriösen Zeitung antworten zu müssen. Dieser Artikel wird in Kürze erscheinen. Ich hoffe, dass man auch im deutschen Episkopat dafür Verständnis haben wird, dass ein der Verteidigung meiner katholischen Integrität dienender Zeitungsartikel über höchst komplexe Fragen – wenn er überhaupt aufgenommen werden soll – anders geschrieben sein muss als ein theologischer Fachartikel. Ich habe mir aber die grösste Mühe gegeben, den Sammelband nicht nur exakt im Detail zu studieren, sondern ihn auch mit Fachkollegen und schliesslich in einem besonderen mehrtägigen Kolloquium zu diskutieren. Doch soll dieser Artikel nicht mein letztes Wort in dieser Sache sein. Ich hoffe, in absehbarar Zukunft Zeit zu finden, die im Sammelband und anderswo aufgeworfenen exegetischen, dogmengeschichtlichen, systematischen und hermeneutischen Fragen wissenschaftlich neu aufzugreifen. Selbstverständlich schliesst eine erneute theologische Beschäftigung mit der Materie Klärungen und Korrekturen, Erweiterungen

und Vertiefungen auch meines eigenen Standpunktes ein. Ich bin überzeugt, dass, wie schon im Buch selbst verschiedentlich zum Ausdruck gebracht, bezüglich verschiedener Lehrpunkte – auch und gerade bezüglich der von der Deutschen Bischofskonferenz beanstandeten – eine positive Weiterführung durchaus möglich und sogar erwünscht ist.

Freilich habe ich den Eindruck, dass Kritiker wichtige Aussagen von »Christ sein« überlesen oder nicht genügend ernstgenommen haben. So etwa meine klare Bejahung der Grundintentionen des Konzils vom Nikaia gegen Areios: »In Jesus ist nicht ein zweiter Gott oder Halbgott, sondern der eine wahre Gott präsent. Unsere ganze Erlösung hängt daran, dass es in Jesus um den Gott geht, der wirklich Gott ist« (S. 438). Oder die Deutung des chalkedonischen »vere Deus«: »Die ganze Bedeutsamkeit des Geschehens in und mit Jesus von Nazaret hängt daran, dass in Jesus – der den Menschen als Gottes Sachwalter und Platzhalter, Repräsentant und Stellvertreter erschien und als der Gekreuzigte zum Leben erweckt von Gott bestätigt wurde – für die Glaubenden der menschenfreundliche Gott selber nahe war, am Werk war, gesprochen hat, gehandelt hat, endgültig sich geoffenbart hat« (S. 439f). Oder zur Inkarnation: »In Jesu ganzem Leben, in seinem ganzen Verkündigen, Verhalten und Geschick hat, wie durch alle die vorhergehenden Kapitel deutlich geworden, Gottes Wort und Wille Fleisch, eine menschliche Gestalt angenommen: Jesus hat in seinem ganzen Reden, Tun und Leiden, hat in seiner ganzen Person Gottes Wort und Willen verkündet, manifestiert, geoffenbart. Ja, man kann sagen: Er, in dem sich Wort und Tat, Lehren und Leben, Sein und Handeln völlig decken, ist leibhaftig, ist in menschlicher Gestalt Gottes Wort und Wille ... Man kann ihn geradezu das Antlitz oder Gesicht Gottes oder wie im Neuen Testament selbst das Bild- oder Ebenbild Gottes nennen. Dasselbe wird auch mit anderen Begriffen ausgedrückt: wenn Jesus das Wort Gottes oder auch schliesslich der Sohn Gottes genannt wird« (S. 434f). Nach all dem ist offensichtlich , dass ich nie daran gedacht habe, die Gottessohnschaft Jesu (oder die Trinität) zu bezweifeln!

Ob diese nicht nur von mir vertretenen Deutungen ausreichen, kann man selbstverständlich auch bei mir – ebenso wie bei anderen heutigen katholischen Theologen – diskutieren. Die

Schwierigkeiten der christologischen Interpretation – von der neutestamentlichen Exegese, von der Dogmengeschichte und vom neuzeitlichen Bewusstsein her – sind heute für jeden katholischen Theologen, aber auch für jeden Prediger und Verkündiger der christlichen Botschaft beträchtlich. Gewiss bin ich mir bewusst, dass mein Buch – oder oft noch mehr tendenziöse Pressemeldungen oder Rezensionen! – traditionelle Katholiken unter Umständen zunächst verunsichern kann, besonders wenn sie durch Religionsunterricht und Verkündigung nicht entsprechend weitergebildet wurden und mein Buch, wenn überhaupt, nur teilweise gelesen haben. Das darf ich jedenfalls unterstreichen: Meine Ausführungen wollen keinesfalls verkürzen, verschleiern, verunsichern, trüben, sondern den Verunsicherten helfen, den Ratlosen Klarheit verschaffen, die Polarisierungen überwinden und den christlichen Glauben stärken, wofür mir Ungezählte dankbar sind.

Ich habe mich darüber gefreut und es auch öffentlich hervorgehoben, dass Sie, sehr verehrter Herr Kardinal, als Vorsitzender der Deutschen Bischofskonferenz im Februar 1975 in Ihrer Pressekonferenz mein »hohes Engagement und pastorales Anliegen« sowie meine »Integrität als Priester und Christ« ausdrücklich anerkannt haben. Mehrere – nicht alle – Autoren des Sammelbandes und einige wenige andere Theologen (zum Teil ebenfalls Mitglieder der deutschen Glaubenskommission) sind erneut unter das erreichte Niveau der Auseinandersetzung abgesunken. Ich möchte Sie und die deutschen Bischöfe ausdrücklich darum bitten, auch weiterhin für diese meine »Integrität« einzutreten und Ihre theologischen Berater aufzufordern, anders als im Sammelband, wie Sie in jener Pressekonferenz hoffen, »in Zukunft mehr die Gemeinsamkeiten als die Unterschiede zu betonen«.

Den Nutzen eines pastoralen Lehr- oder Verkündigungsamtes von Papst und Bischöfen in unserer Kirche habe ich selbst in den schwierigsten Phasen der Unfehlbarkeitsdebatte stets bejaht. Doch habe ich auch jetzt wieder in Rom mit allem Nachdruck verständlich zu machen versucht, dass dieses Lehr- und Verkündigungsamt in heutiger Zeit nur dann sein Ziel erreichen kann, wenn es nicht einseitig, sondern wirklich katholisch ist und bestimmte repräsentative Tendenzen heutiger katholischer

Theologie nicht von vornherein auszuschliessen versucht. Sicher hätte auch die Erklärung des Episkopats zum Konzil von Nikaia grösseres und positiveres Echo gefunden, wenn man die katholischen Theologen, die (vielleicht gar ohne Wissen mancher Bischöfe) wörtlich zitiert wurden, zur Diskussion und zur Mitarbeit eingeladen hätte. Nur so können die vielbeklagten Polarisierungen und negativen pastoralen Auswirkungen vermieden werden; nur aus diesem Grunde habe ich auch auf eine öffentliche Stellungnahme zu diesem Dokument verzichtet. Vielmehr benutze ich die Gelegenheit, meiner Bereitschaft zu jeder möglichen Art konstruktiver Zusammenarbeit mit dem Episkopat »in aedificationem Ecclesiae« erneut Ausdruck zu geben.
Zusammenfassend darf ich sagen: In der Sache »Christ sein« könnte nach der offiziellen Erklärung des deutschen Episkopats zu »Christ sein«, der Erklärung zu Nikaia und vor allem dem genannten Sammelband jetzt meines Erachtens Ruhe eintreten. Offizielle und offiziöse Kritik ist erfolgt und meine Replik, so weit im gegenwärtigen Zeitpunkt zu meiner Selbstverteidigung nötig, auch.
Ich wäre Ihnen, sehr verehrter Herr Kardinal, und den deutschen Bischöfen dankbar, wenn man mich in Ruhe und Frieden meine theologische Arbeit tun liesse. Ich hoffe, mit meiner Zurückhaltung und auch mit diesem Brief einiges zur sachlichen Klärung der gegenwärtigen Situation gesagt zu haben und darf Ihnen mit meinen besten Wünschen meine freundlichen Grüsse senden.

Ihr sehr ergebener
Hans Küng

Kopie an den Bischof von Rottenburg, Dr. Georg Moser

Beilage: Statement für die Pressekonferenz in Rom

4 Brief des Sekretärs von Kardinal Döpfner an Professor Küng vom 7. Mai 1976

ERZBISCHÖFLICHES SEKRETARIAT
MÜNCHEN

8 München 2, den 7. 5. 1976
Kardinal-Faulhaber-Straße 7

Hochw.
Herrn Professor
Dr. Hans Küng
Waldhäuserstr. 23
7400 Tübingen

Sehr geehrter Herr Professor!
Während des Besuches Kardinal Döpfners in Afrika ging Ihr Brief vom 27. April d. J. in unserem Sekretariat ein. Angefügt war Ihr Statement zu »Coraggio per essere Cristiani«. Gern danke ich für die Übersendung mit der Versicherung, dem Herrn Kardinal bei seiner Rückkehr alles sogleich vorzulegen.

Mit freundlichen Grüßen
Gerd Schäfer
(Gerhard Schäfer)

5 Ankündigung eines Sammelbandes »Diskussion über Hans Küngs ›Christ sein‹«

Hans Küngs Buch »Christ sein« hat außergewöhnliche Verbreitung und ein vielfältiges Echo gefunden. Es gilt weithin als großartiger Wurf, als faszinierende Darstellung des christlichen Glaubens gerade auch für jene, die dem Christentum und besonders der Kirche distanziert gegenüberstehen. Bischöfe und Fachkollegen haben, bei aller Würdigung der Leistung Hans Küngs, auch Kritik angemeldet. Sie sehen wesentliche Positionen des christlichen Glaubens verkürzt oder mißverständlich dargestellt. In den Beiträgen der namhaften Theologen geht es darum, in fairer Auseinandersetzung bei zentralen Sachverhalten zu einer Klärung und Vertiefung der theologischen Erkenntnis beizutragen.

6 Zeitungsartikel Professor Küngs vom 22. Mai 1976

Antwort an meine Kritiker
Theologie für den Menschen?

Hans Küng, der schweizerische katholische Theologe, seit 1960 Ordinarius für Dogmatik an der Universität Tübingen, ist ein so bedeutender wie kämpferischer Theologe. Seit bald zwanzig Jahren, seit dem ersten Buch »Rechtfertigung. Die Lehre Karl Barths und eine katholische Besinnung« ist er vielen Glaubensgenossen nicht geheuer. Seine Bücher erregen allemal Aufsehen. Über die Grenzen des Katholischen hinaus bekannt wurde Küng, der Fall Küng, als 1970 die Schrift »Unfehlbar? Eine Anfrage« zum Konflikt mit der römischen Kurie führte. Sein letztes Buch, eine fast siebenhundert Seiten starke Glaubenslehre, die unter dem Titel »Christ sein« 1974 bei Piper erschien, hat es schwer, unbefangene Leser zu finden. Bei der Vorstellung der italienischen Ausgabe vor wenigen Wochen in Rom sah sich Küng veranlaßt zu sagen: »Ich bin kein Zerstörer der Dogmen, kein Feind des Papstes ... Ich wünsche mir, daß diejenigen, die das Buch im Vatikan lesen, nicht nur auf die Jagd nach Häresien gehen.« In Deutschland haben soeben Gegner der Küngschen Position eine Sammlung von elf Aufsätzen mit dem Titel »Diskussion über Hans Küngs ›Christ sein‹« erscheinen lassen. Küngs Wunsch nach Beteiligung an dieser Diskussion, seine Bitte um Aufnahme wenigstens einer kurzen Erwiderung des Betroffenen, war abgeschlagen worden. Der programmatische Charakter, den diese Kontroverse um den Kurs der katholischen Theologie hat, veranlaßt uns, hier die Antwort Küngs auf seine Kritiker ungekürzt abzudrucken.

F.A.Z.

Die Tauben gurren es jetzt auch von den Dächern der römischen Palazzi: Der Streit – vor Jahresfrist scheinbar beigelegt – geht weiter: leider. Ein Fortschritt ist: Papst und Bischöfe scheinen sich zunächst von der Unratsamkeit autoritärer Disziplinarmaßnahmen überzeugt zu haben. Jetzt aber sind es Theologieprofessoren, die den Streit weiterführen.
In der Unfehlbarkeitsdebatte waren es noch ihrer 15. Diesmal – nach Absagen – sind sie angetreten in der Stärke eines Fußballklubs: elf, wiederum gegen einen. Sehr ernsthaft unterstützt freilich auf den Tribünen von einer stattlichen Anzahl eifriger theologischer Fähnleinschwenker und den Trompeten erzkonservativer katholischer Postillen. Ob da der einzelne nicht von vornherein auf verlorenem Posten steht?

Ist das Diskussion?

»Diskussion über Hans Küngs ›Christ sein‹«*: Diskussion über? Theologische Diskussion statt kirchlicher Inquisition wäre willkommen. Aber ist dies wirklich Diskussion? Keineswegs: der eigentliche Partner, zur Diskussion stets bereit, fehlt ja. Grund: Dem auf 143 Seiten Angegriffenen wurde verweigert, sich an Ort und Stelle zu verteidigen. Zwar schlägt der (sich nicht als solcher bekennende) Herausgeber, Hans Urs von Balthasar, gleichzeitig in einem Privatrundschreiben an Schweizer Kleriker noch ganz andere Töne an und empfiehlt sich gegen »Christ sein« als »Wegweiser in einer vernebelten Landschaft«. Aber er, der in seinem offiziellen Beitrag ausgerechnet über den »Nachteil des Ressentiments in der Theologie« schreibt, sowie der katholische Verlag haben es abgelehnt, in den Band eine, auch nur kurze, Antwort des Verfassers von »Christ sein« aufzunehmen, dessen Namen und Buchtitel sie publikumswirksam gebrauchen. Also in Wahrheit nicht ein Diskussionsband, eher ein Parteiband von wohlausgesuchten Professoren, in der Mehrzahl Mitglieder der ebenfalls einseitig zusammengesetzten päpstlichen oder bischöflichen Glaubenskommission, allesehrenwerte Theologen.

* Mit Beiträgen von H. U. von Balthasar, A. Deißler, A. Grillmeier, W. Kasper, J. Kremer, K. Lehmann, K. Rahner, J. Ratzinger, H. Riedlinger, Th. Schneider, B. Stoeckle; Matthias-Grünewald-Verlag Mainz 1976. 15.80 DM.

Was tun als einzelner: so vor seinem Tor belagert? Wie all die Bälle fangen, nachdem jeder seinen eigenen mitgebracht hat? Man müßte mindestens elf Arme haben und sich zugleich gegen Unterlaufen, Rempeln und Fouls wehren können. Was also tun?

Schweigen? Vielleicht. Sehr viel Ärger bliebe einem gewiß erspart. Trotzdem: Schweigen wäre in dieser kirchenpolitisch labilen Situation für den Betroffenen fatal. Zu leicht läßt sich da manches Diktum (non probatum!) für eine theologische und kirchliche Diskreditierung oder gar ein neues »Lehrverfahren« verwenden. Und die Fälle der Professoren Stefan Pfürtner, Franz Schupp und beinahe sogar Professor Uta Ranke-Heinemann, die Fälle der zahlreichen im stillen gemaßregelten Pfarrer, Kapläne, Religionslehrer, Laientheologen und -theologinnen lassen »nüchtern und wachsam« sein. So muß denn eine erste Antwort gegeben werden.

Schmerzlich aber ist es dennoch, gerade von denen zur Entgegnung gezwungen zu sein, mit denen man so oft zusammengearbeitet hat. Schmerzlich, sich für sein Katholisch-, Kirchlich-, Christ-Sein wehren zu müssen gegen solche, mit denen man so gerne – in Theologie, Kirche, Christenheit – gemeinsame Sache machte. Was also tun? Soll man vielleicht den zahllosen Mißdeutungen, Unterstellungen, Aburteilungen des Dogmatikers Josef Ratzinger nachgehen: dieses Christsein sei eine »Option für ein Etikett, das in Wirklichkeit eine Leerformel bleibt«; das Christliche würde zurückgenommen »aus seinem auf Leben und Tod gehenden Ernst in die fragwürdige Interessantheit des Literarischen«; der christliche Glaube werde »von seinem Fundament her der Fäulnis überantwortet«; die Gemeinschaft der Kirche verschwinde »buchstäblich ins Nichts-Sagende«; solches Lehren würde »zu einer ungedeckten Anmaßung«; eine Theologie im »Ortlosen und letztlich Unverbindlichen«, »sozusagen im Alleingang, allein mit sich und der modernen Vernünftigkeit«, in »Unernsthaftigkeit«; eine »Schulgewißheit, Parteigewißheit, keine Gewißheit, für die man leben und sterben kann, eine Gewißheit für bequeme Zeiten, in denen das Letzte nicht angefordert wird«; solche Theologie »landet letztlich im Abstrusen«, »führt nirgends mehr hin« ...? Nein, auf solchem Niveau soll hier nicht diskutiert werden.

Aber wie ist es mit den zahllosen orthodoxen Verdächten und Verdikten anderer Widersacher: Soll man gegen alle die Sätze protestieren, die aus dem Zusammenhang gerissen sind, gegen die falschen Untertöne, die Verschweigungen des von mir auch Gesagten? Kann ein falscher Satz einfach durch einen Gegen-Satz, eine schiefe Behauptung einfach durch eine Verneinung, eine unbegründete Verneinung einfach durch eine Behauptung aufgewogen werden? Leider nein. Zur Antwort bräuchte man Raum, sehr viel Raum.
Was also tun? Kann eine Zeitungsseite den vielseitigen Band aufwiegen? Natürlich nicht. Aber vielleicht kann dennoch dem unvoreingenommenen Leser auf einer Zeitungsseite die kritische Übergangssituation katholischer Theologie kurz skizziert werden, wie sie sich in jenem Sammelband spiegelt: damit er versteht, um was hier gespielt wird. Gespielt in allem Ernst. Denn es geht – wohlgemerkt! – ja nicht nur um »mein« Buch. Das wäre der Mühe nicht wert. Es geht um die in diesem Buch behandelten Fragen, Probleme, Nöte, die sehr viele Menschen in und außerhalb der Kirche belasten.
Eines fällt dem Sachkundigen sogleich auf: die von außen gesehen so homogene Mannschaft ist innerlich keineswegs eins. Schaut man näher hin, so spielen die Kollegen nicht nur gegen den einen, sondern auch gegen sich selbst: Eigentore sind so unvermeidlich, und das Spiel ist dann doch etwas ausgeglichener als es zunächst scheint. Wer spielt hier eigentlich gegen wen? Wer gehört zu welcher Partei?
Merkwürdig: eine noch immer starke Partei ist mindestens nicht aufs Spielfeld gelaufen: die römisch-kuriale (es gibt an den päpstlichen Universitäten eine römisch-nichtkuriale). Wurde sie in Reserve gehalten? Läuft sie sich vielleicht am Spielfeldrand warm, von Trainer und Manager für die zweite Halbzeit vorgesehen? Im Ernst: sie ist deshalb nicht mit von der Partie, weil kein Spieler auf dem Platz etwas mit dieser römisch-kurialen Theologie zu tun haben will. Selbst nicht die Veteranen Rahner und Balthasar (mit Grillmeier), die – erinnern sie sich noch? – früher selber arge Rempeleien und gar grobe Fouls einstecken mußten, die sie bis heute angeschlagen, weil nicht ganz orthodox, zurückließen.

Keine kuriale Theologie

Was kennzeichnet diese, trotz des Vatikanum II noch immer die römische Kurie beherrschende, neuscholastische Theologie? Sie nimmt alle kirchlichen Glaubenssätze buchstäblich. So wie positivistische Juristen ein Gesetz interpretieren und applizieren, ohne zu fragen, woher es kommt, wie es sich verändert, ob es noch einen Sinn hat, wie man es besser formulieren könnte: ein Dogmenpositivismus, der formal dem Rechtspositivismus entspricht. Unbiblisch, unhistorisch, unökumenisch, hatte diese Theologie mit der Unfehlbarkeitsdefinition 1870 ihren glanzvollen Höhepunkt erreicht, wurde aber durch das Vatikanum II hundert Jahre später entscheidend geschwächt und hat sich als nicht mehr repräsentativ für die katholische Kirche erwiesen. Als ernsthaft wissenschaftliche Theologie hat sie heute ausgespielt. Besonders hartnäckig aber ist sie noch immer in Sachen Irrtum, hat sie doch bis heute keinen der zahlreichen ernsthaften Irrtümer des kirchlichen Lehramtes in Glaubens- und Sittendingen offen zugegeben. Noch in der neuesten viel kritisierten römischen »Erklärung zu einigen Fragen der Sexualethik« beruft man sich – im Selbstbewußtsein ungebrochen – auf den »Beistand des Heiligen Geistes«, unter dem »die Kirche die Wahrheiten der sittlichen Ordnung ununterbrochen bewahrt und irrtumslos übermittelt«.

Doch gemach: die Autoren unseres Sammelbandes sind keine kurialen Theologen, auch wenn sie von der Neuscholastik herkommen. Wer will in Deutschland noch kurialer Theologe sein? Selbst die theologischen Senioren Rahner, Balthasar und Grillmeier sind vermutlich nicht bereit, sich voll mit der »traditionellen Lehre« im Sinne der römischen Kurie zu identifizieren. Würden sie denn heute ihre ehrliche Zustimmung geben: zur Galileiverurteilung und zahlreichen entsprechenden Maßnahmen gegen neue naturwissenschaftliche Theorien wie noch zur Zeit Pius' XII.; zur Verurteilung spezifischer asiatischer Gottesdienstformen im Ritenstreit; zur theologischen Bejahung des Kirchenstaates wie vor 100 Jahren; zu den zahlreichen Verurteilungen der Ergebnisse der neuen historisch-kritischen Exegese in diesem Jahrhundert (bezüglich der Autorenschaft der biblischen Bücher, Quellen-Forschung, Historizität, literarische Gattungen); zu den massenhaften Verurteilungen und Zwangsmaßnahmen im Zusammenhang des »Modernismus« (Entwicklungstheorie, Dogmenentwicklung); zu den Säuberungsmaßnahmen Pius' XII. im Zusammenhang der Enzyklika »Humani generis« und der Arbeiterpriester, oder zu desselben Papstes (heute noch gültiger) Exkommunikation aller Kommunisten in Italien und anderswo? Vermutlich nicht.

Nein, unsere deutschen Theologen sind wahrlich keine kurialen Theologen! Im Gegenteil: Sie, die sich gegenüber dem Autor von »Christ sein« in die Brust selbstbewußter katholischer Orthodoxie werfen, nehmen es, näher besehen, mit solch katholischer Orthodoxie so genau nun auch wieder nicht. Sprechen sie in eigener Sache oder ist es für die Öffentlichkeit nicht bestimmt, so kann man gerade von ihnen erstaunlich liberale Kritik am römischen Lehramt hören. Ja, selbst in ihrem gegen das Lehramt frommen, gegen »Christ sein« aber kühn-polemischen Sammelband dringen bisweilen grundsätzlich kritische Töne durch, die sich aus ihren Schriften leicht zu einer hübschen Symphonie komponieren ließen:

Sogar hier kritisiert Rahner die traditionelle kirchliche Lehre (Testfall Kirchengründung), das Vatikanum II (Papsttum) und die Glaubenskommission der Deutschen Bischofskonferenz (Ämterfrage).

Sogar hier verlangt Balthasar, »daß wir Tradition kritisch auf die Ursprünge hin durchleuchten und unter Umständen neu zu formulieren haben«, was – man höre und staune – »heute niemand bestreitet«.

Sogar hier fordert Grillmeier beinahe modernistisch »einen neuen Entwurf des Christlichen, verständlich, überschaubar, vollziehbar« als »dringende Notwendigkeit«.

Aber, so fragt sich der perplexe Leser, wie kommen diese aus römisch-kurialer Sicht doch keineswegs orthodoxen katholischen Theologen dennoch zu ihrer Orthodoxie? Sie, die so vieles, was römische Lehramtstheologie im Wortsinn verteidigte und verteidigt, weder verteidigen können noch verteidigen wollen? Nun, jeder hat so seine Weise, der eine laut der andere leise, um sich mit der offiziellen Lehre in den kritischen Punkten, soweit sie von Rom aus noch urgiert werden, zu arrangieren. Man liebt römische Thelogie zwar nicht, heiratet sie aber dennoch!? Einige typische Möglichkeiten des Arrangements – man beachte, es geht nicht um die umfassende Wertung dieser Theologien! – zeigen sich auch in unserer Kontroverse:

Formen des Arrangements

Arrangement I: durch Uminterpretation der Kirchenlehre. Beispiel: Karl Rahner zur Frage »Hat der historische Jesus eine Kirche gegründet?«
Die traditionelle kirchliche Auffassung ist hier klar: der historische Jesus hat eine Kirche gegründet. Rahner aber weiß, daß diese traditionelle Auffassung historische und exegetische Schwierigkeiten aufweist, also deutet er sie um. Er muß zwar zugeben, daß die Erwartung des baldigen Weltendes durch Jesus für eine eigentliche Gründung der Kirche durch Jesus eine »Schwierigkeit und Frage« bilde, »die in der katholischen Ekklesiologie bis in die neueste Zeit hinein nicht gesehen oder verdrängt wurde«;
daß der Zusammenhang zwischen Petrus und dem späteren Papst, zwischen den Zwölfen und dem späteren Bischofskollegium selbst noch vom Vatikanum II »vereinfachend« dargestellt worden sei;
daß keine Stiftung der Kirche von ein »paar Stiftungsworten juristischer Art« abgeleitet werden könne.
Also im Klartext: daß – wie von mir in Übereinstimmung mit dem führenden Neutestamentlern beider Konfessionen ausgeführt – von einer Kirchengründung im eigentlichen Sinn durch den historischen Jesus nicht die Rede sein könne, sondern daß die Kirche – als nachösterliche Gemeinschaft des Glaubens – auf Jesu Tod und Auferweckung gründet.
Aber man staunt: Rahner, nach Andeutung all dieser exegetischen Schwierigkeiten gegen eine Kirchengründung durch Jesus, mit dem Pathos des Bekenners: »Wir katholische Christen werden auch in Zukunft mit dem alten Glauben sagen: Jesus hat die Kirche gegründet...« Er möchte diesen Satz nur »differenzierter« als vor dem Zweiten Vatikanum verstehen.
Wie erklärt sich dieses rätselhafte Theologisieren, das im Grunde scheindialektisch immer beides sagen kann: Jesus hat eine Kirche nicht gegründet und er hat sie doch gegründet! Wie

erklärt sich diese doppelbödige Redeweise, die sich dann in Rahners »bescheidenen Anmerkungen« zur historischen Entwicklung der Leitungsämter und ihrer Anerkennung in den anderen Kirchen, zur Gnaden- und Geistauffassung fortsetzt: Dürfen »wir katholischen Christen« immer noch nicht wissen, wie es wirklich ist?

Das Wichtigste für Rahners Theologie, die programmatisch »systemimmanent« auf den kirchlichen Dogmen (nicht gemessen an den Aussagen der Schrift) gründet, ist immer, daß die dogmatische Formel, weil unfehlbar, unbedingt bewahrt wird. Auch wenn sie unter Umständen »differenzierend« völlig anders gedeutet werden muß: ungeschichtlich umgedeutet und unter Umständen sogar ins Gegenteil hinein interpretiert. Keine Frage. Mit Hilfe solch »differenzierter« Verbaldialektik kann man sich in der Tat arrangieren und dabei orthodox und modern zugleich sein. Die Formeln – für die römisch-kuriale »Orthodoxie« wichtig – bleiben; der Inhalt jedoch – für den modernen Menschen entscheidend – wird umgegossen (Kirche »gründen« meint dann eben etwas anderes als »gründen« im allgemein-menschlichen Sprachgebrauch). Eine Theologie wirklich hilfreich für die Menschen von heute?

Arrangement II: durch Flucht in Ästhetik und Mystik! Beispiel: Hans Urs von Balthasar zur theologischen Methode.

Der Basler Theologe, der früher gegen Rahner schrieb, wirft mir zunächst vor, die »Verstehensbemühungen Pauli« hinsichtlich seiner Kreuzestheologie nicht voll gedeckt zu haben, was kein Leser verstehen wird, der die langen Abschnitte in »Christ sein« darüber kennt (Rechtfertigung, Gnade, Erlösung, Stellvertretung). Doch an »Christ sein« ärgert Balthasar vor allem der konsequente Beginn mit den Fragen des damaligen oder heutigen Menschen (»von unten«) und die Kritik an der institutionellen Kirche. Tendenziös, oft falsch, meine Kritik nach »links« an der revolutionären Alternative verschweigend, folgt er in meiner Zeichnung von Jesu Verkündigung, Verhalten und Geschick nur denjenigen Strichen, die ihm zuwiderlaufen und versucht diese Interpretation – obwohl von Gott ständig die Rede ist – auf die »Soziologisch-ethische Ebene« zu reduzieren.

Balthasar bekennt sich ausdrücklich zur »Entmythologisierung«. Aber ein eigentliches Verständnis für eine konsequente historisch-kritische Exegese und Dogmatik hat Balthasar ebensowenig wie Rahner: Für ihn ist das alles nicht etwa Ringen um die Wahrheit, sondern bloß »Verständniserleichterung« für den modernen Menschen und damit »Gewichtsverlust«! Allergisch gegen alle »moderne Besserwisserei« sucht er in Schrift und Tradition die »Geheimnisfracht«. Und in solch mystischer Höhe verfärben sich die dunklen Wolken kritischer Exegese, Dogmen- und Kirchengeschichte ins Rosarote. Selbst die sehr realen Alternativen, vor denen Jesus selber stand, erscheinen in einer derart vergeistigten Kirche – wo ist sie? – harmonisch versöhnt: politisch-religiöses Establishment, mönchische Emigration, moralischer Kompromiß und anscheinend auch die sozialpolitische Revolution können verharmlost und zu »Sonderaufträgen« für das kirchliche Ganze uminterpretiert werden. So erscheint alles, »auch die Institution-Hierarchie«, in »schönem« Licht.

Wer aber solch schöne Exegese und Theologie nicht so schön findet, wird gemahnt, die neutestamentlichen Schriften (und natürlich auch die Zeugen der Tradition) statt in ihrer reichen, spannungsgeladenen, oft widersprüchlichen Geschichte zu interpretieren, wie die Bäumlein im Walde, »Tannen, Buchen, Fichten«, organisch und harmonisch zu kultivieren. Wobei dem theologischen »Förster« Balthasar die strenge Waldarbeit, alles Säubern, Roden, Lichten, ja, auch Holzhacken und Dürrholzsammeln offensichtlich zuwider ist. Was Wunder, wenn bei solch üppiger theologischer Ästhetik »Bilder, Zeichen, Symbole überborden« und der Mensch sich nur noch verdankend und weiterschenkend »im Strom von der Herkunft Gottes in die Zukunft Gottes mitzufließen« hat.

Theologie für die Menschen von heute? Jedenfalls kann sich der Theologe auf solche Weise davon dispensieren, Kirchenreform zu fordern. Was nach Balthasar heißt: »gegen Institution anzurennen wie Don Quichotte gegen die Windmühlen«. In der Tat haben denn von dieser feinsinnig vergeistlichten Theologie alle die ungezählten unter der Institution Leidenden (Geburtenregelung, Ehescheidung, Zölibat, Amtsanmaßungen verschiedenster Art usw.) im »Ernstfall« kaum Unterstützung erhalten: solche Theologie, obwohl sie das Wort Liebe ständig im Munde führt, schwebt über dem realen Leid der Menschen, gerade dem

vieler Menschen in der römisch-katholischen Kirche. So arrangiert man sich relativ leicht mit allem Problematischen in kirchlicher Geschichte und Gegenwart: durch ästhetisierende Überhöhung und mystische Verklärung.
Das Dilemma solcher Theologie zeigt der Beitrag des Freiburger Dogmatikers Helmut Riedlinger zur Mariologie in bewegender Form; sein innerer Konflikt zwischen Glauben und Wissen verdient Respekt. Bezüglich Maria muß er zugeben: »Die Kluft zwischen dem historisch-kritischen Wissen und dem Glauben der Kirche ist tief«. Aber mit keinem einzigen Argument der historisch-kritischen Exegese und Dogmengeschichte setzt er sich auseinander, keine einzige seiner mariologischen Behauptungen begründet er. Stat pro ratione voluntas: Alle exegetischen, historischen, systematischen, praktischen Schwierigkeiten müssen ignoriert werden, um sämtliche Entwicklungen der katholischen Mariologie bis zu Pius XII. zu rechtfertigen und den selbstprophezeiten »Zusammenbruch« des römisch-katholischen Glaubens aufzuhalten.

Der Ketzerhut des Arius

Arrangement III: durch harmonisierende Dogmenhistorie! Beispiel: Alois Grillmeier zur Gottessohnschaft.
Mit viel historischer Gelehrsamkeit beweist der Frankfurter Jesuit zunächst seitenlang Unbestrittenes (Hellenistisches bei den Häretikern, Juristisches bei den Griechen). Widerlegt aber gerade nicht das von mir Behauptete: daß bereits das erste ökumenische Konzil von Nikaia 325 die ursprüngliche Christusbotschaft durch das Dogma vom »Gottessohn, eines Wesens mit dem Vater« in sehr zeitbedingter hellenistischer Sprache, Begrifflichkeit, Denkform ausgedrückt hat. Die Häretiker (und Häretisierenden) hätten damals »hellenisiert«, die Konzilien (natürlich nur die orthodoxen) aber »ent-hellenisiert«: so lautet die rührend einfache Auskunft des von dogmatischen Interessen geleiteten Historikers über dieses Konzil, das doch (trotz »Ent-Hellenisierung«) unverkennbar im hellenistischen Horizont und dessen Vorstellungen (»Wesen«, »Substanz«, »Hypostase«, »Homousie«!) verblieb. Für die echte Sorge vieler Christen und die begründeten Schwierigkeiten von Juden und Mos-

lems mit dem Ein-Gott-Glauben ebenso wie für die Bedenken zahlreicher, auch katholischer Exegeten und Dogmengeschichtler (nicht nur Harnacks und Bultmanns) bezüglich der (schon in späteren neutestamentlichen Schriften grundgelegten) Hellenisierung der christlichen Urbotschaft durch griechische Theologie und Kirche hat unser Historiker nichts als Apologetik und Polemik (»Laterne der historisch-kritischen Vernunft«!) übrig. Schon Grillmeiers Jubiläumsartikel zur 1500-Jahr-Feier des Konzils von Chalkedon 1951 über die Entwicklung des Christusdogmas war ein Paradebeispiel der im katholischen Raum noch immer verbreiteten kenntnisreichen, doch apologetisch-harmonisierenden Dogmengeschichtsschreibung: die gewiß ein scheinbar modernes Arrangement mit heute schwierig nachvollziehbaren Dogmen ermöglicht, aber dem heutigen Menschen doch nicht wirklich weiterhilft. Grillmeiers jetziger Artikel bringt keine entscheidenden Fortschritte. Zwar fordert nun auch er einen »neuen Entwurf des Christlichen, verständlich, überschaubar, vollziehbar«. Aber sein eigener Beitrag gipfelt im Plädoyer für die eine stereotype Wiederholung der vor 1500 Jahren geprägten hellenistischen Formeln und Vorstellungen von Trinität und Inkarnation. Als ob gerade die Zwei-Naturen-Lehre so einfach biblisch wäre, nicht schon die alte Kirche gespalten hätte und für den Nichthistoriker heute noch »verständlich, überschaubar, vollziehbar« wäre! Gegen solchen Traditionalismus halte ich an der These fest, die, damals von Rahner und mir gemeinsam ausgearbeitet, vom Internationalen Kongreß für Theologie in Brüssel 1970 angenommen wurde: »Die großen christologischen Bekenntnisse und Definitionen der Vergangenheit haben auch für die Kirche der Gegenwart ihre bleibende Bedeutung. Doch sie können nicht außerhalb ihres historischen Kontextes interpretiert oder gar nur stereotyp wiederholt werden. Um Menschen verschiedener Zeiten und Kulturen anzusprechen, muß die christliche Botschaft immer wieder neu ausgesagt werden.«
Diese These von damals versuchte ich fünf Jahre später in einem »neuen Entwurf des Christlichen« einzulösen, ohne gerade von Grillmeier dafür Dank zu erwarten. Den von ihm angebotenen alten Ketzerhut des Arius gedenke ich mir freilich auch nicht aufzusetzen. Und ich lasse ihn auch nicht den alten

vor-nizänischen Vätern aufsetzen: Grillmeier, der meine ihm häresieverdächtigen Sätze tendenziös zusammenstellt, hält nämlich auch die großen Theologen der ersten drei Jahrhunderte vor Nikaia für faktische (materiale) Häretiker, weil sie Jesus als Sohn dem Vater unterordnen (»Subordinatianer«). Einen Skandal aber muß ich nennen (und man versteht jetzt auch, warum man mir nicht einmal eine Seite zur Antwort im Sammelband zugestehen wollte!), daß Grillmeier meine zentralen Aussagen zur Problematik glatt unterschlägt: die ausdrückliche Bejahung nicht nur der großen Intentionen des Konzils von Nikaia (»Christ sein«, S. 438), sondern auch von Jesu Gottessohnschaft (das »vere Deus« des Konzils von Chalkedon 451 schrift- und zeitgemäß interpretiert): »Die ganze Bedeutsamkeit des Geschehens in und mit Jesus von Nazareth hängt daran, daß *in Jesus* – der den Menschen als Gottes Sachwalter und Platzhalter, Repräsentant und Stellvertreter erschien und als der Gekreuzigte zum Leben erweckt von Gott bestätigt wurde – für den Glaubenden der menschenfreundliche *Gott selber* nahe war, am Werk war, gesprochen hat, gehandelt hat, endgültig sich geoffenbart hat« (»Christ sein«, S. 439 f).
Mit dieser zusammenfassenden Formel dürfte ein (auch für mehr am Buchstaben hängende Theologen) annehmbarer, breiter gemeinsamer christologischer Konsens formuliert sein, mit der ein heutiger Mensch als Christ jedenfalls leben kann und der sich möglicherweise theologisch verbreitern läßt: allerdings nicht durch Wiederholung von Altbekanntem, schulmeisterliche Belehrung und Ketzerriecherei, sondern durch verständnisvolle, faire Diskussion im Bewußtsein der nach beiden Seiten hin schwierigen Problematik. Ist doch die katholische Theologie, wie gerade dieser Band bezeugt, Theologie im Übergang.

Kein Wohin, nur immer: Halt

Es ist nicht alles grau in grau und schwarz in schwarz in diesem Sammelband. Da werden zumindest unterschwellig Verschiedenheiten, ja Widersprüche erkennbar, die beim Namen genannt werden wollen.
Die Exegeten interessiert vor allem, ob der seit langem gewünschte Anschluß der systematischen an die biblische Theolo-

gie endlich erreicht wurde, und schlagen diskutable Detailverbesserungen vor. Orthodoxie ist nicht ihr Problem, Häresieverdacht nicht ihre Sorge. Der Freiburger Alttestamentler Alfons Deissler: »Hier kommt das Wesentliche der alttestamentlichen Gottesbotschaft wie selten in der nichtexegetischen Literatur mit ins Relief.« Auch der Wiener Neutestamentler Jacob Kremer: Das Buch bietet eine »keineswegs unkritische«, weithin »vorzügliche Auswertung der selbst von Fachexegeten kaum zu überblickenden Fülle von exegetischen Untersuchungen«: dies darf – im Gegensatz zu Balthasars Urteil – »zu dem Besten gezählt werden, was in letzter Zeit über Jesus von Nazareth dargelegt wurde«.
Man sieht: Zwischen Exegeten und Dogmatikern zeigen sich für diese Übergangsphase bezeichnende Widersprüche! Balthasar: »Die protestantische These, die Propheten seien gegen die Institution (Tempel, Priestertum, Hierarchie) aufgestanden, ist historisch kurzweg falsch.« Dagegen Deissler, kein Protestant: »Die bekannten kultkritischen (und tempelkritischen!) Texte der Propheten können in diesem Zusammenhang nicht einfach ignoriert werden.« – Oder Rahner zur Kirchengründung wie gehört: »Wir katholischen Christen werden ...« Dagegen Kremer, auch er katholischer Christ: »einigermaßen gesicherte Ergebnisse der neueren Exegese: daß nämlich Jesus einerseits eine Naherwartung hegte und unmittelbar keine Stiftung der Kirche beabsichtigte«. – Kremers Ausführungen, daß »eine unbefangene, unkritische Lektüre der Bibel«, die es »Jahrhunderte hindurch gab«, »für den Leser des 20. Jahrhunderts nicht mehr der ideale und sachgemäße Zugang zur Heiligen Schrift ist«, könnten direkt gegen Balthasar, Grillmeier (und Riedlingers Mariologie) geschrieben sein. Katholische Theologie im Übergang! Ob nicht mit der Zeit die Dogmatik doch die Resultate der Exegese konstruktiv aufarbeiten wird?
Die Hoffnung darauf ist selbst im Blick auf diesen »Diskussionsband« nicht aufzugeben. Zum Beispiel: Gegenüber Grillmeier wirkt der Mainzer Theodor Schneider geradezu fortgeschritten. – Man höre: Dieser Dogmatiker gesteht die notorischen Schwierigkeiten der klassischen Dreieinigkeitslehre ein, bejaht deren Kritik vom Neuen Testament her, anerkennt das Bemühen um Kontinuität mit der großen Tradition: »Küng

steht bewußt auf dem Boden der kirchlichen Trinitätslehre und gibt diese in aller Kürze auch inhaltlich korrekt wieder. Von daher wäre es abwegig, ihm ›häretische‹ Gedanken unterschieben oder einen solchen Eindruck insinuieren zu wollen«! Blickt Schneider jetzt aber auf Grillmeier, Balthasar und Rahner, so kann er sicher auch besser die Notwendigkeit ständiger kritischer »Absetzbewegungen« von der traditionellen Lehre verstehen. Bezüglich der innergöttlichen Drei-einigkeit neigen heute viele mehr zur »theologia negativa«, weil sie nicht nur die unbiblische »sehr konstruiert-abstrakte Spekulation« der »Schultraktate«, sondern auch die hier erwähnte von Rahner, Ratzinger und Kasper nicht überzeugt. Schneider selber bietet leider keinerlei weiterführenden Hinweis. Gerade das freilich ist symptomatisch für den ganzen Band: nur immer ein Halt, kein Wohin!

Ökumenische Perspektiven in diesem sonst so wenig ökumenischen Band eröffnen die Anfragen des Freiburger Dogmatikers Karl Lehmann. Mit den Exegeten und anderen jüngeren Dogmatikern bejaht er grundsätzlich eine neue Theologie, die »viele Menschen aus ihrer Reserve zum überkommenen Christentum herauslocken und vielleicht nach vielen Jahren der Entfremdung zum ersten Mal wieder dem Geist des Christentums näherbringen konnte«. Lehmanns Anfragen, obwohl wie bei seinem Lehrer Rahner allzu sicher vom Felsen römisch-katholischer Wahrheit aus gestellt, müssen ernsthaft diskutiert werden. »Christ sein« setzt in der Tat eine – von vielen theologisch vorbereitete, heute mögliche und von ungezählten einzelnen längst vollzogene – Verständigung in den kirchenspaltenden Kontroversfragen voraus. Nur durch eine solche, endlich zu vollziehende ökumenische Einigung kann die von Lehmann beklagte »kirchliche Heimatlosigkeit« so vieler Christen zwischen den Kirchen überwunden werden.

Wie problematisch aber die hier notierten Fortschritte einer Theologie im Übergang sind, zeigt der Dogmatiker Walter Kasper, der neuerdings nach meinem *kirchlichen* Christsein fragt. Auch er hat den point of no return schon längst überschritten. Auch er bejaht die Schrift als »Maßgebendes Ursprungszeugnis«, will achten auf die »Zeichen der Zeit«. Auch er scheint die »neuzeitliche Wende zum Menschen theologisch nachzuvollziehen«; die historisch-kritische Forschung kann »helfen«, »den Glauben vor sich selbst und vor anderen zu verantworten«. So fordert er »unumwunden«: »Ausbruch aus dem Gefängnis der traditionellen Schultheologie«. »Kein Zurück!« also auch er!

Wo bleibt die Konsequenz?

Und doch: in bezug auf das Verhältnis Schrift, Tradition und Lehramt – seit Luthers Tagen das Kreuz römisch-katholischer Theologie – möchte er die Zeit um 20 Jahre zurückdrehen. Er untersucht kritisch meine »Entwicklung« und wünscht, ich möge doch sein wie zur Zeit meiner Doktorarbeit. Als ob Entwicklung etwas Schlechtes wäre, genauer: als ob einem kirchlich denkenden Theologen bestenfalls eine systemkonforme Entwicklung gestattet wäre. Als ob es nicht vielmehr darauf ankäme, daß eine Entwicklung – nach dem Maßstab der christlichen Botschaft selbst – richtig, konsequent und wohlbegründet ist.

Kasper sieht bei mir die Gefahr von Subjektivismus, Immanentismus, Funktionalismus – zu Unrecht, wie ich meine. Was aber verschafft ihm eine unerschütterliche objektive Gewißheit? Kasper mit dem späten Johann Adam Möhler (1835): »nichts als Kirche, Kirche, Kirche!« Kirche aber verstanden als Lehramtskirche, und diese dann die »Voraussetzung aller Voraussetzungen« in einem kirchlichen Lehrsystem, das in sich selber kreist. Zahlreiche Kompromisse und Harmonisierungen zwischen traditioneller Doktrin und Ergebnissen heutiger Exegese und Dogmengeschichte – von der Apostolischen Sukzession angefangen bis zur Christologie – sind die Folge. Wie anderen in dieser Gruppe fehlte dieser Theologie, bis heute wenigstens, die Konsequenz. Das Buch »Die Kirche« (1967), für das erst im vergangenen Jahr das römische Inquisitionsverfahren abgeschlossen wurde, nennt Kasper heute mein »schönstes Buch«. Zuviel der Ehre. Aber wer weiß, was die Zukunft noch bringen wird ...

Eine verpaßte Chance

Dieser Band – mit seinen unterschwelligen Ängsten, eklatanten Widersprüchlichkeiten, grundlegenden hermeneutisch-methodologischen Unklarheiten und verdeckt denunziatorischen Tendenzen – ist für die katholische Theologie eine verpaßte Chance. Aufs Ganze gesehen eine Theologie im Elfenbeinturm ohne positiven Ertrag: Die Besserwisser wissen nichts Besseres! Ein Band von Theologen: nicht für heutige Menschen und ihre realen Probleme, sondern für Theologen und ihre binnentheologischen Nöte. Professorentheologie für Theologieprofessoren! Durchgängig die Allergie gegen Kritik an der institutionellen Kirche – ohne Gegenargumente! Durchgängig die Angst um das amtlich Definierte – ohne eigene Lösung! Durchgängig die Angst vor Vernunft, Vernünftigkeit, Plausibilität – ohne Alternative! Dies alles ein Signal für die Grundlagenkrise einer Theologie im Übergang, deren Grundlagen nicht wahrhaft kritisch befragt werden.

Ich denke nicht daran, dogmatisch Definiertes von vornherein zu leugnen. Ich denke schon gar nicht daran, meine Auffassungen für unfehlbar zu halten. Aber im Unterschied zu meinen Gegenspielern, denen es in erster Linie um Dogmen, Tradition, Lehramt zu tun ist, geht es mir vor allem um die für heute ausgelegte Schrift, den lebendigen Christus, praktisches Christsein. Dafür möchte ich mich – inmitten der kirchlichen Gemeinschaft! – auch weiterhin einsetzen. Am Streit um Dogmen, so wichtig sie sind, liegt mir wenig. Wichtiger als Christustheorie ist mir auch theologisch und kirchlich Christusglaube und Christusnachfolge.

Man hätte mit einem echten Diskussionsband etwas wirklich Großes, Hilfreiches machen können. Für die Theologie und für alle Menschen, die glauben möchten. Doch es gibt glücklicherweise auch im deutschen Sprachraum angesehene katholische Theologen wie J. Blank, H. Fries, M. Löhrer, G. Lohfink, O. H. Pesch, F. Schierse, die ebenso kritisch-positiv zu den in »Christ sein« vertretenen Auffassungen stehen wie viele Protestanten (E. Schweizer, L. Raiser, H. Zahrnt), aber auch sehr viele praktische Seelsorger, Religionslehrer, Theologiestudenten und ungezählte Vertreter der nichtkatholischen Öffentlichkeit; aber sie alle ließ man in diesem Band nicht zu Wort kommen. Nur die deutschen (katholischen) Dogmatiker sind (einigermaßen) repräsentativ vertreten: nicht die Exegeten, nicht die Historiker, nicht die Fundamentaltheologen, nicht die Ethiker, nicht die Pastoraltheologen, nicht die Religionspädagogen – von der evangelischen, gar der außerdeutschen Theologie ganz zu schweigen! Auch in dieser Hinsicht eine verpaßte Chance.

Der einzige Trost: die hier versammelten elf – um auf das Bild des Anfangs zurückzukommen, das mit Humor den übergroßen Ernst ertragen läßt – spielen auf ihrem je eigenen Spielfeld sehr oft überzeugender. Wäre es nicht besser gewesen, überhaupt eine gemeinsame Mannschaft zu bilden, statt zu versuchen, einen Spieler auszumanövrieren, der so oder so mitspielt? Wäre nicht gemeinsames Arbeiten die adäquate Reaktion auf ein Buch wie »Christ sein«? Wäre es nicht besser, endlich mit Verdächtigungen aufzuhören? Wäre es nicht sinnvoller, statt in negativer Abwehr und Bewahrung zu erstarren, gemeinsam sich um bessere theologische Antworten für die Menschen von heute zu mühen? Und das wieder mehr ohne alle Angst vor der Wahrheit, nach den großen Intentionen Johannes' XXIII. für das Zweite Vatikanische Konzil: »Der ›springende‹ Punkt dieses Konzils ist nicht die Diskussion dieses oder jenes Grundartikels der Lehre der Kirche in weitschweifiger Wiederholung der Lehre der Väter sowie der alten und modernen Theologen, welche man als unserem Geist immer gegenwärtig und vertraut voraussetzen darf.« Vielmehr »ein Sprung voran hin auf eine Lehrdurchdringung und eine Bildung der Gewissen: gewiß in jeder vollkommeneren Entsprechung und Treue zur echten Lehre, doch auch diese studiert und dargelegt in den Formen der Forschung und literarischen Formulierung eines modernen Denkens. Etwas anderes ist der *Gehalt* der alten Lehre des Glaubens, und etwas anderes ist die *Formulierung* ihrer Einkleidung: und gerade diese ist es, der man heute – wenn nötig mit Geduld – stark Rechnung tragen muß, indem man alles mißt an den Formen und Proportionen eines vor allem seelsorglich gerichteten Lehramtes«.

7 Brief Kardinal Döpfners an Professor Küng vom 24. Juni 1976

DER VORSITZENDE DER
DEUTSCHEN BISCHOFSKONFERENZ

8 München 2, 24. 6. 1976
Kardinal-Faulhaber-Straße 7
Jr. Nr. S 6876/76

Herrn Professor
Dr. Hans Küng
Waldhäuser Str. 23
7400 Tübingen 1

Sehr geehrter Herr Professor Küng,
infolge meiner dreiwöchigen Afrikareise komme ich leider erst heute dazu, den Eingang Ihres Briefes vom 27. April dieses Jahres zu bestätigen und Ihnen dafür zu danken.
Den Bericht über Ihre Gespräche mit Kardinal Seper und mit Erzbischof Hamer wie auch die Darlegung Ihrer Sicht der bisher veröffentlichten Kritik an Ihrem Buch »Christ sein« habe ich mit Interesse zur Kenntnis genommen.
Da auch ich meine, daß dieser Brief für die Mitglieder der Bischofskonferenz von Interesse ist, habe ich Ihren Brief zunächst dem Vorsitzenden der Glaubenskommission zugeleitet und zugleich gebeten, daß die Glaubenskommission die durch die Diskussion erneut aufgeworfenen Sachfragen erörtert.
Allerdings muß ich gestehen, daß mich Ihre »Antwort an meine Kritiker« in der FAZ vom 22. Mai nicht wenig enttäuscht hat. Nach Ihrem Brief, in dem Sie von Ihrer umfassenden Beschäftigung mit den Aufsätzen in dem Sammelband »Diskussion um Hans Küngs ›Christ sein‹« berichten, hatte ich eine sachbezogenere Antwort erwartet.
Zwar sprechen Sie in Ihrem Brief davon, die Fragen und Bedenken der Kritik wissenschaftlich aufgreifen zu wollen und Sie betonen ausdrücklich, daß »Klärungen und Korrekturen, Erweiterungen und Vertiefungen« Ihrer Standpunkte durchaus möglich seien. Aber, sehr geehrter Herr Professor Küng, auf diese Klärungen warte ich seit langem. Immer wieder haben Sie in verschiedenen Zusammenhängen während der letzten Jahre solche Versprechen gemacht.

Ihre Antwort an die »Kritiker« wäre dafür eine äußerst gute Gelegenheit gewesen, dieses auch faktisch zu beweisen.
Darum muß ich Sie an den eindringlichen Appell erinnern, den die Deutsche Bischofskonferenz am Schluß der Ihnen bekannten Erklärung vom 17. Februar 1975 an Sie gerichtet hat, nämlich »das methodische Vorgehen und die beanstandeten inhaltlichen Aussagen seinen theologischen Denkens im Lichte der dargelegten Grundsätze zu überprüfen«.
Wenn Sie aber Ihre »Kritiker« so gering schätzen, wie es Ihre Antwort in der FAZ erkennen läßt, ist kaum glaubhaft zu machen, daß diese Überprüfung nach weit mehr als einem Jahr auch nur begonnen hätte.
Eine solche ernsthafte Überprüfung habe ich immer als unaufgebbaren Bestandteil des »neuen Stils« bei der Klärung von mißverständlichen oder als falsch zu bezeichnenden Lehrmeinungen verstanden. Dies konnte ich wohl mit Recht auch von Ihnen erwarten.
Wiederholt haben Sie sich öffentlich und in Ihren Briefen an mich bereit erklärt, die beanstandeten Äußerungen Ihrerseits selbstverständlich zu überdenken. Leider ist dies faktisch bis zur Stunde nicht geschehen. Im Gegenteil legen die Äußerungen in Ihrem FAZ-Artikel den Eindruck nahe, als stände eine solche Überprüfung Ihres Standpunktes letztlich für Sie außerhalb jeder Diskussion. In Ihrem Brief vom 27. April sprechen Sie lediglich wieder die Hoffnung aus, in absehbarer Zukunft Zeit zu finden, die aufgeworfenen Fragen wissenschaftlich neu aufzugreifen.
Durch all dies schaffen Sie eine für die Bischöfe neue Situation. Daß ich dies sehr bedauere, bedarf wohl keiner Betonung.
Darum fordere ich Sie nocheinmal dringend auf, das in der Erklärung der Deutschen Bischofskonferenz vom 17. Februar 1975 beanstandete methodische Vorgehen und die in Frage gestellten inhaltlichen Aussagen ernsthaft zu bedenken und zu überprüfen.

Mit freundlichen Grüßen
Ihr
† Julius Card. Döpfner

8 Brief Professor Küngs an Kardinal Döpfner vom 28. Juni 1976

PROFESSOR DR. HANS KÜNG
WALDHÄUSER STR. 23
7400 TÜBINGEN 1

28. 6. 1976

Herrn
Kardinal Dr. Julius Döpfner
Vorsitzender der Deutschen Bischofskonferenz
Kardinal-Faulhaber-Strasse 7
8 München 2

Sehr geehrter Herr Kardinal,
Für Ihren Brief vom 24.6.76 danke ich Ihnen. Darin stellen Sie in Aussicht, dass die Glaubenskommission die durch die Diskussion erneut aufgeworfenen Sachfragen erörtern wird und vermuten mehrfach, ich sei nicht bereit, meine Auffassungen einer ernsten Überprüfung zu unterziehen. Ich bin darüber nicht wenig erstaunt. Gestatten Sie mir dazu folgende Feststellungen:
1. Was die Unfehlbarkeits- und Kirchenfrage angeht – der einzige Gegenstand der letzten römischen Erklärung – habe ich die gesamte erschienene Literatur überprüft, die begründete Kritik genau untersucht und in der Form einer Bilanz, die viele positive Aspekte der kirchlichen Lehre und theologischen Tradition integriert, aufzuarbeiten versucht. Auf diesen Sammelband sind keine theologischen Antworten mehr erfolgt.
2. Was die Diskussion um »Christ sein« angeht, habe ich mich seit dem Erscheinen des Buches um Klärung, Überprüfung und Vertiefung jener umstrittenen dogmatischen Fragen bemüht, die ich auch selber schon im Buch als der weiteren theologischen Untersuchung bedürftig erklärt habe. Dies alles habe ich schon in meinem letzten Brief an Sie ausgeführt. Dass es sich hierbei nicht nur um verbale »Versprechen« handelt, mögen folgende Fakta zeigen:
ein dreitägiges Doktorandenkolloquium über den Vergleich von Walter Kaspers »Jesus der Christus« und »Christ sein«;
ein weiteres dreitägiges Doktorandenkolloquium über den Sammelband »Diskussion um Hans Küngs ›Christ sein‹«;
mehrere vielstündige Kolloquien mit bekannten Exegeten über

die zur Debatte stehenden Sachfragen insbesondere der Christologie;
ein Seminar in dem eben zu Ende gehenden Sommersemester über den genannten »Diskussionsband«, das mit einer Disputation zwischen Walter Kasper und mir seinen Abschluß fand;
mit dem Großteil der Autoren des Sammelbandes habe ich über die anstehenden Probleme Gespräche geführt oder Briefe gewechselt usw.
Dies alles zeigt, sehr geehrter Herr Kardinal, dass ich meine Kritiker keineswegs »geringschätze« und mir über die beanstandeten Punkte gewissenhaft Rechenschaft zu geben versuche. Seit langem freilich warte ich auch auf wirklich weiterhelfende, den gegenwärtigen exegetischen, dogmengeschichtlichen und systematischen Forschungsstand ernstnehmende, konstruktive Beiträge meiner Kollegen. Der von verschiedenen Beratern der Glaubenskommission mitherausgegebene Sammelband war in dieser Hinsicht nicht nur für mich eine übergroße Enttäuschung.
3. Zu der durch den genannten »Diskussionsband« provozierten Diskussion darf ich im Anschluß an meinen letzten Brief an Sie folgendes ergänzend bemerken:
a. Es wäre eine ganz andere Reaktion meinerseits möglich gewesen, wenn auch die Beiträge von Balthasar, Grillmeier, Rahner und Ratzinger die gleiche konstruktive Gesprächsbereitschaft gezeigt hätten wie die Beiträge von Deissler, Kasper, Kremer, Lehmann und Schneider; wenn man nicht zu meinem Bedauern mit allgemeinen Unterstellungen und faktischen Verketzerungen eine entschiedene Verteidigung meiner katholischen Orthodoxie herausgefordert hätte; und wenn meine Antwort auf die Fragen der Kollegen im Sammelband selber hätte erfolgen können.
b. Da der »Diskussionsband« eine erhebliche und vor allem auch indirekte Publizität (durch Diffamierungskampagnen in bestimmten Blättern und anderes) erfahren hatte, war ich zu einer Antwort in einer grösseren Öffentlichkeit gezwungen. Da es leider keine katholische Wochenzeitung mehr gibt, die einem solchen Artikel den notwendigen Raum hätte geben können, mußte ich auf die seriöse Tagespresse ausweichen. Zu diesem meinem FAZ-Artikel darf ich bemerken:
Meine Antwort bewegt sich auf der rein theologischen Ebene und enthält sich aller Auseinandersetzungen mit dem Lehramt.

Mein Artikel gibt eine durchaus sachgerechte Antwort, und zwar gerade bezüglich des auch nach Ihnen zu klärenden »methodischen Vorgehens«.
Inbezug auf die »inhaltlichen Aussagen« beschränkte sich mein Zeitungsartikel auf ein klares Bekenntnis zur Gottessohnschaft Jesu; mehr über Sachfragen wie Präexistenz, Inkarnation, Trinität, Kirche usw. in einer Tageszeitung zu sagen, war unmöglich. Vielleicht ist durch den von der Redaktion der FAZ selbst gewählten Titel »Antwort an meine Kritiker« nicht genügend zum Ausdruck gebracht worden, daß es sich nur um eine erste Antwort an meine Kritiker handelt, in der ich mich ausdrücklich dafür aussprach, »gemeinsam sich um bessere theologische Antworten für die Menschen von heute zu mühen«.
Weitere Veröffentlichungen zu den anstehenden Sachfragen sind in Vorbereitung. Zunächst muss ich jetzt, wie schon in »Christ sein« angekündigt, die vielen Sachfragen zugrundeliegende Gottesfrage ausführlich behandeln. Um die Angelegenheit nicht weiter zu eskalieren, habe ich auf den Leserbrief von Balthasar und anderer Theologen in der FAZ bisher nicht geantwortet.
Zum Schluss darf ich, sehr geehrter Herr Kardinal, zum Ausdruck bringen: Diese auch für mich wenig erfreuliche »Diskussion« ist in dieser Form nicht von mir in Gang gesetzt worden. Ich meinerseits habe wie schon vorher so auch jetzt kein Interesse an einer weiteren Eskalation und wäre dankbar, wenn sie mir erspart bliebe. Die Diskussionsbeiträge der Sammelband-Autoren haben nur zu deutlich gemacht, wie schwer diese Fragen auch von den mich kritisierenden Theologen selbst beantwortet werden können. Konstruktive Weiterarbeit wäre jetzt für alle Seiten das Wichtigste. Eine »neue Situation« scheint mir, von all dem her gesehen, nicht gegeben zu sein.
Indem ich hoffe, Ihnen, sehr verehrter Herr Kardinal, mit diesen ergänzenden Auskünften eine Hilfe zur Beurteilung der Lage gegeben zu haben, sende ich Ihnen freundliche Grüsse

Ihr ergebener
Hans Küng

Kopie: Kardinal Dr. Hermann Volk, Mainz, Vorsitzender der Glaubenskommission,
Bischof Dr. Georg Moser, Rottenburg

PHASE IV

Das Stuttgarter Colloquium 1977

Überblick

1 Brief Kardinal Höffners an Professor Küng vom 31. August 1976: Kardinal Döpfner war am 24. Juli 1976 unerwartet gestorben. Als zunächst kommissarischer und dann gewählter Vorsitzender der Deutschen Bischofskonferenz folgte ihm der Erzbischof von Köln, Kardinal Joseph Höffner.

2 Brief Professor Küngs an Kardinal Höffner vom 4. September 1976.

3 Brief des Sekretärs der Bischofskonferenz an Professor Küng vom 12. Oktober 1976.

4 Brief Professor Küngs an Kardinal Höffner vom 19. Oktober 1976: Die Einwände Professor Küngs gegen Prälat Professor Ratzinger gehen zurück auf dessen unsachliche Diskussionsbeiträge in den Sammelbänden gegen »Unfehlbar?« und »Christ sein«.

5 Brief des Sekretärs der Bischofskonferenz an Professor Küng vom 9. Dezember 1976.

6 Brief Professor Küngs an den Sekretär der Bischofskonferenz vom 14. Januar 1977.

7 Gespräch der Deutschen Bischofskonferenz mit Professor Küng in Stuttgart am 22. Januar 1977: Professor Küng ging bei diesem – auf Tonband aufgenommenen und nachher vom Generalsekretariat der Bischofskonferenz niedergeschriebenen – Gespräch davon aus, dass es sich nicht um ein Gespräch im Hinblick auf ein Lehrbeanstandungsverfahren handle und

»dass ein über ein solches Gespräch geführtes Protokoll in keiner Weise gegen mich (Küng) verwendet werden wird« (Brief vom 19. Oktober 1976), was Kardinal Höffner in Aussicht stellte (Brief vom 9. Dezember 1976), um dann zu Beginn des Gesprächs auch grundsätzlich Vertraulichkeit zuzusichern. Trotz dieser Zusicherungen aber ist das Gespräch später – im Zusammenhang sowohl der zweiten wie der dritten öffentlichen Erklärung der Deutschen Bischofskonferenz zu »Christ sein« – gegen Küng verwendet und als Argument für die lehramtliche Beanstandung benützt worden. Nachdem die Deutsche Bischofskonferenz sowohl durch die Verwendung des Gesprächsprotokolls gegen Küng wie auch durch die Veröffentlichung seiner persönlichen Briefe an die Vorsitzenden in einer der Öffentlichkeit zugeleiteten »Dokumentation« die erwartete Vertraulichkeit gebrochen hat, zwingt sie ihn zur öffentlichen Verteidigung: Nur bei voller Kenntnis dieses Gesprächs und des vorausgegangenen wie des folgenden Briefwechsels ist es möglich, die späteren öffentlichen Beanstandungen der Bischofskonferenz und überhaupt die gesamte Entwicklung der Auseinandersetzung sachlich zu beurteilen. Da die Tonbandaufnahme »technisch äusserst mangelhaft« war (vgl. Begleitschreiben des Sekretärs der Bischofskonferenz vom 12. April 1977), hat Professor Küng für die Veröffentlichung in seinen eigenen Beiträgen einige Hörfehler (oder Sprechfehler) und die Zeichensetzung verbessert und durch Kursivdruck zum Verständnis notwendige Betonungen hervorgehoben. Wahrheitsgetreu wurden an je einer Stelle ersetzt der Name von Schalom Ben-Chorin durch den von Pinchas Lapide, der von P. Semmelroth durch den von Professor Neumann, der von Bultmann durch Moltmann, der von Lang durch Blank. Die Bitte Professor Küngs an das Generalsekretariat der Bischofskonferenz (Brief vom 21. Februar 1977), ihm die Bandaufnahme in einer Kopie zu übersenden, blieb ohne Antwort. Anmerkungen oder Ergänzungen Professor Küngs stehen in eckigen Klammern. Im übrigen wurde der Gesprächston des Wortprotokolles originalgetreu beibehalten.

8 Gemeinsames Pressekommuniqué nach dem Stuttgarter Gespräch vom 24. Januar 1977.

9 Brief Bischof Mosers an Professor Küng vom 28. Januar 1977: Daß auf den Brief des Bischofs von Rottenburg keine unmittelbare schriftliche Antwort vorhanden ist, erklärt sich aus der Tatsache, daß nachher mehrere persönliche Gespräche stattfanden.

10 Brief Professor Küngs an Kardinal Höffner vom 21. Februar 1977.

11 Brief Professor Küngs an den Sekretär der Bischofskonferenz vom 21. Februar 1977.

12 Brief Professor Küngs an Bischof Moser vom 21. Februar 1977.

13 Presseerklärung der Deutschen Bischofskonferenz über das Gespräch mit Professor Küng vom 3. März 1977: Von dieser zweiten Erklärung der Bischofskonferenz gegen »Christ sein«, die das gemeinsam ausgehandelte Kommuniqué zu eigenen Zwecken verwendete, wurde Professor Küng zur selben Stunde durch einen Boten orientiert.

14 Begleitschreiben Kardinal Höffners vom 4. März 1977.

15 Presseerklärung Professor Küngs vom 3. März 1977.

1 Brief Kardinal Höffners an Professor Küng vom 31. August 1976

DER VORSITZENDE
DER DEUTSCHEN BISCHOFSKONFERENZ

5000 Köln 1
Eintrachtstr. 164
31. August 1976

Herrn Professor
Dr. Hans Küng
Waldhäuserstr. 23
7400 Tübingen 1

Sehr geehrter Herr Professor Küng,
Herr Kardinal Döpfner hatte am letzten Tag vor seinem unerwarteten Tod den nachfolgenden Brief an Sie entworfen. Der Brief sollte am nächsten Tag, am 24. Juli, geschrieben und abgesandt werden. Dazu ist es nun nicht mehr gekommen.
Der Brief hatte folgenden Wortlaut:

»Sehr geehrter Herr Professor Küng,
besten Dank für Ihren Brief vom 28. Juni 1976, den Sie auch zugleich an Herrn Kardinal Volk und Herrn Bischof Moser von Rottenburg gesandt haben.
Inzwischen hat sich die Glaubenskommission der Deutschen Bischofskonferenz entsprechend meiner Bitte mit der neu entstandenen Situation befasst. Aufgrund der mir zugekommenen Anregungen schlage ich darum ein Gespräch vor, das einige zentrale theologische Fragen von »Christ sein« klären sollte. Ich hoffe, daß dieses Gespräch zu einem klaren Einvernehmen in der gemeinsamen Sache unseres Glaubens führen und einige Verwirrungen beseitigen wird, die im Zusammenhang Ihres Buches entstanden sind.
Wenn Sie es wünschen, bin ich gerne einverstanden, daß Sie einen Kollegen zu diesem Gespräch hinzubitten. Meinerseits möchte ich Herrn Kardinal Volk, Herrn Bischof Moser wie auch die Professoren Lehmann und Ratzinger als Teilnehmer des Gesprächs mitbringen.
Heute möchte ich Sie um Ihre grundsätzliche Zustimmung zu diesem Gespräch bitten. Als Gesprächsort käme die Katholi-

sche Akademie der Diözese Rottenburg in Stuttgart-Hohenheim infrage.
Nach Ihrer Antwort werde ich Herrn Prälat Dr. Homeyer, der am 8. August 1976 aus den Ferien zurückkommt, bitten, den genauen Termin des Gespräches mit Ihnen zu vereinbaren. Ich denke dabei an die zweite Septemberhälfte oder einen Termin im Oktober dieses Jahres.

Mit freundlichen Grüßen
Ihr
(Julius Kardinal Döpfner)«

Nach Rücksprache mit Herrn Kardinal Volk schlage ich vor, daß das Gespräch, so wie von Kardinal Döpfner angeregt, stattfindet. Darum habe ich Herrn Dr. Homeyer gebeten, sich mit Ihnen wegen des genauen Termines in Verbindung zu setzen. Wahrscheinlich wird das Gespräch erst im Oktober stattfinden können. Bis dahin wird auch der neue Vorsitzende der Deutschen Bischofskonferenz gewählt sein, der dann ggf. an der Besprechung teilnehmen kann.

Mit freundlichen Grüßen
Ihr
† *Joseph Card. Höffner*
Kom. Vorsitzender der Deutschen
Bischofskonferenz

2 Brief Professor Küngs an Kardinal Höffner vom 4. September 1976

PROFESSOR DR. HANS KÜNG
74 TÜBINGEN
WALDHÄUSERSTRASSE 23

Sursee, 4. September 1976

Herrn
Kardinal Dr. Joseph Höffner
Kom. Vorsitzender der Deutschen Bischofskonferenz
Eintrachtstrasse 164
D-5000 Köln 1

Sehr geehrter Herr Kardinal,
Für die Übermittlung des Briefes von Herrn Kardinal Döpfner danke ich Ihnen aufrichtig. Es berührt mich sehr, dass der von mir stets hochgeschätzte Vorsitzende der Deutschen Bischofskonferenz noch unmittelbar vor seinem Tod, der auch mich persönlich sehr getroffen hat, noch einen Brief an mich entworfen hatte zu einem Gespräch, das nun sein Nachfolger für ihn führen soll.
Gerne erkläre ich mich grundsätzlich zu einem Gespräch bereit, das einige zentrale theologische Fragen bezüglich »Christ sein« klären soll. Zur Zeit befinde ich mich im Urlaub in der Schweiz. Nach meiner Rückkehr nach Tübingen und einigen Abklärungen meinerseits werde ich mich wieder mit Ihnen in Verbindung setzen, um einige Modalitäten des Gespräches zur Sprache zu bringen. Schon jetzt aber darf ich hinzufügen, dass mir die Teilnahme von Herrn Kardinal Volk und Herrn Bischof Moser an diesem Gespräch sehr erwünscht ist und die Katholische Akademie in Stuttgart-Hohenheim auch mir als passender Gesprächsort erscheint.

Mit freundlichen Grüssen
Ihr sehr ergebener
Hans Küng

3 Brief des Sekretärs der Bischofskonferenz an Professor Küng vom 12. Oktober 1976

DER SEKRETÄR
DER DEUTSCHEN BISCHOFSKONFERENZ

Kaiserstraße 163
5300 Bonn

AZ
JNr. S 12355/76 – H/lz
Datum 12. Okt. 1976

Herrn Professor
Dr. Hans Küng
Waldhäuserstr. 23
7400 Tübingen

Sehr geehrter Herr Professor Küng,
Herr Kardinal Höffner hat Ihnen am 31. August 1976 den Vorschlag des verstorbenen Kardinals Döpfner mitgeteilt, ein Gespräch zur Klärung einiger zentraler theologischer Fragen im Zusammenhang mit Ihrem Buch »Christ sein« zu führen.
Mit Schreiben vom 4. Sept. 1976 hatten Sie Ihre grundsätzliche Bereitschaft zu einem solchen Gespräch erklärt.
Nunmehr hat mich Herr Kardinal Höffner beauftragt, den konkreten Termin, der sicherlich erst im November liegen kann, auszumachen. Darf ich Sie deshalb um drei oder vier Nachmittagstermine in der zweiten Hälfte des Monats November bitten? Es wäre gut, wenn diese Termine auch bereits mit dem Kollegen abgestimmt wären, den Sie Ihrerseits zu diesem Gespräch hinzubitten möchten.
Anschließend würde ich versuchen, den genauen Termin mit Herrn Kardinal Höffner, Herrn Kardinal Volk, Herrn Bischof Moser wie auch mit den Professoren Lehmann und Ratzinger zu vereinbaren. Die genannten Herren hatten sich bereits vor den Ferien gegenüber Herrn Kardinal Döpfner zur Teilnahme an diesem Gespräch bereit erklärt.
Wie bereits mitgeteilt, soll das Gespräch in der Katholischen Akademie in Stuttgart-Hohenheim stattfinden.
Mit freundlichen Grüßen verbleibe ich

Ihr
Homeyer
(Dr. Homeyer)

4 Brief Professor Küngs an Kardinal Höffner vom 19. Oktober 1976

PROFESSOR DR. HANS KÜNG
74 TÜBINGEN
WALDHÄUSERSTRASSE 23

19. Oktober 1976

An den
Vorsitzenden der Deutschen Bischofskonferenz
Herrn Kardinal Dr. Joseph Höffner
Eintrachtstrasse 164
5000 Köln 1

Sehr geehrter Herr Kardinal,
Schon am 4. September habe ich mich zu einem Gespräch bereit erklärt, das einige zentrale theologische Fragen meines Buches »Christ sein« klären soll. Wie ich in jenem Brief ankündigte, erlaube ich mir jetzt, einige Modalitäten des Gesprächs vorzuschlagen.
Schon damals habe ich geschrieben, dass mir die Teilnahme von Herrn Kardinal Volk und Herrn Bischof Moser an diesem Gespräch sehr erwünscht ist. Ebenso habe ich gegen die Teilnahme von Herrn Professor Karl Lehmann, der sich in der Diskussion um die strittigen Punkte als ein objektiver Gesprächspartner erwies, keine Einwendungen zu erheben. Dagegen sehe ich in einem Gespräch mit Herrn Prälat Joseph Ratzinger, der sich in seinen bisherigen Diskussionsbeiträgen nicht als unvoreingenommener Diskussionspartner gezeigt hat, keine Hilfe zur Klärung der anstehenden Sachfragen. Im Gegenteil fürchte ich, dass seine Teilnahme eine dem Gespräch nicht dienliche Emotionalisierung zur Folge haben könnte.
Aufgrund meiner Erfahrungen beim letzten Gespräch im Februar 1975 mit Kardinal Döpfner, das in Anwesenheit von Herrn Prälat Homeyer stattfand, erlaube ich mir, auch für dieses Mal den Sekretär der Deutschen Bischofskonferenz, Prälat Homeyer als Gesprächspartner an Stelle von Prälat Ratzinger vorzuschlagen. Ich habe in jenem Gespräch Herrn Homeyer als menschlich angenehmen, fairen und objektiven Gesprächspart-

ner kennen und schätzen gelernt. Auf diese Weise wäre auch die notwendige Kontinuität meines Gesprächs mit dem damaligen Vorsitzenden der Deutschen Bischofskonferenz gewährleistet. Die Zuziehung eines weiteren Theologen scheint mir überdies nicht notwendig, da ich ja ein Gespräch mit den Vertretern des Bischöflichen Lehramtes führen soll. Zu Gesprächen mit Fachkollegen auch in Anwesenheit von Bischöfen hatte und habe ich ja sonst genügend Gelegenheit. Aus demselben Grund verzichte ich meinerseits auf die Beiziehung eines Kollegen der systematischen oder exegetischen Theologie und möchte von mir aus als Fachmann für Verfahrensfragen meinen Tübinger Kollegen Professor Johannes Neumann zur Teilnahme vorschlagen.
Voraussetzung für meine Teilnahme ist allerdings, dass es sich dabei nicht um ein Gespräch im Sinne von § 5 des Lehrbeanstandungsverfahrens bei der Deutschen Bischofskonferenz handelt. In mehreren Gesprächen hat mir der Bischof von Rottenburg, Dr. Georg Moser, zugesichert, dass das geplante Kolloquium, wie auch in Ihrem Schreiben vom 31. 8. 1976 ausgeführt, »einige zentrale theologische Fragen von ›Christ sein‹ klären soll«. Deswegen gehe ich davon aus, dass in einem offenen und ehrlichen Gespräch Unklarheiten geklärt und Missverständnisse beseitigt werden. Das schliesst ein, dass ein über ein solches offenes Gespräch geführtes Protokoll in keiner Weise gegen mich verwendet werden wird. Ich bitte Sie, sehr geehrter Herr Kardinal, mir dies ausdrücklich zusichern zu wollen.
Als für Professor Neumann und mich mögliche Termine in der zweiten Novemberhälfte, um die mich Herr Prälat Homeyer in seinem Schreiben vom 12. Oktober bat, schlage ich vor: 22., 23., 29., 30. November.

Mit freundlichen Grüssen
Ihr sehr ergebener
Hans Küng

Kopie an:

Bischof Dr. Georg Moser, Rottenburg
Prälat Dr. Josef Homeyer, Sekretär der Deutschen Bischofskonferenz, Bonn

5 Brief des Sekretärs der Bischofskonferenz an Professor Küng vom 9. Dezember 1976

DER SEKRETÄR
DER DEUTSCHEN BISCHOFSKONFERENZ

Kaiserstraße 163
5300 Bonn

AZ
JNr. S 14058/76 – H/lz
Datum 9. Dezember 1976

Herrn Professor
Dr. Hans Küng
Waldhäuserstr. 23
7400 Tübingen

Sehr geehrter Herr Professor Küng,
im Auftrage von Herrn Kardinal Höffner darf ich endlich auch schriftlich den Eingang Ihres Schreibens vom 19. Oktober 1976 bestätigen.
Die Bemühungen, einen der von Ihnen vorgeschlagenen Termine festzumachen, haben leider – wie ich Ihnen bereits telefonisch mitteilte – keinen Erfolg gehabt.
Als neuer Termin konnte aber inzwischen Samstag, 22. Januar 1977 um 11.00 Uhr – in Stuttgart-Hohenheim, Katholische Akademie – ausgemacht werden. Diesen Termin hatten Sie auch in unserem Telefonat vorgeschlagen und er war Ihnen bereits zwischenzeitlich vom hiesigen Sekretariat bestätigt worden. Auch Herr Professor Neumann hat sich diesen Termin vorgemerkt.
Ihre Bedenken gegen eine Teilnahme von Herrn Professor Ratzinger an diesem Gespräch hat Herr Kardinal Höffner sehr bedauert. Inzwischen hat Herr Professor Ratzinger seinerseits gebeten, ihn von der Teilnahme an dem Gespräch zu entbinden.
Entsprechend dem damaligen Vorschlag der Glaubenskommission ist nunmehr Pater Professor Semmelroth zu dem Gespräch eingeladen worden. Er hat inzwischen seine Teilnahme bestätigt.
Dann bitten Sie in Ihrem Schreiben um eine ausdrückliche Zusicherung von Herrn Kardinal Höffner, ein über das Gespräch angefertigtes Protokoll in keiner Weise gegen Sie zu verwenden. Es ist Herrn Kardinal Höffner nicht recht verständlich, was mit dieser Bitte genau gemeint ist. Das Gespräch hat ja den Sinn,

bestimmte Fragepunkte von »Christ sein« anzusprechen und zu klären zu versuchen.
Um allen Schwierigkeiten mit dem Protokoll aus dem Wege zu gehen, hält Herr Kardinal Höffner es für die beste Lösung, das Gespräch auf einem Tonband aufzunehmen. Herr Kardinal Höffner ist bereit, zu Beginn des Gespräches gegenseitig auszumachen, daß die Bandaufnahme, also das Protokoll von keiner Seite verwendet wird.
Ausdrücklich bestätigt Herr Kardinal Höffner, daß es sich bei dieser Besprechung nicht um ein Gespräch im Sinne von § 5 des Lehrbeanstandungsverfahrens bei der Deutschen Bischofskonferenz handelt. Ein solches Gespräch wäre Sache des zuständigen Bischofs von Rottenburg. Hier handelt es sich um ein Gespräch unter Leitung des Vorsitzenden der Deutschen Bischofskonferenz, das die Glaubenskommission der Bischofskonferenz empfohlen hat.

Mit freundlichen Grüßen
verbleibe ich
Ihr
Homeyer
(Dr. Homeyer)

6 Brief Professor Küngs an den Sekretär der Bischofskonferenz vom 14. Januar 1977

PROFESSOR DR. HANS KÜNG 14. 1. 1977
74 TÜBINGEN
WALDHÄUSERSTRASSE 23

Herrn
Prälat Dr. Homeyer
Sekretär der Deutschen Bischofskonferenz
Kaiserstr. 163
5300 Bonn

Sehr geehrter Herr Prälat Homeyer,
Ich bin Herrn Kardinal Höffner sehr dankbar, dass er die offenen personellen und sachlichen Fragen im Zusammenhang mit dem nun nähergekommenen Gespräch in einer positiven Weise geklärt hat.
Mit der Bandaufnahme bin ich gerne einverstanden. Auch Professor Neumann möchte eine Bandaufnahme machen. Sollte das Tonband wie schon bei einem früheren Gespräch mit der Glaubenskommission anschliessend schriftlich niedergelegt werden, möchte ich wieder um eine Abschrift bitten.
Ich habe mir gestattet, die Standortbestimmung von Hermann Häring zur gegenwärtigen Diskussion aus der »Theologischen Quartalschrift« auch an die anderen Gesprächsteilnehmer zu schicken.
Mit guten Wünschen für das bereits begonnene Jahr 1977 und freundlichen Grüssen

Ihr
Hans Küng

7 Gespräch der Deutschen Bischofskonferenz mit Professor Küng in Stuttgart am 22. Januar 1977

Der Sekretär
der Deutschen Bischofskonferenz

Kaiserstraße 163
5300 Bonn

AZ
JNr. S 4228/77 – H/lz
Datum 12. April 1977

Dem Hochwürdigsten Herrn
Joseph Kardinal Höffner
– Erzbischof von Köln –

Dem Hochwürdigsten Herrn
Hermann Kardinal Volk
– Bischof von Mainz –

Dem Hochwürdigsten Herrn
Dr. Georg Moser
– Bischof von Rottenburg –

Herrn Professor
Dr. Hans Küng, Tübingen

Herrn Professor
Dr. Johannes Neumann, Tübingen

Herrn Professor
DDr. Karl Lehmann, Freiburg

Herrn Professor
P. Dr. Otto Semmelroth, Frankfurt

Betr.: Gespräch am 22. Januar 1977 in Stuttgart-Hohenheim
hier: Niederschrift des Gespräches

Hochwürdigste, sehr geehrte Herren!
Entsprechend dem Auftrag in dem Gespräch am 22. Januar 1977 haben sich die Damen hier im Sekretariat bemüht, aufgrund der Tonbandaufnahme eine Niederschrift des damaligen Gespräches zu erstellen.

Die Aufnahme war technisch äußerst mangelhaft, so daß die Abschrift für die arme Sekretärin fast nicht zumutbar war.
Um so dankbarer bin ich, Ihnen jetzt die Niederschrift übersenden zu können.
Zugleich darf ich an die Übereinkunft erinnern, diese Niederschrift vertraulich zu behandeln.

Mit freundlichen Grüßen
Ihr
Homeyer
(Dr. Homeyer)

Anlage

Vertraulich

Gesprächsteilnehmer:

Joseph Kardinal Höffner, Vorsitzender der Deutschen Bischofskonferenz

Hermann Kardinal Volk, Vorsitzender der Glaubenskommission der Deutschen Bischofskonferenz

Bischof Dr. Georg Moser, Rottenburg

Prof. Dr. Hans Küng, Tübingen

Prof. Dr. Johannes Neumann, Tübingen (in Begleitung von Prof. Küng)

Prälat Dr. Josef Homeyer, Sekretär der Deutschen Bischofskonferenz

Prof. DDr. Karl Lehmann, Freiburg

Prof. P. Dr. Otto Semmelroth, Frankfurt
(beide als Berater der Glaubenskommission der Deutschen Bischofskonferenz)

Vorbemerkung
Die folgende Niederschrift ist die stilistisch bearbeitete Fassung der Tonbandaufnahme. An einigen *wenigen* Stellen *innerhalb* einzelner Voten – sie sind mit

Auslassungskennzeichen versehen (...) – konnte das Gesprochene wegen phonisch-akustischer Mängel nicht zuverlässig rekonstruiert werden. Da es in keinem Fall um zentrale Aussagen geht, schien es besser zu sein, diese Äußerungen wegzulassen. Zitate, vor allem aus »Christ sein«, wurden verifiziert. Das Gespräch dauerte von 10.00 h – 14.00 h.

Kardinal Höffner:
Meine Herren, ich begrüße Sie alle sehr herzlich und ich bin auch Ihnen beiden (= Prof. Küng und Neumann) dankbar, daß noch so in letzter Minute kurzfristig der Termin vorgelegt werden konnte auf 10.00 Uhr. Aber ich höre, das ist für alle erfreulich, wir hatten ja geplant etwa bis 1.00 Uhr, bis zum Mittagessen das Gespräch zu führen. Weit mehr als drei Stunden ist auch kaum (Kardinal Volk: höchstens, höchstens) zu reden.
Nun ein paar Vorbemerkungen zunächst zum Charakter des Gesprächs:
Es ist kein Gespräch im Sinne des § 5 des Lehrbeanstandungsverfahrens. Ein solches Gespräch müßte ja auch mit dem zuständigen Ortsbischof, mit Dir (= Bischof Moser), geführt werden, sondern es soll ein Gespräch sein mit den Vertretern des bischöflichen Amtes. Und Sie, Herr Professor Küng, haben ja auch in Ihrem letzten Brief das ausdrücklich so formuliert. Mit den Vertretern des bischöflichen Amtes, und zwar sind wir hier im Auftrage der Bischofskonferenz, also nicht als Glaubenskommission der Bischofskonferenz, sondern als Vertreter der Bischofskonferenz, insofern wir eben das bischöfliche Amt darstellen.
Was soll nun das Ziel des Gespräches sein? Nach meinen Überlegungen sollten wir zurückdenken an die Erklärung der Deutschen Bischofskonferenz vom 17. bis 20. Februar 1975. In dieser Erklärung wurde ausgesprochen, daß Ihr Buch, Herr Professor, »Christ sein«, eine Reihe von Aussagen enthalte, die nicht erkennen ließen, wie sie mit drei Grundsätzen vereinbar seien, die wir damals im Februar 1975 auf der Bischofskonferenz aufgestellt haben: Nämlich 1. wie gewisse Aussagen Ihres Buches vereinbar seien mit der normativen Bedeutung der kirchlichen Glaubensüberlieferung. Und 2. wie sie sich einfügen in das richtige Verhältnis zwischen Lehramt und theologischer Wissenschaft. Und 3. wie sie der konkreten Verbindlichkeit des Glau-

bens entsprechen könnten. Wir haben dann auch hingewiesen, welche Punkte in Ihrem Buch uns zu dieser Aussage veranlaßt haben. Wir haben hingewiesen auf Aussagen zur Christologie, zur Trinitätslehre, zur Theologie der Kirche und der Sakramente und zur heilsgeschichtlichen Stellung Mariens. Wenn ich diese Erklärung vom Februar 1975 vor mir sehe, dann meine ich, daß es Ziel des Gesprächs heute sein sollte, diese doch ohne Zweifel schwerwiegenden Bedenken zu klären und – wenn es möglich wäre – zu beheben. Und dazu gibt mir auch besondere Hoffnung Ihr Brief, den Sie im April vorigen Jahres an den verstorbenen Herrn Kardinal Döpfner geschrieben haben. Es würden sich damit wohl für die Thematik unseres Gespräches – es stehen uns ja nicht unbeschränkte Stunden zur Verfügung –, wenn wir uns etwas straffen, wohl folgende Themen ergeben, und zwar würde ich meinen, wir halten uns dann eben an Ihr Buch d. h., an die Texte Ihres Buches. 1. Da wäre ein erster Fragenbereich die Frage nach der Verbindlichkeit der christologischen Entscheidungen der Konzilien von Nicäa und Chalkedon. 2. Man könnte dann den ersten Punkt hier noch gleichsam etwas spezifizieren, nämlich wie steht es mit der Verbindlichkeit insbesondere bezüglich der Gottessohnschaft und der ewigen Präexistenz Jesu Christi. 3. Ein dritter Fragenbereich wäre der Soteriologie entnommen, wie sie etwa hervortritt in Ihren Aussagen über die Bedeutung des Todes Jesu und über die Stellvertretung Jesu. 4. Und schließlich ein vierter Fragebereich: Der Stellenwert der Glaubensentscheidungen der Konzilien für die Christologie. Was kommt diesen alten Konzilien an Stellenwert zu? Aus all dem ergibt sich, daß in den vier Punkten, die ich genannt habe, eigentlich eine ekklesiologische Frage dahintersteht, nämlich nach Ihrem Verständnis der Kirche.

Zur Methode des Gesprächs würde ich folgendes vorschlagen, daß 1. unser Mitbruder Kardinal Volk den Moderator macht, auch als ehemaliger Dogmatik-Professor. Dann 2., daß wir – das ist auch schon brieflich vereinbart worden –, daß wir das Gespräch auf Band aufnehmen, und 3. wenn dann, das wäre das dritte, ein Resümee schriftlich verfaßt wird und auch das Band abgeschrieben würde, daß dann die Abschrift an alle Teilnehmer gehen sollte. Das wäre vielleicht zunächst einmal zur Methode genügend. Aber ich würde ferner doch noch die Frage

nach der Vertraulichkeit dieses Gespräches hinzufügen. Nach meiner Überzeugung wäre es richtig, wenn wir davon ausgehen, daß wir dieses vertraulich halten, es nicht etwa an die Massenmedien weitergeben, sondern es vertraulich halten müssen. Das müssen wir ja nun *hier* vereinbaren. Oder wäre zu diesem Punkt der Vertraulichkeit konkret etwas auszusagen? Oder vielleicht ergibt sich manches erst aus dem Gespräch selber. Aber im Augenblick würde ich am Anfang die Sache so sehen, wie ich es gerade gesagt habe.
Das waren noch einige Vorbemerkungen, die ich vorausschikken wollte. Werden nun noch dazu weitere Ergänzungen erbeten?

Professor Küng:
Dürfte ich vielleicht gleich zu Beginn, ich glaube es könnte helfen, auch einige grundsätzliche Bemerkungen machen, die zum Teil auch schon eine Antwort sind auf Fragen, die hier auftauchen. Ich möchte nicht versäumen, Ihnen zu danken, daß Sie zu diesem Gespräch eingeladen haben, den Herren Bischöfen vor allem, denn ich bin nicht umsonst in dieses Gespräch eingetreten. Es scheint mir das eben der richtige Weg zu sein, daß man über diese Dinge spricht, und ich weiß, daß Sie (= die Bischöfe) bei Ihren sonstigen Belastungen einer solchen Sache doch erhebliches Gewicht zuschreiben müssen, wenn Sie sich die Zeit nehmen. Und ich begrüße das sehr. Ich kann mir eigentlich nicht vorstellen, daß es nachher schlechter aussehen könnte, als vorher, um es einmal etwas allgemeiner zu formulieren.
Ich hätte etwa 8 Punkte, die schon ein klein wenig in die Richtung der Beantwortung gehen. Ich möchte das natürlich möglichst knapp machen.
1. Das Erste ist: man wird wohl dieses Buch (gemeint: »Christ sein«) nur verstehen, wenn man die pastorale Intention versteht, die dahintersteht. Wenn es nur um die reine Wissenschaft ginge, dann wäre vielleicht die Sache weniger mit Verve vorgetragen worden, sicher mit weniger Leidenschaft. Es ging mir darum, die Fragen der Menschen von heute aufzugreifen und – so gut wie ich es eben kann – zu beantworten. Ich habe, so behaupte ich, keine einzige Frage erfunden, die da drinsteht, son-

dern es sind Fragen, die weithin unter den Menschen von heute diskutiert werden, auch nach Meinung von meinen Kollegen in der Theologie; in diesem Sinn also versuchte ich eine seelsorgliche Antwort zu geben. Und ich habe es auch geschätzt, daß man in der »Erklärung« (Februar 1975) zum ersten Mal eigentlich das hervorgehoben hat und gesehen hat, daß ich jedenfalls auf meine Weise der Kirche zu dienen versuche. Ich glaube – ich darf das ehrlich sagen – anders könnte man auch wohl gar nicht die Ausdauer, mit der ich gewisse Dinge – ob nun opportun oder importun – vertrete, erklären. Das wäre eigentlich mein Erstes, was ich sagen möchte.

2. Das Zweite hängt schon ein klein wenig mit der Auswahl der Fragen zusammen. Ich habe nichts dagegen einzuwenden, insofern hier besondere Schwierigkeiten sind, möchte aber doch meinerseits betonen: Das ganze Buch ist natürlich erheblich mehr! Wenn ich die Fragen hier ansehe, so sind es im wesentlichen 50 Seiten, auch dort wieder ganze, große Abschnitte, die wohl keine Schwierigkeiten machen, z. B. über Gott und das Leid usw ... Wenn man das so genau sehen würde, wo jetzt die Probleme liegen, ist dies also raummäßig relativ wenig. Mir liegt natürlich daran – ich habe eine, glaube ich, ungewöhnliche Anstrengung gemacht –, um Jesus selber als den Gekreuzigten und Auferweckten den Menschen von heute wieder nahezubringen. Und das haben, glaube ich, schärfste Opponenten zugegeben, daß hier doch auch etwas nicht Geringes geschehen ist. Ich habe gerade jetzt noch die Besprechung von Helmut Riedlinger, den zweiten Diskussionsbeitrag von H. Riedlinger (vgl. Radikale Rationalität, in: Theologie und Philosophie 51, 1976, 185–195) gelesen, der das eigentlich deutlicher als sonst irgendwo heraushebt. Ich möchte eben doch bitten, was hier besprochen wird, immer vor dem Kontext des Ganzen zu sehen. Es wäre ja möglich, daß eben doch unter Umständen diese dogmatischen Fragen, deren Wichtigkeit ich nicht bestreiten will, nun ein klein wenig in ihrer Bedeutung für die Seelsorge übertrieben werden könnten, wenn man sie also allzu isoliert betrachtet. Jedenfalls haben das, glaube ich, viele schon verstanden, was ich eigentlich positiv sagen will.

3. Das Dritte geht schon etwas an die Frage der Methoden heran, die ja hier sicher eine sehr große Rolle spielt, in allen

Fragen, die Sie (Kardinal Höffner) gerade eben schon angedeutet haben. Was also die materialen Fragen sind, wird man sehen müssen, sie sind ja deutlich genug auch im Buch ausgesprochen. Es ist die sogenannte Methode »von unten« befolgt worden, sicher nicht in dem Sinn, als ob hier irgendwie Gott und seine Wirklichkeit und alles, was gleichsam »von oben« kommt, ausgeschaltet werden soll; im Gegenteil, ich habe – glaube ich – in diesen Dingen sehr, sehr deutlich Stellung genommen, auch in der Frage Auferweckung. Aber es soll immer einerseits von den Fragen der Menschen ausgegangen werden und andererseits auch im Neuen Testament von dem also, was der Jünger Jesu damals gesehen hat. Von daher komme ich erst langsam an die hohen Fragen heran, die jetzt hier besonders zur Diskussion stehen. Ich gebe dabei zu, daß ich, »von unten« her kommend, natürlich größere Schwierigkeiten habe, nun die dogmatischen Aussagen der Tradition einzuholen. Ich gebe nur zu bedenken, daß umgekehrt die traditionelle Dogmatik, wie sie weithin betrieben wurde, recht große Schwierigkeiten hat, sehr oft den historischen Jesus selber ernst zu nehmen und die Dinge etwa der Bergpredigt usw. einzubauen; es geht auch darum, die Verbindung, an der mir sehr gelegen ist – und dies bedeutet auch einen Fortschritt – zwischen Dogmatik und Ethik herauszustellen. Das sind also Dinge, die ich wieder leichter machen kann, aber ich anerkenne die Schwierigkeiten. Ich möchte nur noch zu bedenken geben, daß ich den Ansatz »von oben« kenne, und Sie dürfen hier ruhig bei der ganzen Unterredung voraussetzen, daß mir aufgrund der sieben römischen Jahre die gängige Erklärung der Dogmen sehr gut bekannt ist. Ich habe, glaube ich, anständige Examina gemacht und habe das gut studiert und ich weiß, wovon ich rede. Ich habe auch von Karl Barth her beim Ansatz »von oben« begonnen und habe auch das Buch »Menschwerdung Gottes« durchaus auch aus der Perspektive »von oben« her geschrieben. Ich habe aber dort auch begründet, weswegen mir dieser Ansatz nicht auszureichen scheint. Also man müßte, glaube ich, mal sehen, was die Methode »von unten« angeht.

4. Ein Viertes ist wohl auch wichtig und wurde von mir in verschiedenen Briefen zum Ausdruck gebracht. Ich habe immer meine Bereitschaft zum Lernen und eine Bereitschaft auch zum Korrigieren deutlich ausgedrückt. Wenn man sagt, das sei nur

verbal, dann kann ich das nicht als richtig ansehen. Meine Bücher und der ganze Weg, den ich gegangen bin, zeigen doch ein nicht gewöhnliches Maß von ständig neuem Lernen. Und es ist auch nicht richtig, wenn man sagt, ich würde die Einwände meiner Kollegen in der Theologie nicht ernst nehmen. Ich kenne niemanden, der sich so eingehend mit den Einwänden auseinandergesetzt hat. Ich sehe das nicht, etwa bei Karl Rahner, der von einer Seite mindestens so angegriffen wurde und sich kaum auseinandergesetzt hat mit gewissen Dingen bis heute. Ich sage das nur im Vergleich: Ich habe in der Unfehlbarkeitsdebatte einen Band von über 500 Seiten veröffentlicht, um das also aufzuarbeiten. Ich habe auch jetzt wieder den neuesten Sammelband (gemeint: Diskussion zu »Christ sein«) sehr ernst genommen. Ich habe ein dreitägiges Colloquium gemacht mit meinen Doktoranden über das Verhältnis von Walter Kaspers Christus-Buch zu meinem Buch. Ich habe ein dreitägiges anderes Doktorandencolloquium gemacht über den Sammelband zu »Christ sein«. Ich habe mehrere vielstündige Colloquien mit bekannten Exegeten (katholischen wie evangelischen) gemacht, um das abzuklären, z. B. Jeremias (also auch traditionelle) und Exegeten wie E. Käsemann, G. Lohfink usw. Und ich habe schließlich ein ganzes Seminar gemacht über diesen Diskussionsband. Das zeigt, daß ich dies durchaus ernst nehme und sicher auch in Zukunft wohl noch manches verdeutlichen kann. Ich kann nicht alles auf einmal machen, dazu kann ich vielleicht auch noch Auskunft geben. Dies also die Bereitschaft zum Korrigieren, sie ist ernst gemeint.

5. Das Fünfte: Zur Diskussion. Ich bin sicher – das ist auch im Brief von Kardinal Döpfner damals zum Ausdruck gebracht worden – mit meinem Artikel in der »Frankfurter Allgemeinen Zeitung« (22. 5. 1976) jedenfalls nicht so verstanden worden, wie ich das selber gerne verstanden haben möchte. Man muß schon sehen, daß meine Enttäuschung über die Reaktion gerade auch der Berater der Bischofskonferenz in dieser Sache (sie sind ja zum Großteil im Sammelband vertreten) überaus groß war. Ich konnte verstehen, daß die Aufregung groß war im Bezug auf »Unfehlbar?«. Da wußte ich, daß ich eine tabuisierte Frage aufgegriffen hatte und daß da nun natürlich schon etwas Bewegung hineinkam – wiewohl mir auch damals sehr daran gelegen war,

etwa in Absprache mit Karl Rahner, diese Dinge zu vermeiden, die dann schließlich herausgekommen sind. Darüber könnte ich lange reden. Aber gut, ich konnte das verstehen. Was ich gar nicht verstehen konnte und was die Heftigkeit meiner Reaktion erklärt, ist dies, daß man mir nicht mehr geholfen hat, diese großen Auseinandersetzungen zwischen Christentum und moderner Gesellschaft aufzuarbeiten, im Blick auf alle jene, die heute in der Bundesrepublik Deutschland und weit darüber hinaus überhaupt nichts wissen wollen vom Christlichen: daß man mich da nicht mehr unterstützt hat!

Ich habe erwartet, daß man natürlich die Schwierigkeiten anmeldet, daß man selbstverständlich nicht mit allem einverstanden ist, aber ich habe aus dem ganzen Sammelband heraus, abgesehen von Anerkennung in einzelnen Beiträgen, wenig gesehen von dem, was mir geholfen hätte. Ich habe es als ausgesprochenen Rückenschuß angesehen, daß ich, an der Front der Kirche stehend, denn so verstehe ich mich, nun von meinen Kollegen angeschossen werde, daß also dann wieder gefragt wird von den Ungläubigen, Abergläubigen oder wie immer Gläubigen: Ja, für wen spricht er eigentlich? Das hat mich sehr geschmerzt, dies darf ich offen sagen und das erklärt zu einem schönen Teil die Reaktion. Ich würde konkret sagen, wenn etwa alle Antworten gewesen wären auf dem Niveau der Antworten von Karl Lehmann, von Theo Schneider, von Walter Kasper und von den beiden Exegeten Kremer und Deissler, dann wäre sicher meine Reaktion völlig anders ausgefallen. Was mich sehr getroffen hat, waren die Antworten von Balthasar, von Herrn Ratzinger, von Karl Rahner und von Grillmeier. Und zwar deswegen – und das ist das Zweite eben, was ich konkret dazu sage –, weil ich in meiner katholischen Orthodoxie in einer Weise angegriffen wurde, die mich einfach herausfordern mußte. Wenn mir das gleich wäre, nicht wahr, wenn ich der liberale, rationale, radikalrationale – wie es neuerdings heißt – Theologe wäre, dem es also mehr um die menschliche Vernunft geht als um die Kirche Gottes, könnte mir das gleich sein. Dann könnte ich lächelnd darüber hinweggehen und sagen: Schreibt ihr mal ruhig, mich berührt das nicht. Aber mich berührt das, wenn ich in der eigenen Kirche angegriffen werde als eben doch nicht mehr katholisch, zumal wenn dies dann auch noch zum Teil in einer Be-

weisführung und Argumentation geschieht, die ja also nun doch auch jeglicher sorgfältigen theologischen Methode entbehrt, zum Teil einfach auch nur Angriffe und gar keine Begründung enthält, Mißverständnisse usw.
Und das dritte Konkrete zum Sammelband: Daß ich nicht antworten durfte, das habe ich nicht verstanden. Meine ganze Antwort wäre ganz anders herausgekommen, das ist doch völlig selbstverständlich, wenn ich hätte antworten dürfen. Ich habe von Balthasar angefragt, ich habe einen Verleger angefragt: das ist mir nicht gestattet worden. Man könnte wirklich meinen, ich wäre schon von vornherein exkommuniziert. Das ist schon beim Sammelband zur Unfehlbarkeit so gewesen, und ich habe gedacht, man habe daraus gelernt, daß nichts Gutes entstehen kann. Ich will nicht alles das, was ich in der FAZ geschrieben habe, damit verteidigen. Ich kann nur sagen, ich habe es gründlich überlegt, es ist von vielen gelesen worden, aber ich habe es auch bewußt so scharf gefaßt. Ich bin es ehrlich gesagt satt, auch gegenüber älteren Herren Kollegen, wie den drei/vier Genannten, ständig in einer Weise heruntergekanzelt und in meiner katholischen Orthodoxie schlecht gemacht zu werden, daß das einfach unerträglich ist. Und ich habe bewußt einmal gesagt, wenn dies schon einmal geschehen soll, dann kann ich auch mal deutlich werden. Ob das aufs letzte richtig gewesen ist oder nicht, ob mir das genützt oder geschadet hat, darüber will ich hier nicht urteilen. Ich will nicht alles verteidigen, ich möchte es Ihnen eben nur gesagt haben, wie ich es selber empfunden habe.
6. Ein Sechstes kann ich nun kürzer machen. Das zeigt also nun die Realität der Angriffe. Die Reaktion war nun doch sehr verschieden auf dieses Buch, allein schon in der Theologie selbst. Sie waren verschieden nach dem Fach. Wir haben im wesentlichen die Kritik der Dogmatiker. Wir haben kaum Kritik der Exegeten. Es hat sich bisher, abgesehen von den beiden Exegeten im Sammelband, niemand in dieser Weise geäußert, daß das Wesentliche nicht aus dem Neuen Testament getreu dargestellt oder kritisiert worden wäre. Und selbst die beiden Exegeten im Sammelband haben ja nun in einer ganz anderen Weise das dargestellt; ich kann jederzeit die Kritik etwa von Deissler annehmen über das Verhältnis Jesus – Altes Testament. Da ist sicher

noch sehr vieles zu sagen. Kremer hat im Grunde das gesagt, was ich im Buch »Die Kirche« schon angeführt habe. Da habe ich auch nichts dagegen einzuwenden. Ich habe auch keine Kritik bekommen, abgesehen von Herrn Stoeckle, von seiten der Ethiker, sondern diese sind im wesentlichen auf dieser Linie. Und daß gerade Herr Stoeckle jetzt, in der letzten Zeit in die Glaubenskommission gekommen ist, da ist es natürlich für Leute wie mich dann immer die Frage, inwiefern eben dann diese Kommission repräsentativ ist. Das haben auch manche Kollegen und Moraltheologen so empfunden. Von den Praktikern habe ich sehr viel Anerkennung bekommen, mündlich vor allem. Die sagen: Damit können wir mal arbeiten.
Verschieden nach dem Fach, verschieden auch nach der Nation. Nur in Deutschland war diese Aufregung und kam es zu diesen ganz heftigen Auseinandersetzungen, die ich persönlich nicht gewünscht habe und die ich persönlich auch nicht provoziert habe. Ich darf sagen, daß trotz meines Images in der Öffentlichkeit (das mir wohl bekannt ist: als eines »Streithahnes« und all die schönen Dinge) man kontrollieren kann in der Literatur, daß ich nämlich nie jemanden je persönlich angegriffen habe. Von mir aus habe ich mich immer nur verteidigt. Dies gilt für mein Buch »Rechtfertigung«, mein Buch »Die Kirche«, auch noch »Unfehlbar?«, obwohl ich Karl Rahner sehr hätte kritisieren sollen: Es ist kein Wort gesagt gegen Personen. Anschließend habe ich mich halt verteidigt, aber Aufregung gab es nur in Deutschland. In Italien wohin ich selber ging, die Pressekonferenz gehalten habe und die Leute darauf aufmerksam gemacht habe, worauf es mir ankommt, nämlich auf das Konstruktive, – ich habe bei Gelegenheit damals Kardinal Döpfner berichtet, daß ich auch mit Kardinal Šeper und Erzbischof Hamer geredet habe, um das deutlich zu machen – hat es bisher überhaupt keine Aufregung gegeben. Dasselbe trifft zu für die Vereinigten Staaten, wo ich im November war. Auch dort habe ich in New York sehr deutlich gemacht, um was es mir ging. Dasselbe trifft jetzt für Irland zu, von woher ich eben komme, wahrhaftig einem gut katholischen Land, und auch für England: Da ist bisher alles äußerst positiv aufgenommen worden. Wenn ich die Kritiken vergleiche, die mir sehr ernsthaft scheinen und mir viel zu denken geben, etwa von A. Dulles, ein ja hier wohl bekann-

ter Mann, seriöser Theologe; wenn ich das vergleiche, was sonst gesagt wird, etwa von einzelnen heftigen Opponenten im »Sammelband«, dann sieht man einfach die Unterschiede auch des Tones und der Art, wie das gemacht wird! Oder wenn ich einen ja auch in römischen Kommissionen arbeitenden Mann von hohem Ansehen, nämlich die Rezension von Raymond Brown sehe, die in »Tablet« abgedruckt wurde! Die beiden waren eigentlich die maßgebenden katholischen Reaktionen bisher. Denn da ist auch ein völlig anderer Geist, und ich habe an die Zeitschrift »America« der amerikanischen Jesuiten, wo die beiden zuerst erschienen sind, einen Dankesbrief geschickt, daß sie eben das so veröffentlicht haben: daß die beiden Kollegen ihre Bedenken so offen ausgesprochen haben, aber in einer solchen Form, daß eben keine Verketzerung in Frage kommt. Wäre das so oder ähnlich auch in Deutschland geschehen, wäre das hier auch alles anders gelaufen.
7. Das Siebte – und das führt das schon Gesagte nur fort – betrifft die Reaktion der Öffentlichkeit. Auch hier war ein ganz seltsamer Kontrast zwischen dem, was die große öffentliche Reaktion war, und dem, was nun auch da wieder im einzelnen von Theologen, eben vor allem von Dogmatikern, geäußert wurde. In der Öffentlichkeit hat man das als eine ungeheure Hilfe angesehen. Ich habe mir überlegt, ob ich Ihnen, nachdem Sie (= die Bischöfe) sicher viele negative Briefe in meinen Angelegenheiten bekommen, einige Post zuschicken sollte, nämlich positive Briefe. Ich habe dies dann nicht getan, was Sie sich ja auch selber denken können. Ich kann Ihnen nur verraten, um nur ein Beispiel zu sagen: Dieses Buch ist mit Zustimmung gelesen worden von Sträflingen in Stuttgart-Stammheim, da drüben, wo die Meinhoff-Leute sind, bis eben zum Herrn Bundesfinanzminister, der damals das ganze Buch in den Weihnachtsferien (1975/76) völlig, von der ersten bis zur letzten Seite, durchgelesen hat, und zwar mit Zustimmung. Ich sage so etwas nicht in der Öffentlichkeit, aber man muß das eben sehen, den Kontrast und den Eindruck, den es nun macht, wenn wir in der katholischen Theologie dann zu solchen Kämpfen kommen. Herr Neumann kann auch bestätigen, daß in der letzten Woche eine Gastvorlesung in Tübingen stattgefunden hat, von einem der führenden Leute des jüdisch-christlichen Gespräches, Pinchas Lapide,

einem rabbinischen Theologen, der deutlich zum Ausdruck gebracht hat, daß der Ansatz »von unten« den jüdischen Theologen eine völlig neue Möglichkeit eröffnet, den Dialog zu führen. Und zwar nicht nur wie bisher immer ewig über die Fragen des Antisemitismus oder immer nur über die Frage der Menschenrechte, sondern über die zentrale Frage, die Christen und Juden scheidet, nämlich eben Jesus von Nazareth. Und er hat auch zum Ausdruck gebracht, daß er als Jude nun einen ganz schönen Teil des Weges mitgehen kann, und wir haben – glaube ich – eine äußerst positive Diskussion vor beiden Fachbereichen in aller Öffentlichkeit gehabt, die zeigt, was für neue Möglichkeiten im jüdisch-christlichen Gespräch eröffnet werden. Daß die ganzen ökumenischen Beziehungen auf diese Weise entspannt werden könnten, brauche ich nicht zu sagen.

8. Ein letztes – es ist wohl auch sehr wichtig, weil es sicher sehr oft im Gespräche war – ist der Vergleich, der immer gezogen wird – letzthin auch wieder in der Deutschen Tagespost – zwischen Küng und Lefebvre. Die Bischöfe werden eigens dazu angesprochen. Man sagt: Rechts ist man also hart, und links tut man nichts. Ich habe bei verschiedenen Gelegenheiten immer wieder dasselbe betont: daß ich auf gar keinen Fall zustimmen kann, wenn man diese beiden Personen, auch die Problemlage und ihre innere Einstellung, auf dieselbe Stufe stellt. Ich sage noch einmal vier Punkte, die ich ständig wiederholt habe, auch jetzt in Irland wieder, wo ich vor der Irischen Theologischen Gesellschaft geredet habe, ohne irgendwelchen ernsten Widerstand zu finden; es hätte mich nämlich nicht gewundert. Dort habe ich über diese Dinge geredet; aber ich habe dort – wie schon früher – vier Punkte herausgehoben:

1. Ich habe anders als Lefebvre nie dem Papst und den römischen Autoritäten die katholische Orthodoxie bestritten. Und es würde mir nicht im Traum einfallen, so etwas zu tun. Und ich kann sagen, daß ich immer wieder auf die pastoralen Intentionen des Papstes bei allen meinen kritischen Äußerungen, zu denen ich sicher stehe, aufmerksam gemacht und diese immer wieder verteidigt habe. Dasselbe gilt auch für seine moralische Integrität und so vieles, was also nun von Leuten »rechts« und »links« in Zweifel gezogen wurde.

2. Ich habe auch nie wie Lefebvre grundsätzlich mich gegen das

II. Vatikanische Konzil gestellt; ich habe mich überhaupt gegen kein Konzil der Kirche gestellt.

3. Ich habe auch nie eine eigene Organisation gebildet, ich habe allen Versuchungen widerstanden, die an mich herangetragen wurden, in irgendwelchen Gruppen, also nun zum Führer – wenn man will – der »Opposition« zu werden. Ich bin damals nicht gegangen, als ich von vielen angefragt wurde, zur Bischofssynode (1971) zu gehen, um also gleichsam von außen mit diesen Leuten, die damals von den Priestergruppen anwesend waren, nun also der Sache ein klein wenig mehr Relief und auch wohl Kraft zu geben. Ich habe das alles nicht getan. Ich will das jetzt nicht im einzelnen aufführen. Ich will nur sagen, ich habe im Gegensatz zu Lefebvre nie versucht, hier organisatorisch eine Opposition zu formieren.

4. Ich habe auch nie eine eigene Priesterausbildung in meinem Sinne angestrebt. Wir sind auch in Tübingen verschiedene Leute und haben uns auch in all diesen Fragen, so glaube ich, intensiver unterhalten. Wir sind ein Fachbereich von eigenen Köpfen, wo aber auch über theologische Fragen diskutiert wird. Es ist wohl nicht so ganz gewöhnlich, daß etwa W. Kasper und ich in diesen verschiedenen Positionen die Dinge auch schriftlich zum Ausdruck gebracht haben, daß wir dann aber auch gemeinsam in meinem Seminar – das war meine Initiative – vor den Studenten die Sache in beinahe mit scholastischer Präzision geführten Gesprächen, mit genauen Zeiten usw., vornehm durchgeführt haben. So habe ich meinerseits darauf verzichtet, überhaupt noch eine eigene Schlußsitzung mit meinen Leuten zu halten, weil ich sagte, da kann jeder selber urteilen. Ich meine, daß wir im Fachbereich nun deswegen auch den Frieden bewahren konnten, bei all den Spannungen, die es eine zeitlang gab, wegen dieser Sache mit dem »Sammelband«.

Sie sehen, ich bin froh, daß ich das alles hier ruhig im Zusammenhang darstellen konnte. Ich möchte nur zum Schluß sagen: Ich habe nie ein Hehl daraus gemacht, daß ich ein katholischer Theologe bin, daß ich auch begründen kann, warum, und daß ich das bleiben will. Und die ganze Leidenschaftlichkeit, die sicher bei meinem wissenschaftlichen Engagement dabei ist, die mich, so glaube ich, nach keiner Richtung blind macht, ist von dorther zu verstehen. Und von daher, meine ich eben, sollte auch das Gespräch geführt werden können, und von daher, so meine ich auch, kann ich nun auf alle die konkreten Fragen antworten, die Sie (= Bischöfe) haben.

Kardinal Volk:
Vielen Dank, für diese Erläuterung. Wir sehen das Gespräch als eine Chance für alle Beteiligten. Dies gilt zunächst im Blick auf unsere Information durch Sie (= Prof. Küng). Aber wir sehen das Gespräch auch als eine Chance für Sie. Die Situation ist so, daß die Glaubenskommission von den Bischöfen gefragt ist, sollen wir das oder jenes tun oder was kann man in der Situation tun? Deswegen sind also auch Vertreter der Glaubenskommission hier. Aber es geht weiterhin zunächst um das Verstehen. Unser Anliegen ist, hier die Möglichkeit zu geben, zu verstehen, was gemeint ist. Wir haben das mehrfach betont, daß Sie jederzeit fähig und bereit sind, sich zu ergänzen und weiter zu entwickeln. Kardinal Döpfner ist offenbar der Meinung gewesen, dies sei bisher nicht in dem von ihm erwarteten Maße geschehen.
Ich schlage also vor, daß wir uns doch einigen begrenzten Fragen zuwenden, denn es sind ja Dutzende und Dutzende von Fragen, die im Buch angeschnitten sind. Das kann man in einem Gespräch nicht erörtern, und die Frage war dann doch so, wie Herr Kardinal Höffner gesagt hat, daß es uns also wesentlich um die Christologie und um die Heilsrealität von Christus her geht. Inwiefern ist Christus für uns das Heil und worin besteht dieses und warum kann er es vermitteln? Ich gehe dabei von der Meinung aus, die ich immer gehabt habe, daß zur theologischen Wahrheit eine gewisse Ganzheit gehört. Eine halbe Wahrheit kann theologisch ein ganzer Irrtum sein. Das habe ich schon immer betont, ich weiß nicht, ob Sie das in Münster mitbekommen haben, aber das ist meine Überzeugung, es wird kaum irgendeine Sache in der Kirchengeschichte geben, wo also nicht irgendeine Wahrheit da ist. ...
Der kleine Katechismus muß auch schon die theologische Wahrheit enthalten, ohne daß er gleich eine Dogmatik ist. Und in der Christologie geht es im Grunde darum, wer Christus ist, um das zu tun, was er tut. Es geht natürlich um das Tun Christi. Er ist ja gesendet zum Wirken, zum Handeln und um die Erlö-

sungstat zu vollbringen durch Lehre, Leben, Beispiel. So ist er tatsächlich diese absolute Wende durch die Offenbarung.
Nun ist die Frage, wer ist dieser Christus, daß er das tun kann. Sie haben eine Fülle von Aussagen über Christustitel, die Sie als heute nicht mehr wirksam verwendbar bezeichnen. Es geht auch um die Zweinaturenlehre. Ich beziehe mich da etwa auf die Seite 123 in Ihrem Buch. Es handelt sich also bei diesen Konzilien wie bei der Theologie, die dahintersteht, um eine fortgesetzte Übersetzungsarbeit. »Die ganze sogenannte Zwei-Naturen-Lehre ist eine in hellenistischer Sprache und Begrifflichkeit formulierte Interpretation dessen, was dieser Jesus Christus eigentlich bedeutet! Die Wichtigkeit dieser Lehre sei nicht verkleinert. Sie hat Geschichte gemacht. Sie drückt eine echte Kontinuität des christlichen Glaubens aus und liefert bedeutsame Leitlinien für die gesamte Diskussion und auch für jede künftige Interpretation. Aber andererseits dürfte auch nicht der Eindruck aufkommen, als ob die Botschaft von Christus heute nur mit Hilfe dieser damals unvermeidlichen, aber ungenügenden griechischen Kategorien, nur mit Hilfe der chalkedonischen Zwei-Naturen-Lehre, nur mit Hilfe der sogenannten klassischen Christologie ausgesagt werden könnte oder dürfte« (S. 123). Es stellt sich nun die Frage: Es waren ja noch weitere christologische Aussagen notwendig, um also von Nizäa bis Chalkedon um das, was früher alles gesagt wurde, wieder vor Mißverständnissen zu schützen. Aber Sie verzichten in Ihrer Interpretation auf die Zwei-Naturen-Lehre. Welcher Christus ist eigentlich der wahre? Die Fragestellung kommt dann noch einmal etwa auf der Seite 439/440, wo Sie also zusammenfassend über die Christologie sprechen. Sie sagen auf der Seite 439 unten: »Wahrhaft Gott: *Die ganze Bedeutsamkeit des Geschehens in und mit Jesus von Nazaret hängt daran, daß* in Jesus – *der den Menschen als Gottes Sachwalter und Platzhalter, Repräsentant und Stellvertreter erschien und als der Gekreuzigte zum Leben erweckt von Gott bestätigt wurde – für die Glaubenden der menschenfreundliche* Gott selber *nahe war, am Werke war, gesprochen hat, gehandelt hat, endgültig sich geoffenbart hat. Alle oft in mythologische oder halbmythologische Formen der Zeit gekleideten Aussagen über Gottessohnschaft, Vorausexistenz, Schöpfungsmittlerschaft und Menschwerdung wollen letztlich nicht mehr und nicht weniger als*

das eine: die Einzigartigkeit, Unableitbarkeit und Unüberbietbarkeit *des in und mit Jesus lautgewordenen* Anrufs, Angebots, Anspruchs *begründen, der letztlich nicht menschlichen, sondern göttlichen Ursprungs ist und deshalb, absolut verläßlich, die Menschen unbedingt angeht«* (S. 439/440).
Das sind also große Aussagen über Christus. Aber es ist die Frage, ob die kirchliche Lehre damit zum Ausdruck gebracht wird, und zwar nicht nur im Sinne, ob also die klassischen Formulierungen des Dogmas hier vorkommen. Es geht nicht darum, ob man von der Zwei-Naturen-Lehre unbedingt sprechen muß, sondern es ist die Frage, ob sich in Christus am stärksten der Vater kundtut, was natürlich im Hebräerbrief (vgl. schon 1,1 ff.) ohne jeden Zweifel ist. Darum gibt es keine andere Offenbarung mehr, sie ist in Christus unüberbietbar. Aber für uns ist die Frage, ob mit dieser Beschreibung, was Christus ist, das beschrieben werden kann, was er tut. Denn hier muß ja ein Zusammenhang bestehen. Es geht um das Handeln Christi. Und dazu gehört nun gewiß die Menschheit, sonst könnte man von der Bedeutung des Gottmenschen gar nicht sprechen. Es wäre auch nicht denkbar, daß ein Sakrament der Eucharistie existiert: »Wer mein Fleisch nicht ißt und mein Blut nicht trinkt, der kann das Leben nicht in sich haben«. Also wird da die Menschheit ohne weiteres vergessen? Die Frage ist nun: Ist Ihre Christologie ausreichend, um das Handeln Christi und die Wirksamkeit, Fruchtbarkeit des Handelns Christi so zu begründen, wie es zum christlichen Glauben gehört? Es geht also nicht um diese oder jene Formulierung, sondern um die Gesamtaussage selbst. Dabei fällt natürlich auf – und Sie sprechen selbst davon –, daß das Johannes-Evangelium weitgehend ausfällt, obwohl Sie es an einigen Stellen ausführlich anmerken und auch Johannes zitieren. Generell erhebt sich jedoch die Frage, ob eine Christologie »von unten« alles das erreicht, was durch eine Komplementierung einer Christologie »von oben« sichtbar wird; man muß auch sehen, daß die Ganzheit der christlichen Lehraussage nicht nur über das, was Christus ist, sondern über das, was Christus tut, ermöglicht wird. Ist also eine katholische Christologie als eine reine Christologie »von unten« möglich? Das ist, wie mir scheint, wenigstens eine der Kernfragen. Und mir scheint, daß man darüber sprechen sollte, denn alles, was

Sie über »wahrhaft Gott« sagen auf der Seite 439 ff, das sagt noch nicht die Ganzheit der kirchlichen Lehre aus: Vere homo *et* vere Deus.
Das läßt sich mit dem, was hier gesagt ist, nicht decken. Wollen wir dies einmal als einen Aspekt der Fragen benennen? Muß es eine Christologie »von unten« geben?...
Aber die Frage ist, ob das reicht, ob nicht auch eine Christologie »von oben« hinzugehören muß, damit eine Christologie »von unten« richtig ist. Ebenso umgekehrt, die Ansätze von einer Christologie »von oben« können für sich allein unzureichend sein, wenn nicht eine Christologie »von oben« durch eine Christologie »von unten« komplementiert wird. Das ist die Frage, ob die Christologie »von unten«, wie Sie sie bewußt ansetzen, hinreichend komplementiert ist durch eine Christologie »von oben«.

Prof. Küng:
Ja, darf ich dann versuchen, eine Antwort zu geben? Also selbstverständlich liegt mir auch an der Ganzheit, und ich kenne in der Tat Ihr Anliegen von Münster her, und das ist auch das meine. Ich habe es auch genügend in der Unfehlbarkeits-Debatte gesagt, was also halbe Wahrheit ist – das gilt allerdings auch für die offiziellen Formeln: daß also unter Umständen auch da natürlich ein Irrtum sehr leicht sich dann einschleichen kann, wenn man bei diesen Formeln auch also nur etwa die Hälfte zum Ausdruck bringt in der Interpretation. Aber mir läge nur daran, daß Ganzheit auch nicht einfach dann, lateinisch übersetzt, zur Integrität führt. So verstehen Sie das sicher nicht, aber es ist natürlich der Horizont, der jedenfalls um meine eigene Position zu bestimmen, von »rechts« immer dann gefordert wird. Es muß als »integral« eben »ganz« das Glaubensgut vertreten werden, so habe ich Sie jedenfalls verstanden. Ja?

Kardinal Volk:
Es ist mir völlig fern, ich habe das Wort »integral« nicht gebraucht. Es kommt nicht auf die Worte, sondern auf die Sache an.

Prof. Küng:
Eben, also da habe ich auch eine grundlegende Übereinstimmung gesehen. Das wäre ja auch der *erste* Punkt meiner Antwort. Das muß man einfach mal sehen für alle Fragen: Es ist ja nicht so, daß ich hier – wenn Sie wollen – im Spektrum der Theologie etwa einfach »links« stehen würde, obwohl der Eindruck sicher bei den Bischöfen vorherrscht; ich habe keine Hemmungen, das zuzugeben. »Links« ist für mich das, wo also – und das gibt es, gibt es auch in katholischer Theologie heute –, wo in der Christologie faktisch also nun die Offenbarung Gottes entleert wird; wo im Grunde der Prophet Jesus von Nazaret auf dem Platze steht und wo eben auch schon der Gottesbegriff weithin so ausgehöhlt ist oder auf Mitmenschlichkeit hin interpretiert ist, daß dann tatsächlich nicht viel mehr da sein kann. Insofern würde ich mich also jedenfalls nicht zu dieser Lehre bekennen, würde mich allerdings auch nicht – und das wollte ich eben damit andeuten – zu einer reinen Wiederholung dieser Formeln eben bekennen können! Es muß ja interpretiert werden! Also da sehe ich also einen Konsens, jedenfalls bezüglich der grundsätzlichen Haltung zu diesen Dingen. Das wäre das Erste.
Das *Zweite* haben Sie ja gerade schon erfreulich deutlich selber hervorgehoben, und es sind hier sehr viele Sachaussagen in diesem Sinn gemacht; das ist jetzt nur also die Materialisierung der Position: Es ist für mich gar keine Frage, daß eine Christologie, wo eben also nicht Gott selber als Offenbarung zum Ausdruck, die Offenbarung Gottes selber zum Ausdruck gebracht wird, keinen Sinn hat. Ich sehe darin gar nichts, was *unbedingt* sein könnte: Ich sehe darin keinen Anspruch, der mich in die Nachfolge drängen könnte! Das muß man alles sehen, das ist für mich völlig klar; und ich habe da, glaube ich, nach »links« hin so deutlich geredet, wie nach »rechts« hin.
Ein *Drittes*: Sie reden vom Tun. Das stimmt natürlich. Ich will, wenn Sie so wollen, vom Tun her, vom Tun Jesu her das sagen, was er ist, aber ich will ja das auch gleichzeitig sagen. Man hat sehr oft das Mißverständnis hier – ich finde es immer wieder –, daß man »funktional« im Gegensatz zu »wirklich« setzt. Ich setze »funktional« im Gegensatz zu »ontologisch«. Funktional heißt ja nicht unwirklich. Ich meine nicht, daß Jesus das nicht

ist, was er tut. Das nur einfach einmal generell. Wie das genauer bestimmt wird, ist eine andere Frage. Aber alle Aussagen über Tun und Jesu Tun sind natürlich auch eine Aussage über sein Sein. Und dies gilt in dem Sinn »agere sequitur esse«. Das ist völlig klar. Also das sind für mich keine Fragen.

Ein *Viertes*: Was Sie jetzt von der Zwei-Naturen-Lehre gesagt haben, ist von mir jedenfalls in diesem Sinne bejaht, daß ich deutlich zum Ausdruck bringe, daß ich die großen Intentionen der Zwei-Naturen-Lehre, insbesondere insofern sie auf dem Konzil von Chalkedon ja nun definiert wurde, durchaus nicht nur aufrechterhalten möchte, sondern im Gegenteil neu zur Geltung bringen möchte.

Deswegen das *Fünfte*: Was Sie von der Formulierung »vere Deus« sagen, ist zu verstehen und auch so dargestellt, daß eine neue Interpretation den Menschen von heute das neu nahebringen sollte. Sie werden verstehen, ich brauche Ihnen als Fachtheologen sicher nicht zu sagen, wieviel Mühe hinter so etwas steckt – bis man es in eine solche Formulierung gebracht hat. Ich habe über wenig Sätze des Buches so lange nachgedacht und so viel versucht, das so positiv wie möglich zum Ausdruck zu bringen, wie eben hier. Es scheint in diesem Sinne das Entscheidende zu sein, daß es sich bei Jesus um die Offenbarung Gottes selber handelt und daß in Jesus Gott selber nahe ist, am Werke war, in Jesus selber gesprochen hat, gehandelt hat, sich endgültig geoffenbart hat (vgl. S. 440 oben)! Das habe ich hier mit dieser thetischen Kraft aussagen wollen und das scheint mir das Entscheidende zu sein.

Ein *Sechstes*: Sie sagten mit Recht: Nicht auf die Worte, sondern auf die Sache kommt es an. Das erleichtert sicher. Wenn man also dann fragt, ja enthält nun das, was da steht, die Sache oder nicht – das ist eine berechtigte Frage; das ist selbstverständlich. Aber: man wird jedenfalls nicht aus dem, daß ich diese Termini als für heute ungeeignet ansehe (also »hypostasis« insbesondere und auch die Gesamtvorstellung) von vornherein sagen, ich würde die Sache nicht wahren. Das ist eine Frage, die im einzelnen nachgeprüft werden muß. Und so habe ich auch Ihre Frage verstanden. Man wird also sehen müssen, ob ich im einzelnen die Sache zum Ausdruck bringe. Die Fragen gehen natürlich dann auseinander, wieweit man da gehen kann

bzw. was die Sache ist. Für mich ist ganz eindeutig die Sache, die zum Ausdruck gebracht werden muß, und die sicher von einem Großteil der Neutestamentler so gesehen wird: daß Jesus die Offenbarung Gottes des Vaters selber ist. Das mal jedenfalls als Antwort auf die Frage, die ich in diesem Zusammenhang der Christologie »von unten« als Voraussetzung zu diesem Text auch brauche: »Jesus ist die wirkliche Offenbarung des wirklichen Gottes«. Das scheint mir mal das Entscheidende zu sein. Ich will nicht sagen, daß man das jetzt nicht entfalten könnte, aber das scheint mir das Eigentliche zu sein.
Ein *weiterer Punkt*, den Sie (= Kardinal Volk) gegen Ende angesprochen haben: Das Johannes-Evangelium fällt bei mir keineswegs aus! Es ist richtig, daß es gegenüber Paulus sehr viel kürzer wegkommt. Man kann auch einfach nicht alles. Ich gebe zu, das ist eine Schwäche des Buches, man hätte das noch ganz anders ausbauen können. Aber Sie haben selber gesagt, ich habe das Johannes-Evangelium zitiert. Ich habe es aber nicht nur irgendwie zitiert, sondern ich glaube, ich brauche das jetzt nicht vorzulesen, ich habe das an ganz entscheidenden Stellen zitiert, und zwar also gerade dort, wo es Ihnen ja hier auch darauf ankommt, nämlich im Bezug auf die Einheit des Sohnes und Vaters: »Der Vater und ich sind eins«. Also diese klassischen Stellen, wenn Sie wollen, der hohen Christologie, die habe ich nicht »entmythologisiert«. Ich habe sie nicht einfach etwa ausgeschieden, im Gegenteil: ich habe die Stellen ganz positiv im Zusammenhang, und sie drücken im Grunde eben sehr gut das aus, was ich selber sagen will, nämlich, daß, in der Tat, wer ihn sieht, in ihm den Vater sieht, daß in der Tat hier eine Einheit da ist. Aber Karl Lehmann kann bestätigen, daß wir noch in Luzern in der Arbeitsgemeinschaft der katholischen Dogmatiker und Fundamentaltheologen auch diese Frage der Christologie diskutiert haben und gerade von Mußner, der ja nun also sicherlich nicht überfortschrittlich ist in diesen Fragen, deutlich als Resultat seiner Exegese des Johannes-Evangeliums die Auskunft bekommen haben: daß die Einheit zwischen Vater und Sohn nur angesetzt werden kann (bzw. »nur« darf man eigentlich gar nicht sagen, denn es ist eben nicht ein »nur«), bestimmt werden muß als eine Offenbarungseinheit und Aktionseinheit. Das ist das, was auch meine Auffassung ist. Mußner selber

stellte die Frage, ob das nun das sei, was Nikaia meinte. Ob das das sei, was »gleichwesentlich« meinte, könne er als Exeget nicht entscheiden, das müßten die Dogmatiker entscheiden. Da waren dann die Meinungen unter den Dogmatikern verschieden. ...

Diese Auffassung vertrete ich ja gar nicht allein, sondern wie eben heute die Neutestamentler gemeinhin denken; das kann man also ruhig sagen. Ich habe natürlich die Sachen systematischer aufgefaßt und kompakt. Ob es also zwischen den christologischen Dogmen und dem, was heute von den Neutestamentlern im allgemeinen als Auffassung dargelegt wird, eine Brücke gibt: das ist die ganze Frage. Das wird im genannten »Sammelband« zum Teil bestritten. Dies interpretieren Kollegen wie Grillmeier im Sinne einer für mich harmonisierenden Art der Dogmengeschichte. Es gibt aber auch andere. Also gerade jetzt war ein Artikel – nur zufällig weiß ich das – im »Christlichen Sonntag« (gemeint: »Christ in der Gegenwart«) von einem mir weiter nicht bekannten Kollegen, der gerade diese Fragestellung behandelt: gibt es eine Brücke? Er bejaht die Frage. Es gibt sicher eine ganze Reihe von Leuten, die das bejahen. Ich möchte, daß das noch andere besser tun. Und ich möchte, daß also auch die Kollegen etwas positiver mithelfen, die Dinge positiv herauszustellen. Ich habe eine erhebliche Anstrengung gemacht, um es positiv zu machen.

Ein *Letztes*: Die Christologie »von oben« und »von unten«. Es ist wohl schon deutlich geworden, daß es von vornherein ein Mißverständnis wäre, die Christologie »von unten« in dem Sinn gegen eine Christologie »von oben« anzusetzen, als ob eben hier nicht Gott im Spiele wäre. Ich habe auch nie bestritten, daß man »von oben« ansetzen kann. Ich sage selber, ich habe nicht nur aufgrund meiner Ausbildung das so gelernt: Ich habe es selber im ganzen »Rechtfertigungsbuch« so angelegt. Das ganze Buch »Menschwerdung Gottes« sagt schon im Titel, was es ist; ich habe das selber gemacht, und ich gebe das auch jedermann zu. Aber es sind einfach die Schwierigkeiten, die heute da sind! Und ich würde sagen, auf Ihre Frage, ob es nun in diesem Sinn methodisch »von unten« geht, würde ich also sagen: ja, mir scheint es zu gehen, methodisch gesehen. ...

Ich stehe am Fuße des Berges und komme also, wenn Sie wol-

len, nun zum Berg der Verklärung herauf und versuche dann zu erfassen, was also dieser Jesus ist und komme dann zur Einsicht, daß er nicht einfach einer der Propheten ist: da komme ich nämlich »von unten«. Ich kann unmöglich, wenn ich sauber methodisch argumentieren will, gleichzeitig auf dem Berg schon stehen und dann immer wieder mich mit mir selber da unten unterhalten. Da habe ich versucht, konsequent zu sein. Und persönlich würde ich die Frage, die Sie stellen, bejahen. Ich meine, daß man da »oben« ankommen kann. Ich habe übrigens in früherer Zeit, als man mit Herrn Ratzinger noch reden konnte, als er hier (= Tübingen) war, die Frage lange mit ihm diskutiert. Damals, als ich noch kaum daran gearbeitet hatte, sagte er, es müßte doch möglich sein, alles »von unten« darzustellen und daß nicht einfach das Wesentliche nun aufgelöst werde. Er meinte das damals, es müßte eigentlich möglich sein.
Ob das gelungen ist, Herr Kardinal, im einzelnen, darüber kann man immer diskutieren. Da sind immer noch eine Menge von Punkten, das will ich damit nicht von vornherein eskamotiert haben. Ich möchte nur noch als Letztes sagen, nämlich zur Zwei-Naturen-Lehre ... Dies wäre meine, wenn Sie wollen, Gegenfrage, ob Sie denn auch also zugeben würden, was ich als Begründung angeführt habe. Dies sind auch nicht nur meine Begründungen, da sind auch relativ traditionelle evangelische Theologen wie Pannenberg: sie sagen ja genau dasselbe über ihre Christologie! Ob also – dies sind nun meine Fragen – die Zwei-Naturen-Lehre heute wirklich noch verständlich ist, ob sie in der praktischen Verkündigung nicht vielmehr mißverstanden wird? Ob die Zwei-Naturen-Lehre damals nach dem Zeugnis der Dogmengeschichte die Schwierigkeiten wirklich gelöst hat, ob nicht noch weitere Gegensätze daraus folgten in den folgenden Jahrhunderten? Dann die von vielen Exegeten eben nicht von vornherein positiv beantwortete Frage: ob also nun diese Art von Terminologie, diese Art von Repräsentation von vornherein dem ursprünglichen Zeugnis entspricht; und ob da nicht gerade doch in einem sehr entscheidenden Punkt über das Johannes-Evangelium, also die Spitzenaussagen des Johannes-Evangeliums, hinausgegangen wird? Also dies möchte ich nur meinerseits zu bedenken geben. Das sind meine Fragen. Wenn die jemand besser beantworten kann, ist mir das auch recht.

Aber sie stehen natürlich da, und sind nicht nur meine eigenen.

Kardinal Volk:
Zwei Wortmeldungen, Kardinal Höffner und Bischof Moser

Kardinal Höffner:
Ich will versuchen, das von Dir (= Kard. Volk) eben Gesagte anhand des Textes etwas zu konkretisieren. Wenn wir auf Seite 440 lesen: Christus ist Gottessohn, das bedeutet Einzigartigkeit des Anrufs Gottes an die Menschen, oder Seite 434: Im Leben, im Verhalten, im Geschick Jesu manifestiert sich Gottes Wort und Wille, manifestiert sich eben Anruf, oder Seite 434 unten: Vater und Sohn sind eins, dies bedeutet: Im Wirken und in der Person Jesu begegnet, manifestiert sich Gott. Oder Seite 446: Was im Johannes-Evangelium über Vater, Sohn und Geist gesagt wird, ist nicht ontologisch zu verstehen. Das wäre ja »statisch«, sondern das sind auch Aussagen über die Art und Weise der Offenbarung Gottes. Oder Seite 380: Jesus lebt »aus einer letztlich unerklärlichen Gotteserfahrung«. Überall sind es die Funktionen. Ich habe mir einmal das Buch exzerpiert und habe hier so 18 Seiten, aber ich finde keine einzige Stelle, wo ich sagen würde, hier finde ich mich bestätigt in dem »deum de deo, deum verum de deo vero«. Sondern es wird immer funktional etwas ausgesagt. Und da frage ich mich, kann man diese Aussage nicht auch auf den Hl. Franz von Assisi anwenden, der ist auch ein Sachwalter Gottes unter uns gewesen? In ihm hat sich die Gotteserfahrung in wunderbarer Weise offenbart. Oder Paulus sagt ja auch, ich lebe, aber nicht mehr ich, Christus lebt in mir. Oder wir haben 10.000 Moslim in Köln, wenn man mit dem Iman und sonstigen spricht, dann sagen die auch, Mohammed ist Vertreter Allahs, nicht Allah um Gottes Willen, aber in einer wunderbaren Weise offenbart sich in diesem Menschen Allah. Also da habe ich die Frage, wo finde ich diese Aussage in Ihrem Buch »genitum non factum«, also die ewige Präexistenz Gottes, und wie soll ich das deuten: »ontologisch« bedeute »statisch«, wenn ich sage, Gott ist. Gott ist Sein: Das ist ja die ungeheuerlichste Dynamik. Das waren einige Fragen, die mir

kamen, als ich das Buch durchsah, gleichsam in Ergänzung zu dem, was eben Herr Kardinal Volk sagte.

Kardinal Volk:
Darf ich vielleicht Bischof Moser bitten, oder wollen Sie gleich antworten?

Bischof Moser:
Meine Frage geht praktisch in dieselbe Richtung. Ich möchte noch einmal auf den allerersten Fragenkomplex zurückkommen dürfen. Es geht mir um die in Ihrer Einleitung schon genannte pastorale Intention von »Christ sein«. Denn dies schließt doch sicherlich nicht aus, daß Sie »expressis verbis« Stellung beziehen innerhalb des Buches, etwa zu normativen Festlegungen von Konzilien, z. B. in diesem Zusammenhang zum Konzil von Nicäa. Wo ist eine verbindliche Aussage und die Aussage der Verbindlichkeit dieser Aussage im Buch? Man kann jetzt schon von der Diskussion her, die wir jetzt führten, sagen: Da ist immer eine gewisse Ambivalenz spürbar. Sie haben deutlich oder indirekt Fragezeichen gesetzt. Wäre es nicht eine Notwendigkeit, das einmal in Ergänzung des Buches »Christ sein« zu klären. Davon war ganz am Anfang die Rede auch unter Ihrem Punkt vier. Es ist notwendig, darauf einzugehen. Die Bischofskonferenz hat am 17. Februar 1975 gesagt: »Die normative Bedeutung der kirchlichen Glaubensentfaltung spielt in den von der Kongregation für die Glaubenslehre untersuchten, aber auch in den zuletzt erwähnten Schriften Professor Küngs eine zu geringe Rolle«. Und ich glaube, das trifft dann ebenso zu für die Frage des Johannes-Evangeliums. Ich stimme auch völlig zu, das reicht nicht aus. Das haben Sie ja eben vorher gesagt, und wird man dies auch anerkennen. Aber auf der anderen Seite ist die Frage: Hat es das Gewicht oder den Kontext oder könnte ein Weg gefunden werden, diesen Kontext in einem anderen Akzent zu verdeutlichen, damit das Ganze der Bibel zu Wort kommt. Von »funktional« war eben die Rede. Dann muß natürlich von der Gottessohnschaft die Rede sein. Und man wird an einer der wichtigsten Stellen der ganzen Auseinandersetzung die Frage stellen dürfen, ob es noch andere Titel gibt und wie es mit dem Gottessohn wirklich steht. ... Wie steht das

nun pastoral, wo führt das hin. ... Wenn diese Titel alle nur so funktional aussehen, dann ist ja Jesus Christus ein Geschäftsführer Gottes nach den heutigen Verhältnissen, aber er ist nicht eben selber Gott. Wo ist das nun »expressis verbis« gesagt? Kommt das genügend und gebührend zum Ausdruck? Hier hätte ich einen Vorschlag, wenn man das so konkret schon sagen darf, daß diese Dinge, diese Ambivalenzen und diese Überakzentuierungen zur Sprache kommen sollen und aufgeschlüsselt werden. Man muß auch verständlich machen, daß diese Dinge gesagt werden im Sinne einer Stellungnahme dazu. Wenn diese Stellungnahme von Ihnen – wir sprachen ja auch schon andernorts darüber miteinander – käme, dann glaube ich, könnten Ihre Intentionen und könnte diese normative Dimension der Glaubensformulierung endlich zusammengebracht werden. Denn sonst bleiben diese Fragen bestehen. Und sonst bleibt ein Defizit in diesen pastoralen Intentionen. Und das Defizit könnte dazu verführen, daß dann doch ein Jesus-Bild herauskommt, das wirklich nicht mehr das ganze biblische darstellt. Es ist also im Grunde genommen eine andere ...

Kardinal Volk:
Bitte

Professor Küng:
Ich darf auf beides vielleicht zusammen antworten. Also ein erstes. Herr Kardinal Höffner, ich bin froh, daß Sie das so genau angesehen haben. Man müßte wohl im einzelnen schauen, wo die einzelnen Dinge stehen. Wenn Sie zum Beispiel, den Satz von einer letztlich »unerklärlichen Gotteserfahrung« zitieren (Seite 380), so ist das vom *historischen* Jesus gesagt. Und dies ist eine ausgesprochene Annäherung an das Geheimnis, wenn Sie so wollen; es ist nicht einfach die eine Annäherung, sie ist im Kontext mit sehr vielen anderen gesagt. Und dazu soll nun also der Übergang gefunden werden zu dem, was die Gemeinde nachher über ihn als den *Erhöhten* sagt, was sehr viel mehr ist als dieses. Also dieses wäre in dem Sinn nur eine Voraussetzung. Also nur in diesem Sinn eine Präzisierung.
»Statisch«: Da kann ich Ihnen durchaus Recht geben. Selbstverständlich würde ich alles, was im Zusammenhang mit Gott

gesehen wird, als hoch »dynamisch« ansehen. ... Sie haben Recht, und ich habe das auch vorher schon zugegeben, daß ich funktional rede. Aber es läßt sich doch auch nicht übersehen, daß es eben um diese Einheit geht zwischen Jesus und dem Vater, und daß es in diesem Sinne nicht nur um Funktionen geht. Also ich würde zum Beispiel mich nicht richtig verstanden fühlen, wenn man das, was hier erst bei der Neuinterpretation im Bezug auf Unableitbarkeit usw. gesagt wird bezüglich der Gottessohnschaft, nicht ganz entscheidend sieht als die Explikation von dem Satz, der vorausgeht: nämlich daß da in Jesus Gott selber nahe war, tätig war und sich endgültig geoffenbart hat. Ob diese Einheit genügend betont ist, ob wir also so weit gehen können, heute von der neutestamentlichen Exegese her, wie das sehr oft nun getan wurde in der Dogmatik (vor allem im Gefolge dann dieser beiden Konzilien), das ist sicher eine Frage. Eindeutig ablehnen würde ich sicher die Art, die Vergleiche, die Frage (die Sie also eindeutig negativ beantworten würden), die Sie gestellt haben, ob etwa dasselbe in Franz von Assisi gewesen sein könnte. Ich könnte alle diese Aussagen von Franz von Assisi bei aller Bewunderung für Franz von Assisi natürlich nie machen, wie ich sie hier von Jesus mache. Ich würde nie aussagen, daß hier, in Franz von Assisi, der menschenfreundliche Gott wie in Christus selber gesprochen hat. Ich würde nie sagen, daß er in ihm gehandelt hat. Ich würde erst recht nicht das Definitive aussagen: Hier ist für mich etwas ein-für-allemal geschehen. Und ich habe, glaube ich, das ganze Buch hindurch deutlich gemacht, daß alles andre *nachher* nur noch im Glauben an *Ihn* weitergegeben werden kann. Nicht einfach, daß wir »mehr« in Christus haben könnten. – Auch über Paulus müßte man sprechen. Besonders erhellend erscheint mir jedoch einfach der Vergleich mit Mohammed. Das ist ja wohl der entscheidende Unterschied zwischen Islam und dem Christentum, daß eben gerade der Moslem nun diese Aussagen natürlich nicht machen würde von Jesus. Das Entscheidende für den Islam ist ja nun gerade nicht Mohammed, sondern natürlich der Koran! Also dort, wo bei uns die Christologie steht, dort wo bei uns die lebendige Person Jesu Christi steht für Gott und zwar in dieser Einheit mit Gott, das ist eben die Norm – und da steht eben im Islam das Buch! Das ist die eigentliche Offenbarung Gottes. Das ist also das, wonach sich auch Mohammed richten muß. Er *bringt* das Buch ja nur, im Grunde bringen es die Engel ihm. Das ist ja wohl auch der eigentliche Streit zwischen Moslems und Christen. Also: ich würde auf keinen Fall Jesus auf der Stufe von Mohammed sehen.

Über die Präexistenz müßte man vielleicht noch eigens reden, das wird ja wohl auch noch einmal angesprochen werden. Ich möchte es vielleicht mal einklammern, weil ich sonst ein klein wenig zu weit komme, und das vielleicht in der Antwort auf Bischof Moser auch noch etwas zu verdeutlichen versuchen: Die *pastorale Intention* kommt eben gerade in diesen Dingen zum Ausdruck. Da ist, glaube ich, die Frage noch offen, wer weiterkommt. Wobei ich immer, wenn ich sage »ich«, mich nie alleine meine; das sage ich ausdrücklich. Also ich glaube, daß ein schöner Teil der Predigt heute der jüngeren Generation, die also einfach mal Exegese gehört hat, sehr viel mehr in *dieser* Art predigt, als das, was einfach von der Zwei-Naturen-Lehre herkommt. Pastoral würde ich gerade meinen, wäre es eben auf diese Weise besser zu machen; jedenfalls war das meine Absicht. Ob sie gelungen ist, wird wohl auch erst die Geschichte zeigen. Letztlich also das, was sich da nun halten kann. Daß das Johannes-Evangelium in der Tat also deutlicher zur Geltung gebracht werden könnte, habe ich vorher schon gesagt. Das kann man sicher, hätte ich z. B. noch mehr Raum gehabt! Auch die architektonische Struktur erzwingt natürlich einiges; ich glaube jeder, der Bücher schreibt, weiß, wie schwierig es ist, einfach alles reinzubringen. Es war ja, glaube ich, ein anerkannt schwieriges Unternehmen, und irgendwo mußte ich dann auch einfach wieder einmal aufhören. Also das könnte natürlich im weiteren gemacht werden.

Ich glaube nicht, daß es sehr notwendig war, auf die *Verbindlichkeit* bezüglich der Konzilien eingehen zu müssen, und zwar deswegen, weil ich im Buch »Unfehlbar?« über die Verbindlichkeit wohl mit sehr großer Deutlichkeit geredet habe. Ich habe es eben auch sehr bedauert, daß man eigentlich auf die positiven Aspekte des Buches von seiten der Opponenten allzu wenig einging, mit der Zeit dann allerdings schon gemerkt hat, daß das ja also bejaht wird. Ich habe nicht die Verbindlichkeit in Zweifel gezogen, sondern die Frage der Unfehlbarkeit dieser Definition.

Das ist natürlich immer noch eine offene Frage. Und da kann ich nur sagen, ich bedauere eben, daß von seiten des Lehramtes bisher eigentlich doch wenig mehr getan wurde als Dokumente, die mir natürlich auch bekannt sind, zu wiederholen. Und im Grunde sind auch meine Kollegen seit der großen Antwort, die ich gegeben habe im Bilanz-Band »Fehlbar?«, nicht weiter auf die Frage mehr eingegangen. Es hat kein einziger noch einmal zu diesem Band Stellung genommen. Da hätte man wohl sehen können, daß es mir nicht darum geht, dem Lehramt seine Tätigkeit heute zu verunmöglichen. Meine Kritik ist zu einem schönen Teil sogar die, daß sie eigentlich zu wenig im konstruktiven Sinne wahrgenommen wird. Dies würde ich sowohl bezüglich Rom wie bezüglich der Bischofskonferenzen sagen: daß man eigentlich viel mehr positive und hilfreiche Verkündigung und in diesem Sinn lehramtliche Ausübung erwarten würde. Dagegen habe ich nicht nur nichts, sondern das wünsche ich mir. Wobei ich auch deutlich zum Ausdruck gebracht habe, daß ich gar nichts dagegen habe, daß man natürlich »in extremis« und dann, wenn es wirklich notwendig ist, auch Abgrenzungen vornimmt. Ich habe deutlich bezüglich der Verbindlichkeit *zwei Gattungen* unterschieden: Ich habe bejaht, daß die *Glaubenssymbola* ernst zu nehmen sind! Ich habe das ganze Semester jetzt die Hauptvorlesung immerhin über das Apostolische Glaubensbekenntnis gehalten, bin zur Zeit also bei der Himmelfahrt. Und ich habe bejaht, daß auch *Glaubensdefinitionen* – nicht nur also Zusammenfassungen, sondern auch Abgrenzungen – nicht nur möglich, sondern unter Umständen auch wünschenswert sind. Ich bin sogar weitergegangen als Karl Rahner in dem Punkt, der meint, das sei heute nicht mehr möglich; die Dinge seien zu kompliziert geworden. Ich bin der Meinung, sie sind nicht zu kompliziert geworden, vor allem wenn es wirklich in irgendeiner Frage um den »Articulus stantis et cadentis ecclesiae« geht. Dann kann dies natürlich gemacht werden. Ich würde nur meinen, daß man dann das auf das Vertrauen gründen muß, nämlich auf das gläubige Vertrauen zu dem, was jetzt wirklich der Geist Gottes spricht ... Aber das sind ja dann weitere Fragen. Also die Verbindlichkeit bejahe ich.
Die Schwierigkeiten fangen ja im Grunde erst an, wo eben also nun interpretiert werden muß. Interpretieren, Herr Kardinal

Höffner, das erwähnen Sie auch, muß ja heute jeder. Ich meine, Sie interpretieren auch die *Soziallehre* der Päpste. Und wenn ich Sie fragen würde, was Sie also von gewissen Sozialdokumenten, also von gewissen Äußerungen etwa in diesem Bereich von Päpsten der ersten Hälfte des 19. Jahrhunderts halten, würden Sie wohl also auch recht differenzierte Antworten geben. Wir haben also, ich will mal sagen, sehr viel weniger Schwierigkeiten mit Leo XIII. als mit all dem, was vorher war. Und wir haben auch darum im *dogmatischen* Bereich natürlich Dinge, die uns leichter fallen, und andere, die uns weniger leicht fallen. Und ich versuche hier, eben mal das Beste daraus zu machen. Würde ich einfach ein Dogmenstürmer sein, würde ich wohl ganz anders vorgehen. Dann würde ich die Sachen ins Lächerliche ziehen oder würde, ich weiß nicht was machen. Das tue ich nicht. Ich meine, ich sage meine Kritik sehr ernsthaft, aber ich trage sie nicht lächerlich vor. Ich zeige die Probleme auf und versuche positive Lösungen zu geben. Wieweit es im einzelnen gelingt, das kann ich selber als Partei nicht beurteilen. Ich würde die Anfrage, die Herr Bischof Moser an mich also gerichtet hat, durchaus positiv aufnehmen. Ich gedenke selbstverständlich hier weiter zu arbeiten. Ich möchte aber doch auch die Kollegen dann doch bitten – und gerade auch jene, die jetzt also nicht anwesend sind – mitzuarbeiten . . .

Kardinal Höffner:
Ich würde nochmals sagen . . .

Professor Küng:
Darf ich nur noch den Satz zu Ende sprechen?

Kardinal Höffner:
Für mich war es aber doch fast erschreckend gerade an diesem Punkt. Wenn ich nun das ganze Buch durchsehe und frage mich, wo ist denn hier das »Genitum non factum« ausgesagt, und wenn ich dann fast mit Erschrecken sagen sollte, ich finde das nicht, sondern nur die Funktionen, aber die Funktionen sind noch nicht dasselbe wie das andere . . .
Wir können von Mohammed wohl sagen, er ist beauftragter, bevollmächtigter Sprecher, Botschafter, Vertrauter und Freund Al-

lahs gewesen. Ich kann auch sagen, die Liebe Gottes ist in Franz von Assisi geoffenbart worden. Das hat mich doch erschreckt. Dies muß man doch als Bischof finden vor diesem Bekenntnis. Das andere, daß man selbstverständlich kirchliche Erlasse und Verlautbarungen im sozialen Bereich auch nach 1850 und manchmal 1870 auch noch interpretieren kann, ist wohl klar?

Kardinal Volk:
Lehmann hat sich gemeldet.

Professor Küng:
Darf ich vielleicht nur ganz kurz ebenso kurz antworten? Das »Genitum non factum« habe ich natürlich dargestellt, wo ich von der Gottessohnschaft rede. Diese Formel will nichts anderes ausdrücken als die Gottessohnschaft. Wie die Gottessohnschaft wieder verstanden werden muß, ist eben eine Frage, nicht wahr? Das ganze Problem ist: Wie ist Gottessohnschaft zu verstehen? Da sieht man eben schon im Neuen Testament selber eine Entwicklung. Und da versuchte ich mehr vom Alten Testament her, wie es sicher in der Gemeinde ursprünglich verstanden wurde, dies zu interpretieren. Dies würde ich als Antwort geben. Das »Genitum non factum« ist eben die Frage der Gottessohnschaft. Ob meine Antwort ausreicht, ist eine Frage, aber ich würde sicher nicht sagen, die Sache sei selbst nicht da.

Kardinal Volk:
Lehmann

Bischof Moser:
Ja, ich will da noch mal einhaken, Entschuldigung. Seite 440 nochmal. Da ist ja von der Einzigartigkeit, Unableitbarkeit, Unüberbietbarkeit die Rede. Das kann man im Zusammenhang meinetwegen mit dem heiligen Franziskus auch sagen. Aber auf der anderen Seite geht's nun weiter, des »Anrufs« und »Anspruchs«, *»der letztlich ... göttlichen Ursprungs ist und deshalb absolut verläßlich die Menschen unbedingt angeht«*. Das steht im obersten Abschnitt. Wenn ich da nochmal fragen darf: Warum wird denn nicht einfach irgendein Satz oder eine Begründung gesagt – im Nebensatz meinetwegen sogar – mit der Aussage:

Denn er ist Gott selber in Person? Dann wäre das, was wir hier diskutieren, gesagt. Das ist unser Dilemma, daß das nur auf den Anspruch und auf den Anruf hin gesagt ist, der göttlichen Ursprungs ist. Ich wollte das nur an einer Stelle verdeutlichen, woher die Frage kommt.

Kardinal Volk:
Professor Lehmann

Professor Lehmann:
Ja, ich möchte an dieser Stelle ein wenig weiterbohren. Wir sind sicher einig, daß also eine sogenannte »funktionale« Betrachtung der Christologie zunächst völlig legitim ist und daß sie auch in pastoraler Hinsicht sehr viele positive Möglichkeiten bringt. Man kann gerade das Heilswerk Jesu und vieles andere von daher, ich würde auch sagen, besser zur Geltung bringen. Daß eigentlich so wenig das Christusbekenntnis gepredigt worden ist, das hängt sicher eben mit der Schwierigkeit der »praktischen« Christologie zusammen, ebenso die Krise, in der wir sind. Ich habe aber ein bißchen Scheu, hier das Wort »funktional« zu gebrauchen, und zwar aus mehreren Gründen: Einmal gibt es zur Zeit des Neuen Testaments und auch lange danach natürlich nicht den zugespitzten Sinn von »funktional« im Unterschied zu »ontologisch«. Wir tragen eine Kategorie in das Neue Testament hinein, die man nur sehr vorsichtig gebrauchen darf. Ich kann als erste Kennzeichnung selbstverständlich das Wort »funktional« anwenden; wenn ich z. B. das Wirken Jesu in seiner Bedeutung zum Ausdruck bringen und wenn ich mehr von – sagen wir nicht »ontologischen« – sondern von rein »statischen« Konzepten abheben möchte. Aber ich halte es nicht für gut, wenn man jetzt statt »statisch« (in sich vieldeutig!) nun »ontologisch« einsetzt. Denn auch das hat Herr Küng ja also mit dankenswerter Deutlichkeit vorher gesagt, »agere sequitur esse«! Das hat dann aber natürlich erhebliche Konsequenzen! Dies bedeutet, daß auch hinter Funktionsaussagen, die Ist-Aussagen sind, eine Ontologie steht. Und an dieser Stelle muß man, glaube ich, jetzt auch die alte kirchliche Christologie etwas genauer betrachten.
Ich finde sehr viele Formulierungen in Küngs Buch ausgezeich-

net, in gewisser Weise faszinierend, aber ich frage mich, warum die christologischen Aussagen dann einfach plötzlich abbrechen. Also etwa der berühmte Satz auf Seite 380: »Ohne alle Titel und Ämter erschien er in seinem ganzen Tun und Reden als ein Sachwalter im ganz existentiellen Sinn: als persönlicher Botschafter, Treuhänder, ja Vertrauter und Freund Gottes. Er lebte, litt und kämpfte aus einer letztlich unerklärlichen Gotteserfahrung, Gottesgegenwart, Gottesgewißheit, ja aus einer eigentümlichen Einheit mit Gott heraus, die ihn Gott als seinen Vater anreden ließ. Daß man ihn in der Gemeinde wohl zunächst »den Sohn« nannte, dürfte einfach der Widerschein sein, der vom verkündeten Vater-Gott auf sein Antlitz fiel.« Und da frage ich mich jetzt nun, kann und darf ich eigentlich in der Interpretation der *konkreten Form dieser Einheit* ausschließlich in den Kategorien des Sich-Manifestierens, des Sich-Offenbarens, des Sichtbarwerdens, des Stellvertretens bleiben? Ich sage natürlich nicht, diese Aussagen seien falsch. Sie sind sogar hilfreich. Aber die Frage ist, ob es es dabei eigentlich sein Bewenden haben kann. Da gibt meines Erachtens die klassische Christologie eben einen unüberhörbaren Hinweis, daß da noch eine weitere Dimension zu lehren ist. Natürlich werde ich auch mit Herrn Küng sagen, daß die klassischen Aussagen interpretiert werden müssen. Da sind wir uns sicher bewußt, daß die klassische Christologie mehr im Anhalt an physische, materielle Dinge gedacht und gesprochen hat. Modell war eher die »Vorhandenheit« von Dingen als mehr personale Kategorien. Deswegen ist die Kategorie »physisch« hier ohne nähere Auslegung durchaus problematisch. Aber etwas – und darauf kommt es an – kommt darin zum Ausdruck, was wir auch stets in anderen Denkweisen festhalten müssen. Und das ist eben die Antwort auf die Frage, wie ist diese *Form der Einheit* näher zu erklären. Ganz kurz: 1. Es gibt hier eine *unwiderrufliche* Einheit, jenseits »nur« des Bewußtseins. 2. Darum genügt eben im Grunde nicht die Frage der Unüberbietbarkeit des Anspruchs, sondern es geht um die Frage: Gibt es eben auch die Einzigartigkeit, Unableitbarkeit, Unüberbietbarkeit *der Person,* und zwar prinzipiell, nicht nur in der Perspektive einer faktisch vergleichenden Religionsgeschichte, so wichtig und unentbehrlich diese ist? Gibt es einen Grund für diese *prinzipielle Unableitbarkeit, Einzigartigkeit der*

Person? Man könnte das in der Formulierung von Herrn Küng »letztlich ... göttlichen Ursprungs« (Seite 440) herauslesen, aber warum fehlt hier die Verdeutlichung dessen, was »hypostatische Union« in der Sache meint? Mit dem Etikett »statisch« antwortet man darauf nicht. Es geht doch um eine nicht mehr auflösbare Einheit, die auch nicht nur – das ist kein Vorwurf an Herrn Küng – die nicht nur aktualistisch gedeutet werden kann, oder die man eben letztlich ungeklärt wieder versinken läßt.
Hier geht es nicht »nur« um Nicäa und Chalkedon, sondern auch und gerade um die Schrift. Es ist eindrucksvoll, daß es am Anfang des Johannes-Evangeliums heißt: »Am Anfang war das Wort und das Wort war bei Gott und *das Wort war Gott.*« Diese Aussage »war Gott«, d. h. ist Gott, mit der man sicher vorsichtig sein muß, diese fehlt z. B. im ganzen Buch »Christ sein«. Weiter: Und das Johannes-Evangelium, darauf hat R. Schnakkenburg aufmerksam gemacht, hat wahrscheinlich nicht ganz zufällig am Ende des 20. Kapitels (offenbar der ursprüngliche Schluß) im Thomas-Bekenntnis dann nochmal einen solchen Hinweis: »Mein Herr und *mein Gott*«. Das Evangelium schließt offensichtlich mit kompositorischer Absicht, soweit man so etwas feststellen kann, um das Ganze eine theologische Klammer. Und ich kann also nur bedauern, daß Küngs Buch sich mit dieser zentralen Struktur und mit diesen Texten eigentlich nicht auseinandersetzt. Und hier ist der Punkt, wo für mich weder die biblische noch die klassische Christologie an einigen Punkten im Buch genügend aufgearbeitet ist.
Ich gebe gerne zu, daß hier in der Theologie, also auch außerhalb des Buches von Hans Küng, zur Verdeutlichung der Interpretation noch nicht das Nötige getan worden ist. Es ist also die Aufgabe von uns allen. Aber manchmal frage ich mich: Muß man nicht da oder dort, wo man etwas – vielleicht jetzt – noch nicht bewältigt hat, vielleicht zunächst »ohnmächtig« doch das eine oder andere Dokument einfach wiederholen? Muß man nicht sich und anderen in Erinnerung rufen, daß hier etwas noch unabgegolten ist? Und ich meine auch, daß der Praxis des Lehramtes von daher ein gewisser Sinn zukommt – um auf die Sache von vorhin zurückzukommen –, durch Zitieren durchaus wohlbekannter Dokumente an etwas zu erinnern, was als Aufgabe nun *vor uns* ist. An dieser Stelle – ich will das nicht verlän-

gern – glaube ich, daß angefangen von der Begrifflichkeit »funktional«, »ontologisch« usw. bis zu der genauen Zielbestimmung der christologischen Einheit (was ist das für eine Ist-Aussage?) in dem Buch nach meinem Gefühl eine schwebende Unbestimmtheit bleibt. Für mich ist darum ein echtes Gespräch notwendig, weil ich bis jetzt noch glaube, daß es eine positive Unbestimmtheit ist. Diese läßt sich wohl ergänzen. Ich würde nicht einfachhin sagen: Das ist schon ein geschlossenes System, das nicht mehr ergänzbar ist. Aber dann muß es auch ergänzt werden. Und da wäre einfach auch für mein theologisches Interesse die Frage: Sehen Sie, Herr Küng, hier eine Möglichkeit, Dinge zu verdeutlichen, damit – von Ihnen her gesehen – »Mißverständnisse« auf die Dauer und bald ausgeschlossen werden können? Dies sind meine Fragen.

Professor Neumann:
Ja, ich wollte vielleicht nur auf eines hinweisen. Man darf, glaube ich, die verschiedenen Schichten in Küngs Buch nicht einfach voneinander ablösen und etwa Zitate aus einzelnen Schichten gleichwertig nebeneinanderstellen. Wenn vorhin vor allen Dingen zitiert wurde, was Herr Küng über den geschichtlichen, historischen Jesus sagt, da muß man auch anderes hinzunehmen – entschuldigen Sie, wenn ich hier überhaupt als Nicht-Exeget in das Gespräch eingreife –, aber es ist vor allen Dingen von Bischof Moser ja auch die normative Festlegung angesprochen worden. Und für Normen fühle ich mich in etwa mit verantwortlich. Da meine ich, daß Herr Küng zum Beispiel unter »Deutungen«, also wo er das theologische Resümee zieht (Seite 432), etwa sagt, daß auf dem Höhepunkt dieser fortschreitenden Offenbarung und Erziehung des Menschengeschlechts ... es sich ereignet: »Gott tritt selber in seinem Sohn und Logos in die Welt ein und nimmt eine Menschennatur an«. Ich meine, hier sagt er dann: »Definitiv« wird »der Mensch aus Finsternis, Irrtum und Tod befreit«, »um auf diese Weise zu Gott zu gelangen«. Ich glaube also, daß in der theologischen Deutung manches steht, was er bei der eingängigen Analyse des Historischen ausgelassen hat. Und ich glaube, auch dieses Buch will wie die Hl. Schrift mehr sagen und es mag sein, daß vielleicht in dem Buch zu wenig auf das Johannes-Evangelium und – wie Herr

Lehmann gesagt hat – auf die so umfassende Klammer zwischen Joh 1 und dem Schluß des Johannes-Evangeliums geachtet worden ist. Die Aussagen sind in sich, so glaube ich, dennoch vorhanden.

Professor Küng:
Ja, darf ich (Kardinal Volk: bitte) gleich auch darauf antworten? Also zwischen dem, was Herr Lehmann sagt und dem, was ich sage, ist jedenfalls, glaube ich, sehr vieles an Übereinstimmung festzustellen. Also ich teile etwa zum Beispiel die Bedenken bezüglich des Terminus »funktional«. Man gebraucht eben nun einmal welche, nicht wahr? Ich habe an verschiedenen Stellen immer wieder gesagt, daß es mir *nicht* auf die Termini ankommt. Es wurde mir jetzt etwa in Irland von einem Kollegen gesagt, ob man nicht besser »relational« gesagt hätte, ob ich das auch sagen könnte; da sagte ich: ja, selbstverständlich das könnte ich auch sagen. Im Deutschen sehen wir wieder etwas wenig, allzu wenig dahinter, man müßte das wieder sehr lange erklären. Das Wort »funktional« habe ich auch nicht erfunden, ich habe es übernommen. Ich sehe es, wie ich es schon sagte, nicht eigentlich im Gegensatz zu »wirklich«, wohl aber zu »ontologisch«. Gerade da sind, glaube ich, viele Mißverständnisse, als ob das dann nicht seinshaft wäre. Ich verstehe das natürlich auch als eine Wirklichkeit. Nur also, ich kann es vielleicht so erklären, es ist ein sehr großer Unterschied, ob ich eine Christologie mache mit einem griechischen Wesensbegriff, das sehen Sie ja in der Zwei-Naturen-Lehre, *oder* ob ich mehr in Termini des Geschehens rede. Ich würde natürlich gerade im Sinne der vorher betonten Dynamik wahrhaftig nicht meinen, dies wäre dann weniger wirklich. Das kann ja im Gegenteil noch wirklicher sein. Aber also insofern scheint es mir schon sehr wichtig zu sein: daß man nicht etwa das Wort »funktional« schwach interpretiert. Es ist eben einmal ausgedrückt, um einen Unterschied darzustellen, man könnte auch sagen: den Unterschied zwischen einer Wesens- und einer Geschehenschristologie. Aber ich würde weiterhin dann von dorther auch die Wirklichkeit unterstreichen. Wenn etwa eben Seite 380 zitiert wurde – das ist schon wesentlich die Stelle, die Herr Kardinal Höffner auch schon genannt hat – dann muß man unbedingt, wenn man es

nicht wirklich grundlegend mißverstehen will, die Seite 381 dazunehmen. Die Seite 381 ist ja nur der Versuch, aufgrund dessen was in der Exegese erarbeitet wurde, deutlich zu machen, wie man eigentlich dazu kam, diese Titel von Jesus zu gebrauchen, z. B. Gottessohn. Das ist ein schwieriges Problem, dies gibt jedermann zu, und das habe ich hier versucht. Aber wenn gefragt wurde, ob man das nicht weiterführen kann, dann würde ich sagen: Ja, selbstverständlich kann man das und man muß es auch weiterführen. Nicht wahr, ich sage, im 2. Abschnitt auf S. 381: Erst jetzt nach der Auferweckung wurde er als der Menschen- und Gottessohn erkannt, Menschensohn auch im Sinn des Hoheitstitels und nicht nur Niedrigkeitstitels, wie es eben in der Schrift ist. »Erst jetzt wurde er als der Menschen- und Gottessohn erkannt, als der Erlöser und Versöhner, als der einzige Mittler und Hohepriester des Neuen Bundes zwischen Gott und den Menschen, ja als der Weg, die Wahrheit und das Leben Gottes für die Menschen«. (S. 381) Also das sage ich natürlich auch. Und ich sage es ja nun nicht etwa nur als »Deutung« oder als Meinung von anderen, sondern das ist meine eigene Aussage. Herr Neumann sagt ja auch mit Recht, daß ich dann also noch versuche, einiges doch auch an diesen weiteren ...

Kardinal Höffner:
Vielleicht kann ich da – ich habe das etwas anders gelesen – den Text anführen, den Sie jetzt hier auch erwähnten. Auf S. 432 steht in der Tat: »Gott tritt selber in seinem Sohn und Logos in die Welt ein«. Aber dieser Satz ist doch im Zusammenhang des ganzen Abschnitts zu deuten. Da erklärt Prof. Küng, in der griechischen Theologie werde das gesagt. Aber er identifiziert sich selber noch lange nicht damit, denn im nächsten Abschnitt sagt er dann (vgl. S. 432): Das ist zwar großartig, aber zugleich ist diese Theorie »eine mit zahlreichen Negativa erkaufte Hellenisierung der christlichen Botschaft von Erlösung und Befreiung«. Also das kann man nicht ohne weiteres als Meinung Professor Küngs zitieren – Sie (= Prof. Neumann) stellen es nicht ohne weiteres so dar. Sonst hätte ich mich gefreut! Dann hätte ich gesagt: *Eine* Stelle ist da in den 680 Seiten! Also Sie müssen mich verstehen: Ich habe als Bischof das Buch gelesen und habe von Seite zu Seite gesucht, wo steht das nun. Und dann kam

ich zu dieser Stelle; da bin ich auch nicht zufrieden gewesen; das habe ich selbstverständlich gelesen, aber ich habe es im ganzen Zusammenhang gelesen. Es ist wieder nicht *Ihre* (= Prof. Küng) Meinung.

Professor Küng:
Also das kann und will ich offen sagen. Ich melde bezüglich der Formulierung meine Reserven an. Das ist sicher. Ich kann das auch gleich noch deutlicher machen, wenn ich die Frage von Herrn Lehmann noch weiter beantworten werde. Also nun zu den Kategorien des Stellvertreters usw. – da sage ich ja übrigens auch noch mehr: Ich nehme ja auch die Gottessohnschaft hier deutlich dazu. Ich bin sehr froh, daß Sie, Herr Lehmann, noch deutlicher und direkt gesagt haben, man müsse auch von der Unableitbarkeit der Person (gemeint: nicht nur des Anspruchs) reden. Dies würde ich ohne weiteres unterschreiben. Deswegen habe ich schon vorher gesagt: dieser Satz ist ja nur der Nachsatz zu dem, was vorher eben gesagt wurde. Also selbstverständlich meine ich das. Denn was soll der Anspruch, wenn der nicht in der Person verkörpert ist. (Kardinal Höffner: Ja, man müßte es sagen! Ja, wenn das ...)

Kardinal Höffner:
Das sagen die Muslim wieder von Mohammed und dem Anspruch, den er verkündigt hat. Der Anspruch, der im Koran steht, ist unableitbar. Es gibt keinen Menschen vorher, keinen nachher, der so von Gott gesandt ist wie er.

Professor Küng:
Nein, aber Mohammed – um das noch einmal deutlich zu sagen, und darüber habe ich mich wirklich auch mit Moslems unterhalten – ist ja für die Muslim im Grunde als Person gar nichts. Nicht wahr, Mohammed wird in diesem Sinne nicht als Vorbild hingestellt. Mit aller wünschenswerten Deutlichkeit habe ich wohl auch gezeigt: Der Tod ist ja nur gerade die Spitze dessen, daß die Person im Grunde nichts bedeutet. [Gibt nach Tonbandnachschrift keinen Sinn] Es wird von daher ...

Kardinal Volk:
Ich schlage vor, daß wir nicht über Mohammed reden, uns interessiert der katholische Glauben, und nicht Mohammed.

Professor Küng:
Ja, da bin ich auch ganz Ihrer Meinung. Aber Sie sehen, ich hätte etwa in diesem Satz hier (vgl. S. 440) diese Aussage von der Unableitbarkeit *der Person* hineinschreiben können. Ich habe jetzt erst, wo das so zitiert wurde, gemerkt, daß man es vielleicht wirklich minimalistisch interpretieren könnte. Aber das tue ich nicht. Ich verstehe das vom Vorsatz (vgl. S. 440 oben) her; ich dachte, *dieser* sei so deutlich, daß es klar ist. Ich habe es deswegen so gesagt, weil eben diese Termini und diese Vorstellung im Zusammenhang mit *Ursprung* gebraucht werden. Deswegen habe ich hier die Unableitbarkeit des Ursprungs genannt, nicht wahr? Aber ich habe gar keine Hemmungen, dies auch von der Unableitbarkeit der Person zu sagen. Diese Trennung von Handeln und Sein überhaupt könnte ich von vornherein und grundsätzlich nicht akzeptieren.
Ein weiteres, wo ich auch ohne weiteres zustimmen kann: nämlich daß es hier um eine unauflösbare Einheit geht. Dies ist natürlich nicht nur eine rein akzidentelle oder aktualistisch zu verstehende Einheit, es ist eine unauflösbare Einheit. Und alles, was ja nun mit dem »ephapax« (ein für allemal) gemeint ist, was von mir verschiedentlich unterstrichen wird, ist mitgemeint. Nicht wahr – und da würde ich eben sagen: gut, wer es besser sagen kann, der sage es! Die Schwierigkeiten fangen eigentlich – und dies sage ich ganz offen und gebe es durchaus zu (Herr Kardinal Höffner und Herr Bischof Moser haben denselben Punkt angesprochen) – an, wo nun einfach gesagt wird: Jesus ist Gott. Dies würde ich zwar nicht einfach leugnen, es ist nirgendwo geleugnet. Aber ich würde mich immerhin darauf berufen, daß nun – wenn ich das Ganze der Schrift sehe und nun vom synoptischen Jesus her denke – Jesus selber eben der *Sohn* Gottes genannt wird und daß außerhalb des Johannes-Evangeliums nur in einigen relativ späten, hellenistisch beeinflußten Ausnahmefällen Jesus direkt als Gott bezeichnet wird. Die Hemmungen kommen ja daher, daß – wie ja auch von anderen Theologen betont wird – ein Großteil der praktischen Frömmig-

keit (insofern sehe ich auch das pastorale Anliegen dahinter) im Grunde »monophysitisch« ist. Karl Rahner war wohl der erste, der dies so deutlich ausgesprochen hat. Das sind die Hemmungen. Und dies ist auch schon gegen mich zitiert worden, daß ich (nicht) sage: da, am Kreuze, hängt Gott. Also, so einfach ist dies natürlich nicht: Am Kreuz hing der *Sohn* Gottes. Sonst kommen wir in Dinge rein, gegen die ich jetzt auch Stellung genommen habe, etwa zu Moltmann, der dann überhaupt im Grunde nur noch den »gekreuzigten Gott« sieht und meines Erachtens da in Schwierigkeiten kommt, wer denn da noch auferweckt hat. ... [Gott sich selbst wie in Hegels Dialektik?]
Wenn er dies so machen will, daß Gott sich dialektisch eben zu sich selber verhält, dann sind wir in der »Notwendigkeit«; die ist auch wieder dogmatisch nicht haltbar. Also: Die Probleme kommen einfach daher.
Ich habe immer in diesem Sinne vom *»Sohn«* Gottes geredet, weil mir auch nach klassischer Trinitätslehre immer daran liegt, daß dieser *»Unterschied«* deutlich gemacht wird. Und ich sehe eine Menge von Mißverständnissen bei Gläubigen und natürlich auch bei Ungläubigen, die nun einfach meinen, das sei für sie ein Mythologem, das von uns verlangt wird. Ich mache darauf aufmerksam – und ich bin ganz wesentlich in diesem Punkt von Josef Andreas Jungmann beeinflußt worden –, daß im Gefolge der antiarianischen Frontstellung die Liturgie, glücklicherweise nicht die gesamte, im Grunde die germanische Liturgie, die fränkische Liturgie, da eingeschwenkt ist, wie er ausdrücklich sagt: Die ganze Bekehrung geschieht eigentlich vom Gott Wotan zum Gott Jesus oder ähnlich. Und er sah – das ist im Grunde schade, daß man nicht die klassische Form der lateinischen Oration festgehalten hat: Gebete an den Vater, *per* dominum nostrum Jesum Christum *in* spiritu sancto. Er macht in diesem Sinne auch das gloria patri *et* filio *et* spiritu sancto deutlich; dies kommt alles auch mit hinein. Meine Intention in diesen Dingen ist es, die ursprünglichen Relationen wieder deutlich zu machen und in diesem Sinn eben den Vater *durch* den Sohn *im* Geist herauszustellen. Dies wäre auch schon etwas im Bezug auf die Trinitätslehre, die hier immer im Spiele ist und die zu leugnen mir gar nicht einfällt. Mir liegt eben daran, daß dies alles von der Schrift her ursprünglich deutlich gemacht

wird. Und mir scheinen in diesem Sinne eben die eigentlichen Aussagen verständlicher zu sein als das, was sehr oft nachher daraus geworden ist.
Ich möchte ja nur soviel sagen, daß das [nicht] die vollkommene Antwort ist: Die Ergänzbarkeit, die Karl Lehmann gerade am Schluß gefordert hat, diese bejahe ich sehr. Ich meine und vermute auch selber mehr sagen zu können, wenn ich mich noch einmal in diese Dinge »hineinknie«, was ich früher oder später sicher tun werde. Dies ist einfach eine Frage auch der Zeit und – ich meine – auch der gemeinsamen Forschung der Theologen. Wenn da mehr gesagt werden kann, bin ich der letzte, der sich verschließt. Und es gibt, was eben von Lehmann mit gutem Recht betont worden ist, kein geschlossenes System. Dies gilt für alle Fragen. Ich habe dies immer abgelehnt. Es macht zum Beispiel gar nichts, verändert für meine Konzeption nichts Wesentliches, kann im Gegenteil diese nur verdeutlichen, wenn man z. B. in christologischen Spitzenaussagen über Präexistenz, Gottessohnschaft oder anderes weiterkommt. Ich meine, dies kann ich – von mir her gesehen – nur bejahen. Es wäre etwas ganz anderes, wenn ich hier also Tore geschlossen und gesagt hätte, dies kommt überhaupt nicht in Frage oder, wenn ich grundsätzlich [dagegen] Stellung genommen hätte. Es gibt ja in dieser Hinsicht genügend Theologen, protestantische jedenfalls (und die Katholiken sagen es nicht immer!), bezüglich bestimmter Aussagen z. B. bezüglich des »vere Deus«. Hätte ich gesagt, dies kommt überhaupt nicht in Frage, dann müßte man sagen: Na ja, der ist festgelegt. Ich bin in diesen Fragen nicht festgelegt. Und ich habe genügend gezeigt, daß ich bei jedem Buch soviel dazu gelernt habe, daß ich auch hoffe, in Zukunft nicht stehen zu bleiben.

Kardinal Höffner:
Nun wäre es ja wichtig, was das konkret bedeuten würde. Sie würden ja uns auch eine Sorge abnehmen.

Professor Küng:
Ja, konkret bedeutet das für mich (Kardinal Höffner: Wie das geschehen könnte), also konkret bedeutet das für mich, das kann ich schon sehr genau sagen: Einer der Beiträge, der mir in

der Diskussion am meisten Eindruck gemacht hat (der relativ scharfe Aussagen macht, aber dagegen hätte ich gar nichts gehabt), ist der von Helmut Riedlinger, der in der Zeitschrift »Theologie und Philosophie« erschienen ist (51. Jg., 1976, 185–195). Er hat die Methode der »radikalen Rationalität«, so bezeichnet er sie, untersucht. Da ist also einerseits, glaube ich, ein ganz ungewöhnliches Ausmaß anerkannt, was an Leistungen in diesem Buch derbracht ist. Diese Neidlosigkeit – dies muß ich sagen – ist in deutscher Theologie selten, nicht in der amerikanischen und nicht in der französischen. Schon deswegen ist einfach eine andere Basis da. Das muß ich sagen, damit es also auch richtig verstanden wird. Auch Karl Lehmann hat, glaube ich, Worte der Anerkennung gefunden, die einem trockenen Herzen wie dem meinen dann natürlich auch gut tun. Aber Riedlinger hat das nun sehr deutlich zum Ausdruck gebracht, was da nun faktisch geleistet wurde, um natürlich von dorther nun auch in aller Schärfe die Anfragen zu stellen. Ich würde mich wahrhaftig diesen Fragen nicht verschließen. Ich würde es nicht ganz richtig finden, die Methode einfach von vornherein als »radikale Rationalität« zu bezeichnen. Ich habe den Ausdruck in einem sehr spezifischen Zusammenhang gebraucht, nämlich im Zusammenhang mit der Gottesfrage und in der Auseinandersetzung mit dem kritischen Rationalismus und ähnlichen Tendenzen. Ich habe diesen Begriff in der Christologie nicht – soviel ich mich erinnere – in gleichem Ausmaß gebraucht. Aber gut, die Fragen sind da. Ich meine, daß er (= Riedlinger) recht hat, wenn er hier *und* da die Komplexität der Fragen und das Ganze in der nun eben seit langem anstehenden Frage nach dem Verhältnis von *Vernunft und Glaube* aufzeigt. Denn man merkt es, ob man an die Gottessohnschaft, ob man an die Präexistenz und an all das herankommt: Immer ist es die Frage, wie sich Glaube und Vernunft verhalten! Und das ist einfach meines Erachtens eine Frage, die seit dem Mittelalter ansteht, nachdem vor allem Thomas von Aquin diese Lösung für damals in maßgebender Weise erreicht hatte. Diese Synthese ist ja dann im Gefolge der Neuzeit, vor allem mit Descartes und den Folgen in Frage gestellt worden. Das würde heute auch niemand bestreiten. Und mir persönlich scheint das Dringendste zu sein, und ich meine auch, der Debatte selber am meisten voranzuhelfen, wenn ich diese Frage aufgreife, die mich schon seit meiner römischen Studienzeit beschäftigt, mich anderswo weitergetrieben hat und die ich auch hier schon in meiner ersten Tübinger Vorlesung über Glaube und Wissen (damals als Fundamentaltheologe) behandelt habe. Mein Plan ist es – und es ist nicht nur ein Plan, sondern er ist auch schon sehr weit gediehen – diese Frage von Vernunft und Glaube nun ex professo zu behandeln, dabei die Gottesfrage neu darzulegen und von dorther einen Hintergrund zu bieten, von wo aus vermutlich auch die Christologie wieder besser gesehen werden könnte. Ich kann hier nicht – um keinen falschen Eindruck zu erwecken – kirchliche Positionen, traditionell theologische Positionen vor aller Kritik verschonen. Aber der Schwerpunkt des Ganzen wird wohl derartig auf die Auseinandersetzung mit der Religionskritik verlagert sein, daß eben von dorther vermutlich einiges hoffentlich mit Freuden akzeptiert werden kann, auch von seiten des Lehramtes. Denn ich glaube nicht, daß es bisher eine solche Auseinandersetzung mit Feuerbach, Marx, Freud und Nietzsche gibt, und eben ein Aufarbeiten der Problematik seit Descartes, wie ich es jedenfalls nicht nur beabsichtige, sondern bisher doch in 5 von 7 Kapiteln fertig habe. Ich hoffe, in diesem Jahr fertig zu werden, vorausgesetzt, daß ich alles gesundheitlich durchhalte und auch die sonstige Beanspruchung nicht zu groß wird. Ich möchte auch – das darf ich vielleicht hier auch sagen – bei der großen akademischen Festrede zur 500-Jahr-Feier der Universität Tübingen die Gelegenheit nicht für kirchenpolitische Zwecke oder anderes nützen, sondern ich möchte wirklich die Frage behandeln, was heute die Wirklichkeit Gottes für die Wissenschaft und die Wissenschaften der heutigen Universität bedeutet. Insofern kann ich nur sagen: dies ist jedenfalls das, was ich leisten kann. Ich werde hoffentlich bis zum Universitätsjubiläum fertig werden mit den Dingen. Ich muß mich allerdings sehr anstrengen und hoffe, auch in der christologischen Frage mindestens noch eine Verdeutlichung machen zu können, insofern am Schluß des Buches doch auch noch einmal die Frage nach dem Gott der Philosophen und nach dem Gott Jesu Christi behandelt wird. Wie weit ich komme, das weiß ich nicht. Das sind nun mal Termine. Ich kann das rein physisch – sage ich Ihnen ganz offen – nicht endlos mit dieser Intensität durchhalten. Ich muß das auch mal zu Ende führen, aber ich möchte jedenfalls dann doch so weit kommen, daß ich hier bei »Christ sein« anknüpfen kann. Insofern bin ich durchaus an der Arbeit über diese Fragen. Ich könnte mir denken, daß manche nach diesem Buch noch etwas besser verstehen, um was es mir geht, und auch einige Hemmungen verlieren, die jetzt noch da sind, gerade bezüglich der Grundeinstellung.

Kardinal Volk:
Bischof Moser

Bischof Moser:
Ich habe den Artikel von Riedlinger nicht gekannt, den Sie eben erwähnt haben. Aber wenn ich ihn durchblättere, dann sind es eigentlich genau die Fragen, die wir jetzt besprochen haben. Sie werden sich auch an den Satz erinnern, der im Grunde genommen der Kernsatz auch unseres Gespräches war. Da heißt es: »Leider kann ich nicht bezweifeln, daß Küngs Entmythologisierung konkret die Zurücknahme des Glaubens an die Menschwerdung des ewigen Sohnes Gottes bedeutet«. (S. 193) Das muß jetzt nochmals pastoral gesehen werden. Hier ist der eigentliche Punkt, an dem wir uns schwer tun und wo aus den Gemeinden immer wieder die Anfragen kommen, warum sagt Ihr nichts dazu. Es wäre sicher das Hilfreichste, Herr Prof. Küng, wenn Sie an diesem Punkt eine deutliche Erklärung oder Ergänzung, wie immer man das formulieren mag, abgeben würden. Sie würden dadurch für eine Entkrampfung der Situation einen wesentlichen Beitrag leisten, denn diese Anfrage ist nicht bloß eine theologische Anfrage, sondern eine Glaubensanfrage unserer Leute, die natürlich ohnehin auch durch abschwächende und vereinseitigende Multiplikatoren des Buches verunsichert sind. Diese Leute wollen wissen, was ist nun? Sagen die Bischöfe nichts, lassen sie alles laufen? Können wir hinnehmen, daß hier nicht mehr in einer ganzen eindeutigen Weise über den Gottmenschen gesprochen wird? Ich glaube, an dem Punkt kämen wir – wenn ich das aufgreifen darf, was Kardinal Höffner gesagt hat – auch relativ rasch weiter, wenn es zu einer konkreten Vereinbarung käme in dem Sinne, daß Sie sagen würden, an

diesem Punkt erkläre ich mich auch. Wir dürfen ja eine pastorale Sache angesichts der Gesamtsituation nicht unterschätzen. Sie haben selber in Ihrem 8. Punkt von einer solchen Situation gesprochen. Sie wissen dies jetzt auch aus eigener Erfahrung. Jeder von uns könnte -zig Briefe vorlegen, wo gesagt wird: Da macht man also eine Weltbewegung in dem Sinne, daß man Widerstand leistet auf Lefebvre hin, und hier läßt man alles passieren, hier geschieht nichts dagegen und auch nichts Klärendes. Ich wollte dies doch im Sinne der Konkretisierung des Gesprächs noch gesagt haben.

Kardinal Volk:
Pater Semmelroth können Sie antworten?

Pater Semmelroth:
Es geht ganz in die Richtung. Ich wollte nur auf etwas hinweisen, gerade von Ihren pastoralen Anliegen her, die ja ganz deutlich in dem Buch zu sehen sind und von mir jedenfalls sehr begrüßt werden. Da wird ja hingeführt zu Jesus Christus und dies wird, wie wir ja mehrfach schon gesehen haben, eben in funktionaler – um das Wort doch einmal beizubehalten – Weise gesprochen, was ich für außerordentlich wichtig halte. Nur entsteht natürlich dann im Leser, dem nicht fachtheologisch gebildeten Leser, die Frage, worin ist diese Einzigartigkeit der relationalen Stellung Christi begründet. Von der Tradition und den Konzilien her würde das ja ontologisch zu beantworten sein. Und da habe ich bei dem Buch das unbehagliche Gefühl gehabt, und ich habe es noch, daß dann die Aussagen der alten Konzilien doch zu sehr im Sinn der Fragwürdigkeit oder geradezu der Ablehnungsbedürftigkeit in das Licht der Spekulation, natürlich der griechischen und hellenistischen Spekulation gestellt werden. Meiner Meinung nach wird nicht genügend versucht, dem Leser deutlich zu machen und darzustellen, was eigentlich diese Konzilien mit ihren ontologischen Aussagen (etwa den Konsubstantialitäts-Aussagen) eigentlich gemeint haben und ob und wie weit das für die Christologie auch von heute noch gültig ist.
Diese Frage bleibt doch ziemlich unbeantwortet und mir scheint es, daß sie wichtig wäre. Sonst kommen die Leute, wenn sie dies alles so lesen, doch leicht zu dem Empfinden: Gut, das ist eben

griechische Spekulation und deshalb für den heutigen Menschen nicht mehr gültig und kaum noch ernst zu nehmen. In dieser Richtung wäre vielleicht auch eine gewisse Ergänzung möglich, wenn nicht gar nötig. Man kann ja diesen Leuten nicht einfach sagen, daß die Aussagen der alten Konzilien, weil sie griechisch geprägt sind, dadurch jetzt einfach keine Bedeutung mehr für uns haben.

Professor Küng:
Darf ich vielleicht hier etwas fragen?

Kardinal Volk:
Ja, ich bitte nur – Sie haben das Wort – bitte nur, Herrn Bischof Moser, den Satz von (Prof. Riedlinger) zu verlesen. Ich hätte gern eine Antwort danach von Ihnen (zu Prof. Küng).

Bischof Moser:
»Leider kann ich nicht bezweifeln, daß Küngs Entmythologisierung konkret die Zurücknahme des Glaubens an die Menschwerdung des ewigen Sohnes Gottes bedeutet.« (a. a. O., S. 193)

Kardinal Volk:
Sie (= Prof. Küng) haben das Wort.

Professor Küng:
Da habe ich in meinem eigenen Text sofort ein Fragezeichen gemacht. Ich bin nicht bereit, das zu unterschreiben. Ich meine, er (= Riedlinger) will dies dann irgendwo doch wieder nicht so ganz gerade heraussagen. Ich würde das als richtige Interpretation glatt ablehnen. Ich will auf gar keinen Fall den Glauben an die Inkarnation zurücknehmen. Es geht mir darum, den Glauben an die Inkarnation zu interpretieren; und zwar von Kreuz und Auferweckung her zu interpretieren, wie es eben auch in der Schrift geschieht. Ich kritisiere, daß man den Inkarnationsglauben in die Mitte gestellt hat und dabei – und das ist auch meine Kritik, aber wahrhaftig nicht nur meine! – mit der griechischen Konzeption das Kreuz in den Schatten gestellt hat: es ist nur noch ein Unglücksfall. Das Entscheidende ereignet sich im Grunde an Weihnachten. Also Kritik [von mir] existiert, aber

auf gar keinen Fall in dem Sinn, daß die Inkarnation geleugnet oder einfach zurückgenommen werden soll. Das ist sicher nicht richtig und entspricht auch nicht dem, was ich über Inkarnation gesagt habe. Man kann sagen, das ist zu wenig oder was immer, aber man kann nicht sagen, daß ich das einfach zurücknehme. Also das wäre das Eine. Dann zu Pater Semmelroth: An diesem Punkt habe ich mich mit der Tradition derart intensiv auseinandergesetzt, daß ich mich bis zu den mittelalterlichen Theorien über die Menschwerdung Gottes durchgearbeitet habe. Das gehört auch zu den Dingen, die ich nun beinahe auch bald ein Leben lang mache. Natürlich habe ich lange versucht, hier durchzusteigen, und meine ersten Versuche in dieser Richtung, soweit sie persönliche Versuche der Theologie waren, gingen ja auch nur um diese Sachen. Dann ist dies nun zufällig in jenem Buch zu finden, das wohl am schwierigsten von meinen Büchern zu lesen ist und wohl relativ wenig besprochen worden ist: »Menschwerdung Gottes«, [das Voraussetzung ist für »Christ sein«].

Professor Semmelroth:
Von Ihrem pastoralen Anliegen her müßten die Dinge doch so dargelegt werden, daß einer, der dieses und nur dieses Buch liest, doch spüren kann, daß diese Konzilsaussagen nicht einfach deswegen, weil sie auch durch Spekulation gewonnen sind, schon nicht mehr gültig wären. Ich meine, – Sie wollen das vielleicht nicht sagen oder wahrscheinlich nicht sagen, – aber hier wäre ein Versuch, das, was in diesen Konzilsaussagen positiv bedeutsam ist, so gemeint ist und heute noch vollziehbar ist, positiver herauszuarbeiten.

Kardinal Höffner:
Das Buch wird ja auch von Gläubigen gelesen, nicht bloß von Abständigen oder indifferent Gewordenen, sondern von Gläubigen aus den Kerngemeinden.

Professor Küng:
Richtig.

Kardinal Höffner:
Von denen bekommen wir ja die Briefe.

Professor Küng:
Ja, aber das wird man ja wohl auch sagen dürfen: Viele sind auch nervös gemacht worden von Theologen. Wenn man sieht, wie da – das darf ich ja auch mal sagen – ein Glaubenskommissionsmitglied wie Herr Kollege Scheffczyk eine solche Schrift, die ich nur als verleumderisch bezeichnen kann, ungestraft durch ganz Deutschland verbreiten kann, (vgl. zu »Christ sein«, Christiania-Verlag Schaffhausen 1976) ohne daß er nun seinerseits gerügt wird, das kann ich auch nicht verstehen. Die Leute machen also Kampagnen gegen mich. Und solche Schriften werden dann noch von Mitgliedern der Bischofskonferenz verbreitet; dies darf ich hinzusagen.
Am Anfang war ja gar nicht diese Diskussion. Das kam ja erst später. Am Anfang war doch eine so große Zustimmung. Man sagte: Da ist wirklich einmal vorangeholfen! Aber wenn natürlich jemand diese Sachen liest, da kann ich die Reaktion begreifen. Wenn jemand ständig die »Deutsche Tagespost« liest, dann kann ich dies alles begreifen. Darum sind die Leute nachher verunsichert. Der Pfarrer von Tübingen schickt den Artikel von Herrn Scheffczyk an sämtliche Mitglieder des Pfarrgemeinderates herum. Ja, was soll man? Dagegen komme ich eben nicht an. Ich kann nicht genügend dagegen tun. Ich müßte ständig überall wirken und dagegen schreiben. Das Ganze ist mit Mitteln verbreitet, die nur mit Intrigen verglichen werden können. So wurde in der »Schweizerischen Kirchenzeitung« ein Prospekt dieser Schrift eingebunden, also eingelegt, und zwar gegen den Willen des Chefredakteurs. Der Prospekt allein hat schon derart diffamatorischen Charakter, daß jeder, der also diesen Prospekt von Scheffczyks Buch sieht, sagen muß: Wenn Küng das sagt, dann braucht man das Buch überhaupt nicht mehr zu lesen. Und ich meine ...

Professor Lehmann:
Von dem Prospekt, besser: vom Klappentext distanziert Professor Scheffczyk sich meines Wissens.

Professor Küng:
Ja?

Professor Lehmann:
Er hat jedenfalls erklärt, daß bei der Schrift vom Verlag ein Klappentext verwendet wurde, den er nie gesehen hat, und daß ihm das peinlich ist, daß ein solcher Text verbreitet worden ist.

Kardinal Höffner:
Wir merken ja heute, daß Sie besonders mit Herrn Scheffczyk oder mit Herrn Ratzinger, also mit diesen beiden, kämpfen? Wäre denn da nicht auch einmal ein Gespräch nötig? Ich kann mir nicht gut denken, daß die beiden jemanden verleumden oder herabsetzen wollen. Ich vermute, daß sie auch wirkliche Bedenken bei der Lektüre hatten.

Professor Küng:
Ich bin noch nicht ganz fertig mit meiner Beantwortung. Ich bin zu jedem Gespräch bereit. Ich habe die Anwesenheit von Herrn Ratzinger hier deswegen nicht gewünscht, [nicht,] weil ich mit ihm nicht reden will, sondern weil ich, was sich hier bestätigt hat, mindestens mir so vorgestellt habe, es käme im Grunde eine Schärfe und eine Emotionalität in dieses Gespräch, die mir persönlich nicht erwünscht wären und die ich jedenfalls von den beiden hier anwesenden Kollegen von vornherein nicht erwartet habe. Für mich ist es eben ein etwas merkwürdiges Gefühl, wenn ich z. B. zur Arbeitsgemeinschaft der deutschsprachigen Dogmatiker und Fundamentaltheologen gehe, wo Herr Scheffczyk den Vorsitz führt, wenn da alles voller Freundlichkeit ist, wo mir jedoch kein Wort gesagt wird – und nachher ein solcher Angriff kommt! Dasselbe war auch der Fall bei Karl Rahner, der mit mir tagelang in Brüssel 1970 zusammen war, mir kein Wort des Einwandes gegen »Unfehlbar?« gesagt hat, auch nicht auf meinen Wunsch eingegangen ist, dasselbe [in »Publik«] zu präsentieren – und nachher hat man plötzlich die Sache nicht nur auf dem Tisch des Hauses, sondern in der ganzen Öffentlichkeit!
Diese Diffamierungen sind um die ganze Welt gegangen. Ich bin jetzt wieder in Irland in einer Fernsehsendung am Samstagabend, wo buchstäblich die ganze Nation zugeschaut hat (weil es ein nationales großes Programm ist), wieder gefragt worden,

was ich denn zu dem Vorwurf von Karl Rahner sage, ich sei ein »liberaler Protestant«. So ist das. Darum wehre ich mich dagegen. Und dies gehört auch ein klein wenig zur Antwort an Bischof Moser bezüglich meiner eigenen Präzisierung: Würden eben auch die Kollegen etwas *Positives* dazu beitragen! Alle haben zugegeben, es seien echte Fragen. Ratzinger gibt das zu. Er weiß darum. Dafür ist er zu gescheit und kenntnisreich, um nicht zu wissen, daß dies alles sehr schwierige Dinge sind. Ja, dann sollen sie sich doch alle einmal etwas gemeinsam bemühen, und auch als einzelne.
Und ein weiteres würde ich eben auch noch sagen, nachdem ich die Gelegenheit habe: Es ist nicht nur mein Eindruck, daß einem eben die offiziellen Organe und besonders die Glaubenskommission – ich will ja gar nicht hier etwas gegen die Herren sagen, die da »drin« sind – reichlich einseitig zusammengesetzt vorkommen. Das hat auch mit einer früheren Reaktion auf das »Ämter-Memorandum« zu tun. Ich habe mich bisher gehütet, die Frage der Repräsentation katholischer Theologie in Deutschland zu eröffnen. Die Kriterien, nach denen ausgesucht wird, sind mir persönlich jedenfalls unklar. Ich sehe nicht die Fach- und Sachkompetenz, die ja eigentlich für Berater der Bischofskonferenz das Kriterium sein müßte. Da soll irgendein geheimer Kanon von Orthodoxie bestimmen, den ich nicht kenne. Um nicht mißverstanden zu werden: Ich liebe Kommissionssitzungen nicht und habe gar nicht etwa Lust, berufen zu werden! Aber es ist keine Frage, daß einige Dokumente ein klein wenig anders herauskämen, wenn andere Kollegen dabei wären und wenn nicht noch (wie die Klagen zunehmen) einzelne Leute einfach entlassen würden, wie etwa mein Kollege Haag, der freundlich aus der Bibel-Unterkommission verabschiedet wurde. Ich sage das nur, weil es mir da ...

Kardinal Volk:
Die ganze Unter-Kommission ist aufgelöst.

Professor Küng:
Die ganze Unter-Kommission ist aufgelöst? Na ja! Man hat eben den Eindruck, daß hier – ich sage das nicht als Vorwurf – wohl vieles besser gegangen wäre, wenn auch also Leute, die

jetzt vis-á-vis in der Opposition waren, beteiligt wären, wenn die Repräsentation breiter wäre. Ich habe bittere Klagen gehört von den Moraltheologen, daß jetzt gerade der einzige Moraltheologe (Sie wissen auch darum aus dem Gespräch mit Ihnen, Herr Kardinal Höffner), der eigentlich gewisse Positionen in der Ethik, meinetwegen besonders konservative Positionen, vertritt, daß ausgerechnet er in die Glaubenskommission kam. Andere Kollegen, deren Ansehen in der Wissenschaft ganz anders dasteht, kommen nicht hinein!
Ich möchte dies jetzt nicht im einzelnen kritisieren. Es geht mir jetzt nicht ums Detail, nicht um einen Vorwurf, und es geht nicht darum, um bestimmte Interessen anzumelden. Ich meine nur, daß Konfrontationen, wie sie jetzt manchmal stattgefunden haben, sicher darin begründet waren, daß auf der Seite des Lehramtes eben doch eine relativ einseitige Zusammensetzung da war. Dabei anerkenne ich gern, daß einzelne Leute der Glaubenskommission sich auch sehr Mühe gegeben haben – ich meine Kollegen – zu sehen, daß es nicht einseitig wird. Insofern möchte ich also in keiner Weise über die einzelnen Leute urteilen. Aber das äußere Spektrum scheint wenig groß zu sein.

Bischof Moser:
Ich glaube, wir kommen jetzt etwas von der Sache weg. Aber ich möchte zuerst noch etwas zu dem genannten Prospekt sagen; vom Inhalt will ich gar nicht sprechen; das wäre eine Thematik für sich. Aber zumindest durch den Prospekt der Schrift von Herrn Scheffczyk ist böses Blut entstanden, und es ist auch eine Agitation daraus gemacht worden. Ich glaube, daß niemand das verteidigen wird und verteidigen kann. Und ich würde es sehr begrüßen, wenn Professor Scheffczyk auch laut sagen würde, daß er an einem solchen Prospekt nicht beteiligt ist. Das wäre sicher der Verständigung dienlich.
Auf der anderen Seite: Sie (= Prof. Küng) haben aus Ihrem Herzen keine Mördergrube gemacht, ich will aus meinem auch keine machen. Sie haben am Anfang unter Punkt 4 ganz klar die Bereitschaft zur Korrektur unterstrichen. Wir haben die Einwände, die bis jetzt gekommen sind, ernst genommen und Sie teilen das Wort, wie Sie im Laufe des Gesprächs betont haben, die Ergänzbarkeit zu bejahen. Kardinal Döpfner hat Sie seiner-

zeit noch angemahnt, drei Tage vor seinem Tod hatten wir ein Gespräch. Da sagte er das auch, und ich möchte es hier in aller Offenheit und ohne jede Weise von Aggression sagen dürfen – das wissen Sie –: Dies müßte eben auch einmal einen publizistischen Niederschlag finden. Wenn das nach außen ginge, was Sie sagen: Gut hier und hier korrigiere ich, hier und hier ergänze ich, dann wäre bestimmt manches von den einseitigen Attacken – wenn es schon solche sind – gar nicht mehr möglich. Und insofern würde ich einfach meinen, sollte man aus dem Gespräch, ohne daß es Riesenabhandlungen werden, doch irgendwo etwas spüren und lesen dürfen. Sie würden sich selber, Herr Professor Küng, – davon bin ich fest überzeugt – Ihrem Buch, Ihrem pastoralen Anliegen und auch den Bischöfen einen wesentlichen Schritt weiterhelfen. Ohne dies, so scheint mir, kommen wir auf die Dauer nicht aus. Wir hatten schon einmal davon gesprochen, in aller Ruhe davon gesprochen, und ich will das auch in aller Ruhe gesagt haben: Es muß auch einmal von Ihrer Seite etwas verlautbart werden, das zumindest die Spitze solcher möglicher Mißverständnisse abbricht. Ich wäre sehr dankbar, wenn wir in dieser Richtung miteinander weiter kämen.

Kardinal Höffner:
Was an uns herankommt, ist ein Vorwurf. Es wird gesagt: Ihr habt vor Jahren schon erklärt, Professor Küng möge die Dinge über die Unfehlbarkeit und gegen die Unfehlbarkeit nicht mehr weiter verbreiten. Dies sagen wir auch weiter. Jede neue Auflage dieses Buches ist jedoch eine neue Bestätigung, jede neue Auflage von »Christ sein«, wo dasselbe drin steht wie zuvor ...
Sie wiederholen das einfach. Was sollen wir tun? Dies ist einfach keine Verkündigung der klaren Lehre. Sie ändern nichts. Dann sagen Sie, Sie haben doch seit wenigstens ein, zwei Jahren gemerkt, wie leicht verletzbar die Einheit der Kirche ist. Es lassen sich nicht mehr alle in der Kirche alles gefallen, andere reagieren anders. Wir spüren, das fängt ja an zu zerbrechen! Da können doch die Bischöfe nicht schweigen. So ist jetzt die Frage – wir kommen ja allmählich zum Schluß –: Was machen wir denn nun? Wie können wir hier der Kirche helfen? Ja das wäre meine Frage: Wie geht es weiter?

Kardinal Volk:
Darf ich dazu was sagen? Mir kommt es darauf an, daß ich selbst überzeugt bin, daß das Buch den kath. Glauben darstellt. Mit allen Einwänden möchte ich gerne fertig werden, wenn ich selbst die Überzeugung habe, hier ist die hinreichende katholische Wahrheit gesagt. Dies erfordert eine gewisse Höhe der Aussage. Denn man kann ja viel Wahres sagen, was aber nicht reicht, um katholische Wahrheit auszusagen. Mir kommt es entscheidend darauf an, daß die unentbehrlichen Aussagen des katholischen Glaubens tatsächlich dargestellt sind. Das ist mein Anliegen. Deshalb nochmals das, was ich am Anfang sagte: Ich betrachte das Gespräch für mich als eine Chance, aber auch für Sie, besser zu verstehen, was ich bisher aus dem Buch verstanden habe. Denn daß eine Interpretation des Buches notwendig ist, um davon überzeugt zu sein, wie der katholische Glaube dargestellt wird, dies scheint sich doch zu verdeutlichen. Und deshalb wohl auch die Frage von Bischof Moser: Wäre nicht etwas nötig in dem Sinne, daß eine Komplementierung ausgesagt wird, die dann als Interpretation desselben – so habe ich das gedacht, so habe ich das verstanden – von uns aus bejaht werden kann. Denn ich muß ja die Überzeugung haben, daß dies die katholische Wahrheit sagt. Ich muß ja die Überzeugung haben: Das ist zu vertreten – und nicht im nächsten oder übernächsten Buch wird das dann richtiggestellt! – Deshalb ist mir jedes Wort, das Sie sagen, von äußerster Wichtigkeit, ich möchte Sie optimal verstehen. Aber das erfordert eine Interpretation, weil soviel Sätze da stehen. Das kann man alles sagen. Aber ist damit das Unerläßliche gesagt? Das ist ja in mehreren Aussagen hier deutlich geworden. Und ich möchte die Frage von Bischof Moser noch einmal unterstreichen. Ist nicht etwas möglich, eine Handhabe von Ihnen, daß wir selbst gedeckt sind, wenn wir immer wieder gefragt werden?

Dr. Homeyer:
Es ist eigentlich das Gleiche, was ich sagen möchte. Wäre es denn nicht vielleicht eine Hilfe, wenn die Fragen, die hier deutlich geworden sind, von der Geltung der Konzilien angefangen bis zu detaillierteren Fragen, wie sie Professor Lehmann entwikkelt hat, wenn diese Fragen seitens der Bischofskonferenz sehr

präzise formuliert würden? Und wenn Herr Professor Küng gebeten würde, dazu dann auch schriftlich Stellung zu nehmen? Und wenn man dann überlegte, dies dann nachher auch zu publizieren? Wäre das denn nicht eine Form, wie eine solche, hier ja doch wohl als notwendig erkannte Ergänzung erfolgen könnte?

Prof. Küng:
Nur ganz kurz zu einer Sache, die bemerkt wurde. Es ist wohl nicht richtig, wenn gesagt wird, ich würde einfach wiederholen. Man erkennt auch in Rom sehr nachdrücklich, daß ich mich in der Unfehlbarkeits-Debatte wohl sehr loyal an den – wenn man will – Kompromiß gehalten habe. Ich kann jedoch, wenn ich gefragt werde, nicht einfach sagen: Ich rede nicht. Dies würde auch in unserer Kirche einen schlechten Eindruck machen. Aber ich habe weder meine Dinge in der Unfehlbarkeitssache propagiert, seitdem die römischen Erklärungen ergangen sind, noch habe ich etwa in »Christ sein« [dies getan], wo es ganz leicht gewesen wäre, auf zwei Seiten noch einmal sehr kraftvoll zu appellieren. Ich habe die Frage nochmals genannt, habe auf die Literatur verwiesen und weiter nichts mehr.

Kardinal Volk:
Darf ich ein Wort dazwischen sagen? Sie haben irgendwo die Bemerkung gemacht, es wäre eine Differenz zwischen der Römischen Erklärung von damals und der der Deutschen Bischofskonferenz.

Professor Küng:
Ja, das kann – ich weiß es nicht genau – ...

Kardinal Volk:
Ja, das haben Sie getan, Herr Professor. Ich kann jedoch nicht annehmen, daß hier zwei Dinge erscheinen, ohne daß sie auf Strich und Komma abgesprochen sind!

Professor Küng:
Ich kann mir vorstellen, daß die Koordination nicht so schlecht wirkt ...

Kardinal Volk:
Wir wissen auch nicht alles, Herr Professor. Aber daß Sie so etwas schreiben, das hat mich wirklich gewundert. Sollte denn der Küng so naiv sein, habe ich mir gedacht.

Professor Küng:
Nein, nein, so naiv bin ich sicher nicht.

Kardinal Volk:
Es wurde also bis zu Punkt und Komma die Verlautbarung, die wir entworfen haben, und die Römische Erklärung aufeinander abgestimmt...
Ich wollte das nur zwischendurch bemerken. Ich bitte weiterzufahren.

Professor Küng:
Ja ich sagte etwas zur Unfehlbarkeitssache. Die Einheit der Kirche liegt mir sehr am Herzen. Und ich habe dies immer gezeigt, wenn es darauf ankommt – das kann Bischof Hänggi Ihnen deutlicher sagen – z. B. auf dem Höhepunkt der Krise, unmittelbar nach »Humanae Vitae«, wo ich das »Wort zum Sonntag« in außerordentlicher Weise in der Schweiz zu sagen hatte. Es war ja in einer schwierigen Zeit, wo alle erwartet haben, daß ich nun energisch dagegen antrete. Damals habe ich jedoch zum Verständnis und zur Einheit gemahnt. Ich habe auch in der Sache Lefebvre – ich weiß nicht, ob es hier irgend jemand gesehen hat – sehr deutlich versucht, die Sache nicht hochzuspielen, sondern zur Einheit zu helfen.

Kardinal Volk:
Dafür wollen wir Ihnen ausdrücklich danken. Das ist bekannt, daß Sie hier das nicht hochgespielt haben. Dafür möchten wir Ihnen danken!

Professor Küng:
Ich bin froh, daß man das gesehen hat. Es drückt auch wirklich meine innere Haltung aus. Was jetzt die ganzen Korrekturen angeht, will ich folgendes zu bedenken geben: Also, man soll ja auch nicht ein Buch derartig hochspielen, als ob es keine ande-

ren gäbe. Man hat ja zur Zeit drei auf den Markt gebracht, die ganz neu sind. Walter Kaspers Buch sagt ja auch bestimmte Dinge. Warum muß in einem nun alles derartig perfekt sein, daß es da überhaupt nichts zu mahnen gibt? Ich habe da keine Sorge, daß ausgeglichen wird. Was Walter Kern sagte, man solle eben Küng und Kasper zusammennehmen (vgl. Besprechung in »Stimmen der Zeit« 1976) – es ist nicht genau meine Auffassung –, das wird wohl von vielen so gemacht. Und diese Leute sagen: Ja, Küng ist vielleicht in dogmatischen Dingen schwieriger. Der andere ist da besser, nehmen wir also für diese Dinge das Buch von Kasper.

Kardinal Volk:
Darf ich dazu ein Wort sagen? Warum wir uns an Sie wenden? Das kommt daher, weil das eine ungeheure Verbreitung gefunden hat – nicht nur in Deutschland, sondern jetzt in fast jede Kultursprache übersetzt wird ...
Für uns ist die Frage, ob hier nicht eine Reduktion des Glaubens stattfindet. Das ist für uns die Sorge. Und darüber haben wir eine Verantwortung zu tragen ...
Sie kennen meine alte These: Theologie hat die wesentliche Aufgabe der Verhinderung des Systems. Man kann also nicht von einem Satz ausgehen und von daher die ganze Theologie entwikkeln. ...

Professor Küng:
Ich bin ganz damit einverstanden.

Kardinal Volk:
Dieses Komplementäre, das hat eben den Vorteil, das ist dann nämlich wirklich wahr. Es ist zwar etwas umständlich, aber es ist dann wahr. Und wenn Sie die Frage stellen, warum werde ich gerade da gefragt, dann sagen wir, weil das Buch eine solche Verbreitung gefunden hat und immer weiter verbreitet wird. ...
Ich habe es auch gelesen. Und es ist eine Qual, ich muß es Ihnen gestehen, es ist eine Qual ...
[Unverständlicherweise finden sich im Protokoll gerade an dieser Stelle zwei für den Zusammenhang wichtige Auslassungen;

der Erinnerung nach ging es um den Vergleich der oben genannten Bücher von Kasper und Küng.]
Die Frage ist so akut, daß wir da nicht einfach daran vorbeigehen können. Deshalb die Frage ...

Pater Semmelroth:
Könnten wir denn nicht vielleicht Herrn Küng fragen, ob der Vorschlag von Prälat Homeyer nicht doch realisierbar wäre. Ich meine es wäre dann doch die Möglichkeit, daß Sie (= Prof. Küng) Ihrerseits im Blick auf das, was die Bischöfe in diesem Buch vermissen, zu Wort gekommen wären. Ob das nachher veröffentlicht wird, – so ist ja der Vorschlag von Prälat Homeyer – ist eine zweite Frage, die dann gemeinsam geklärt werden könnte.

Kardinal Volk:
Professor Neumann hat sich gemeldet.

Professor Neumann:
Ich möchte vielleicht einen vermittelnden Vorschlag machen. Ich meine, die Gründe, die Sie (= Kardinal Volk) genannt haben, auf die Fragen von Herrn Kollegen Küng sind ja einleuchtend. Ich möchte aber gegenüber dem Vorschlag von Herrn Prälat Homeyer doch zu bedenken geben: Die Liste, die dann die Bischofskonferenz vorstellt oder vorlegen könnte, könnte so ausführlich und umfassend werden, daß es nun wirklich das wird – wenn Herr Küng antworten sollte – was er nun nicht wollte, nämlich eine Summe oder eine Summula zu schreiben.
Mir schiene deshalb ein anderer Weg als Frage an Herrn Kollegen Küng vielleicht erwägenswert. Es sind ja nun auch nach seinen eigenen Angaben eine Reihe von sehr sachlichen Auseinandersetzungen, z. B. von H. Riedlinger, erschienen, auch einige andere. Es sind hier in diesem Gespräch heute einige Punkte, auf die es gerade den Bischöfen ankommt, genannt worden. Ob es nicht möglich wäre, sich auf jene Probleme zu beschränken, die hier in diesem Raum angesprochen wurden, die vielleicht in einigen wenigen seriösen wissenschaftlichen Auseinandersetzungen angefragt wurden? Ob da nicht eine vielleicht gar nicht lange, aber doch erklärende Deutung, in dem Sinn, wie Herr

Küng sich heute zu erklären versucht hat, von ihm gegeben werden könnte? Dies könnte in einer doppelten Weise geschehen, etwa in der Form wie das kleine Büchlein »20 Thesen zu Christ sein«, das als eigener Druck erschien. Man könnte aber auch erwägen, ob man unter Umständen solche Erläuterungen – ich würde sie gar nicht unter Umständen als »Korrekturen« bezeichnen wollen, sondern Erklärungen, Ergänzungen, Vertiefungen, Klarstellungen – in einem Nachtrag bei einer Neuauflage einbringt. Dann wäre wohl auch Ihrer Sorge Rechnung getragen, daß Sie vorgeworfen bekommen: Es erscheint eine Auflage nach der anderen unverändert.
Das wäre nun natürlich eine Frage, die das Arbeitsprogramm von Herrn Küng betrifft. Auf der anderen Seite scheint mir, daß diese Sache ja vielleicht nicht so umfangreich zu sein bräuchte. Wenn wir etwa die Mitschrift dieses Gespräches bekämen, könnte ich mir vorstellen, daß das vielleicht eine Sache wäre, die in einem Zeitraum von drei, vier Wochen zu leisten wäre. Es wäre dann eine nicht umfassende, nicht alle Probleme ansprechende Ergänzung. Worauf es auch den Bischöfen ankommt, ist doch dies, daß es einmal optisch gezeigt wird. Küng – denken Sie auch an das, was Sie von Kardinal Döpfner zitiert haben – sage, er wolle lernen, aber zur Sprache kommt das vielleicht erst im übernächsten Buch. Es wäre richtig, daß dieser falsche Eindruck irgendwie bereinigt werden könnte. Ich möchte beide Seiten fragen, ob das ein Weg wäre, der akzeptiert werden könnte?

Kardinal Volk:
Ich möchte noch ein Thema nennen, das nicht ungenannt bleiben soll. Und das ist folgendes: Ist, das haben wir Ihnen ja auch mitgeteilt, ist hier die Erlösungsfrucht der Heilstaten Christi hinreichend dargestellt? Hier habe ich persönlich erhebliche Bedenken. Es darf nicht der Eindruck entstehen, als gehe es nur um »ontologische« Fragen. Ist es der ungeschaffene, ewige präexistente Sohn Gottes? Darum geht es gewiß. Das ist eine unentbehrliche Aussage. Aber es geht dort auch um die Heilsfrucht. Ob die Heilsfrucht nämlich den Charakter des Geheimnisses hat und zwar Geheimnis nicht in irgendeinem Sinn. Es gibt nichts, was wir ganz verstehen, das habe ich schon hundert-

mal gesagt. Es gibt nichts, wovon wir alles wissen. Das ist ein Geheimnis, Geheimnis im theologischen Sinn, daß hier nämlich ein Zusammenhang gewährt ist im Sinne der Gnade, den wir gar nicht aussagen dürften, wenn wir ihn nicht aussagen müßten. Wir haben inzwischen mehr gehört. Aber mir tut es innerlich weh, wenn es Seite 433 heißt: »Will aber *heute* noch ein vernünftiger Mensch Gott werden?«; der Satz stammt letztlich, das wissen Sie wohl, von Professor Topitsch. Darf ich einmal fragen, haben Sie Topitsch einmal erlebt?

Professor Küng:
Nein.

Kardinal Volk:
Ich will Ihnen sagen, ich habe ihn erlebt in einem ...

Professor Küng:
Ich habe ihn [jenen Satz] anderswoher übernommen, wenn ich mich recht erinnere.

Kardinal Volk:
In einem vierzehntägigen Kurs erlebt ...
Mir hat man nachher gesagt, während der Diskussion, warum haben Sie ihm nicht das Haupt gespalten und haben nicht schärfer gegen ihn geredet? Im Grunde steckt die Frage nämlich dahinter: Ist die Heilsfrucht nur die Antwort auf die Frage, die wir selbst haben. Natürlich ist sie auch das. Aber wenn Paulus sagt, Gott gibt uns mehr, als wir erbitten, ja als wir erdenken können, dann stellt sich auch die Frage, ob das eine Antwort auf unsere Frage ist. Was fragen die Menschen, also darauf antworten *wir*, oder haben wir eine Botschaft zu verkünden, in der als Antwort auf unsere Frage mehr gesagt wird, als wir erfordern? ... Die Frage stellt sich mir dadurch auch, daß mir Ihr ethischer Teil ausgesprochen schwach erscheint. Diese Frage der übermenschlichen Dimension der Heilsrealität ist unentbehrlich. Die Schrift ist überhaupt nicht mehr akzeptabel, wenn ich nur auf Fragen der Menschen antworten will. Kein Mensch kann so etwas erwarten, daß so etwas seinem Heil dient und hier ein Zusammenhang hergestellt wird, wie wir ihn nicht erfragen, aber wie er uns

gewährt ist. Es geht letztlich auf die Frage hinaus – da kann man gespannt sein auf Ihr Buch über Gott –, wie weit hier tatsächlich ein Mysterium ist, wie weit Schöpfung einen Zusammenhang mit Gott bedeutet, der unser Begreifen übersteigt und wie weit die Erlösungstat Jesu Christi einen Zusammenhang mit Gott bedeutet, der unser Begreifen übersteigt. Ihr Buch ist mir zu plausibel. Es geht entschieden um den Geheimnischarakter der Heilstat Gottes. Sie brauchen da jetzt nicht darauf zu antworten. Sie können das tun, aber ich wollte das Thema doch ansprechen ...
Ob die Menschen danach fragen oder ob nicht, ist nicht entscheidend. Entscheidend ist, ob wir das aussagen müssen aufgrund des Schriftbefundes. Ich wollte das nur genannt haben, damit es hier keine Mißverständnisse gibt. Es wurde also nur genannt, damit es nicht außerhalb des Tisches dieses Gespräches ist. Bitte!

Professor Küng:
Ich möchte auch nicht darauf antworten, aber ich möchte auch nicht, daß Mißverständnisse hier bleiben und möchte nur ganz kurz dazu sagen: Den Satz, daß der Mensch Gott wird, halte ich schon rein dogmatisch für außerordentlich fragwürdig.

Kardinal Volk:
Absolut nicht!

Professor Küng:
Ja, gut.

Kardinal Volk:
Absolut fragwürdig, das kann man nicht sagen. Darum geht es ja auch nicht, daß der Mensch Gott wird.

Professor Küng:
Ja, also ...

Kardinal Volk:
Es heißt ja nicht ...

Professor Küng:
Ich meine ...

Kardinal Volk:
Aber daß ein Zusammenhang entsteht, der unser Begreifen übersteigt.

Professor Küng:
Also ich halte den Satz »Der Mensch wird Gott« für einen unchristlichen Satz. Also: wie kann man mir vorrechnen, das sei der fatalste Satz im Buch, wie zum Teil Rahner das behauptet hat. Ich habe das überhaupt nicht verstanden. Nur einmal: der Satz als solcher ist doch für eine traditionelle Dogmatik in diesem Sinn nicht annehmbar. Was die Väter mit »Austausch« meinten, da ist etwas daran. Natürlich. Das meine ich ja auch gesagt zu haben. Das wäre auch das Zweite: Wenn es darum geht, den »Zusammenhang« darzustellen, dann geht es ja immer nur – selbst nach der Spitzenaussage des Neuen Testaments (2. Petrusbr. 1,4) – um »Teilhabe« an Gott. Und das wird von mir in keiner Weise bestritten; das hat auch Blank sehr schön herausgestellt. Da wäre auch das Dritte: Das kommt bei mir im Grunde alles unter dem Terminus »Ewiges Leben« vor, von dem ich sehr viel halte. Und im Blick auf ihn, nach allgemeiner Überzeugung wie im Bezug auf Auferweckung, glaube ich, deutlichere Dinge gesagt zu haben als in den meisten anderen Büchern, und zwar ohne Rückhalt. ...
Das ist ja nun auch ein Satz, Herr Kardinal Volk, der Ihnen ja nun also besonders lieb ist: Gott alles in allem. Das ist mir auch ein Grundsatz der Hoffnung. Und das habe ich, meine ich, mit aller Deutlichkeit ausgesagt. Der »Zusammenhang« ist auch da. Daß dies in dem alltäglichen Sinn nicht »plausibel« ist, davon rede ich ja ständig. Das hebt H. Riedlinger bei allen Bedenken deutlich heraus. Ich rede ständig vom Vertrauen. Ich halte das alles nicht für rein rational im üblichen Sinne. Das sage ich von Anfang bis Ende. Darf ich ...

Kardinal Volk:
Kommt die Formulierung vor: »Schriftgemäß *und* vernünftig«?

Professor Küng:
Ja selbstverständlich, daran halte ich auch sehr fest. (Kardinal Volk: Ich nicht) Sie wollen doch da auch nicht (Kardinal Volk: Ich nicht) Sie ... (Kardinal Volk: Ich nicht) ...

Kardinal Volk:
Weil ich sage, in der Schrift stehen Dinge, die muß ich annehmen.

Professor Küng:
Ja, also Thomas von Aquin würde das nicht sagen. Thomas von Aquin hätte nichts gegen »vernunftsgemäß«, im Gegenteil! Aber dies ist jetzt nicht wichtig. Ich möchte nun auch in diesem Zusammenhang, wenn Sie oder auch Herr Ratzinger sagen, das alles sei unter »Plausibilität« gestellt und dies als disqualifizierend angesehen wird, erklären: Das wäre in dem Moment berechtigt, wenn ich als purer Rationalist hier auftrete. Ich habe immer gesagt, und das geht vom ganzen Buch von vorn bis Ende: Sobald die Wirklichkeit Gottes selber in Frage steht, ob das Schöpfung ist, ob das Auferweckung ist, ob das Vollendung ist, gelangt die Vernunft an ihre Grenzen. Da gehe ich sogar sehr weit: Da ist eben nur noch ein Vertrauensverhältnis möglich, wobei ich aber das Erkennen zugleich betone! Also ich möchte nur in diesem Sinn der Plausibilität wirken. Man kann ja nicht sagen, daß wir sehr viele Bücher hätten, die heute Christentum plausibel machten. Karl Adam, einer meiner Vorgänger, ist auch bitter angeklagt worden wegen seines Buches »Wesen des Katholizismus«. Kardinal Bea hat ja selber gesagt, er habe sich noch dafür eingesetzt ...
Da hat man auch gemeint, das ginge nicht, und heute kommt einem das alles sehr orthodox vor. Also ich meine, das wäre jetzt auch schon mit eine Antwort auf die Fragen, die vorher erhoben wurden.

Kardinal Höffner:
Was tun?

Professor Küng:
Was tun? Also jetzt einmal grundsätzlich.

Kardinal Höffner:
Es liegen zwei Vorschläge vor.

Professor Küng:
Darf ich jetzt mal etwas Grundsätzliches sagen? Wenn das also – jetzt einmal ganz deutlich gesagt –, was in diesem Buch zu vertreten war, überhaupt nur vom Menschen ist, und außerdem das armselige Werk eines Theologen ist, dann kann doch auch von seiten der Bischöfe ohne Nervosität ein klein wenig gewartet werden! Es ist doch nicht so, daß ein Buch bei aller Verbreitung – und das kenne ich und tue auch mein Bestmögliches, das gebe ich gern zu – die Kirche erschüttern könnte. Also so ist es nicht. Wenn es nichts taugt in den fundamentalen Ansätzen, um die es Ihnen zu Recht geht, dann wird sich das auch auflösen. Wenn Sie die *Religionslehrer* nennen, dann haben diese doch auch eine umgekehrte Frage an die Bischöfe: ob hier eben nicht bestimmte Dinge derartig kraftvoll gesagt sind, daß sie damit eben vor die heutige Jugend treten können und dies in dieser außerordentlich schwierigen Situation unserer Religionslehrer, die vielleicht zum ersten Mal mit einer Generation konfrontiert sind, die von Hause aus den Glauben nicht mehr mitbekommen hat. Das ist eine völlig neue Situation. Sie (= die Religionslehrer) und natürlich auch viele Pfarrer, auch relativ konservative Prälaten sagen dann (das habe ich zum ersten Mal von einem Bischöflichen Ordinariat von Norddeutschland her gehört): »Man muß immerhin zugeben, aus Küngs Buch kann man 100 Predigten machen.« Also das ist wohl das Umgekehrte, das Sie bei der Abwägung der pastoralen, kirchenpolitischen Situation doch auch bewegen muß: daß ein Großteil unseres Klerus – jedenfalls der jüngeren Generationen – der Meinung ist, es würde ihnen hiermit sehr viel geholfen. Jedenfalls sagen das sehr viele und schreiben es auch. Dann ist natürlich die Frage: gut, ist das jetzt alles komplett? Die Frage bejahe ich in ihrer Berechtigung. Und da wird man ja auch sehen können, was also in Zukunft zu machen ist. Ich meine aber nur, daß doch auch von seiten der Bischofskonferenz und auch von seiten Roms ein klein wenig mit mehr christlichem Vertrauen doch die Dinge beobachtet werden könnten. Wie sich das entwickelt – ich bin noch nicht fertig, das ist noch nicht das Ende meiner Antwort – wird man

sehen. Ich gebe schon zu, daß also das alles geklärt werden soll.

Ich möchte also nur noch, weil der Satz ja ständig zitiert wird und auch ständig falsch zitiert wird, etwas zu »Summa« bzw. Summula sagen [aus dem Vorwort von »Christ sein«: »Was also will dieses Buch, das nun faktisch doch so etwas wie eine kleine ›Summa‹ des christlichen Glaubens geworden ist?«]. Wenn man den zitierten Satz des Vorwortes genau ansieht, dann sieht man, daß dieser Satz 1. im Nebensatz steht, 2. eingeschränkt ist, 3. in Anführungszeichen steht und 4. »faktisch« hervorgehoben wurde. Es heißt in einem Fragesatz: »Was also will dieses Buch?« Und jetzt kommt der Relativsatz, daß nun faktisch, nämlich gegen meinen Willen, gegen meine ursprüngliche Intention, doch so etwas wie eine, und dann noch: *kleine* »Summa«, und Summa in Anführungszeichen, des christlichen Glaubens geworden ist. Ich sage das nur, und das wird vielleicht Ihnen etwas zeigen, bezüglich des geistigen Impulses, der dahinter steht: Hätte ich dieses Buch mit der Intention unternommen, dieses Buch zu schreiben, hätte ich mich selber für vermessen angesehen; dies sage ich Ihnen ganz deutlich. Was ich schreiben wollte, und ich habe es jetzt noch von meiner Londoner Verlegerin gehört, die das in der Pressekonferenz gesagt hat: »Er hat uns, als er das letzte Mal hier war, versprochen, ein Büchlein von 200 Seiten zu schreiben!« Und das ist meine Absicht gewesen. Und so habe ich auch damals angefangen auf einer kleinen Insel irgendwo in der weiten Welt und habe es ohne Apparat geschrieben. Was man vielleicht auch gesehen hat, daß ich völlig ohne Furcht auch nach links die Grenzen gezogen habe. Als ich zurückkam, habe ich gesehen, daß ich nicht durchkomme. (Ich darf das noch erklären, weil mir das wichtig scheint. Wenn ich das so kurz mache, geht es nicht.) So habe ich angefangen, bei Teil C ausführlich zu werden. Ich mußte nachher, ob ich wollte oder nicht, in diesem Stil weiterfahren, also drei Stockwerke tiefer. Deswegen mußte ich am Ende noch einmal Teil A und B neu schreiben. Aber das sage ich nur, weil das immer wieder kommt bezüglich des »Anspruches« des Buches. Ich meine nicht, daß ich die Summa schlechthin geschrieben hätte: Meine Absicht ist nicht, hier das Umfassende zu bieten!

Was kann ich also tun? Ja, also ich möchte noch einmal sagen, und in allem Ernst: Die Fragen sind derartig komplex in diesen Dingen, die da angesprochen sind, daß man doch das also nicht 1. einem einzelnen überlassen kann. Und 2., Prälat Homeyer, ich schätze das als einen durchaus wohlwollenden Beitrag, aber dies alles ist zu komplex, um es mit knappen Sätzen beantworten zu können. Das ist zu schwierig, und das würde ja voraussetzen, daß man das alles schon weiß.

Kardinal Volk:
Herr Professor, Sie haben aber selbst 20 Thesen herausgegeben, haben Sie selbst so etwas für möglich gehalten? Sonst würden Sie das ja nicht tun.

Professor Küng:
Ja, gerade die 20 Thesen sind ein Beweis dafür, was ich meine, daß ich nämlich nicht mit 20 Thesen angefangen habe, sondern nachdem ich 600 Seiten geschrieben habe, diese Thesen herausgezogen habe.

Kardinal Volk:
Aber auch als selbständige Sache (Prof. Küng: Ja) herausgegeben haben. Und das ist ein Zeichen dafür, daß man doch also so vorgehen kann, daß man also nicht nur einzelne Fragen stellt.

Professor Küng:
Aber erst wenn man die Forschung getrieben hat.

Kardinal Volk:
Es gibt drei Vorschläge jetzt: Es gibt a) den Vorschlag von Prälat Homeyer: Fragen der Bischofskonferenz und verwertbare Antworten Ihrerseits. b) Den Vorschlag von Professor Neumann: Läßt sich nicht ein Nachwort oder ein eigenes Bändchen schreiben, und c) Ihren eigenen Vorschlag: Warum hat man nicht mehr Vertrauen? Wenn's nichts ist, geht's von selbst zu Grunde. Das heißt an die Bischöfe: Laßt Gottes Wasser über Gottes Land laufen.

Professor Küng:
Das Letztere meine ich von vornherein nicht. Denn ich sage noch einmal: Sie haben ja ganz andere Mittel zur Verfügung,

um zur Klärung der Lage beizutragen. Wie können Sie denn von einem einzelnen erwarten, daß er die ganze Arbeit leistet? Ich habe doch eine ungeheure Arbeit – ich sage das in aller Bescheidenheit – geleistet, um das Christentum den heutigen Menschen wieder verständlicher zu machen. Wenn das nach Ihrer Auffassung nicht so gelungen ist in diesen Aussagen, die die traditionelle Dogmatik und die Konzilien betreffen, dann verstehe ich das. Aber ich kann doch auch nicht als einzelner jetzt alles auch wieder gleichsam aus dem Handgelenk schütteln. Was erfordert ist, ist meines Erachtens, 1. daß auch die Kollegen, und zwar aller Disziplinen, vor allem Dogmatik, Neues Testament und auch Ethik, konstruktiv hier mitarbeiten; und 2. ist dann nötig, daß ich selber wieder Forschungen mache. Wenn ich jetzt wirklich wieder etwas konstruktives Neues machen soll, dann brauche ich wieder Zeit. Ich kann jetzt nicht einfach also so rasch etwas dahinschreiben. Das braucht doch alles ungeheure Arbeit.

Kardinal Volk:
Verstehe ich das richtig, daß Sie sowohl diesen Vorschlag wie jenen Vorschlag ablehnen?

Professor Küng:
Nein, ich lehne den Vorschlag von Herrn Neumann, der übrigens ohne mein Wissen gemacht wurde, nicht von vornherein ab. Ich sage nur in diesem Zusammenhang: Ich kann das 1. nicht allein und 2. nicht also einfach aus dem Handgelenk. Das wäre unverantwortlich und würde uns in der gegenwärtigen Situation wenig helfen. Was ich kann – und das wäre mein eigener Vorschlag im Sinne dessen, was ich schon angedeutet habe – ich kann jetzt mal diese Fragen der Methode, welche die Grundlagenfrage ist, zu klären versuchen: Wie verhalten sich Vernunft und Glaube? Ich kann 2. zugleich die Gottesfrage, auf die es ja immer wieder ankommt und die Sie gerade eben auch angesprochen haben mit dem Zusammenhang zwischen Gott und Mensch zu klären versuchen. Und dann kann ich noch ein Drittes (und das würde in etwa das von Herrn Neumann aufnehmen. Ich möchte nur nicht gern von vornherein jetzt sagen, was

da herauskommt, weil ich es einfach ehrlicherweise selbst nicht weiß): Ich kann – darum geht es – im letzten Kapitel, wo ich zum christlichen Gott erneut Stellung nehmen muß, versuchen, einiges zu sagen, von dem, was ich hier auch sagte, um unter Umständen noch einige Schwierigkeiten aufzuklären. Das kann ich. Aber Sie dürfen von mir nicht zu viel erwarten, auch da nicht. Ich möchte also nicht irgendwie einen Eindruck erwekken, der dann unter Umständen nicht realisiert wird. Ich kann unmöglich in diesem Kontext auf die Frage der Präexistenz eingehen. Ich kann sicher einiges deutlicher machen. Ich weiß selber noch nicht, wie dieses 7. Kapitel (Gott der Philosophen und der Gott Jesu Christi, der alttestamentliche bzw. neutestamentliche Gott) aussehen wird. Ich weiß auch nicht, wie weit ich rein physisch in der Lage bin, das zu machen. Aber soviel kann ich sagen, daß ich da nun und in dieser Weise versuchen kann, dort wenigstens etwas zu machen, was Ihnen helfen könnte. Ich kann dann noch ein Letztes hinzufügen: Nachher brauche ich dann also einmal eine Pause! Ich habe ein Freisemester in Aussicht. Ich bin bei »Christ sein« am Ende meiner Kräfte gewesen, auch physisch; meine Mitarbeiter können es berichten. Viele Leute sagen ja auch, ich soll ausruhen. Das würde auch meiner Theologie gut tun. Also gut. Aber selbstverständlich schließe ich Ergänzungen nicht aus, im Gegenteil. Ich sehe sie als wünschenswert an.

Ich möchte jetzt nicht einfach eine Versprechung machen, sonst muß ich gleich wieder daran denken, was ich zu tun habe; sonst muß ich dann auf einzelne Fragen – auch noch unter Umständen in der von Herrn Neumann gemeinten Art – expressis verbis, also ex professo eingehen. Dann kann ich sehen, was gearbeitet wurde; ich hoffe allerdings, daß dann auch andere Leute etwas zu diesen Problemen konstruktiv gesagt haben. Und ich hoffe auch, daß etwa von der Glaubenskommission aus – wie ich mir eigentlich die Diskussion vorgestellt habe – einmal konstruktiv versucht wird, einige Dinge zu klären. Dann wäre es natürlich mir sehr viel leichter gemacht. Wie ich ja eben gezeigt habe, glaube ich auch in der Antwort auf die sachlichen Vorschläge von Lehmann (betreffend funktional, relational, ontologisch usw.) auf solche Dinge eingehen und klären zu können. Die Frage der Präexistenz müßte zuerst von Exegeten geklärt werden. Das wäre immerhin, meine ich, etwas, was ich nun auch ehrlich sagen könnte.

Kardinal Volk:
Ja, aber das Verfahren der Glaubenskommission ist etwas anderes. Denken Sie an die Beiträge von Kasper, Ratzinger, Lehmann usw. Da ist ja schon auch einzelne Theologie getan. Aber Herr Professor Neumann hatte sich gemeldet.

Professor Neumann:
Ja ich wollte nur sagen, 1. es stimmt, mein Vorschlag war nicht abgesprochen mit Herrn Küng. Aber 2. haben Sie (zu Kardinal Volk) mich natürlich auch sofort mit Ihrer Antwort wiederum erschreckt, denn was Sie nun Herrn Küng wiederum zumuten würden mit einer solchen Erklärung, wenn Sie etwa auf die Erlösungsfrucht zu sprechen kommen, würde praktisch einen Kommentar bedeuten, wie Küng zu Küng schreibt. Wenn die Bischofskonferenz hier einen Thesenkatalog vorlegt, so fürchte ich auch, daß hier in der Tat einem einzelnen eine Arbeit aufgebürdet wird, die ein einzelner weder leisten kann noch leisten sollte. Vor allen Dingen bekäme tatsächlich Küngs Buch, wenn er die Thesen der Bischofskonferenz sozusagen zu ihrer Zufriedenheit beantwortet, den Charakter eines Quasi-Katechismus. Ich glaube, das ist weder von Ihnen erwünscht noch wäre das in Küngs Sinn. Es ist auch nicht zumutbar, und ich würde es an seiner Stelle auch ablehnen, nun auf alle denkbaren Einwände und Probleme einzugehen. Ich glaube, daß mein Vorschlag ja auch ganz deutlich eingegrenzt war auf die Themen, die am Anfang hier genannt worden waren, insbesondere auch von Kardinal Höffner, von Ihnen (= Kard. Volk) und von Bischof Moser, aber auch von den beiden Kollegen und vor allen Dingen in Bezugnahme auf die Anfrage von Herrn Riedlinger. Ich meine, daß es nun auf jeden Fall Herrn Küng freistehen muß oder müßte, hier nun wiederum *die* Fragen aufzugreifen, in denen er sich wirklich mißverstanden und mißdeutet fühlt. Und es muß ja, wie schon gesagt, auch in einer gewissen Weise machbar sein. Ich glaube, Küng hat eben darauf hingewiesen, daß bei vielen Dingen eben ein einzelner überfordert ist. Da haben Sie mit Recht gesagt, du hast aber allein dieses Buch geschrieben,

nun gib auch allein auf diese Frage Antwort. Aber ich glaube, jeder stößt eben in der theologischen Arbeit an eine Schallmauer des Nicht-mehr-Weiterkönnens. Deshalb möchte ich meine Frage so verstanden wissen, daß man nun wirklich Herrn Küng die Freiheit läßt, 1. zu sagen, welche Fragen er beantworten will. Dann wäre es immer noch Sache der Bischofskonferenz, nachher zu sagen: Ja, das ist nicht hinreichend, jetzt haben wir noch konkrete Fragen. 2. Er muß auch Freiheit haben in der Frage der Publikationsform. Es ist ja etwas anderes, ob ich aus einem Buch mit 680 Seiten einen Extrakt von 20 Thesen mache oder ob ich nun noch einmal *ganz bestimmte* Fragen präzisieren muß. Mir schiene letzteres fast, Herr Kollege Küng, einfacher zu sein, nochmals ein paar mißverständliche Fragen zu präzisieren. Ich würde da nicht sagen: Hier tiefer bohren, noch weiter heruntergehen usw., sondern einfach zu sagen: Das habe ich nicht gemeint, was mir unterstellt wurde oder wie ich mißdeutet wurde. Dies schiene mir machbar, sei es in dem neuen zu erwartenden Buch über Gott oder, wie gesagt, in irgendeiner anderen Form. Ich glaube, man sollte den Bogen aller möglichen Fragen und Anfragen nicht zu weit spannen.

Kardinal Volk:
Ganz sicher nicht.

Professor Neumann:
Dann käme ...

Kardinal Höffner:
Dann steht natürlich dem gegenüber das Glaubensgewissen der Bischöfe. Können wir einfach diese schweren Bedenken, die wir ausgesprochen haben, können wir sie einfach stehenlassen und sagen: Lassen wir einmal die Zukunft entscheiden, denn in der Geschichte der Kirche hat ja auch die Entwicklung manchmal eben zu ganz anderen Ergebnissen geführt, wenn man etwas laufen läßt. Denn das wäre ja auch für uns die Frage: Können wir in den Fragen, die unser Glaubensgewissen nun wirklich bedrängen, können wir da einfach abwarten?

Professor Küng:
Also das war ja nicht meine Auffassung, Herr Kardinal. Meine Auffassung war: Keineswegs soll man das einfach laufenlassen. Ich sage nur: 1. Es soll nicht nur *einer* klären müssen, sondern alle sollen mithelfen; sie geben ja alle zu – das kann man sogar im »Sammelband« lesen –, es seien nicht nur Küngs Probleme; das sagt Herr Ratzinger in aller Deutlichkeit. Ich muß ja auch noch leben, ich kann ja nicht einfach alles machen. Allein dieses Jahr ist also aufgrund verschiedener Dinge, die nun einmal kommen und die ich nicht gut absagen kann, – z. B. wenn ein Verleger will, daß ich [zum Erscheinen einer ausländischen Ausgabe von »Christ sein«] da bin – schwer überlastet. Ich glaube, ich habe auch viel dazu getan, daß »Christ sein« überall richtig verstanden wurde. Ich habe überall gesagt, daß nicht diese Fragen im Vordergrund stehen, die umstritten sind. Das hat sicher, wie man auch in Rom zugibt, zur Entkrampfung beigetragen. Ich habe vermeiden können, sowohl in Italien wie auch in England und Irland, daß die Sensationsdinge, die damals der »Spiegel« am Anfang hochgespielt hat, gleich zur Hauptsache gemacht werden. Aber ich muß aus demselben Grund nach Spanien. Ich meine, auch dort – genauso wie in Irland – einiges für die Kirche tun zu können. Sie können ja auch dort sich einmal erkundigen, ob das jetzt alles so negativ ist. Wenn in Spanien in der gegenwärtigen labilen Situation, etwas gesagt werden kann über die Dinge, die in der Kirche bleiben sollen, dann ist das doch wohl auch ein pastoraler Dienst. Jedenfalls ich muß dies alles machen. Ich muß im Februar wieder nach Washington gehen, in das Kennedy-Institut aufgrund verschiedener Sachen. Ich muß dann noch einmal nach Amerika. Leider Gottes muß es in einem halben Jahr dreimal geschehen, was ich sonst nicht tue; und ich bin jetzt wieder lange nicht [dort] gewesen. Ich kann beinahe die Tage dieses Jahres zählen, wo ich weiterarbeiten kann. Ich muß wirklich alle Stunden zusammennehmen und ich versuche es eben nach diesen Möglichkeiten zu realisieren. Aus genau demselben Grund, Herr Kardinal Volk, wie vorher schon wegen der Thesen muß ich persönlich um Verständnis bitten. Ich kann nicht angesichts der ganzen Universität, des Bundespräsidenten und vieler Gäste in der Tübinger Stiftskirche über diese schwierige Frage, ob »Gott« etwas mit den

Wissenschaften zu tun hat (oder wie ich es immer formulieren werde, das weiß ich noch nicht einmal) reden, wenn ich das nicht ganz gründlich für mich studiert habe. Ich habe ein Seminar mit Herrn Kollegen Oeing-Hanhoff in Aussicht, etwa über die Fragen der Wissenschaftstheorie und die ganzen Fragen, wo die anderen Disziplinen uns Schwierigkeiten machen mit unserer Theologie.
Das sind derartig komplexe Fragen, daß es mir oft richtig graut vor diesen ganzen Dingen. Dies muß ich jetzt einmal machen; ich kann diesen Dingen gar nicht ausweichen. Dann lassen Sie mich doch das einmal tun und dann sehen Sie ja auch wieder mehr. Es ist ja nicht so einfach. Das ist nur meine Antwort auf Ihre Frage, es geschehe nichts. Es soll von der Seite der Theologen und es soll von meiner Seite etwas geschehen.

Kardinal Höffner:
Aber es kommt eben die Problematik der beiden Dinge, der Präexistenz Jesu Christi und was Du (Kard. Volk) von der Soteriologie gesagt hast. Ja, können wir das als Bischöfe, die wir in der Verantwortung des Lehramtes stehen, können wir das einfach stehenlassen – und andere Dinge auch. Das ist ja für uns die Frage.

Kardinal Volk:
Professor Lehmann

Professor Lehmann:
Ja, ich möchte noch einmal auf den Vorschlag von Herrn Neumann zurückkommen. Selbstverständlich ist die Form, in der das genauer geschieht, eine Sache, die zunächst einmal Herrn Küng überlassen bleibt, z. B. ob er einen Aufsatz schreibt, ein kleines Bändchen herausgeben oder einen Nachtrag machen will. Irgendetwas dieser Art. Das ist zunächst ...

Kardinal Höffner:
Oder im Text selbst.

Professor Lehmann:
Natürlich. Und ich habe auch Verständnis für die Zeitfrage. Nur bitte ich Herrn Küng, diesmal als ein beratendes Mitglied

der Glaubenskommission, auch um ein bißchen Verständnis dafür, daß die Auseinandersetzungen jetzt sieben, acht, bald neun Jahre lang dauern. Ich habe selbst sehr viel Zeit investiert. Und ich hätte leicht ein gutes Buch oder ein paar schreiben können, wenn ich diese Zeit für mich genutzt hätte. Das darf ich hier auch einmal sagen.

Die Frage entscheidet sich an einem bestimmten Punkt. Ich hoffe nicht, daß dieser Punkt zu einem schwer lösbaren Konflikt wird. Wir sind uns einig in der Ergänzbarkeit mancher Aussagen. Das ist viel. Es bleibt aber die Frage, mit welcher Dringlichkeit diese Ergänzbarkeit gesehen wird. Ich habe ein gewisses Verständnis dafür, daß die Bischöfe manche Ergänzungen für unverzichtbar halten, einfach von der Sache her.

Wenn wir weiter diskutieren könnten, müßte man natürlich noch klären, ob z. B. die zugestandene Einzigartigkeit der Person Jesu gewisse Dimensionen auch der Präexistenzaussagen und Schöpfungsmittleraussagen notwendig einschließt, ob man sie überhaupt zum Austrag bringen kann ohne diese Dimensionen. Wir haben z. B. über Gottessohnschaft noch nicht ausführlich genug geredet, wir haben also über Präexistenz fast noch nicht geredet, kaum von der Soteriologie. Mir scheinen, ohne daß man einen formellen Druck oder so etwas ausübt, doch einfach von der Sache her präzisierende Aussagen notwendig zu sein.

Kann man jetzt »beliebig« warten, bis zu diesen Fragen eine Klärung folgt? Das ist mir doch ein echtes Problem. Wenn ich an die Auseinandersetzungen, den Streit, die Mißverständnisse, die Polemiken und alles denke, dann frage ich mich doch, ob es nicht des Schweißes von Herrn Küng und sicher auch von anderen, die ihm mithelfen können, wert wäre, wenigstens in einem Aufsatz die Fragen, die heute und hier angesprochen worden sind, anzugehen und doch so zu beantworten, daß man sagen kann: Einige Dinge sind jetzt jedenfalls geklärt. Das muß ja nicht eine erschöpfende Antwort sein bis ins letzte Wort.

Bei den Fragen, die wir heute hier behandelt haben, geht es auch um eine pastorale Seite für die Wirkung des Buches in anderen Ländern. Es kann sein – wie Herr Küng meint –, daß es dort in der Rezeption zunächst einmal keine Schwierigkeiten gibt. Aber wir kennen ja, ohne jemandem zu nahe zu treten, unsere früheren Mitstudenten und wissen, was sie an Theologie und Christologie oft mit nach Hause genommen haben. Wie hilflos sind sie oft. Ich bin nicht sicher, ob es für diese Leute nicht auch nötig ist, ihnen etwas mehr zu helfen, ihre eigene Identität einigermaßen zu bewahren. Denn wenn man nach Italien, Spanien usw. kommt, dann hat man ja in diesem ungeheuren Umbruch, der sich vollzieht, den Eindruck einer inneren Not, und da gibt es natürlich auch noch die Frage (ohne daß dies eine Harmonisierung der Antwort auslösen darf!), wie paßt denn eigentlich nun all das, was die Leute einmal gelernt haben – vielleicht nur äußerlich –, wie paßt das eigentlich zu dem, was jetzt auf sie zuströmt? Das ist ja nicht primär eine Frage von uns hier in Deutschland (obgleich sie uns genügend plagt!). Und wenn dieses Buch in diese Länder mit einem sicher großen Erfolg hineinströmt, bringt es das ganze Gewicht der Fragen und Probleme, die hier ja auch heute aufgetaucht sind, mit. Ist es denn nicht wirklich möglich, im Laufe eines Jahres in zwei oder drei Artikeln etwas auf die Fragen zu antworten? Das wäre auch ein Zeichen. Ich glaube, dies würde wirklich im Grunde entkrampfen.

Ich habe – sozusagen zwischen den Stühlen: als ein beratendes Mitglied der Glaubenskommission und auch als Kollege – doch die herzliche Bitte an Sie, sich zu überlegen, ob nicht eine solche Hilfe nötig ist. Wir anderen müssen ja auch über dieselben Fragen in Vorlesungen reden und uns damit auseinandersetzen. Ich habe nicht soviel Zeit, daß ich dies alles gründlich genug ausarbeiten kann, um es zu veröffentlichen; das kann vielleicht auch noch geschehen. So wird es manchem anderen gehen. Aber wenn man, so wie Hans Küng dies tut, mit der äußersten Anstrengung aller Kräfte die Dinge eben auch *literarisch* öffentlich macht, dann hat man auch eine entsprechende Verantwortung. Und da gibt es nun schwierige Punkte. Es sollte aber doch möglich sein, hier einen Schritt, einen echten Schritt weiterzukommen. Das Gespräch von heute gibt mir eigentlich an zwei oder dreien dieser Punkte die Hoffnung, daß das möglich sein sollte. Es ist schade, daß wir nicht über die Präexistenz und die Gottessohnschaft reden konnten. Ich glaube, da wäre – auch vom Exegetischen her – einiges noch herbeizubringen. Ich würde auch in dieser Hinsicht sagen, daß man da weiterkommt. Da sieht sicher manches anders aus, als ich es einfach auch gelernt habe. Davon bin ich überzeugt. Aber das ist nicht die entscheidende Frage, vielmehr: Wenn man eine Globalaussage über diese Dinge macht, darf dann Elementar-Wesentliches auf lange Sicht hin fehlen? Das ist meine Frage an Herrn Küng. Es müßte doch auch bei Herrn Küng mehr Sinn geweckt werden dafür, daß die Bischöfe hier in einer wirklich auch für sie bedrängenden Situation sind. Daran wollte ich nochmals erinnern.

Kardinal Volk:
Herr Bischof Moser:

Kardinal Höffner:
Es ist 13.30 Uhr

Bischof Moser:
Ich werde mich kurz fassen. Ich bin auch der Meinung, wir sollten jetzt keinen Maximalkatalog oder eine Maximalforderung aufstellen, sondern wir sollten uns an das Gesetz der Schritte halten. Es müßte doch möglich sein, schrittweise voranzukommen. Dies würde auch bedeuten, daß entsprechend Rücksicht genommen wird auf die Situation, in der Professor Küng steht. Dennoch könnte etwas von dem, was ja insgesamt an Erwartungen da ist, realisiert werden.
Wenn ich es systematisch wiederholen darf. Es sind ein paar Punkte genannt worden, die nicht so viel Aufwand an Zeit erfordern würden. Es wurde z. B. ein Artikel genannt, also z. B. einen Aufsatz im Bezug auf die Frage von Professor Riedlinger. Der Artikel könnte sozusagen als Aufhänger dienen, um einige Punkte in dieser Antwort einzubringen, die in unserem Gespräch eine Rolle gespielt haben. Wenn man noch weniger wollte, könnte man einen ersten Schritt darin sehen, daß man aufgrund der pastoralen Dringlichkeit der Sache – und da sind wir sicher einig – ein paar Briefe wechselt mit Antwort und Frage. Das, was Prälat Homeyer gesagt hat, könnte eine Erleichterung bedeuten. Man könnte dies alles miteinbeziehen, ebenso das, was durch die Gesprächsaufnahme schriftlich vorliegen wird. Es würde sich dann der Vorschlag von Professor Neumann abzeichnen: ein möglicher Anhang in »Christ sein« oder

das, was von Professor Küng genannt worden ist, innerhalb eines Kapitels im Buch über Gott. Dies würde dann doch auch eine inklusive Antwort beinhalten, wobei es ja durchaus bei Ihnen liegt, welche Akzente Sie besonders betonen. Das Ganze ließe sich jetzt einbringen, so denke ich, im Sinne eines Vorschlags und mit einem abgesprochenen Zeitprogramm. Es müßte aber deutlich werden – und da möchte ich Sie sehr um Verständnis bitten, Herr Professor Küng –, daß tatsächlich etwas »läuft«, daß wirklich etwas geschieht. Sobald deutlich wird: Hier wird überhaupt über die Sache gesprochen, hier wird kritisch hin- und hergefragt, hier wird auch offen geantwortet, hier werden nicht Dinge verschleiert, bedeutet dies eine Hilfe für die notwendige Entkrampfung. Auch von der pastoralen Dringlichkeit her wird ein Dienst getan. Das ist ja zur Zeit das, was uns mit am meisten belastet, daß es von überall heißt: Ja, der (= H. Küng) darf alles – und wie die Formulierungen heißen! – Ich glaube, solchen Pauschalurteilen und solchem Mißtrauen könnte man tatsächlich durch einen ersten Schritt wehren. Das möchte ich noch einmal sagen: Nicht als taktische Angelegenheit oder als Schaumschlägerei, sondern das wäre sicher ein Dienst für uns alle und damit ein Dienst an der Einheit. Ich wäre sehr glücklich, wenn wir wenigstens in dieser Richtung weiterkämen. Ich möchte auch noch mal Herrn Kardinal Höffner die Frage stellen, daß dies alles publiziert wird. Vielleicht können wir auch beim Essen noch klären, was das heißt: »Vertraulichkeit des Gesprächs«. Ob wir nicht darüber überhaupt einmal reden sollten, nämlich mitzuteilen, daß diese und jene Themen behandelt werden und daß darüber etwas zu erwarten ist. Ich glaube, dies wäre schon eine Hilfe.

Kardinal Höffner:
Die Öffentlichkeit sollte ja auf die Weise, nach der wir da suchen, erfahren ...

Bischof Moser:
... daß das wenigstens angesprochen ist. Ich habe hier Sorge, wenn man alles für vertraulich erklärt und hinausschiebt! Darum möchte ich zum Schluß, Herr Professor Küng, noch einen Satz sagen. Ich verstehe, daß Sie aufgrund Ihres Arbeits-

pensums sagen: Sollen doch die anderen etwas tun! Aber hier hat Ihr Wort natürlich ein entscheidendes Gewicht. Ihr Wort, wenn es in die Richtung geht und Perspektiven aufzeigt, wie Sie es am Anfang gesagt haben: Gut, hier werden Klärungen kommen, hier werden auch noch Differenzierungen kommen, hier wird (was Kardinal Volk gesagt hat) das Komplementäre nicht unterschlagen, sondern es wird sogar gewollt. Dann ist schon viel gewonnen.

Kardinal Volk:
Herr Professor Neumann.

Professor Neumann:
Im Sinne von Ihnen, Herr Bischof Moser, möchte ich vielleicht zunächst auch die Frage der Bekanntmachung des Gesprächs ansprechen. Ich halte nichts von der in der Kirche weit beliebten Praxis der Vertraulichkeit. So etwas kommt doch heraus. Ich würde deshalb durchaus dafür sein, daß meinetwegen Herr Homeyer und Herr Küng oder – wenn er es nicht machen will – Herr Prälat Homeyer und ich oder Herr Lehmann oder irgendjemand, eine Notiz bekanntgeben, daß ein solches Gespräch mit den Bischöfen stattgefunden hat, daß bestimmte Fragen, die den Bischöfen dringlich erschienen, dabei besprochen wurden und daß von allen Seiten die Ergänzbarkeit und die Möglichkeit der Ergänzbarkeit festgestellt wurden.

Kardinal Höffner:
Ja, damit rufen wir natürlich erneut die Fragen der Öffentlichkeit heraus: Was nun?

Professor Neumann:
Ja nun, das können wir ja auch sagen, daß man sich geeinigt hat, beispielsweise auf etwas, worauf jetzt Herr Küng noch in den nächsten Wochen eingehen kann. Nun haben Sie weiter gesagt, Herr Bischof Moser, Küngs Wort hat großes Gewicht. Dabei nun eine ganz herzliche Bitte an die Bischöfe und an das bischöfliche Lehramt, nämlich sich auch zu fragen, wie das eigentlich kommt. Sehen Sie, Herr Küng hat auf seinen Festvortrag hingewiesen, den er halten soll. Ich bin in der Jubiläumskom-

mission und ich habe alle möglichen Namen vorgeschlagen – Sie dürfen es mir glauben – nur nicht Herrn Küng, und zwar einfach weil ich aus seiner Fakultät stamme und es mir schlecht gestanden wäre, für ihn zu votieren. Ich habe einen anderen Kollegen aus unserer Fakultät, und einen anderen aus der evangelischen Fakultät genannt, und zwar deshalb, weil die Gottesfrage in diesem Kollegium des Jubiläumsausschusses an erster Stelle genannt wurde. Und sie sagten, wir wollen anläßlich des Jubiläums nicht über irgendwelche wissenschaftstheoretischen Fragen oder gar über die Geschichte der Universität etwas hören, sondern über die Zentralfrage unseres menschlichen Daseins, über Gott. Dann wurde gesagt, der einzige, dem wir das zutrauen, daß er das in einer Sprache tut, die wir verstehen, wir, die wir nicht Theologen sind, das ist nicht der und jener, sondern das ist Hans Küng. Das waren zum Teil hochrenommierte Mitglieder unseres Lehrkörpers. Und wenn ich Ihnen sagen darf, daß in diesem Raum, in dem wir getagt haben, das Gästehaus der Universität, unter vielen profanen Werken auch Hans Küngs »Christ sein« steht, dann mögen Sie sehen, daß eben hier Küng tatsächlich in ein Vakuum auch der bischöflichen Verkündigung hineinstößt, daß einfach deshalb sein Buch so aufgesogen wird. Deshalb schiene es mir auch denkbar, daß die brennenden Fragen in irgendeiner Antwort, sei es in seinem Vortrag über die Gottesfrage, sei es in einer Weiterführung der Einleitung für eine Neuauflage von »Christ sein«, sei es in seinem Schlußkapitel zu dem Buch über die Gottesfrage, beantwortet werden könnten. Was dann nicht geklärt ist, könnte ja die Bischofskonferenz noch einmal klärend ansprechen. Ich glaube also, es gibt noch mehr Möglichkeiten als bloß die drei genannten. Das war das, was ich noch zu den Möglichkeiten sagen wollte.

Kardinal Höffner:
Wir wollten zu einem Einvernehmen kommen.

Kardinal Volk:
Ja, ich wollte sagen, die Möglichkeit der Ergänzung ist natürlich denkbar. Wo gibt es in der Welt etwas, was nicht ergänzbar ist? Die Möglichkeit der Ergänzbarkeit, das kann bei jedem beliebi-

gen Buch der Fall sein, wie die Theologie, die Geschichte der Theologen überhaupt im Laufe der Geschichte aufzeigen. Also die Möglichkeit der Ergänzung ist eine völlig harmlose Aussage. Bitte Herr Professor Küng!

Professor Küng:
Ja, also ich möchte Sie nun doch bitten, die Herren Bischöfe, mich nicht zu überfordern: Ich gehöre nicht zu denen, die hier etwas sagen, aber etwas anderes tun. Und ich verspreche nichts, was ich nicht halte. Und ich möchte auch bitten, mich nicht zu bedrängen: nicht nur weil es nicht möglich ist, mich zu zwingen, sondern weil ich auch gern möchte, daß das, was getan wird, eben auch einen Sinn hat. Ich habe einfach Bedenken gegenüber allen »kurzen Dingen« in diesen Sachen, weil es wenig hilft! Ich meine, Sie haben ja nun ein Beispiel außerhalb unserer Sprache, nämlich den holländischen Katechismus. Da hat man mit solchen Mitteln versucht, etwas zu machen. Es ist gar nichts dabei herausgekommen. Es gibt diesen Faszikel und lange Verhandlungen, was geht und was nicht geht. Der Faszikel ist aber nicht zur Kenntnis genommen worden. Und es würde ja auch nicht zur Kenntnis genommen werden, wenn in meiner Sache ein solcher Katalog als Anhängsel publiziert würde. Wenn schon, dann müßte man mit großer Überzeugungskraft für bestimmte Dinge eintreten.
Es kommt aber ein zweites Bedenken dazu. Meine bisherigen Erfahrungen sind eben nicht so positiv, ich meine, mit meinen Kollegen vor allem der Dogmatik, daß ich mich so rasch aufs Glatteis begebe. Ich wußte ganz genau, warum ich in der FAZ nur die Frage der Methode anspreche: nämlich weil ich weiß, was ich auf diesem Raum machen kann und was nicht. Ich weiß ganz genau, daß wenn ich jetzt einen Artikel schreibe, daß also die Herren, die sich bisher schon nicht durch das persönliche Gespräch, auch nicht durch verständnisvolle Beiträge, sondern eben durch heftige Polemik und anderes hervorgetan haben, daß sie natürlich diesen Artikel wieder hernehmen werden. Folglich: wenn ich etwas tun will, will ich etwas Gediegenes tun, was auch im Rahmen des Möglichen abgesichert ist.
Deswegen möchte ich nun meinerseits auch zwei konstruktive

Vorschläge machen, die jedenfalls – das braucht ja jetzt nicht unmittelbar beantwortet zu werden – mehr weiterhelfen würden auf die Dauer. *Das Erste:* Ob nicht das, was damals in Frankfurt [1970, nach dem Erscheinen des Buches »Unfehlbar?«] – Herr Kardinal Volk war damals auch noch dabei – gemacht wurde: eine Arbeitstagung unter den kompetentesten Leuten (und zwar ausgeglichen), unternommen werden könnte. Das war die Initiative [der Jesuiten] von St. Georgen gewesen. Ich habe das in der Unfehlbarkeitsdebatte sehr begrüßt. Da ist einfach einmal geredet worden; und man hat ernsthaft diskutiert. Ich habe ja bisher als einziger von mir aus die Diskussion immer wieder organisiert. Ich habe die Kollegen sogar persönlich bezahlt, daß sie nach Tübingen kamen und damals das Unfehlbarkeitsseminar mitmachten, also Lehmann, Ratzinger und Rahner; Herr Scheffczyk hat es übrigens damals schon abgelehnt zu kommen. Ich könnte mir vorstellen, daß eine Diskussion unter den Fachleuten doch einiges klären könnte. *Das Zweite:* Es wäre mir eigentlich noch wichtiger, daß also nun die Bischofskonferenz bzw. die Glaubenskommission, die da wohl noch mehr zuständig ist, Studien anregt zu den betreffenden Punkten. Man muß die kompetenten Leute nehmen, ob die nun mehr von dieser Richtung oder von einer anderen herkommen, z. B. eben eine Studie über Präexistenz oder über Gottessohnschaft. Das wäre also etwas. Ich könnte mir auch vorstellen, daß die Frage von Herrn Kardinal Volk von eben über »Erlösungsfrucht« (oder wie man das immer bezeichnen will), daß dies auch ein solches Thema wäre. Oder auch die formale Frage bezüglich der Verbindlichkeit der Konzilien. Da müßte man eben nicht nur Dogmatiker, sondern Exegeten und auch Dogmengeschichtler, Historiker usw. dazunehmen, um etwas zu erreichen. Das kann ohne meine Beteiligung geschehen. Ich bin selbstverständlich gern bereit, mitzumachen, und auch bereit, unter Umständen Stellung zu beziehen; dann habe ich ja selber einen Gewinn. Ich kann doch nicht mich nur selbst repetieren oder mich selbst in einem rein äußerlichen Ausmaß »korrigieren«. ...

Da könnte ich mir vorstellen, daß etwas dabei herauskommt. Das wären zwei konstruktive Gegenvorschläge, die mit oder ohne meine Beteiligung, wie man das wünschen mag, realisiert

werden könnten. Ich bin gern bereit, auf alle diese Fragen dann auch zu antworten. Sie können auch sicher sein, daß das in der angemessenen Form geschehen würde. Ich hätte im »Sammelband« selber nicht diese Polemik gebracht; das wäre mir gar nicht eingefallen. Ich war immer sachlich, ich habe das auch Walter Kasper gegenüber so getan.
Was ich noch als *Drittes* für mich dazu sagen könnte, ist eben das: Aufgrund einfach meiner physischen Möglichkeiten kann ich zur Zeit für dieses Jahr unmöglich mehr versprechen, als daß ich das letzte Kapitel meines neuen Buches unter dieser Hinsicht genau überlege und das, was ich im Moment zur Klärung beitragen kann, auch sage. Das wäre, jedenfalls von mir her gesehen, etwas Unmittelbares. Ich kann Ihnen nur versprechen, daß ich das ernst nehmen werde, und – ich sagte es – ich verspreche nichts, was ich nicht tue. Ich nehme es ernst und ich würde versuchen, mindestens einmal das, was mir zur Zeit möglich ist, zu sagen und zur Klärung zu tun. Aber ich verspreche mir sehr viel mehr, wenn solche Studien angeregt würden! Im nächsten Jahr wäre auch ich wieder frei, um so etwas mehr zu überlegen. Ich bin überzeugt, daß sehr vieles geklärt würde und daß dies auch der Verkündigung helfen würde. Was ich geschrieben habe, ist nirgendwo einfach von mir. Das ist ganz klar: Originalität im üblichen Sinn war überhaupt nicht mein Ziel; ich habe das gesammelt, was da ist; ich kann fast für jeden Satz irgendeinen Beleg bringen. Folglich müßten also auch einmal andere diese Sache erörtern und diskutieren. Wir müßten einfach die einzelnen Fachleute fragen. Dann kann ich auch Stellung nehmen. Und ich meine, daß der heutige Tag doch gezeigt hat, daß das nicht aussichtslos ist und daß nun einiges doch noch klarer wird.

Kardinal Höffner:
Es geht ja nicht bloß um uns, sondern es geht ja um das Kollegium der Bischöfe in der ganzen Welt. Es geht ja nicht, daß wir gleichsam – bis eine solche Studiengruppe zu einem Ergebnis kommt – die Glaubensverkündigung anhalten müssen, bzgl. Präexistenz Jesu Chrisi, Heilsfrucht und Verbindlichkeit der Konzilien.

Professor Küng:
Nein, das meine ich ja auch nicht. Sie hält ja auch glücklicherweise nicht an! Da darf man nun wirklich die Bedeutung meines Buches nicht überschätzen. Der Erzbischof von Köln würde doch immer wieder sagen, was die Wahrheit ist. Und Sie sind glücklicherweise nun wahrhaftig nicht der einzige, der nun ständig auch das Andere betont. Das ist ja nun keineswegs so, daß das nicht gesagt wird! Dies wird man immerhin bei allen unliebsamen Begleiterscheinungen der Debatte sagen: Es ist unmöglich heute, daß ein Pfarrer oder Kaplan oder Religionslehrer nicht gehört hat, was umstritten ist. Also: es ist nicht so, daß meine Meinungen unangefochten sind. Es ist bekannt, es ist von der Bischofskonferenz gesagt worden, der »Sammelband« ist nun von den Theologen gelesen worden und auch viele Pfarrer und Kapläne haben natürlich doch zumindest hineingeschaut. Es ist nicht so, daß man die Verkündigung suspendieren müßte – wie könnte man das?

Kardinal Höffner:
13.45 h!

Kardinal Volk:
Das bedeutet: Das Buch erscheint unverändert weiter.

Professor Küng:
Ja, was soll denn das jetzt? Es sind von mir aus 160.000 in der Auflage. Vorläufig ist keine Neuauflage vorgesehen. Aber was hätte das jetzt für einen Sinn, wenn ich da jetzt etwas hinzusetzen würde?

Kardinal Höffner:
Sie sagten ja, Sie wollten das 7. Kapitel Ihres Buches benützen, um ...

Professor Küng:
Im nächsten Buch, ja!

Bischof Moser:
Ich kann mich nicht enthalten zu sagen, daß ich nach wie vor den Eindruck habe – bei allen positiven Gründen, die jetzt ge-

nannt worden sind –: Wir müßten irgendwie ein Wort sagen. Und ich habe die herzliche Bitte an Sie, zu überlegen, wie ein solches Wort – meinetwegen in Verbund mit einer Nachricht über das Gespräch – aussehen kann. In dem Moment, wo Sie zum Beispiel die Ergänzbarkeit zugestehen ..., erklären, daß Sie selbstverständlich Akzente weiterbedenken und in weiteren Publikationen auf die Fragen zurückkommen, in diesem Moment ist – woran mir jetzt am meisten läge – ein Element der Entschärfung gegeben. Ich glaube, wir sollten nicht auseinandergehen nach diesem verständnisvollen Gespräch, ohne einen solchen Minimalkonsens laut werden zu lassen. Es darf nicht sein, daß es einfach heißt: Ja, wir haben zwar miteinander geredet, nachher sind wir eben wieder auseinandergegangen: Es ist nirgendwo prinzipiell etwas deutlich geworden. Da ist doch etwas deutlich geworden! Es hat sich einiges als Verdeutlichung bestätigt, was ja auch vorher schon nicht einfach ausgeschlossen worden ist. Eine solche Aussage, meine ich, sind wir auch der Öffentlichkeit schuldig, nicht nur der Bischofskonferenz im Bezug auf die Punkte, die am Anfang Kardinal Höffner genannt hat. Darum also noch einmal die ganz herzliche Bitte, daß dies in eine entsprechende Fassung gebracht wird.

Kardinal Höffner:
Das wäre ein Aufgreifen des Vorschlags von Professor Neumann: Sie sagten, es kommt ja doch heraus.

Professor Küng:
Ich glaube, daß es nicht möglich ist, in einer sinnvollen Erklärung theologische Fragen zu behandeln. Das habe ich auch nicht so verstanden. Was möglich ist – allerdings dürfte dies nicht irgendwie einen disqualifizierenden Charakter haben – das sind Ergänzungen. In diesem Sinne, ich will es mal vorsichtig sagen, könnte ich mir so etwas denken. Ich meine allein schon, wenn eben bekannt würde, daß hier sehr eingehend diskutiert wurde: das zeigt doch, daß man nicht alles »laufen« läßt. Es soll an meiner Bereitschaft nicht fehlen, dies auch in diesem Sinne öffentlich zu sagen, daß ich selbstverständlich mir dies oder jenes neu überlege. Ich möchte mich jetzt nicht auf Bestimmtes festlegen. Das müßte man gut überlegen. Aber ich

würde es nicht für gut finden, wenn wir das jetzt sofort machen, weil das, glaube ich, etwas Zeit braucht. ... Ich habe mich, glaube ich, auch in früheren Fällen, als es ebenfalls um die Glaubenskommission ging, sehr loyal an die Dinge gehalten. Es ist nicht meine Sitte, dies in die Öffentlichkeit hinauszuposaunen. Aber ich weiß nicht, ob – um einmal einen konkreten Vorschlag zu machen – nicht Herr Lehmann eine solche Sache entwerfen sollte und daß man unter Umständen noch darüber spricht. Vielleicht hilft auch Herr Neumann und Herr Homeyer mit; es ist im Grunde egal. Ich finde nur, es müßten Formulierungen gefunden werden, die der Öffentlichkeit dies deutlich machen und die natürlich auch für mich akzeptabel sind. Ich meine, daß das möglich ist.

Kardinal Volk:
Homeyer

Dr. Homeyer:
Wenn ich noch etwas zum Abschluß sagen darf, Herr Küng. Sie lieben ja ein offenes Wort. Ich bin nicht sehr glücklich über das Ergebnis des Gespräches, so gut der Verlauf vielleicht war. Ich befürchte einfach, daß sich die Bischöfe verpflichtet fühlen, dazu Ergänzendes zu sagen oder Stellung zu nehmen. Und es war eigentlich das mir ungemein sympathische Ansinnen, daß dies selbst von Ihnen geschehen würde, was sicherlich um vieles sinnvoller sowie der Sache und der Kirche dienlicher gewesen wäre. Daß Sie dies für dieses Jahr rundweg ablehnen, darüber bin ich, ich darf es so offen sagen, wirklich nicht sehr glücklich. Und ich sage dies in der Verbindung mit der Bitte, dies doch vielleicht noch einmal zu überlegen.

Professor Küng:
Es ist mir physisch unmöglich! Dies sage ich Ihnen ganz ehrlich. Ich weiß auch nicht, ob ich alles andere machen kann; das hängt derartig ineinander; ich kann nicht weniger als 5 Stunden schlafen! Das ist ganz klar: Das kann man nicht einfach so rasch! Selbst 14 Tage ist eine ungeheure Zeit! Ich halte es im übrigen für ausgeschlossen, daß man irgendetwas Ernsthaftes in diesen 14 Tagen machen kann. Ich muß dann doch die Literatur

übersehen. Wenn ich allein einen Artikel, wie den von Herrn Scheffczyk, ernsthaft hernehmen will, gegen den ich viele Einwendungen habe, so muß ich ihn doch gründlich zur Kenntnis nehmen. Ich komme ja, sage ich Ihnen, nicht einmal nach, die Rezensionen zu lesen: Ich habe Stöße, obwohl mich das natürlich an sich sehr interessiert. Ich komme einfach nicht nach (ich glaube, es kommt auch sonst niemand nach, alle diese Rezensionen zu lesen). Ich lese nur das Wichtigste; da kommt jetzt aus aller Welt einiges hinzu. Bei mir sammelt sich also immer mehr, was ich einfach noch nicht gelesen habe. Ich lese es natürlich einmal; ich hoffe, daß ich dies vielleicht einmal in einem Seminar machen kann oder sonstwie. Aber ich kann es jetzt einfach physisch nicht! Ich kann es wirklich nicht!

Kardinal Höffner:
Der Minimalvorschlag wäre, daß die beiden Professoren und Prälat Homeyer irgendwie (Bischof Moser: Professor Neumann) – ja ich meine Professor Neumann und Lehmann sowie Prälat Homeyer – irgendwie versuchten, einen kurzen Text über das heutige Gespräch zu erstellen. Sie (= Prof. Küng) sagten selbst gerade, man sollte erklären, daß das Gespräch stattgefunden hat, daß über einige Fragen – man könnte sie auch nennen – gesprochen worden ist und daß Sie bereit seien, diese zu überlegen. Das sagten Sie.
Wir sind ja nicht befugt, wir können ja nur den 70 Mitbrüdern der Bischofskonferenz berichten. Wir sind ja nicht befugt zu sagen, was diese dann machen; wir wissen nicht, was sie dann sagen.

Kardinal Volk:
Ich persönlich halte eine solche Verlautbarung, also wir haben darüber geredet, noch nicht für sehr hilfreich.

Kardinal Höffner:
Nein. Von uns aus ...

Kardinal Volk:
Man wird sagen: Was hat er (= Prof. Küng) denn geredet und

wie sind denn eigentlich die Positionen. Und das führt ja zu einem Sack voll Fragen!

Kardinal Höffner:
Aber wir würden auch meinen, von uns aus würde es vertraulich bleiben können.

Kardinal Volk:
Ich könnte mir denken, daß also im Zusammenhang mit Bischof Moser und mit Ihnen (= Prof. Küng), zunächst die unmittelbaren Kontrahenten, mit diesem oder jenem Inhalt eine Verlautbarung gemacht wird, die allerdings einen Sack voll Fragen nach sich ziehen wird. Der Vorzug wäre, daß es heißt: Also man ist im Gespräch. Das wäre ja der positive Sinn: Man ist im Gespräch.

Bischof Moser:
Die Akzente lassen sich doch da einbeziehen, aus denen hervorgeht, daß das nicht ein Gequassel, sondern ein Gespräch ist. Also dies muß natürlich schon herauskommen, daß – das wurde ja auch genannt, wenn ich richtig gehört habe – einige Schwerpunkte in diesem Gespräch verdeutlicht wurden. Und vielleicht lassen sich aus dem, was ganz am Anfang von beiden Seiten gesagt worden ist, ein paar Sätze miteinbeziehen, die jetzt ein bißchen anders formuliert werden, nachdem man miteinander gesprochen hat. Ich ziere mich nicht, daß wir vielleicht, wenn ein Entwurf da ist, darüber noch eigens reden. Das kann man nicht in 5 Zeilen machen.

Kardinal Höffner:
Eine kurze Pressemitteilung, daß über diese und diese Punkte gesprochen worden sei, kann natürlich bei vielen – wir bekommen dann natürlich die Zuschriften – verwirrend wirken. Da sieht man: Ihr Bischöfe seid da auch schon nicht mehr sicher in diesem Punkt usw. Die Briefe kommen ja übermorgen schon.

Professor Küng:
Das ist ja nicht der Sinn einer solchen Notiz.

Kardinal Höffner:
Dies sind seine (= Kardinal Volks) Bedenken gegenüber einer kleinen Notiz.

Professor Küng:
Mein Vorschlag: Jetzt eine Mini-Notiz geben und nachher, in kurzer Zeit eine ausführliche Notiz über das Gespräch. Denn wenn eine Mini-Notiz kommt und nachher auch wieder nur eine Nachricht, ist dies ja sehr dürftig.

Kardinal Höffner:
Dann ist es ja vielleicht besser, gar nichts zu veröffentlichen. Denn ich bin überzeugt, daß das Gespräch nicht vertraulich bleiben wird.

Professor Küng:
Ich meine, die Tatsache, daß gesprochen wurde, wird nicht geheim bleiben können. Man wird doch den eigenen Kollegen gegenüber sagen können, daß das Gespräch stattgefunden hat. Ich habe das immer in diesen Dingen so verstanden: ob man da jetzt eine Seite einer Pressemitteilung macht oder das sonst öffentlich ins Spiel bringt. Ich meine, es wäre sehr merkwürdig, wenn man das in dieser Weise (= Mini-Notiz) machen würde. Ich habe ja den Vorschlag nicht gemacht; ich habe nur auf die Frage geantwortet. Ich bin gerne bereit, mitzuarbeiten. Die Sache hat in der Tat zwei Seiten. Ich weiß es auch nicht, was der Lage der Kirche – auf die es ja in diesem Fall ankommt, dies ist wohl das Kriterium – besser hilft. Ich könnte mir vorstellen – das sage ich jetzt nur einmal so –, daß ein Text so formuliert werden könnte, daß er der Stellung der *Bischöfe* und ihren Positionen nicht schadet, sondern irgendwie zum Ausdruck bringt, daß man die Sache nicht einfach hat gehen lassen. Und auf der anderen Seite muß es auch so gesagt werden, daß es *mir* nicht in irgendeiner Weise gleich als Abkanzelung oder dergleichen interpretiert wird. Und so kann ich ja von meiner Seite irgendetwas Hilfreiches sagen bei dieser Gelegenheit. Aber ich meine, dies liegt an Ihnen. Ich kann nur meine Bereitschaft zum Ausdruck bringen.

Kardinal Volk:
Professor Lehmann

Professor Lehmann:
Wenn man nicht inhaltliche Fragen angeht – das kann man bei solchen kleinen Erklärungen noch viel weniger –, dann wäre die Funktion zunächst die einer Pressemitteilung. Mehr ließe sich wahrscheinlich jetzt auch gar nicht machen. Wenn die Sache über eine Seite oder mehr hinaus geht, würde dies auch Festlegungen bedeuten (die jetzt nicht möglich sind). Und mir scheint, eine solche Pressenotiz könnte an sich aus 10 oder 15 Zeilen bestehen. Es wäre ja nicht schwierig zu sagen, im Anschluß an die Diskussion um »Christ sein« haben sich Vertreter der Deutschen Bischofskonferenz mit Hans Küng usw. getroffen, um strittige Fragen zu erörtern. Warum soll man nicht sagen, daß über christologische Fragen gesprochen worden ist, daß auch von Professor Küng festgestellt worden ist, daß hier durchaus Ergänzungen möglich sind, daß von den Bischöfen die Erwartung ausgesprochen worden ist, daß diese Ergänzungen im Laufe der nächsten Zeit durchgeführt werden. Oder so ähnlich. Mehr wäre in einer solchen Notiz nicht möglich. Man könnte auch noch sagen – falls man dies will –, daß das Gespräch fortgeführt werden soll, vielleicht in anderen Formen (darüber wäre freilich noch zu reden). So etwa stelle ich mir das vor.

Kardinal Höffner:
Das wäre nicht mehr als der Inhalt der früheren Briefe.

Professor Lehmann:
Wenn man verhindern will, daß unkontrollierte Gerüchte über das heutige Gespräch entstehen, muß man eine Pressemitteilung machen. Oder meinen wir, die Leute gehen alle hier blind durch das Haus? Heute nachmittag ist hier eine Tagung. Es läßt sich im Grunde tatsächlich nicht verhindern, daß darüber gesprochen wird. Und wenn dann der einzelne gefragt wird, was soll der nun ohne eine solche Erklärung sagen? Es ist ja auch nicht gut, wenn dann notwendigerweise verschiedene Personen in ihrer Art Rede und Antwort stehen: Der eine sagt ein bißchen mehr, der andere sagt ein bißchen weniger! Insofern würde ich

also eine kurze Pressenotiz begrüßen, die allerdings dann nicht später als Montag (gemeint: 24. 1.) erscheinen dürfte. Darum müßte man sie hier machen. Es hätte keinen Sinn, noch einmal lange zu Hause darüber zu brüten. Dann ist es nämlich tatsächlich zu schwierig und zu spät. Mir scheint jetzt die Frage entscheidend: Will man eine solche Pressemitteilung in der beschränkten Funktion, oder glaubt man, daß man überhaupt auf eine Mitteilung verzichtet. Eine andere Art von »Erklärung« scheint mir jetzt nicht möglich zu sein, inhaltlich-theologischer Art. Dann ist es auch nicht gut, formell »Erklärung« zu sagen, sondern es ist eine Pressemitteilung.

Kardinal Höffner:
In Köln warten schon 40–60 Bischöfe [zur Feier des 70. Geburtstages von Kardinal Höffner]. Es sind noch 4 Stunden Fahrt.

Bischof Moser:
Aber essen tun Sie noch etwas?

Kardinal Volk:
Kann man sich also auf einen Vorschlag von Bischof Moser und Professor Lehmann einigen? Ich halte es auch insofern für positiv: a) Es wird überhaupt gesprochen, b) es kann nicht gesagt werden, man würde »alles laufen« lassen. Es ist ja gar kein Anlaß, dies zu verschweigen ...

Professor Küng:
Dann wäre wohl der Vorschlag am besten, daß man sich also gleich hier zusammensetzt, also diejenigen, die jetzt da sein können. Man sollte es gleich machen. Jede Verzögerung würde, glaube ich, nichts nützen.

Bischof Moser:
Wer könnte denn nach dem Essen noch ein bißchen zusammensitzen? (Küng, Lehmann, Moser, Neumann bekunden ihre Bereitschaft)

Dr. Homeyer:
Ich sitze also ein bißchen auf heißen Kohlen. (Kardinal Höffner: Wie bitte?, Homeyer: bißchen auf heißen Kohlen). Kardinal Tarancón wartet.

Professor Lehmann:
(zu Prälat Homeyer) Aber eine ganz kurz begrenzte Zeit haben Sie doch noch? Es wäre doch sehr gut, wenn Sie dabei wären.

Kardinal Höffner:
Aber wir essen noch alle zusammen. Wir können ja auch bei Tisch noch darüber sprechen.

– Das Gespräch wird um 14.00 h beendet –

8 Gemeinsames Pressekommuniqué nach dem Stuttgarter Gespräch vom 24. Januar 1977

Auf Einladung der Deutschen Bischofskonferenz fand am 22. 1. 1977 in der Katholischen Akademie Stuttgart-Hohenheim ein Gespräch mit Professor Küng statt. Seitens der Bischofskonferenz nahmen der Vorsitzende, Kardinal Höffner, der Vorsitzende der Glaubenskommission, Kardinal Volk, der Bischof von Rottenburg und der Sekretär der Bischofskonferenz, Prälat Homeyer, teil.
Ebenfalls Professor Lehmann und Pater Semmelroth als Berater der Glaubenskommission und, auf Wunsch von Professor Küng, Professor Neumann aus Tübingen.
Das Gespräch war seit längerer Zeit wegen umstrittener theologischer Fragen in ›Christ sein‹ vorgesehen.
Hauptthema waren die Aussagen Professor Küngs in seinem Buch zur Person und zum Heilswerk Jesu Christi.
Einvernehmen wurde darin erzielt, daß einige christologische Ausführungen der Ergänzung bedürfen.
Die Deutsche Bischofskonferenz hält diese Ergänzungen zur Vermeidung von Mißverständnissen für dringend geboten. Professor Küng erklärte sich bereit, in angemessener Weise zur Klärung der besprochenen Fragen beizutragen.

9 Brief Bischof Mosers an Professor Küng vom 28. Januar 1977

DER BISCHOF VON ROTTENBURG

7407 Rottenburg am Neckar 1,
den 28. Jan. 1977
Postfach 9

Herrn
Professor Dr. Hans Küng
Waldhäuserstraße 23
7400 Tübingen 1

Sehr verehrter, lieber Herr Professor,
nach unserem Gespräch vom vergangenen Samstag habe ich mich immer wieder gefragt, wie die Sache nun weitergehen wird. So sehr ich mit dem Verlauf des Gespräches, das Sie ja selbst als »konstruktiv« bezeichnen, einigermaßen zufrieden war, so bedaure ich jetzt noch, daß Sie sich aus mehreren Gründen nicht in der Lage sahen, in absehbarer Zeit die angesprochenen Klärungen einiger christologischer Grundfragen vorzunehmen und – in welcher Form auch immer – zu veröffentlichen. Eines ist mir klar: es wird für die am Gespräch beteiligten Bischöfe nicht einfach sein, der Bischofskonferenz als ganzer einen in jeder Hinsicht überzeugenden Eindruck zu vermitteln, wenn wir auf längere Sicht kein von Ihnen formuliertes oder wenigstens mitformuliertes Ergebnis vorweisen können.
Um so mehr habe ich mich darüber gefreut, daß Sie mir nach dem Gespräch zugesichert haben, Sie würden noch vor der Vollversammlung der Deutschen Bischofskonferenz im Frühjahr (28. II.–3. III.) an die Adresse des Vorsitzenden der Bischofskonferenz einen Brief schreiben. Wir waren uns darüber einig, daß dieser Brief außer Ihren einleitenden Bemerkungen (8 Punkte) vor allem auch Sachaussagen aus bzw. zu unserem Gespräch enthalten sollte. Ich halte ein Eingehen auf die gemeinsam erörterten Fragen sogar noch für viel wichtiger und wirksamer als Ihre einführenden Darlegungen, deren Bedeutung ich allerdings nicht unterschätze. Dabei habe ich durchaus Verständnis dafür, daß Sie in einem solchen Brief keine ins einzelne gehende theologische Argumentation durchführen können. Wenn ich jedoch meine Gesprächsnotizen durchsehe – es wird noch eine Weile dauern, bis die Tonbandabschrift zur Ver-

fügung steht –, dann stoße ich auf einige bemerkenswerte Aussagen Ihrerseits, die in einem solchen Brief nicht fehlen dürften.
Gestatten Sie mir, daß ich stichwortartig auf ein paar Akzente aufmerksam mache. Wichtig wäre sicher der Hinweis darauf, daß Sie selbst nicht nur eine beliebige Ergänzbarkeit, sondern auch eine Ergänzungsbedürftigkeit gewisser Aussagen sehen. Sie halten es sicher mit Karl Barth, der in seinem Vorwort zur zweiten Auflage des Römerbriefes schrieb: »Nur Vorarbeit ist alles menschliche Werk und ein theologisches Buch mehr als jedes andre Werk!«
Nach unserem Gespräch bezieht sich die Ergänzungsbedürftigkeit wohl auf folgende Bereiche:
Verbindlichkeit der klassischen christologischen Konzilsentscheidungen,
Verhältnis zur Zwei-Naturen-Lehre,
nähere Qualifikationen der funktionalen Christologie (ihr seinshafter Bezug und Charakter),
stärkere Berücksichtigung der johanneischen Christologie,
Verhältnis einer Christologie ›von oben‹ und ›von unten‹,
prinzipielle Unableitbarkeit und Unüberbietbarkeit der Person Jesu Christi (nicht nur des Anspruchs!),
nähere Charakterisierung der Form der Einheit zwischen Jesus und dem Vater (z. B. ihre unauflösliche Struktur).
Zwar wurden noch weitere Themen angesprochen; aber auf alles werden Sie in einem Brief ohnehin nicht eingehen können. Sehr begrüßen würde ich jedoch verdeutlichende Bemerkungen zum soteriologischen Thema, das Herr Kardinal Volk angesprochen hat. Vielleicht gelingt es Ihnen auch, bei der Vorbereitung eines solchen Briefes manche Elemente genauer zu formulieren, als dies am Samstag im Zusammenhang eines relativ spontanen Gespräches möglich war.
Ich habe Ihnen eigens nochmals geschrieben, weil ich den von Ihnen zugesagten Brief für sehr notwendig erachte. Er könnte in den derzeitigen Spannungen eine große Hilfe werden. Selbst wenn Sie im Augenblick keine Möglichkeit zu einer umfangreicheren Antwort auf die besprochenen Fragen sehen, so kann doch durch Ihren Brief von Ihnen persönlich ein wirksames Zeichen gesetzt werden. Im Interesse der Sache wäre ich Ihnen

daher dankbar, wenn Sie sich für den Brief ausreichend Zeit zu einer ausführlicheren Darstellung nehmen könnten.
Ich bin gerne bereit, mit Ihnen mündlich nochmals über die Sache zu sprechen, falls Sie dies für notwendig erachten.

Mit freundlichen Grüßen und besten Wünschen
bleibe ich Ihr
† *Georg Moser*

10 Brief Professor Küngs an Kardinal Höffner vom 21. Februar 1977

PROFESSOR DR. HANS KÜNG 21. 2. 77
WALDHÄUSER STR. 23 · 7400 TÜBINGEN 1

Herrn
Kardinal Dr. Joseph Höffner
Vorsitzender der Deutschen Bischofskonferenz
Eintrachtstrasse 164
5000 Köln 1

Sehr geehrter Herr Kardinal,
Am 22. Januar 1977 hat in der Katholischen Akademie Stuttgart-Hohenheim mit Ihnen, Kardinal Volk und Bischof Georg Moser das Gespräch über das Buch »Christ sein« stattgefunden, zu dem Sie die Professoren Lehmann und Semmelroth und Prälat Homeyer, ich Professor Neumann zugezogen hatte. Ich bin den Bischöfen dankbar, dass man dieses Mal statt einer erneuten öffentlichen Erklärung das persönliche Gespräch mit mir gesucht hat und dass dieses Gespräch in einer offenen und freundlichen Atmosphäre stattfand. Es dürfte der gemeinsame Eindruck aller Beteiligten gewesen sein, dass auf diese Weise manche nicht unwichtige Punkte geklärt werden konnten. Wie mir nahegelegt wurde, möchte ich hier einige dieser Punkte zu Händen der deutschen Bischöfe schriftlich festhalten.

1. Man wird das Buch »Christ sein« wie auch meine früheren Bücher nur verstehen, wenn man die seelsorglichen Intentionen sieht, die hinter allem stehen. Sosehr ich mich intensiv um solide wissenschaftliche Begründung meiner Auffassungen bemühe, so geht es mir doch nie um eine rein akademische Wissenschaft im elfenbeinernen Turm, sondern um die positive Beantwortung der Fragen der heutigen Menschen im Lichte der christlichen Botschaft. Keine einzige der im Zusammenhang mit »Christ sein« diskutierten Fragen habe ich selbst erfunden, sondern überall nur Fragen aufgegriffen, die Menschen in und ausserhalb unserer Kirche beunruhigen. Wer immer dieses Buch gelesen hat, kann erkennen, dass ich mir um konstruktive Antworten auf diese Fragen nicht geringe Mühe gemacht habe.

2. Man wird dem Buch nur gerecht, wenn man es als Ganzes sieht und von den 675 Seiten nicht nur die vorwiegend dogmengeschichtlichen Ausführungen des 50 Seiten umfassenden Kapitels »Deutungen« in Erwägung zieht. Der von den Bischöfen öfters angesprochene ungewöhnliche Erfolg des Buches auch unter Seelsorgern und Religionslehrern lässt sich doch wohl nur von daher verstehen, dass hier die christliche Botschaft vom irdischen, gekreuzigten und auferweckten Jesus in einer für sie überzeugenden und für ihre pastorale Tätigkeit hilfreichen Weise herausgearbeitet wurde. Jedenfalls hat noch keines meiner Bücher so breite Zustimmung auch und gerade bei katholischen Seelsorgern, Religionslehrern, Schwestern und kirchlich engagierten Männern und Frauen gefunden wie »Christ sein.« Oft überlege ich mir deshalb, ob es nicht nützlich wäre, einige eindrucksvolle Äusserungen des »sensus fidelium« zu veröffentlichen. Aber dieses Buch hat darüber hinaus auch Kreise ausserhalb der Kirche angesprochen, die sonst von theologischer Literatur und auch von der kirchlichen Verkündigung kaum je erreicht werden. So hat es sich bereits als eine neue Basis für den so schwierigen Dialog mit den Juden über Jesus Christus herausgestellt; dies hängt mit dem folgenden Punkt zusammen.

3. Man wird dem Buch nicht gerecht, wenn man nicht sieht, dass hier konsequent von Anfang bis Ende – bei selbstverständlicher Beachtung der historischen Differenz – gleichsam die Per-

spektive der ersten Jünger Jesu eingenommen wird, die auch die Perspektive fragender Menschen von heute ist. So sollte in der Tat eine Christologie »von unten« auf soliden historischen Fundamenten aufgebaut werden, wie sie sich von der gesamten Jesus-Forschung der letzten 200 Jahre her nahelegt. Die Christologie »von oben« ist mir von meinen sieben römischen Studienjahren her ebenso bekannt wie von ihren katholischen und evangelischen Neuinterpretationen her; ich habe sie selbst von »Rechtfertigung« (1957) bis »Menschwerdung Gottes« (1970) dogmengeschichtlich und philosophisch-theologisch-systematisch zu erhellen versucht und ich halte sie nach wie vor für legitim. Doch schon in »Menschwerdung Gottes« habe ich dargelegt, warum es mir heute sachlich gerechtfertigt und pastoral angemessen erscheint, »von unten« einzusetzen.
Gewiss ist jede Christologie auf die neutestamentlichen Zeugnisse, das Zeugnis der apostolischen Kirche, angewiesen, was aber mit »von unten« nicht gemeint ist. Gewiss ist auch bei jeder Christologie, sofern es schon in Verkündigung, Verhalten, Anspruch des irdischen Jesus und nicht erst in seiner Auferwekkung um Gott, Gottes Reich, Willen, Handeln geht, ein »Element einer Theologie von oben« im Spiel. Aber auch wenn man auf diese bildhafte Terminologie kein Gewicht legt, so ist es doch ein entscheidender methodischer Unterschied: ob man in der Interpretation der neutestamentlichen Zeugnisse wie in der traditionellen Christologie von der Patristik bis Karl Barth deduktiv unter Voraussetzung einer Trinitäts- und Inkarnationslehre von Gott her (= »von oben«) auf den Menschen Jesus von Nazaret hindenkt; oder ob ich – wie auch verschiedene andere katholische und evangelische Theologen – unter Aufnahme der modernen exegetischen Fragestellung systematisch, gleichsam immer wieder neu aus der Perspektive der ersten Jünger Jesu, induktiv-interpretativ vom Menschen Jesus (= »von unten«) her auf Gott hindenke. Bei exakter Definition der Begriffe kann man methodisch konsequent nicht zugleich »von oben« und »von unten« denken: methodisch gesehen geht es um eine echte Alternative! Im Bilde: Wenn man den Berg von unten Schritt für Schritt hinansteigen will, kann man nicht immer wieder gleichzeitig von oben, vom Gipfel her, herunterrufen. Es geht hier offensichtlich um zwei verschiedene Deutungsmodelle

(Paradigmen) der christlichen Botschaft, die beide ihre Vor- und Nachteile haben. Sie mögen beide im edlen theologischen Wettstreit beweisen, was sie im Dienst am Evangelium und an den Menschen von heute zu leisten vermögen.

4. Es ist für mich keine Frage, dass wir bei aller exegetischen und dogmengeschichtlichen Kritik wenn auch nicht am Buchstaben, so doch an den grossen Intentionen und Gehalten der ökumenischen Konzilien und besonders der für die klassische Christologie grundlegenden Konzilien von Nikaia und Chalkedon festzuhalten haben. Ich habe auch im Buch »Unfehlbar? Eine Anfrage« ausgeführt, was oft zu wenig beachtet wurde, dass die Kirche angewiesen ist sowohl auf abbreviativ-rekapitulierende Glaubenssätze (Glaubensbekenntnisse oder Glaubenssymbola) als auch – in extremis – auf defensiv-definierende Glaubenssätze (Glaubensdefinitionen oder Glaubensdogmata; vgl. S. 116–120). So habe ich mich denn auch praktisch seit 20 Jahren immer wieder neu um das positive Verständnis der grossen und auch der weniger bekannten konziliaren Tradition bemüht: von den christologischen Konzilien von Nikaia und Chalkedon bis zu den spätbyzantinischen (vgl. »Menschwerdung Gottes«), von den mittelalterlichen Papstsynoden, den Konzilien von Konstanz und Basel (vgl. »Strukturen der Kirche«) sowie Trient (vgl. »Rechtfertigung«, »Wozu Priester? Eine Hilfe«) bis zum Vatikanum I und II (vgl. »Strukturen der Kirche«, »Die Kirche«, »Unfehlbar? Eine Anfrage«, »Fehlbar? Eine Bilanz«). Bezüglich der Aufarbeitung der christologischen Tradition bildet »Menschwerdung Gottes« – ebenfalls zu wenig beachtet – für »Christ sein« die erklärten »Prolegomena«. Dabei schien mir freilich von Anfang und dann immer deutlicher notwendig, kirchliche und auch konziliare Tradition an der in der Heiligen Schrift ursprünglich bezeugten christlichen Botschaft, ja an Jesus Christus selber, als dem primären Kriterium jeglicher Theologie, zu messen.

5. Obwohl in der Öffentlichkeit immer wieder Vergleiche mit dem »Fall Lefebvre« gezogen werden, muss ich es schon aus den angegebenen Gründen strikt ablehnen, dass meine Position mit der von Erzbischof Lefebvre auf die gleiche Stufe gestellt wird:

a. Ich bin nie auf die Idee gekommen, in der Pose eigener Unfehlbarkeit den römischen Autoritäten die katholische Orthodoxie zu bestreiten, wie dies Mgr. Lefebvre verschiedentlich getan hat. Ich habe in der Auseinandersetzung mit Rom kritisiert, Anfragen gestellt, Vorschläge gemacht, zum Gespräch und zur Reform aufgefordert: immer unter Anerkennung auch einer anderen katholischen Meinung und meiner eigenen Fehlbarkeit.
b. Erst recht hatte ich bei aller Kritik an der Halbherzigkeit mancher konziliarer Dokumente keinen Anlass, das Vatikanum II global als neomodernistisch, neoprotestantisch, häretisch zu diskreditieren. Vielmehr habe ich deutlich zum Ausdruck gebracht, wie sehr die »Neuerungen« des Vatikanums II – etwa bezüglich Liturgiereform und Einführung der Volkssprache – nicht nur das Neue Testament, sondern auch die alte katholische Tradition, die Mgr. Lefebvre nicht zu kennen scheint, hinter sich haben.
c. Ich habe auch keinen eigenen (»progressiven«) Verein gegründet, sondern mich von allen sektiererischen Bestrebungen von vornherein distanziert. Ich wollte nie katholischer sein als die katholische Kirche und habe deshalb, so gut ich konnte, überall für die Einheit unserer Kirche gesprochen und gewirkt, und dies nicht zuletzt im Falle Lefebvre.
d. Auch habe ich nie versucht, meine Auffassung exklusiv-doktrinär gerade etwa in der Priesterausbildung oder gar in einem eigenen Priesterseminar durchzusetzen. An einer ordentlichen kirchlichen oder staatlichen Fakultät – auch bei uns in Tübingen – sind die Studenten von vornherein den verschiedensten (mehr konservativen oder mehr progressiven) Einflüssen ausgesetzt, was ich stets begrüsst habe.
Kurz: Ich habe nie ein Hehl daraus gemacht, dass ich trotz aller Schwierigkeiten, die man mir in dieser meiner Kirche beinahe seit meiner Promotion zum Doktor der Theologie gemacht hat, treu zu dieser meiner Kirche stehe und mich für sie leidenschaftlich einsetze. Erfreulicherweise haben mich ungezählte Katholiken, Geistliche und Laien aus dem In- und Ausland, immer wieder neu auf diesem Weg bestärkt.

6. Bei den christologischen Dogmen, die die Zwei-Naturen-Lehre voraussetzen, habe ich mir erhebliche Mühe gemacht, die

vom Neuen Testament gedeckten grossen Intentionen und Gehalte zu bewahren und erneut zur Geltung zu bringen. Die begrifflich-vorstellungsmässige Gestalt indessen braucht nach dem bekannten Wort Johannes XXIII. nicht als verbindlich übernommen zu werden: die »Substanz« des Glaubens ist zu bewahren, das »Kleid« der Formulierung kann wechseln. Dies gilt auch, worüber in »Menschwerdung Gottes« und »Christ sein« vieles gesagt wird, von den dogmatischen Aussagen über die Präexistenz, Inkarnation, Erlösung und über Maria.

Freilich habe ich den Eindruck, dass Kritiker wichtige Aussagen von »Christ sein« überlesen oder nicht genügend ernstgenommen haben. So etwa meine klare Bejahung der Grundintentionen des Konzils von Nikaia gegen Areios: »In Jesus ist nicht ein zweiter Gott oder Halbgott, sondern der eine wahre Gott präsent. Unsere ganze Erlösung hängt daran, dass es in Jesus um den Gott geht, der wirklich Gott ist« (S. 438). Oder die Deutung des chalkedonischen »vere Deus«: »Die ganze Bedeutsamkeit des Geschehens in und mit Jesus von Nazaret hängt daran, dass in Jesus – der den Menschen als Gottes Sachwalter und Platzhalter, Repräsentant und Stellvertreter erschien und als der Gekreuzigte zum Leben erweckt von Gott bestätigt wurde – für die Glaubenden der menschenfreundliche Gott selber nahe war, am Werk war, gesprochen hat, gehandelt hat, endgültig sich geoffenbart hat« (S. 439 f). Oder zur Inkarnation: »In Jesu ganzem Leben, in seinem ganzen Verkündigen, Verhalten und Geschick hat, wie durch alle die vorhergehenden Kapitel deutlich geworden, Gottes Wort und Wille Fleisch, eine menschliche Gestalt angenommen: Jesus hat in seinem ganzen Reden, Tun und Leiden, hat in seiner ganzen Person Gottes Wort und Willen verkündet, manifestiert, geoffenbart. Ja, man kann sagen: Er, in dem sich Wort und Tat, Lehren und Leben, Sein und Handeln völlig decken, ist leibhaftig, ist in menschlicher Gestalt Gottes Wort und Wille ... Man kann ihn geradezu das Antlitz oder Gesicht Gottes oder wie im Neuen Testament selbst das Bild oder Ebenbild Gottes nennen. Dasselbe wird auch mit anderen Begriffen ausgedrückt: wenn Jesus das Wort Gottes oder auch schliesslich der Sohn Gottes genannt wird« (S. 434 f). Nach all dem ist offensichtlich, dass ich nie daran gedacht habe, die Gottessohnschaft Jesu (oder die Trinität) zu bezweifeln! Es kommt alles darauf an, sie richtig zu verstehen und sie den Menschen neu und besser verständlich zu machen.

7. Ob diese nicht nur von mir vertretenen Deutungen ausreichen, kann man selbstverständlich auch bei mir – ebenso wie bei manchen meiner katholischen Kritiker! – diskutieren. Die Schwierigkeiten der christologischen Interpretation – von der neutestamentlichen Exegese, von der Dogmengeschichte und vom neuzeitlichen Bewusstsein her – sind heute für jeden katholischen Theologen, aber auch für jeden Prediger und Verkündiger der christlichen Botschaft beträchtlich. Deshalb darf ich unterstreichen: Meine Ausführungen wollen keinesfalls verkürzen, verschleiern, verunsichern, trüben, sondern den Verunsicherten helfen, den Ratlosen Klarheit verschaffen, die Polarisierungen überwinden und den christlichen Glauben stärken, wofür mir Ungezählte dankbar sind.
Ich habe mich in diesem Zusammenhang darüber gefreut und es auch öffentlich hervorgehoben, dass der verstorbene Kardinal Julius Döpfner als Vorsitzender der Deutschen Bischofskonferenz im Februar 1975 in seiner Pressekonferenz mein »hohes Engagement und pastorales Anliegen« sowie meine »Integrität als Priester und Christ« ausdrücklich anerkannt hat. Einige wenige Theologen (zum Teil Mitglieder der deutschen Glaubenskommission) sind leider erneut unter das erreichte Niveau der Auseinandersetzung abgesunken. Ich möchte Sie und die deutschen Bischöfe ausdrücklich darum bitten, auch weiterhin für diese meine »Integrität« einzutreten und Ihre theologischen Berater aufzufordern, auch ihrerseits »in Zukunft mehr die Gemeinsamkeiten als die Unterschiede zu betonen«.

8. Was die Diskussion um »Christ sein« angeht, habe ich mich seit dem Erscheinen des Buches um Klärung, Überprüfung und Vertiefung jener umstrittenen dogmatischen Fragen bemüht, die ich auch selber schon im Buch als der weiteren theologischen Untersuchung bedürftig erklärt habe. Dass es sich hierbei nicht nur um verbale »Versprechen« handelt, mögen folgende Fakta zeigen:
ein dreitägiges Doktorandenkolloquium über den Vergleich von Walter Kaspers »Jesus der Christus« und »Christ sein«;

ein weiteres dreitägiges Doktorandenkolloquium über den Sammelband »Diskussion um Hans Küngs ›Christ sein‹«;
mehrere vielstündige Kolloquien mit bekannten Experten über die zur Debatte stehenden Sachfragen insbesondere der Christologie;
ein Seminar über den genannten »Diskussionsband«, das mit einer Disputation zwischen Walter Kasper und mir seinen Abschluss fand;
mit dem Grossteil der Autoren des Sammelbandes habe ich über die anstehenden Probleme Gespräche geführt oder Briefe gewechselt usw.

9. Während ich mir so über die beanstandeten Punkte gewissenhaft Rechenschaft zu geben versuche, warte ich seit langem auch auf wirklich weiterhelfende, den gegenwärtigen exegetischen, dogmengeschichtlichen und systematischen Forschungsstand ernstnehmende, konstruktive Beiträge meiner Kollegen. Der von verschiedenen Beratern der Glaubenskommission mitherausgegebene Sammelband war in dieser Hinsicht nicht nur für mich eine übergrosse Enttäuschung. Deshalb einige Bemerkungen zu meiner Antwort in der »Frankfurter Allgemeinen Zeitung« vom 22. Mai 1976, die von seiten der Bischöfe auf Kritik gestossen ist.
Ich habe auch in den Gesprächen mit Kardinal Šeper und Erzbischof Hamer im letzten Frühjahr anerkannt, dass es zweifellos ein Fortschritt sei, wenn theologische Streitfragen von Theologen wissenschaftlich diskutiert statt lehramtlich diszipliniert würden. Freilich konnte und kann ich nicht verstehen, warum man dann – von der sehr einseitigen Zusammensetzung der Autoren abgesehen – den diskutierten Verfasser nicht im selben Diskussionsband, wie in Diskussionsbänden üblich, als Diskussionspartner zu Wort kommen liess; nur so kann sich ja der Leser ein objektives Urteil über Wahrheit und Unwahrheit bilden. Man sagte mir darauf in Rom, ich könne ja in einem Artikel auf diesen Sammelband antworten. Bei dem Gewicht der Autoren und der Breitenwirkung eines Buches und Angriffen auf meine katholische Orthodoxie meinte ich nicht nur in einer wissenschaftlichen Zeitschrift, sondern in einer weiter verbreiteten seriösen Zeitung antworten zu müssen. Ich hoffe, dass man auch

im deutschen Episkopat dafür Verständnis hat, dass ein der Verteidigung meiner katholischen Integrität dienender Zeitungsartikel über höchst komplexe Fragen – wenn er überhaupt aufgenommen werden soll – anders geschrieben sein muß als ein theologischer Fachartikel. Es wäre eine ganz andere Reaktion meinerseits möglich gewesen, wenn
a. auch die Beiträge von Balthasar, Grillmeier, Rahner und Ratzinger die gleiche konstruktive Gesprächsbereitschaft gezeigt hätten wie die Beiträge von Deissler, Kasper, Kremer, Lehmann und Schneider;
b. man nicht zu meinem Bedauern mit allgemeinen Unterstellungen und faktischen Verketzerungen eine entschiedene Verteidigung meiner katholischen Orthodoxie herausgefordert hätte;
c. meine Antwort auf die Fragen der Kollegen im Sammelband selber hätte erfolgen können.
Diese auch für mich wenig erfreuliche »Diskussion « ist also in dieser Form nicht von mir in Gang gesetzt worden, wie ich meinerseits überhaupt nie eine persönliche Polemik begonnen habe. Ich habe wie schon vorher so auch jetzt kein Interesse an einer weiteren Eskalation und wäre dankbar, wenn sie mir erspart geblieben wäre. Die Diskussionsbeiträge der Sammelband-Autoren haben nur zu deutlich gemacht, wie schwer diese Fragen auch von den mich kritisierenden Theologen selbst beantwortet werden können. Konstruktive Weiterarbeit wäre jetzt für alle Seiten das Wichtigste. Das eine ist jedenfalls sicher: Man kann die Klärung der gemeinsamen Fragen nicht mir allein aufbürden!
Ich darf im übrigen bemerken, dass es wie schon in der Unfehlbarkeitsdebatte nur im deutschen Raum diese »rabies theologorum« mit den hässlichen persönlichen Angriffen von theologischen Kollegen gab. Diese Polemiken – in allen möglichen Blättchen und Pamphleten weitergetragen – haben meines Erachtens mehr zur Verunsicherung des katholischen Volkes beigetragen als mein Buch, welches ganz und gar positiv in der Öffentlichkeit aufgenommen wurde, bevor meine Kritiker zu polemisieren begannen. Erfreulicherweise durfte ich, gerade von Irland und England zurückkommend, im Stuttgarter Gespräch darüber berichten, wie positiv dort mein Buch aufgenommen wurde; dasselbe gilt von den Vereinigten Staaten, wo

ich im November war, und in Italien, wo das Buch schon im vergangenen Jahr ohne alle Aufregung an die Öffentlichkeit kam, und neuerdings auch in Brasilien. Hier überall, und es wird gewiss demnächst auch in Spanien und Frankreich nicht anders sein, scheint man das Buch verstanden zu haben, als das, was es sein will: eine Hilfe für die Menschen in und ausserhalb der katholischen Kirche für ihr christliches Glauben und Leben.

10. Jener FAZ-Artikel ist selbstverständlich nicht mein letztes Wort in dieser Sache. Ich hoffe – wie ich schon in einem Brief an Kardinal Döpfner zum Ausdruck brachte –, in absehbarer Zukunft Zeit zu finden, die im Sammelband und anderswo aufgeworfenen exegetischen, dogmengeschichtlichen, systematischen und hermeneutischen Fragen wissenschaftlich neu aufzugreifen. Selbstverständlich schliesst eine erneute theologische Beschäftigung mit der Materie Klärungen und Korrekturen, Erweiterungen und Vertiefungen auch meines eigenen Standpunktes ein. Ich bin überzeugt, dass, wie schon im Buch selbst verschiedentlich zum Ausdruck gebracht, bezüglich verschiedener Lehrpunkte – auch und gerade bezüglich der von der Deutschen Bischofskonferenz beanstandeten – eine positive Weiterführung durchaus möglich und sogar erwünscht ist.
In unserem Stuttgarter Gespräch wurde Einvernehmen darin erzielt, dass einige christologische Ausführungen der Ergänzung bedürfen, und ich habe mich ganz im Sinne der schon öfters erklärten Grundhaltung bereit erklärt, in angemessener Weise zur Klärung der besprochenen Fragen beizutragen. Dies wird zunächst vor allem in meinem für das nächste Jahr vorgesehenen Ergänzungsband zu »Christ sein« unter dem Titel »Existiert Gott?« geschehen können, wo ich vor allem die von verschiedenen Kritikern angesprochene Grundproblematik des Verhältnisses Vernunft und Glaube wie auch das hinter allen Fragen liegende Gottesverständnis ausführlich behandeln und dabei auch die Frage der Beziehung Jesu zu Gott dem Vater erneut berühren werde. In diesem Zusammenhang liesse sich zum Beispiel deutlich machen, was auch in unserem Gespräch zum Ausdruck kam:
dass »funktionale« christologische Aussagen nicht etwa als »un-

wirkliche« Aussagen betrachtet werden dürfen (Jesus ist wirklich Gottes Sohn);
dass Handeln und Sein auch in Jesus Christus nicht auseinandergerissen werden dürfen;
dass die Einzigartigkeit, Unableitbarkeit und Unüberbietbarkeit nicht nur von Jesu Christi Ursprung, sondern auch von seiner Person gilt;
dass die johanneische Christologie, die in »Christ sein« relativ kurz behandelt werden musste (wenn auch sehr nachdrücklich und an erheblich mehr Stellen, als manche Kritiker bei ihrer oberflächlichen Lektüre beachtet haben), ausführlicher zur Geltung gebracht werden kann usw.

11. Den Nutzen eines pastoralen Lehr- oder Verkündigungsamtes von Papst und Bischöfen in unserer Kirche habe ich selbst in den schwierigsten Phasen der Unfehlbarkeitsdebatte stets bejaht. Doch habe ich auch neuerdings wieder in Rom mit allem Nachdruck verständlich zu machen versucht, dass dieses Lehr- und Verkündigungsamt in heutiger Zeit nur dann sein Ziel erreichen kann, wenn es nicht einseitig, sondern wirklich katholisch ist und bestimmte repräsentative Tendenzen heutiger katholischer Theologie nicht von vornherein auszuschliessen versucht. Nur so können die vielbeklagten Polarisierungen und negativen pastoralen Auswirkungen vermieden werden.

12. Ich gestatte mir deshalb, die schon im Stuttgarter Gespräch gemachten Vorschläge hier zu wiederholen, um eine gemeinsame Klärung der für alle katholischen Theologen anstehenden Fragen zu erreichen:
a. Es mögen Studienprojekte zu einzelnen wichtigen Fragen (z. B. Präexistenz Jesu Christi, Gottessohnschaft, Soteriologie) angeregt und finanziert werden, an denen die bestausgewiesenen Fachleute aus den einzelnen Disziplinen mitarbeiten sollen.
b. Es mögen Studientagungen angeregt und finanziert werden, bei denen ebenfalls einzelne wichtige Fragen von Spezialisten in Kollegialität und Offenheit diskutiert werden sollen.
c. Es möge die deutsche Glaubenskommission so zusammengesetzt werden, dass sie um ihrer Glaubwürdigkeit willen reprä-

sentativ ist für alle wichtigen Strömungen heutiger katholischer Theologie, so dass der Eindruck vermieden wird, als ob bestimmte Theologen über andere nicht weniger kompetente Theologen urteilen; Kriterium der Auswahl für Fachberater soll nicht Wohlverhalten, sondern Fachkompetenz sein.
d. Die Glaubenskommission, die bisher fast ausschliesslich durch negative Statements in der Art der römischen Glaubensbehörde an die Öffentlichkeit getreten ist, möge sich mehr positiven Aufgaben im Dienst an der Verkündigung zuwenden.
Zusammenfassend darf ich wiederholen, was ich früher schon Kardinal Julius Döpfner schrieb: In der Sache »Christ sein« könnte nach der offiziellen Erklärung des deutschen Episkopats zu »Christ sein«, der Erklärung zu Nikaia und vor allem dem genannten Sammelband jetzt meines Erachtens Ruhe eintreten. Offizielle und offiziöse Kritik ist erfolgt und meine Replik, so weit im gegenwärtigen Zeitpunkt zu meiner Selbstverteidigung nötig, ebenfalls.

Ich wäre Ihnen, sehr verehrter Herr Kardinal, und den deutschen Bischöfen dankbar, wenn man mich in Ruhe und Frieden meine theologische Arbeit tun liesse. Ich hoffe, auch mit diesem Brief einiges zur sachlichen Klärung der gegenwärtigen Situation gesagt zu haben.
Ich möchte Sie bitten, diesen meinen Brief noch vor der nächsten Bischofskonferenz allen Mitgliedern der Konferenz zukommen zu lassen.
Mit besten Wünschen und freundlichen Grüssen bin ich

Ihr sehr ergebener
Hans Küng

Kopie an den Bischof von
Rottenburg, Dr. Georg Moser

11 Brief Professor Küngs an den Sekretär der Bischofskonferenz vom 21. Februar 1972

PROFESSOR DR. HANS KÜNG 21. 2. 1977
74 TÜBINGEN
WALDHÄUSERSTRASSE 23

Lieber Herr Prälat Homeyer,
Unmittelbar vor meinem Abflug nach Washington bin ich mit dem gewünschten Brief an die Bischofskonferenz fertiggeworden. Ich habe ihn an Herrn Kardinal Höffner geschickt mit der Bitte, ihn an alle Mitglieder der Bischofskonferenz weiterzuleiten. Ich wäre auch Ihnen sehr dankbar, wenn Sie mithelfen könnten, trotz der knappen Zeit, dieses Schreiben noch zu verschicken.
Ich hätte noch gerne die Abschrift unseres Gesprächs abgewartet; aber es ist ja nun nicht gerade eine kleine Mühe, das ganze lange Gespräch zu Papier zu bringen. Einen Wunsch möchte ich in diesem Zusammenhang noch äussern: Die Bandaufnahme von Professor Neumann ist in ihrer technischen Qualität nicht besonders gut. Wäre es Ihnen nicht möglich, von Ihrem gewiss sehr perfekten Band eine Kopie auf gewöhnlichen Kassetten machen zu lassen? Selbstverständlich würde ich alle Kosten übernehmen. Sollten Sie damit in Bonn Probleme haben, könnte dies vermutlich im Sprachlabor der Universität Tübingen gemacht werden.
Ich hoffe mit meinem ausführlichen Brief einen echten Beitrag zur »Entspannung« geleistet zu haben. Ich wäre jedenfalls froh, wenn diese für alle Seiten wenig erspriessliche Angelegenheit endlich erledigt wäre.
Mit bestem Dank für alle Mühen und freundlichen Grüssen

Ihr *Hans Küng*

PS: Um Zeit zu gewinnen, lasse ich Ihnen eine Kopie des Briefes direkt zukommen.

12 Brief Professor Küngs an Bischof Moser vom 21. Februar 1977

PROFESSOR DR. HANS KÜNG 21. 2. 77
74 TÜBINGEN
WALDHÄUSERSTRASSE 23

Lieber Herr Bischof,
Zu dem langen Brief ein kurzes persönliches Wort:
Der einzige Grund, weswegen ich mich so sehr um eine ausführliche Antwort bemüht habe, war Ihr mich überzeugender persönlicher Einsatz in dieser Sache. Dies soll meinerseits ein kleines Zeichen des Dankes sein.
Morgen früh fliege ich für einige Tage nach Washington, werde aber schon am nächsten Montag wieder zu erreichen sein. Ich wäre froh, von Ihnen dann zu hören, wie es in der Bischofskonferenz ausgegangen ist.

Mit herzlichen Wünschen und Grüssen
Ihr
Hans Küng

13 Presseerklärung der Deutschen Bischofskonferenz zum Gespräch mit Professor Küng vom 3. März 1977

Die Deutsche Bischofskonferenz hat sich mit dem Ergebnis des Gespräches mit Professor Küng, das von der Bischofskonferenz veranlasst unter dem Vorsitz von Kardinal Höffner am 22. 1. 1977 in Stuttgart stattfand, befasst. Wie aus der Pressemitteilung des Sekretariats der Deutschen Bischofskonferenz zu entnehmen ist, waren die Aussagen von Professor Küng zur Person und zum Heilswerk Jesu Christi in seinem Buch »Christ sein« dabei das Hauptthema. In diesem Gespräch anerkannte Professor Küng, dass einige christologische Ausführungen in seinem Buch der Ergänzung bedürfen. Die Bischöfe hielten die Ergänzungen für dringend geboten, weil sie zentrale Aussagen des christlichen Glaubens betreffen. Professor Küng erklärte, »in angemessener Weise« zur Klärung der besprochenen Fragen beitragen zu wollen. Dazu reicht nicht aus, was er bisher dargelegt hat.

Trotz der Verständigungsansätze hält die Deutsche Bischofskonferenz die unzureichenden und missverständlichen Aussagen von Professor Küng für so gravierend, dass sie eine richtigstellende Präzisierung und Ergänzung erneut verlangen muß.

Insbesondere bekräftigen die deutschen Bischöfe noch einmal, was sie in ihrer Erklärung zum Christusbekenntnis von Nizäa gesagt haben (24. 9. 1975): Jesus Christus ist nicht nur ein vorbildlicher Mensch, nicht nur Gottes Sprecher und Sachverwalter, er ist vielmehr der ewige Sohn Gottes, »Gott von Gott, Licht vom Licht, wahrer Gott vom wahren Gott, gezeugt, nicht geschaffen, eines Wesens mit dem Vater«, wie die Kirche in ihrem Glaubensbekenntnis lehrt. Nur wenn Jesus Christus entsprechend dieser Aussage unmissverständlich dargestellt und bezeugt wird, als wahrer Gott und wahrer Mensch, bleibt die christliche Botschaft von Erlösung und Heil unverkürzt und unverfälscht.

Weil das Buch »Christ sein« dieser zentralen Wahrheit des Glaubens nicht gerecht wird, besteht die Deutsche Bischofskonferenz zur Vermeidung von Fehlorientierung und Verwirrung der Leser auf einer baldigen Korrektur bzw. Ergänzung der diesbezüglichen Aussagen von Professor Küng im Blick auf die verbindliche kirchliche Lehre. Schon am 17. 2. 1975 hat die Deutsche Bischofskonferenz auf die Christologie hingewiesen, aber auch auf die Trinitätslehre, die Theologie der Kirche und der Sakramente und auf die heilsgeschichtliche Stellung Marias.

Diese Erklärung der Deutschen Bischofskonferenz ist Herrn Professor Küng mitgeteilt worden. Die Vollversammlung würde es begrüssen, wenn Herr Professor Küng den notwendigen Beitrag zur Klärung leisten würde.

14 Begleitschreiben Kardinal Höffners vom 4. März 1977

DER VORSITZENDE
DER DEUTSCHEN BISCHOFSKONFERENZ

Sekretariat der
Deutschen Bischofskonferenz
Kaiserstraße 163
5300 Bonn

Herrn Professor
Dr. Hans Küng
Waldhäuserstr. 23
7400 Tübingen

4. März 1977

Sehr geehrter Herr Professor Küng,
haben Sie vielen Dank für Ihren Brief vom 21. 2. 1977, den ich wunschgemäss sofort an die Mitglieder der Deutschen Bischofskonferenz weitergeleitet hatte.
Ich bedauere es sehr, dass die Bischofskonferenz – auch nach meiner Überzeugung – mit dem Ergebnis unseres Gespräches vom 22. Januar 1977 wie auch mit dem Inhalt Ihres genannten Schreibens nicht zufrieden sein konnte.
Die Bischofskonferenz sah sich veranlasst, eine Presseerklärung zu dem Gespräch am 22. 1. 1977 abzugeben, die Ihnen bereits zugegangen ist und die ich noch einmal in der Anlage beifüge.
Weiter hat die Bischofskonferenz mich beauftragt, Ihnen jene Fragen mitzuteilen, die sich bezüglich »Christ sein« und aus der Ihnen bekannten Erklärung vom 17. Februar 1975 ergeben.
Leider bin ich in den nächsten beiden Wochen entweder nicht in Köln oder so mit Terminen belastet, dass ich den Brief erst anschliessend werde schreiben können. Somit muss ich Sie um ein klein wenig Geduld bitten.

Mit freundlichen Grüßen
Ihr
† Joseph Card. Höffner

15 Presseerklärung Professor Küngs vom 3. März 1977

Mit der blossen Wiederholung alter Glaubensbekenntnisse ist den Menschen von heute in ihren Glaubensschwierigkeiten nicht geholfen. Ich habe die Glaubensbekenntnisse nie geleugnet, sie vielmehr den heutigen Menschen verständlich zu machen versucht. Gerade dies erwarten die Menschen auch von den Bischöfen. Die Klärung der theologischen Schwierigkeiten, die ich ja nicht selbst erfunden habe, kann nicht nur einem einzelnen Theologen aufgebürdet werden. Leider sind die Bischöfe auch auf meine konstruktiven Vorschläge mit keinem Wort eingegangen:

1. Studienprojekte zu wichtigen umstrittenen Fragen,
2. Studientagungen mit den bestausgewiesenen Fachleuten,
3. unparteiische Zusammensetzung der deutschen Glaubenskommission.

Selbstverständlich bin ich zu weiteren Klärungen meiner theologischen Position bereit. Wichtige Grundlagenfragen werden demnächst in meinem Buch zur Gottesproblematik geklärt werden. Aber gerade deshalb wäre ich, wie ich im letzten meiner langen Klärungsschreiben an die Bischofskonferenz ausführte, den deutschen Bischöfen dankbar, wenn sie mich in Ruhe und Frieden meine theologische Arbeit tun liessen.

PHASE V

Dritte Erklärung gegen »Christ sein« und Veröffentlichung des Briefwechsels

Überblick

1 Brief Kardinal Höffners an Professor Küng vom 22. April 1977: Wie aus sicherer Quelle verlautet, wurde dieser Brief von einem bekannten Dogmatikprofessor und Mitglied der Glaubenskommission für Kardinal Höffner geschrieben. Zur Antwort auf die gestellten Fragen vgl. »Appell zur Verständigung« (in diesem Band) und »Existiert Gott? Antwort auf die Gottesfrage der Neuzeit« (1978).

2 Brief Professor Küngs an Kardinal Höffner vom 13. Juni 1977.

3 Brief Kardinal Höffners an Professor Küng vom 8. Juli 1977.

4 Brief Professor Küngs an Kardinal Höffner vom 12. September 1977.

5 Brief Kardinal Höffners an Professor Küng vom 21. September 1977.

6 Brief Professor Küngs an Kardinal Höffner vom 7. November 1977.

7 Erklärung der Deutschen Bischofskonferenz zu dem Buch »Christ sein« von Professor Küng vom 17. November 1977.

8 Dokumentation der schriftlichen Vorgänge zwischen Professor Küng und der Deutschen Bischofskonferenz betreffend das Buch »Christ sein«.

9 Begleitschreiben Kardinal Höffners vom 17. November 1977.

10 Presseerklärung Professor Küngs vom 17. November 1977: Vgl. ebenso zur bischöflichen Erklärung das von Professor Küng in seinem »Appell zur Verständigung« Gesagte.

1 Brief Kardinal Höffners an Professor Küng vom 22. April 1977

DER VORSITZENDE
DER DEUTSCHEN
BISCHOFSKONFERENZ

Sekretariat der Deutschen Bischofskonferenz
Kaiserstraße 163
5300 Bonn, 22. 4. 1977

V 4670/77

Herrn
Universitätsprofessor
Dr. Hans Küng
Waldhäuserstr. 23
7400 Tübingen

Betr.: Ihr Buch »Christ sein«, hier: Beantwortung konkreter Fragen
Bezug: Gespräch von Vertretern der Deutschen Bischofskonferenz mit Ihnen am 22. Januar 1977 in Stuttgart-Hohenheim; Ihr Brief vom 21. Februar 1977; meine Antwort vom 4. März 1977

Sehr geehrter Herr Professor Küng!
Am 4. März 1977 habe ich Ihnen mitgeteilt, daß die Deutsche Bischofskonferenz mit dem Ergebnis des Gespräches vom 22. Januar 1977 wie auch mit dem Inhalt Ihres Briefes vom 21. Februar 1977 nicht zufrieden ist und daß ich beauftragt wurde, Ihnen einige Fragen mitzuteilen, die sich auf »Christ sein« beziehen.
Dieser Aufgabe möchte ich heute nachkommen. Ich beschränke mich dabei bewußt auf einige wenige Fragen, obgleich der Umkreis strittiger Themen damit keineswegs erschöpft ist.

1. Sie erklären in Ihrem Brief vom 21. Februar 1977 in Nr. 6 (vgl. S. 4 f.), daß Sie nie daran gedacht hätten, die Gottessohnschaft Jesu oder die Trinität zu bezweifeln. Wir anerkennen diese und einige andere hilfreiche Äußerungen. Dennoch bleiben Ihre diesbezüglichen Aussagen sowohl in Ihrem Buch als auch in Ihrem Brief vom 21. Februar 1977 zweideutig. Die An-

führung des längeren Zitats aus »Christ sein« (S. 434) auf Seite 4 (unten) Ihres Briefes gelangt ja nur zu Aussagen, daß in Jesu ganzer Person »Gottes Wort und Willen *verkündet, manifestiert, geoffenbart«* ist und daß er *»in menschlicher Gestalt Gottes Wort und Wille«* ist. Zu mehr als zu Formulierungen, »daß es in Jesus um den Gott geht, der wirklich Gott ist« (S. 438) kommen Sie nicht. Sie gestehen dabei eine funktionale Offenbarungs- und Wirkeinheit zwischen dem Sohn und dem Vater zu, aber Sie wollen offensichtlich die *notwendig* folgende Frage und Antwort nach der *seinshaften* Beziehung zwischen beiden, so wie der Glaube der Kirche sie lehrt, nicht mitvollziehen. So werden Sie aber der ganzen Hl. Schrift nicht gerecht. Aus Ihren Äußerungen wird nicht ersichtlich, ob Jesus Sohn Gottes ist, weil er der unüberbietbare Sachwalter Gottes ist, oder ob er dieser Sachwalter ist, weil er der Sohn Gottes ist. Darum erscheint die Gottessohnschaft auch als *eine* von vielen möglichen *Deutungen*, die im Grunde ersetzbar ist (vgl. auch S. 433 f., 436). Sie vermeiden offenbar bewußt klärende Aussagen, wie sie die Heilige Schrift und die Aussagen des Konzils von Nikaia und Chalkedon als Bestandteil des katholischen Glaubensbekenntnisses erfordern.
Nun könnten Sie darauf verweisen, daß Sie in Ihrem Brief vom 21. Februar 1977 in Nr. 10 (vgl. S. 7) erklären: »Jesus *ist* wirklich Gottes Sohn«. Aber dies ist leider nur eine beiläufige Aussage, die in Spannung bzw. fast im Gegensatz zu fast allen übrigen Äußerungen Ihres Buches steht. Die Schwierigkeit eines Gespräches liegt gerade darin, daß Sie sich immer wieder vieldeutiger Aussagen und salvatorischer Klauseln bedienen, auf die Sie sich bei Anfragen zurückziehen können. So weichen Sie jedoch in zentralen christologischen Äußerungen einem entschiedenen und ins verbindliche Wort gefaßten Bekenntnis aus.
Darum möchte ich Ihnen zusammenfassend die folgende *erste Frage* stellen: *Ist Jesus Christus der unerschaffene, ewige Sohn Gottes, gleichwesentlich mit dem Vater?*

2. Sie behandeln auf Seite 434 ff. von »Christ sein« die gottmenschliche Formel »wahrer Gott und wahrer Mensch«. Ein entschiedenes Bekenntnis dazu ist jedoch nicht zu finden. »Wahrhaft Gott« heißt für Sie offenbar »nicht mehr« als *»die*

Einzigartigkeit, Unableitbarkeit und Unüberbietbarkeit *des in und mit Jesus lautgewordenen* Anrufs, Angebots, Anspruchs *begründen, der letztlich nicht menschlichen, sondern göttlichen Ursprungs ist und deshalb, absolut verläßlich, die Menschen unbedingt angeht*« (S. 440). Damit deuten Sie das verbindliche Glaubensbekenntnis »wahrer Gott und wahrer Mensch« letztlich dahingehend um, »daß in der Geschichte Jesu Christi wahrhaft Gott und Mensch im Spiel sind« (S. 439). Dies besagt eindeutig eine Verminderung und Unterbietung des Dogmas von Nikaia und Chalkedon. Sie erklären jedoch in Ihrem Brief vom 21. Februar 1977, daß Sie die Gehalte der christologischen Dogmen bewahren und zur Geltung bringen möchten (vgl. Nr. 4, S. 3, und Nr. 6, S. 4).

Dieser Zusammenhang enthält zugleich eine zentrale soteriologische Komponente, die ich in diesem Brief nicht entfalten, aber doch in ihren Konsequenzen andeuten möchte: Wenn in Jesus nicht *Gott selbst* sich für die Menschen hingegeben hat, dann fällt das Herzstück der christlichen Offenbarung. Ähnliches gilt für die Betonung der Menschlichkeit bzw. Menschheit Jesu: Alle Aussagen darüber sind für den Glauben überhaupt nur relevant, wenn sie innerlich mit dem »wahrhaft Gott« verbunden sind. Mit dieser grundlegenden Unklarheit hängt auch das wiederholt vermerkte Defizit in der Trinitätslehre von »Christ sein« zusammen.

Daher formuliere ich zusammenfassend meine *zweite Frage: Stimmen Sie* – immer mögliche und notwendige Erläuterungen bzw. Vertiefungen vorausgesetzt – *letztlich vorbehaltlos dem Bekenntnis der Kirche zu, daß Jesus Christus wahrer Mensch und wahrer Gott i s t ?* Da Sie sich mit Recht stets auf die Schrift berufen, darf ich gerade in diesem Zusammenhang an die johanneische Christologie erinnern (vgl. z. B. Jo 1,1 und 20,28.31).

3. Ich will weitere christologische Themen im Augenblick übergehen, aber noch ein zentrales methodisches Problem zur Sprache bringen, das freilich engstens mit den bisher genannten Fragen zusammenhängt. Sie sprechen öfter davon, daß Sie Christologie »aus der Perspektive der ersten Jünger Jesu« (Nr. 3, S. 2) entwerfen möchten. Insofern damit die Normativität des apostolischen Urzeugnisses gemeint sein kann, ist etwas

Unaufgebbares gesagt. Sie erklären jedoch zugleich, »kirchliche und auch konziliare Tradition (sei) an der in der Heiligen Schrift ursprünglich bezeugten christlichen Botschaft, ja an Jesus Christus selber, als dem primären Kriterium jeglicher Theologie, zu messen« (Nr. 4, S. 3). Sie scheinen dabei der Ansicht zu sein, der Theologe könne sich allein mit den Mitteln der historischen Vernunft unmittelbar in die Perspektive der ersten Jünger (und sogar Jesu selbst) zurückversetzen, *so* das Geheimnis der Person Jesu Christi und sein Werk rekonstruieren und von dieser Position aus, nämlich eines unabhängigen Gegenübers, das Christusbekenntnis der Kirche beurteilen und evtl. auf seine »Unstimmigkeiten« befragen.

Darum darf ich an Sie die *dritte Frage* stellen, die ich jedoch in zwei Momenten entfalten möchte (wobei ich hier die hermeneutisch-historischen Probleme im engeren Sinne ausklammere):

a) *Verlangt eine Rückkehr zur »Perspektive der ersten Jünger«* – wenigstens im theologischen Sinne – *nicht eine Vermittlung durch das lebendige Glaubensbewußtsein der Kirche?*

b) *Ist das Bekenntnis der Kirche* (z. B. zur Gottessohnschaft Jesu) *das Vorgegebene, das der Theologe mit Hilfe aller seiner methodischen Möglichkeiten auszulegen hat? Oder stellt in Ihren Augen eine historische Rekonstruktionshypothese allein und für sich einen ausreichenden Zugang zum theologischen Verständnis Jesu Christi dar?*

Schon die Erklärung der Deutschen Bischofskonferenz vom 17. Februar 1975 hatte Ihnen (vgl. dort II, Nr. 1) in aller Deutlichkeit diese Fragen gestellt und zu bedenken gegeben. Sie haben bis heute nicht zureichend darauf geantwortet.

Viele andere wichtige Probleme, wie z. B. Christologie »vonoben« und »von unten«, will ich hier nicht weiter erörtern, obgleich ich die Positionen Ihres Briefes vom 21. Februar 1977 (Nr. 3, S. 2 f.) keineswegs teilen kann. Jedoch möchte ich wenigstens noch zwei Problemkreise aus Ihrem Brief (vgl. Nr. 12, S. 8) erörtern:

1. Studienprojekte und Studientage:

Die Deutsche Bischofskonferenz ist nicht abgeneigt, Ihre Vorschläge, die allerdings als solche keineswegs neu sind, näher zu prüfen. Studientage ähnlicher Art finden übrigens innerhalb der

Vollversammlungen der Deutschen Bischofskonferenz regelmäßig statt. Allerdings stellen sich bei Ihrem Vorschlag einige grundlegende Fragen. Solche Studienprojekte dürfen nicht verschleiern, daß bestimmte Glaubensaussagen in ihrem grundlegenden Sinn durchaus klar und darum bereits für den Beginn solcher Vorhaben verbindlich sind (was die Suche nach einem vertieften Verständnis durchaus einschließt). In keinem Fall dürfte ein solches Symposion, das innertheologisch stets möglich ist, die Funktionsdifferenz von Theologie und Lehramt einebnen und den theologischen Fachdisput zum einzigen Kriterium einer lehrmäßigen Entscheidung in solchen Fragen machen.

2. Zusammensetzung der Glaubenskommission:
Mit aller Entschiedenheit möchte ich im Namen der Deutschen Bischofskonferenz Ihre Behauptung zurückweisen, die Wahl der Berater der Glaubenskommission sei nicht aufgrund von Fachkompetenz, sondern des »Wohlverhaltens« der einzelnen Herren erfolgt (vgl. Nr. 12, S. 8). Daß Sie Ihren Brief an mich dazu benützen, um Ihre auch international hochgeschätzten Kollegen herabzuwürdigen, betrachte ich als einen besonders bedauerlichen Mißgriff. Gerade Ihre Sache ist – wie ich selbst bezeugen kann – von der Glaubenskommission, und zwar von Mitgliedern wie Konsultoren, seit vielen Jahren stets mit aller Objektivität, Umsicht und Geduld beraten worden.

Sehr geehrter Herr Professor Küng, ich bitte Sie um eine Antwort vor allem auf die drei genannten theologischen Sachfragen. Verzichten Sie dabei auf zahlreiche Hinweise auf Ihre bisherigen Veröffentlichungen, denn diese beantworten nach unserer Überzeugung diese Fragen nicht mit hinreichender Klarheit. Die Bischöfe können sich aber auch nicht damit einverstanden erklären, daß Sie diese Anfragen durch Absichtserklärungen über künftige Vorhaben zu erfüllen glauben. Ihre Antwort kann sehr kurz und prägnant sein, da es sich vor allem in der ersten und zweiten Frage um Formulierungen aus dem Glaubensbekenntnis handelt. Dies ist auch ein Grund, warum die Bischöfe eine grundlegende Antwort auf diese Fragen nicht von Studientagen und Studienprojekten abhängig machen können.

Sie haben im Gespräch am 22. Januar 1977 Gelegenheit gehabt, Vertretern der Deutschen Bischofskonferenz die Überzeugung zu vermitteln, daß Sie in grundlegenden christologischen Fragen mit dem Glauben der Kirche übereinstimmen. Trotz einiger wichtiger Gesprächsbeiträge Ihrerseits war das Gesamtergebnis nicht hinreichend. Leider haben Sie auch Ihren Brief vom 21. Februar 1977 nicht dazu benützt, um die in Stuttgart-Hohenheim angesprochenen Fragen und Antworten nochmals zu verdeutlichen, obgleich der Herr Bischof von Rottenburg Sie mit Brief vom 28. Januar 1977 eigens auf diese Chance und die Dringlichkeit der Sache aufmerksam gemacht hatte. Sie werden daher verstehen, wenn ich erneut im Namen der Deutschen Bischofskonferenz auf eine Klärung der erläuterten Fragen bestehen muß.

Darum bitte ich Sie, trotz der mannigfachen Aufgaben eines laufenden Semesters, diese Fragen bis zum *15. Juni 1977* schriftlich zu beantworten. Sie werden verstehen, daß Ihre Antwort für die Deutsche Bischofskonferenz von entscheidender Bedeutung ist.

In der Hoffnung auf eine zufriedenstellende Antwort Ihrerseits bleibe ich mit freundlichen Grüßen

Ihr

† Joseph Card. Höffner

2 Brief Professor Küngs an Kardinal Höffner vom 13. Juni 1977

PROFESSOR DR. HANS KÜNG 13. 6. 1977
WALDHÄUSER STR. 23
74 TÜBINGEN 1

Herrn
Kardinal Dr. Joseph Höffner
Vorsitzender der Deutschen Bischofskonferenz
Eintrachtstrasse 164
5000 Köln 1

Sehr geehrter Herr Kardinal,
Ich darf Ihnen den Eingang Ihres Schreibens vom 22. 4. 1977 bestätigen. Nachdem Sie eine Beantwortung bis zum 15. Juni dieses Jahres erwarten, möchte ich meine – freilich nur vorläufige – Antwort nicht weiter hinausschieben.
Ich komme eben von einem längeren USA-Aufenthalt und einem theologischen Kongress mitten ins Tübinger Sommersemester zurück und habe alle Mühe, den ordentlichen Pflichten eines Universitätslehrers nachzukommen. Schon in der Stuttgarter Unterredung vom 22. Januar, deren Protokoll mir mit erheblicher Verspätung am 12. 4. 1977 zugestellt wurde, habe ich ausführlich erklärt, warum es mir physisch unmöglich ist, für diese Auseinandersetzung, die mich schon unendlich viel Zeit gekostet hat, in diesen Monaten noch weitere Zeit aufzuwenden. Die vielen formalen wie inhaltlichen Fragen, die sich hier stellen, lassen sich nicht kurz beantworten.
Mit dem Stuttgarter Gespräch und vor allem mit meinem mehrseitigen Schreiben vom 21. 2. 1977 habe ich auch nach der Meinung vieler Fachkundiger mehr getan, als man billigerweise erwarten konnte. Und es hat mich auch tatsächlich überrascht, dass Sie – entgegen dem Eindruck, den Sie nach dem Stuttgarter Gespräch mindestens für mich erweckt haben – mit meiner mündlichen wie schriftlichen Antwort noch immer nicht zufrieden sind.
Jedenfalls muss ich Sie jetzt, sehr geehrter Herr Kardinal, erneut dafür um Verständnis bitten, dass ich Ihren Brief nicht

sachgemäss beantworten kann, bevor ich mein Buch zur Gottesfrage abgeschlossen und den Festvortrag zur 500-Jahr-Feier der Universität Tübingen im Oktober dieses Jahres gehalten habe.

Mit freundlichen Grüssen
Ihr sehr ergebener
Hans Küng

Kopie an den Bischof von Rottenburg, Dr. Georg Moser

3 Brief Kardinal Höffners an Professor Küng vom 8. Juli 1977

DER VORSITZENDE
DER DEUTSCHEN BISCHOFSKONFERENZ

Sekretariat der
Deutschen Bischofskonferenz
Kaiserstraße 163
5300 Bonn, 8. Juli 1977

Jr. Nr. V 7725/77

Herrn
Professor Dr. Hans Küng
Waldhäuserstr. 23
7400 Tübingen

Betr.: Ihr Buch »Christ sein« hier: Aufforderung zur Beantwortung der am 22. 4. 1977 übersandten Fragen
Bezug: Ihr Schreiben vom 13. 6. 1977

Sehr geehrter Herr Professor Küng,
mit einiger Überraschung habe ich Ihren Brief vom 13. 6. 1977 zur Kenntnis genommen. Sie werden selbst wohl leicht begreifen, daß ich dieses Schreiben in keiner Hinsicht als Antwort akzeptieren kann.
Die Fragen, um deren Beantwortung ich Sie gebeten hatte, wurden Ihnen schon im Gespräch mit den Vertretern der Deutschen Bischofskonferenz am 22. Januar 1977 in Stuttgart-Hohenheim gestellt. Sie waren Ihnen auch aus der theologischen Fachdiskussion um Ihr Buch »Christ sein« nicht unbekannt. Sehen Sie darum bitte meine Aufforderung im Kontext der Klärung dieser wichtigen Sachfragen und der seit bald zehn Jahren immer wie-

der geäußerten Bedenken des kirchlichen Lehramtes zu manchen theologischen Aussagen Ihrer Bücher. Vielleicht erkennen auch Sie dann den Ernst der Situation. Seit zweieinhalb Jahren warten die Bischöfe vergebens auf die Klärung einiger dringender und grundsätzlicher Fragen, besonders auch zu »Christ sein« (vgl. die Erklärung vom 17. 2. 1975). Das Buch »Christ sein« wird ungeachtet der Ihnen bekannten Unklarheiten und Mängel weiterhin im In- und Ausland unverändert verbreitet. Die so oft Ihnen gegenüber geübte Rücksichtnahme stößt darum an Grenzen.
Die Deutsche Bischofskonferenz hat mich auf ihrer Sitzung vom 28. 2.–3. 3. 1977 beauftragt, ihr bei der kommenden Herbst-Vollversammlung über die Beantwortung der an Sie zu richtenden Fragen zu berichten. Ich muß Sie darum bitten, mir bis spätestens *10. September 1977* Ihre Antwort auf meinen Brief vom 22. April 1977 zu übermitteln. Am 19. September beginnt die Vollversammlung der Deutschen Bischofskonferenz.
Sie haben damit zwei weitere Monate außerhalb Ihrer Semesterverpflichtungen zur Verfügung. Andere Prioritäten sollte es nach Lage der Dinge für Sie nicht geben.
Ich hoffe trotz Ihrer enttäuschenden Antwort vom 13. Juni 1977 immer noch auf eine sachlich weiterführende Äußerung Ihrerseits und bin mit freundlichen Grüßen

Ihr
† Joseph Card. Höffner

4 Brief Professor Küngs an Kardinal Höffner vom 12. September 1977

PROFESSOR DR. HANS KÜNG
74 TÜBINGEN
WALDHÄUSERSTRASSE 23

Sursee, 12. September 1977

Herrn
Kardinal Dr. Joseph Höffner
Vorsitzender der Deutschen Bischofskonferenz
Eintrachtstrasse 164
5000 Köln 1

Sehr geehrter Herr Kardinal,
gerne hätte ich Ihnen auf Ihr Schreiben vom 8. Juli 1977 in der von Ihnen gewünschten Form geantwortet. Aber schon in meinem Brief vom 13. Juni 1977 habe ich versucht zu erklären, dass ich in einer Zeit ausserordentlicher Belastungen stehe, in der der Abschluss meines Buches zur Gottesfrage und der Festvortrag zur 500-Jahr-Feier der Universität Tübingen, an der unter zahlreichen Persönlichkeiten des öffentlichen Lebens auch der Herr Bundespräsident teilnehmen wird, die absolute Priorität haben. Trotzdem habe ich mich nach Kräften bemüht, die von Ihnen aufgeworfenen, sehr komplexen, insbesondere christologischen Fragen, die mE nicht in Katechismusform beantwortet werden können, inhaltlich zu präzisieren und zu konkretisieren. Nachdem ich Ihnen bereits in Stuttgart mehrere Stunden in aller Ausführlichkeit Rede und Antwort gestanden habe, nachdem ich überdies ein langes erklärendes Schreiben an die Deutsche Bischofskonferenz gerichtet habe, nachdem ich auch mit dem Bischof von Rottenburg mehrere eingehende Gespräche geführt habe, habe ich nun die gesamte Problematik nochmals im Zusammenhang mit der Gottesfrage und der Grundlagenfrage von Glauben und Wissen gründlich überdacht und in einem fast 900 seitigen Buch niedergelegt. Ich meine, dass durch eine solche Lozierung Ihrer Fragen in einem weiteren theologischen Kontext der Klärung der Sachlage besser gedient ist. Ich erlaube

mir, sehr geehrter Herr Kardinal, Ihnen ein Exemplar dieses Buches unmittelbar nach seinem baldigen Erscheinen zuzuschicken. Ich hoffe dabei, dass die Deutsche Bischofskonferenz nicht nur die pastoralen Intentionen, die hinter diesem Buch stehen, sondern auch das Gewicht der theologischen Sachaussagen, die in dieser meiner »Antwort auf die Gottesfrage der Neuzeit« breit dargelegt werden, zu würdigen weiss.

Mit freundlichen Grüssen
Ihr sehr ergebener
Hans Küng

Kopien an:
Dr. Georg Moser, Bischof von Rottenburg
Dr. Anton Hänggi, Bischof von Basel

5 Brief Kardinal Höffners an Professor Küng vom 21. September 1977

DER VORSITZENDE DER
DEUTSCHEN BISCHOFSKONFERENZ

Sekretariat der
Deutschen Bischofskonferenz
Kaiserstraße 163
5300 Bonn
V 10310/77
21. September 1977

Herrn Professor
Dr. Hans Küng
Waldhäuser Str. 23
7400 Tübingen

Sehr geehrter Herr Professor Küng,
ich bestätige den Empfang Ihres Briefes vom 12. September 1977. Darin lehnen Sie es erneut ab, Fragen in bezug auf Ihr Buch »Christ sein« zu beantworten. Sie waren nach Grundwahrheiten des katholischen Glaubens gefragt. Die Fragen wären einfach mit dem unaufgebbaren Bekenntnis dieses Glaubens zu beantworten gewesen. Ich bedaure es sehr, daß Sie dies unterlassen haben. Damit haben Sie zum Ausdruck gebracht,

daß ein eindeutiges Ja zu Grundaussagen des katholischen Glaubens von der in Ihrem genannten Buch vertretenen Theologie aus nicht möglich ist.

Freundliche Grüße
Ihr
† Joseph Card. Höffner

6 Brief Professor Küngs an Kardinal Höffner vom 7. November 1977

UNIVERSITÄT TÜBINGEN
INSTITUT FÜR
ÖKUMENISCHE FORSCHUNG
DIREKTOR:
PROF. DDR. H. KÜNG D. D.

7400 Tübingen 1, den 7. 11. 1977
Nauklerstrasse 37a

Herrn
Kardinal Dr. Joseph Höffner
Vorsitzender der
Deutschen Bischofskonferenz
Kaiserstrasse 163
5300 Bonn

Sehr geehrter Herr Kardinal,
Mit Verwunderung habe ich Ihren Brief vom 21. September 1977 zur Kenntnis genommen. Ich bedaure feststellen zu müssen: Dieser Brief lässt kaum Verständnis für die schwierige theologische Sachproblematik wie für meine derzeitige persönliche Belastung, auf die ich nachdrücklich hingewiesen habe, erkennen. Unter den gegebenen Umständen möchte ich hier nur kurz das für mich Entscheidende sagen.
Mit Entschiedenheit weise ich Ihren Vorwurf zurück, dass ich es erneut abgelehnt hätte, Fragen in bezug auf mein Buch »Christ sein« zu beantworten. Im Gegenteil: Ich habe Ihnen und den anderen Bischöfen und Theologen am 22. Januar 1977 in Stuttgart rund vier Stunden Rede und Antwort gestanden, wo Sie

alle die Sie bedrängenden Fragen stellen konnten. Ich habe darüber hinaus am 21. Februar ein langes erklärendes Schreiben an die Deutsche Bischofskonferenz gerichtet, das unter vielem anderem auch ein klares Bekenntnis zur Gottessohnschaft Jesu enthält. Ich habe schliesslich in weiteren zwei Briefen vom 13. Juni und vom 12. September erklärt, dass ich Ihre weiteren Fragen im Zusammenhang mit meinem nächsten Buch »Existiert Gott? Antwort auf die Gottesfrage der Neuzeit« beantworten werde, das im Februar 1978 herauskommen wird. Wie können Sie unter diesen Umständen behaupten, ich lehne es ab, Fragen bezüglich »Christ sein« zu beantworten?
Sie behaupten weiter, die von Ihnen gestellten Fragen seien einfach mit dem unaufgebbaren Bekenntnis des katholischen Glaubens zu beantworten gewesen. Ich empfinde es zunächst als eine Zumutung, dass man mir als einem ordentlichen Professor der katholischen Theologie ein Glaubensbekenntnis abfordern will, als ob ich es je geleugnet hätte. Mit Nachdruck weise ich in diesem Zusammenhang die mir bereits in der öffentlichen Erklärung der Bischofskonferenz vom 3. März gemachte Unterstellung zurück, als betrachte ich Jesus Christus nur als »Sprecher und Sachverwalter« (sic!) Gottes und leugne bestimmte Aussagen des Nizänums. Auf diese Unterstellungen, die meine katholische Orthodoxie im In- und Ausland diffamieren, möchte ich im Hinblick auf eine öffentliche Richtigstellung Ihrerseits zurückkommen. Hier sei nur das eine gesagt: Ich habe nie daran gedacht, die unaufgebbaren Bekenntnisse unseres Glaubens zu leugnen und ich sehe auch keinen grundlegenden Widerspruch zwischen den Aussagen meines Buches »Christ sein« und den Aussagen der ersten ökumenischen Konzilien. Eine Interpretation für die Menschen von heute freilich halte ich für notwendig. Ich möchte Sie nachdrücklich darum bitten, künftighin davon auszugehen, dass wir auf dem Boden eines gemeinsamen katholischen Glaubens stehen.
Sie behaupten schliesslich, dass ein eindeutiges Ja zu den Grundaussagen des katholischen Glaubens von der in »Christ sein« vertretenen Theologie her nicht möglich sei. Wie sich aus dem bereits Gesagten ergibt, ist auch dies eine unhaltbare Unterstellung. Die Form, in der ich diese Fragen beantworten werde, lasse ich mir freilich nicht aufzwingen. Wie auch andere

christologische Veröffentlichungen der letzten Jahre zeigten, geht es um äusserst subtile und komplexe Probleme, die allen Theologen gestellt sind und die auch nach der Auffassung anderer katholischer Theologen nicht mit Katechismusantworten zu bewältigen sind. In meinem Buch hoffe ich zur Klärung der Situation beizutragen, was man billigerweise von mir erwarten kann.
Ich wäre Ihnen dankbar, sehr geehrter Herr Kardinal, wenn Sie schliesslich doch zur Kenntnis nehmen würden, was ich Ihnen vergeblich in zwei Briefen zu erklären versuchte, dass ich in einer Zeit äusserster Belastung stehe. Ich habe in diesem Jahr bisher keinen Tag Ferien machen können und stehe schon wieder in der vollen Semesterarbeit. Wie ich Ihnen aber in Aussicht stellte, habe ich den Vortrag für die 500-Jahr-Feier der Universität Tübingen über das Thema »Wissenschaft und Gottesfrage« gehalten, und das Echo zeigte mir, dass er ganz allgemein als grosser Dienst an der Sache des christlichen Glaubens verstanden wurde. Zusammen mit der Rede von Herrn Bundespräsident Walter Scheel wird er in den nächsten Tagen gedruckt erscheinen. Ich gestatte mir, Ihnen einen Abzug des Manuskripts beizulegen. Wie ich Ihnen ebenfalls versprochen habe, werde ich Ihnen auch ein Exemplar des neuen Buches unmittelbar nach seinem Erscheinen zuschicken. Noch immer hoffe ich, dass die Deutsche Bischofskonferenz nicht nur die pastoralen Intentionen, die hinter diesen Büchern stehen, sondern auch das Gewicht der theologischen Sachaussagen zu würdigen weiss.

Mit freundlichen Grüssen
Ihr sehr ergebener
Hans Küng

Beilage Rede zur 500-Jahr-Feier der Universität Tübingen über »Wissenschaft und Gottesfrage«
Kopien an: Dr. Georg Moser, Bischof von Rottenburg, Dr. Anton Hänggi, Bischof von Basel

7 Erklärung der Deutschen Bischofskonferenz zu dem Buch »Christ sein« vom 17. November 1977

Wort der deutschen Bischöfe an die in der Glaubensverkündigung Stehenden

In der Erklärung der Deutschen Bischofskonferenz zum Abschluß des Lehrverfahrens der Kongregation für die Glaubenslehre zu den Büchern »Die Kirche« und »Unfehlbar? Eine Anfrage« von Professor Dr. Hans Küng vom 17. 2. 1975 hatte die Deutsche Bischofskonferenz auch zu dem Buch »Christ sein« bald nach dessen Erscheinen Stellung genommen (Nachkonziliare Dokumentation, Bd. 43, Trier 1975, S. 206, vgl. dazu auch alle weiteren Dokumente bis 1975). Dort heißt es im Zusammenhang mit grundsätzlichen Hinweisen auf die normative Bedeutung der kirchlichen Überlieferung: »Wenn Professor Küng die in diesen Prinzipien ausgesprochenen Normen des kirchlichen Glaubens nicht als Grundlage seiner theologischen Arbeit betrachtet, können Konflikte mit dem kirchlichen Lehramt nicht ausbleiben. Darum sind auch ›Erklärungen‹ zu einzelnen Positionen von Professor Küng, so notwendig diese sein mögen, unzureichend. So finden sich auch im neuen Buch von Professor Küng ›Christ sein‹ (München 1974), dessen theologische Bemühung und pastorale Zielsetzung anerkannt werden, eine Reihe von Aussagen, die nicht erkennen lassen, wie sie mit den eben erwähnten Grundsätzen in Einklang zu bringen sind (vgl. besonders die Christologie, die Trinitätslehre, die Theologie der Kirche und der Sakramente, die heilsgschichtliche Stellung Marias).« Die theologische Fachdiskussion hat sich zu Wort gemeldet (vgl. viele Einzelaufsätze und den Sammelband »Diskussion über Hans Küngs ›Christ sein‹«, Mainz 1976). Julius Kardinal Döpfner hat als damaliger Vorsitzender der Deutschen Bischofskonferenz bis in die letzten Stunden vor seinem überraschenden Tod auf eine Klärung dieser Bedenken, vor allem im Blick auf die Person und das Werk Jesu Christi, gedrängt. Im Gespräch mit Vertretern der Deutschen Bischofskonferenz wurde Professor Küng darum eindringlich gebeten, in seinem genannten Buch notwendige Ergänzungen und Korrekturen anzubringen. Auf dieses Verlangen ist Professor Küng nicht einge-

gangen, wohl hat er mögliche Erläuterungen in einem späteren Werk in Aussicht gestellt.
In einem sehr ausführlichen Brief vom 22. 4. 1977 an Professor Küng hat der Vorsitzende der Deutschen Bischofskonferenz genaue Fragen bezüglich verschiedener Aussagen in »Christ sein« gestellt. Diese Fragen sind – auch nach wiederholter dringender Mahnungen in weiteren Briefen – von Professor Küng inhaltlich bisher nicht beantwortet worden.
Das Buch »Christ sein« wird unverändert weiterverbreitet und unverändert in anderen Sprachen herausgegeben. Da dieses Buch sich selbst als eine »kleine ›Summe‹« (S. 14) des christlichen Glaubens vorstellt und von manchen auch als eine Art Lehrbuch des katholischen Glaubens verstanden und benützt wird, sieht sich die Deutsche Bischofskonferenz genötigt, erneut zu diesem Buch Stellung zu nehmen. Sie täte dies nicht, wenn sie es nicht um des Glaubens der Gläubigen willen als ihre Pflicht ansähe. Denn zur bedrängenden Verunsicherung im Glauben hat Küngs »Christ sein« – wie uns oft bezeugt wird – erheblich beigetragen.
Durch diese Erklärung ist nicht beabsichtigt, darüber zu urteilen, was Professor Küng persönlich glaubt oder nicht glaubt. Es geht auch nicht um das, was Professor Küng in früheren Büchern geschrieben hat oder in späteren Büchern schreiben wird. Hier handelt es sich vielmehr um das Buch »Christ sein«, wenngleich dieses Buch die in früheren Werken dargelegte theologische Denk- und Arbeitsweise zur Voraussetzung hat. Dazu haben die deutschen Bischöfe in der oben genannten Erklärung schon Stellung genommen. Obwohl sich »Christ sein« als »kleine Summe« versteht, ist nicht alles behandelt, was unaufgebbar zum katholischen Glauben gehört, z. B. die sieben Sakramente und ihre Bedeutung für das christliche Leben. Man muß jedoch fragen, ob das Behandelte dem Glauben gemäß behandelt ist. Hier soll es auch nicht darum gehen, alles aufzuzählen, was unzureichend dargestellt ist, z. B. die Trinitätslehre, die Lehre von der Kirche, von den Sakramenten und von Maria. Die von Professor Küng praktizierte theologische Methode, von deren unzulänglicher Verengung schon in der Erklärung vom 17. 2. 1975 gesprochen wurde, hat – wird sie konsequent angewandt – in wichtigen Fragen einen Bruch mit der katholischen

Glaubens- und Lehrtradition zur Folge. Die Loslösung der theologischen Arbeitsmethode von der vorgegebenen Glaubensüberlieferung der Kirche und die eigenwillige Auswahl aus der Hl. Schrift führen zu einer Verkürzung des Glaubensinhaltes. Dabei wird das positive Anliegen von Professor Küng nicht in Frage gestellt. Er stellt aber dem Leser nicht den ganzen Christus dar und nicht dessen Heilstat in ihrer ganzen Fülle. Es genügt nicht, in allgemeiner Form seine Treue zu den unaufgebbaren Bekenntnissen des Glaubens zu beteuern, diese müssen vielmehr eindeutig ausgesagt und inhaltlich entfaltet werden.

1. Jesus Christus, wahrer Mensch und wahrer Gott

Abgesehen von der theologischen Methode und den eben genannten Glaubenswahrheiten – zu den Fragen über die Kirche, vgl. die Erklärungen der Kongregation für die Glaubenslehre, nämlich »Mysterium ecclesiae« vom 24. 7. 1973 und die Erklärung vom 25. 2. 1975 – sei hier auf die Verkürzung in einer einseitigen und unzureichenden Lehre von Jesus Christus hingewiesen, auf die als den Grund des christlichen Glaubens (vgl. 1 Kor 3,11) hier besonderer Nachdruck gelegt werden soll. In dem Buch ist das Gottsein Jesu Christi vernachlässigt. Jesus von Nazaret ist aber wahrer Mensch und wahrer Gott. Man kann diese beiden Aussagen nicht mehr reduzieren, nicht eine auf die andere zurückführen, beide sind notwendig. Denn Jesus Christus kann nicht tun, was er tut, wenn er nicht ist, was er ist: der ewige unerschaffene Sohn Gottes, gleich göttlich wie der Vater, eines Wesens mit dem Vater, ist in der Menschwerdung mit dem Menschen Jesus zu einer personhaften Einheit verbunden. Dies ist zwar ein großes Geheimnis. Aber es muß festgehalten und auch ausgesagt werden, sonst ist die Lehre vom Heil als Frucht der Erlösungstat Jesu von Nazaret ernsthaft in Frage gestellt; das Evangelium, die frohe Botschaft von unserem Heil in Jesus Christus, in welchem Gott sich selbst der Menschheit zu innerst verbunden hat, kann sonst nicht mehr in ihrem unaufgebbaren Gehalt ausgesagt und auch verkündet werden. Die gelegentliche Aussage, Jesus war der Sohn Gottes, reicht zur Beschreibung Christi nicht aus, weil z. B. auch die Erlösungsgnade eine Kindschaft, eine Sohnschaft verleiht: »Ihr seid alle durch den Glauben Söhne Gottes in Christus Jesus« (Gal 3,26). So können und sollen nach dem Wort des Herrn auch wir Gott unseren Vater nennen.

Unsere Glaubensbekenntnisse sagen klar und unmißverständlich aus, wer Jesus Christus ist. Im großen Glaubensbekenntnis heißt es: »Und an den einen Herrn Jesus Christus, Gottes eingeborenen Sohn, aus dem Vater geboren vor aller Zeit: Gott von Gott, Licht vom Licht, wahrer Gott vom wahren Gott, gezeugt nicht geschaffen, eines Wesens mit dem Vater; durch ihn ist alles geschaffen. Für uns Menschen und zu unserem Heil ist er vom Himmel gekommen, hat Fleisch angenommen durch den Heiligen Geist von der Jungfrau Maria und ist Mensch geworden.« Und im Apostolischen Glaubensbekenntnis bekennen wir: »Und an Jesus Christus, seinen eingeborenen Sohn, unseren Herrn.« Auch dies ist ein eindeutiges Bekenntnis zur Gottheit Jesu Christi, weil das »eingeboren« die Wesensgleichheit im Sinne der Heiligsten Dreifaltigkeit bekennt. Dazu kommt, daß Jesus als der Christus nicht so unser Herr sein könnte, wie er es ist, wenn der Mensch Jesus nicht so mit dem göttlichen Sohn geeint wäre, daß in ihm Gott selbst und seine heilshafte Herrschaft gegenwärtig und wirksam wäre.

In »Christ sein« stehen eine ganze Reihe von Hoheitstiteln, von Bezeichnungen, die von Jesus, dem Christus, in einmaliger Weise gelten sollen. So wird Christus oft der »Sachwalter« Gottes genannt. Aber auch wenn dies von Jesus Christus in einzigartiger Weise gelten soll, genügt es nicht, um die Wirklichkeit Jesu Christi hinreichend zu beschreiben. Sachwalter Gottes hat es in Mose und den Propheten vor Christus, in den Aposteln und in den Sendboten der Kirche nach Christus viele gegeben. Doch alle diese Sachwalter weisen über sich hinaus auf den kommenden oder auf den gekommenen Messias hin. Jesus Christus aber bezieht die Menschen unmittelbar auf sich. Paulus kann dann schreiben: »Wir verkündigen nämlich nicht uns selbst, sondern Christus Jesus als den Herrn, uns aber als eure Knechte um Jesu willen« (2 Kor 4,5). Im Johannesevangelium sagt Jesus Christus von sich: »Ich bin der Weg, die Wahrheit und das Leben, niemand kommt zum Vater außer durch mich« (Joh 14,6). Und in der Rede vom Brot des Lebens, die auf die Eucharistie weist, heißt es: »Ich bin das lebendige Brot, das vom Himmel herabgekommen ist. Wer von diesem Brot ißt, wird leben in Ewigkeit. Und das Brot, das ich geben werde, ist mein Fleisch für das Leben der Welt.... Wer mein Fleisch ißt und mein Blut trinkt, hat das ewige Leben, und ich werde ihn auferwecken am Letzten Tag.... Wie mich der lebendige Vater gesandt hat und wie ich durch den Vater lebe, so wird auch jeder, der mich ißt, durch mich leben« (Joh 6,51.54.57). Solche Worte wären völlig unverständlich, wenn Jesus im Unterschied zu allen Sachwaltern Gottes nicht selbst Gott, der ewige unerschaffene Sohn Gottes ist. Wegen dieses einmaligen Anspruches Jesu heißt es auch im Zusammenhang mit der zitierten Stelle: »Von da an verließen ihn viele von seinen Jüngern und begleiteten ihn nicht mehr« (Joh 6,66): Jesus Christus ist aber nicht der Sohn, insofern und weil er der Sachwalter Gottes ist, sondern er ist so der Sachwalter Gottes, weil er der Sohn Gottes ist. Man versteht nicht, in welchem Sinn und mit welchem Anspruch Jesus der Sachwalter Gottes ist, wenn er nicht auch der ewige, unerschaffene Sohn Gottes ist.

2. Die Selbsthingabe Gottes an uns in Jesus von Nazaret

Niemand möge denken, dies alles sei ein Streit um Worte; hier geht es vielmehr darum, daß Jesus Christus für uns nicht nur Lehrer und Vorbild, sondern auch der Erlöser und das ewige Leben ist, wenn wir uns in vollem Glauben Jesus verbinden. Zeugen, die durch ihr Leben und Sterben ihren Gottesglauben bezeugt haben, gibt es unzählbar viele; der Hebräerbrief spricht von einer »Wolke von Zeugen«, »deren die Welt nicht wert war« (Hebr 12,1; 11,38). Aber sie alle konnten uns nicht erlösen, auch nicht durch ihr Leiden und Sterben. Jesus Christus aber hat uns durch sein Leben, Leiden und Sterben erlöst, weil er nicht nur wahrer Mensch, sondern auch Gottes göttlicher Sohn war, zu unserer Erlösung vom himmlischen Vater gesandt. Im ersten Petrusbrief heißt es: »Ihr wißt, daß ihr aus eurer sinnlosen, von den Vätern ererbten Lebensweise nicht um einen vergänglichen Preis losgekauft wurdet, nicht um Silber oder Gold, sondern mit dem kostbaren Blut Christi, des Lammes ohne Fehl und Makel« (1,18 f). Darum beten wir mit vollem Recht: »Wir beten dich an, Herr Jesus Christus, und benedeien dich, denn durch dein heiliges Kreuz hast du die Welt erlöst.« Es ist nämlich nicht ein beliebiges Leiden, das uns erlöst, vielmehr hat nur das Leiden und Sterben des menschgewordenen Gottessohnes, der sich ein für allemal mit allen Menschen verbindet, in sich diese Kraft zur Erlösung.

Wenn die Gottheit des Jesus von Nazaret – wahrer Mensch und wahrer Gott – nicht mit unmißverständlicher Klarheit ausgesagt und festgehalten wird, dann ist eine verfälschende Verkürzung des Evangeliums unvermeidlich. Denn der Kern des Evangeliums als Heilsbotschaft ist dies: Gott selbst liebt uns, liebt jeden Menschen, auch den Sünder, auch uns als Sünder. »Christus ist schon zu der Zeit, da wir noch schwach und gottlos waren, für uns gestorben. ... Gott aber hat seine Liebe zu uns darin erwiesen, daß Christus für uns gestorben ist, als wir noch Sünder waren. Nachdem wir jetzt durch sein Blut gerecht gemacht sind, werden wir durch ihn erst recht von dem Gericht des Zornes gerettet werden. Da wir mit Gott versöhnt wurden durch den Tod seines Sohnes, als wir noch Feinde waren, werden wir erst recht, nachdem wir versöhnt sind, gerettet werden durch sein Leben« (Röm 5,6.8-10).

Die Liebe Gottes zu uns ist also nicht nur eine Gesinnung. Die Liebe Gottes ist keine untätige, sondern eine tätige Liebe. In seiner Liebe tut Gott auch nicht nur etwas für uns, vielmehr setzt Gott sich selbst für uns ein, indem er den einzigen, ewigen Sohn zu uns und für uns sendet, damit wir in ihm das verlorene und fehlende ewige Leben gewinnen. »Gott hat die Welt so geliebt, daß er seinen einzigen Sohn hingab, damit jeder, der an ihn glaubt, nicht verlorengeht, sondern das ewige Leben hat. Denn Gott hat seinen Sohn nicht in die Welt gesandt, damit er die Welt richtet, sondern damit die Welt durch ihn gerettet wird« (Jo 3.16 f). Abraham, der bereit war, seinen einzigen Sohn Isaak zu opfern, ist nur ein schwaches Vorausbild des Handelns des himmlischen Vaters. Denn zu Abraham sprach der Engel vom Himmel: »Lege nicht Hand an den Knaben und tue ihm nichts zuleide« (Gen 22,12). Aber der himmlische Vater hält nicht ein, er gibt den einzigen Sohn, sein Liebstes, und damit sich selbst für uns dahin. Es ist nicht unsere Aufgabe zu fragen, ob Gott die Menschen auch auf andere Weise hätte erlösen können. Aber indem der Vater ohne Schonung sich selbst für uns wirksam einsetzt, wird der Grund dafür gelegt, daß es sich im Christlichen um das Selbst Gottes und um unser Selbst handelt, wofür es keinen Ersatz gibt. Denn es geht ja darum, daß in der Menschwerdung des göttlichen Sohnes der Bund Gottes selbst mit uns selbst ein für allemal geschlossen wurde. Darum ist der Bund in Jesus Christus der neue, letzte und ewige Bund. Das bedeutet auch, daß durch Christus der Mensch nicht in sich und für sich, sondern nun im Rückbezug seiner selbst in der umfassenden Tiefe seines Herzens auf Christus und in Christus auf den Vater vollendet wird.

Diese Selbsthingabe, die der Vater in der Sendung des Sohnes vollzieht, nimmt der menschgewordene Sohn in Jesus uneingeschränkt und vorbehaltslos auf, er setzt sie fort. Da er im Garten Getsemani in Todesangst um Schonung flehte, ging der Leidenskelch nicht an ihm vorüber, vielmehr nimmt er das Leiden und Sterben an. Jesus nimmt also die Liebe Gottes des Vaters in seiner Selbsthingabe an den Willen des himmlischen Vaters für uns ungeschmälert auf. »Es gibt keine größere Liebe als die, daß einer sein Leben gibt für seine Freunde« (Joh 15,13).

Dabei muß festgehalten werden, daß die vorbehaltlose Selbsthingabe Jesu Christi bis in sein wehrloses Sterben am Kreuz nicht bedeutet, daß er sich und den Sinn seines Lebens verfehlt; ganz im Gegenteil, durch seine vorbehaltlose Hingabe an den Willen des himmlischen Vaters für die Sünder kommt er zur Vollendung seiner selbst. Sein Wort am Kreuz: »Es ist vollbracht« (Joh 19,30) bedeutet nicht nur, daß sein Leiden zu Ende ist, sondern auch, daß er seinen Auftrag vollbracht, vollendet hat. Im Hebräerbrief heißt es: »Obwohl er Sohn war, hat er durch sein Leiden den Gehorsam gelernt; zur Vollendung gelangt, ist er für alle, die ihm gehorchen, Urheber des ewigen Heils geworden, von Gott Hoherpriester nach der Ordnung Melchisedeks genannt« (5,9). Die Auferstehung ist dann das untrügliche Zeichen dafür, daß seine Selbsthingabe für ihn nicht zum Untergang wurde, vielmehr zum Grund seiner Verherrlichung in Ewigkeit. »Darum hat ihn Gott über alle erhöht und ihm den Namen verliehen, der jeden Namen übertrifft, damit vor den Namen Jesu alle Mächte im Himmel, auf der Erde und unter der Erde ihre Knie beugen und jede Zunge bekennt: Herr ist Jesus Christus zur Ehre Gottes, des Vaters« (Phil 2,9-11).

Dies alles hat für unseren Glauben und für unser Verständnis des eigenen christlichen Lebens und Sollens höchste Bedeutung. Hier wird nämlich deutlich, daß es im christlichen Leben um Liebe geht, und daß es in der Liebe um uns selbst, um unser Verfügen über uns selbst, um die Überantwortung unserer selbst an Jesus Christus und an den Vater. Weil Gott uns zuerst vorbehaltlos in Christus mit der Hingabe seiner selbst geliebt hat und liebt, darum ist Liebe zu Gott und dem Nächsten das Hauptgebot. »Auf diesen beiden Geboten beruhen das ganze Gesetz und die Propheten« (Mt 22,40). Darum wird der »Glaube in der Liebe wirksam« (Gal 5,6). Die Selbsthingabe Christi in den Tod ist das Opfer des Neuen Bundes: dies wird in der hl. Messe gegenwärtig, so daß die innere Teilnahme an der hl. Messe die vorbehaltlose Selbsthingabe an Gott als Erfüllung des Hauptgebotes einschließt. Aber wie Jesus Christus kommt auch der Christ durch solche Überantwortung seiner selbst an Christus und in Christus an den Vater zu sich selbst, zu seiner Vollendung vor Gott und in Gott.
Die Liebe zu Gott und zum Nächsten muß sich im Verhalten auswirken. »Wer meine Gebote hat und sie hält, liebt mich; wer mich aber liebt, wird von meinem Vater geliebt werden, und ich werde ihn lieben und mich ihm offenbaren« (Joh 14,21). Die Liebe ist also kein Ersatz für die Taten; andererseits sind die Taten kein Ersatz für die Liebe, vielmehr stellt sich die Liebe in den Taten dar. Die Liebe hört nicht mit den Taten auf, sie überdauert die Taten. »Die Liebe hört niemals auf« (1 Kor 13,8). Man kann also nicht Gutes tun wollen, um nicht lieben zu müssen. Dann verschanzt man sich hinter den Taten; man tut dann etwas, um nicht in der Liebe über sich selbst zu verfügen, um nicht sich selbst zu überantworten. Solches Tun wäre dann Gesetzlichkeit und nicht Liebe, nicht Antwort auf die Liebe Gottes, in welcher Gott nicht nur etwas für uns tut, sondern in der Menschwerdung des Sohnes sich selbst für uns dahingibt.
Dies alles kommt in dem Buch »Christ sein« nicht hinreichend zur Darstellung. Gewiß ist da Jesus von Nazaret der Sachwalter Gottes bei uns und für uns. Aber es wird nicht deutlich, daß in der Sendung des göttlichen Sohnes der Vater sich als Liebe erweist. Die Schrift sagt: »Gott ist Liebe. Die Liebe Gottes wurde unter uns dadurch offenbar, daß Gott seinen einzigen Sohn in

die Welt gesandt hat, damit wir durch ihn leben« (1 Joh 4,8 f). In dem fast 100 Seiten umfassenden letzten Abschnitt von »Christ sein« unter dem Titel »Die Praxis« wird das Hauptgebot der Liebe nicht thematisch behandelt, wenn es auch genannt wird. Aber daß wir alle von Christus wie Petrus gefragt sind: »Liebst du mich?« (Joh 21,15), das paßt in seinem Gewicht nicht zu einer »kleinen Summe« des Christseins, wie sie in »Christ sein« vorliegt. Darum können wir diese Darstellung nicht als hinreichend betrachten. Die Heilstat Gottes in Jesus Christus ist hier in einer Weise verkürzt, von der wir uns erneut distanzieren müssen.

3. Verkürzung der Erlösungswirklichkeit

Da das Heilshandeln Gottes in Jesus Christus verkürzt dargestellt wird, ist auch, fast unvermeidlich, die Frucht der Erlösungstat in Jesus Christus verkürzt dargestellt. Die Frucht der Erlösung ist ein Geheimnis. Dies heißt nicht, man wisse nichts Genaues davon; Geheimnis heißt vielmehr, die Erlösungsgnade verbindet uns so eng mit Christus, wie es kein Mensch vermag, so eng, daß es unsere Kraft und unser Begreifen übersteigt. Dieser Heilszusammenhang wird ausgesagt in dem Gleichnis vom Weinstock und den Rebzweigen, in der Bezeichnung Jesu Christi als Haupt, der Kirche als seines Leibes, der einzelnen als Glieder an seinem Leib. Dies wird ausgesagt in weit über hundert Stellen im Neuen Testament, die sagen, daß wir in Christus und daß Christus in uns ist. Nur aus solcher Verähnlichung mit Jesus Christus, die nicht ohne Eingliederung in ihn zustandekommt, können wir zu Gott Vater sagen, weil nämlich in der Erlösungsgnade Jesus uns zu seinen Brüdern und Schwestern gemacht hat. »Als aber die Zeit erfüllt war, sandte Gott seinen Sohn, geboren von einer Frau und dem Gesetz unterstellt, damit er die freikaufe, die unter dem Gesetz stehen, und damit wir das Recht der Sohnschaft erlangten. Weil ihr aber Söhne seid, sandte Gott den Geist seines Sohnes in unsere Herzen, den Geist, der ruft: Abba, Vater, daher bist du nicht mehr Sklave, sondern Sohn; bist du aber Sohn, dann auch Erbe, Erbe durch Gott« (Gal 4,4-7). Und im zweiten Petrusbrief heißt es: »Durch sie (= seine göttliche Macht) wurden uns die kostbaren und großen Verheißungen gegeben, damit ihr an der göttlichen Natur Anteil erhaltet; doch ihr müßt der verderblichen Begierde, die in der Welt herrscht, entfliehen« (1.4).

Aus diesem von Gott gewirkten Zusammenhang mit Christus teilen wir sein Geschick, seinen Tod, der zwar Folge der Sünde ist, von uns aber zur Hingabe unseres Lebens und damit unser selbst gemacht werden kann. Wir teilen aber auch mit ihm das Geschick seiner Auferstehung. »Wie wir das Bild des Irdischen (Menschen) getragen haben, so werden wir auch das Bild des Himmlischen tragen.... Denn dieses Vergängliche muß sich mit Unvergänglichkeit bekleiden und dieses Sterbliche mit Unsterblichkeit« (1 Kor 15,49.53). Damit wird die gnadenhafte Verbindung mit Christus der Grund unserer Hoffnung. Denn nichts, was uns widerfährt, kann diese heilshafte Vereinigung mit Jesus Christus mindern oder auflösen; nur wir selbst zerstören in der Todsünde die heilshafte Verbindung mit ihm. Daß uns aber nichts Ereignishaftes von Christus trennen kann (vgl. Röm 8,38 f), dies ist der alles überragende Grund unserer Hoffnung.

In der hl. Messe beten wir bei der Vermischung von Wasser und Wein: »Wie dieses Wasser sich mit Wein verbindet, so lasse uns der Kelch des Herrn teilnehmen an der Gottheit dessen, der unsere Menschennatur angenommen hat.« Professor Küng dagegen macht sich ein Zitat zu eigen: »Will aber heute noch ein vernünftiger Mensch Gott werden?« (S. 433). Man kann das nur mit Bedauern lesen. Wer denkt denn schon oder wo wird gelehrt, daß der Mensch in der Erlösung aufhöre, ein Mensch zu sein, weil er Gott geworden sei! In der Menschwerdung hört der göttliche Sohn nicht auf, Gott zu sein, und in der Erlösung hört der Mensch nicht auf, Mensch zu sein. Er ist nicht Gott geworden, aber er nimmt an dem ihm geschenkten ewigen Leben teil, am Leben und damit an der Seligkeit Gottes. Zeichen und Inhalt dessen ist die Auferstehung von den Toten als gewährte Teilnahme am ewigen und seligen Leben Gottes. Auch dies ist ein Geheimnis; es übersteigt unser Begreifen. Aber ohne seine Beschreibung ist der katholische Glaube verkürzt. Die Beschreibung der Heilswirklichkeit, der Frucht der Erlösungstat in Christus Jesus, ist in dem Buch »Christ sein« verfälschend verkürzt.

Daher müssen die Bischöfe darauf hinweisen: »Christ sein«

kann in den hier beispielsweise behandelten Punkten nicht als angemessene Darstellung des katholischen Glaubens betrachtet werden. Die Bischöfe erklären dies aus ihrer Verpflichtung heraus, den wahren Glauben zu bezeugen und zu schützen.
Die berichtigende Vervollständigung, die zu fordern ist, verlangt auch eine andere theologische Methode. Die Fülle der Aussagen in der Hl. Schrift und die verbindliche Lehre der Kirche müssen unverkürzt einbezogen werden. Darin darf man nicht eine entbehrliche Komplizierung des Christusglaubens sehen. Jesus Christus ist wahrer Mensch und wahrer Gott. Dies ist der Grundgehalt unseres Christusglaubens. Diese Doppelaussage läßt eine Alternative, eine einseitige oder gar ausschließliche Christologie nur »von unten«, von der Menschheit Christi her, oder nur »von oben«, von der Gottheit Christi her, nicht zu. Beides muß und kann zusammen gesagt und von beiden Aspekten her zum Tragen gebracht werden; für eine Darstellung Christi und des Christseins müssen die Bischöfe darauf bestehen.
Diese Doppelaussage, Jesus von Nazaret ist wahrer Gott und wahrer Mensch, ist die wesentliche Aussage des ersten allgemeinen Konzils von Nikaia im Jahre 325, das die Lehre des Arius, der Sohn Gottes sei das höchste Geschöpf, als Irrlehre verurteilte (vgl. dazu die Erklärung der deutschen Bischöfe vom 24. 9. 1975 zum Christusbekenntnis von Nizäa anläßlich der 1650. Wiederkehr des Konzils). Die Identifikation mit dem im Konzil von Nikaia formulierten Glaubensinhalt ist auch keine Beeinträchtigung des ökumenischen Anliegens. Denn das Zeugnis der ersten ökumenischen Konzilien ist gemeinsames Glaubensgut für katholische, orthodoxe und reformatorische Christen; gerade dies ist die Basis für die Bemühungen um die Einheit aller Christen. Wird diese gemeinsame Basis in Frage gestellt oder auch nur im unklaren gelassen, dann ist dem Ökumenischen der feste Boden entzogen. Eine dann sich etwa bildende Einheit könnte sich nicht mehr in der Kontinuität mit dem Ursprung der Christenheit sehen. Die Bischöfe lassen auch keinen Zweifel daran, daß sie den eigenen Auftrag der Theologen achten und dankbar sind für echte Hilfen der Theologen zur Vertiefung des christlichen Glaubens in unserer Zeit. Wir alle bemühen uns um eine Erneuerung der Kirche aus ihrem Ursprung Je-

sus Christus. Gerade darum kann nicht darauf verzichtet werden, das Geheimnis seiner Person klar zu bekennen und unverkürzt darzulegen.
In Würdigung des legitimen Anliegens von Professor Küng bestehen die Bischöfe daher auf dem Bekenntnis zur Ganzheit des Christusglaubens und zu allen damit verbundenen Glaubensinhalten in der Überzeugung, daß der ungeschmälerte Christusglaube glaubwürdiger ist als der verkürzte Glaube, auch wenn der unverkürzte Glaube Geheimnisse enthält und aussagt; denn »die Geheimnisse Gottes sind glaubwürdiger als die Lösungen der Menschen«.

Zur Zeit stehen folgende Druckschriften zur Verfügung:

1. *Hirtenschreiben der Deutschen Bischöfe:*
   - Zur gesellschaftspolitischen Entwicklung in der Bundesrepublik
   - Zu Fragen der menschlichen Geschlechtlichkeit
   - Gegen Gewalttat und Terror in der Welt
   - Zur parteipolitischen Tätigkeit der Priester
   - Zur Sorge um die straffällig gewordenen Mitbürger
   - Das Lebensrecht des Menschen und die Euthanasie
   - Zum Christusbekenntnis von Nizäa
   - Zur Novellierung des § 218 – Pastorales Wort
   - Gesellschaftliche Grundwerte und menschliches Glück
   - Zur Seelsorge an Behinderten
   - Zur Ordnung der Pastoralen Dienste
   - Grundwerte verlangen Grundhaltungen

2. *Verlautbarungen des Apostolischen Stuhls:*
   - Erklärung der Kongregation für die Glaubenslehre zu einigen Fragen der Sexualethik
   - Apostolisches Schreiben Papst Pauls VI. über die Evangelisierung in der Welt von heute
   - Erklärung der Kongregation für die Glaubenslehre zur Frage der Zulassung der Frauen zum Priesteramt

3. *Stimmen der Weltkirche:*
   - Wort zu Europa (29. 6. 1977)

4. *Julius Kardinal Döpfner:*
   - Zur Zukunft der Menschheit –
     Eröffnungsansprache zur Herbstvollversammlung der Deutschen Bischofskonferenz vom 23. bis 26. 9. 1974 in Salzburg
   - Ethische Grundsätze einer Wirtschaftsführung –
     Vortrag vor dem Bundesverband der Deutschen Industrie am 11. 3. 1975

- Die Kirche und der Mensch in der Freizeit –
  Eröffnungsansprache zur Herbstvollversammlung der Deutschen Bischofskonferenz vom 22. bis 25. 9. 1975 in Fulda
- Verlauf, Leitlinien und Impulse der Gemeinsamen Synode der Bistümer in der Bundesrepublik Deutschland 1971–1975 –
  Bericht beim Abschluß der Synode am 22. 11. 1975 im Dom zu Würzburg

5. *Sonstige:*
- Ökumenische Kontakte in der Bundesrepublik Deutschland
- Gemeinsame kirchliche Empfehlungen für die Ehevorbereitung konfessionsverschiedener Partner
- Für das Leben (Arbeitshilfe zu § 218)
- Christen unter dem Kreuz

Bezugsquellen: Bischöfliche Ordinariate
oder Sekretariat der Deutschen Bischofskonferenz
Kaiserstraße 163, 5300 Bonn

8 Dokumentation der schriftlichen Vorgänge zwischen Professor Küng und der Deutschen Bischofskonferenz betreffend das Buch »Christ sein«

1. In der *»Erklärung der Deutschen Bischofskonferenz* zum Abschluß des Lehrverfahrens der Kongregation für die Glaubenslehre zu ›Die Kirche‹ und ›Unfehlbar? Eine Anfrage‹ von Professor Dr. Hans Küng« vom 17. 02. 1975 – vgl. Anlage 1 – erinnerte die Deutsche Bischofskonferenz »an einige Prinzipien, die zum Grundverständnis katholischer Theologie gehören und die in einzelnen theologischen Werken von Prof. Küng (besonders ›Die Kirche‹, ›Unfehlbar‹, ›Fehlbar‹, ›Wozu Priester?‹, ›Christ sein‹) nicht ausreichend gewahrt sind . . .«. Es ging um 1. die normative Bedeutung der kirchlichen Glaubensüberlieferung, 2. das Verhältnis von Lehramt und Theologie und 3. die konkrete Verbindlichkeit im Glauben.
Im letzten Abschnitt dieser Erklärung der Deutschen Bischofskonferenz hieß es: ». . . Wenn Professor Küng die in diesen Prinzipien ausgesprochenen Normen des kirchlichen Glaubens nicht als Grundlage seiner theologischen Arbeit beachtet, können Konflikte mit dem kirchlichen Lehramt nicht ausbleiben. Darum sind auch ›Erklärungen‹ zu einzelnen Positionen von

Prof. Küng, so notwendig diese sein mögen, unzureichend. So finden sich auch im neuen Buch von Prof. Küng ›Christ sein‹ (München 1974), dessen theologische Bemühung und pastorale Zielsetzung anerkannt werden, eine Reihe von Aussagen, die nicht erkennen lassen, wie sie mit den eben erwähnten Grundsätzen in Einklang zu bringen sind (vgl. besonders die Christologie, die Trinitätslehre, die Theologie der Kirche und der Sakramente, die heilsgeschichtliche Stellung Marias). Mit dieser Grundhaltung hängt auch die erneut vorgetragene Aufforderung eng zusammen, die Ordnung der Kirche im Widerspruch zu verantwortlichen Erklärungen der zuständigen Organe des kirchlichen Amtes durch sogenannte ›Reformforderungen‹ eigenmächtig zu verändern (vgl. z. B. jetzt wiederum ›Christ sein‹, S. 481 ff., 515–517: Ämteranerkennung, Interkommunion usw.). Die Deutsche Bischofskonferenz richtet daher an Professor Küng den dringlichen Appell, das methodische Vorgehen und die beanstandeten inhaltlichen Aussagen seines theologischen Denkens im Licht der dargelegten Grundsätze zu überprüfen.«

In der Pressekonferenz zum Abschluß der Frühjahrs-Vollversammlung 1975 hat Kardinal Döpfner als Vorsitzender der Deutschen Bischofskonferenz Professor Küng an die Aufforderung erinnert, »seine Äußerungen an der in der Erklärung dargelegten Grundwahrheit des Glaubens auszurichten« – vgl. Anlage 2.

Professor Küng äußerte sich in persönlichen Schreiben vom 26. 02. 1975 und vom 20. 03. 1975 an Kardinal Döpfner dankbar für den Abschluß des römischen Lehrverfahrens zu ›Die Kirche‹ und ›Unfehlbar?‹, aber zugleich kritisch gegenüber der Glaubenskongregation. Diese persönlich gehaltenen Schreiben von Professor Küng sind in diese Dokumentation nicht aufgenommen, wohl das Antwortschreiben von Kardinal Döpfner, vgl. Anlage 3. Dieser Brief zeigt, wie der damalige Vorsitzende der Deutschen Bischofskonferenz auch persönlich und menschlich mit Professor Küng um die Sache gerungen hat. Der Gebrauch des »Du« erklärt sich von dem Brauch her, daß sich Alumnen derselben kirchlichen Studienhäuser (hier des Collegiums Germanicum-Hungarium in Rom) in dieser Form begegneten und ansprachen.

Kardinal Döpfner gab in diesem Antwortschreiben vom 06. 05. 1975 an Professor Küng seiner Enttäuschung Ausdruck über die Reaktion von Prof. Küng und kritisierte seinen Versuch, die notwendige Sachklärung und den Konflikt ins »Kirchenreformerische« und ins taktische Spiel abzudrängen. Ausdrücklich bedauerte Kardinal Döpfner Küngs Hartnäckigkeit bezüglich seiner theologischen Positionen. Kardinal Döpfner schrieb am Schluß: »Diese Gesichtspunkte bedrängen mich beim nochmaligen Überdenken und beim mehrfachen Überlesen Deines Briefes und Deiner Erklärung. Ich bitte Dich darum nochmals um ein gründliches und ernsthaftes Bedenken gerade dieser Sachverhalte. Wenn wir nochmals über diese Schwierigkeiten streiten müßten und keine Annäherung feststellbar wäre, wüßte ich mir kaum mehr zu helfen . . .«
In der Erklärung der Deutschen Bischofskonferenz vom 07. 02. 1975, in der Presseerklärung des Vorsitzenden zum Abschluß der Frühjahrs-Vollversammlung 1975 und in dem persönlich gehaltenen Schreiben des Vorsitzenden vom 06. 05. 1975 war Prof. Küng nachdrücklich aufgefordert worden, seine theologische Position zu überdenken. Es mußte ihm klar sein, daß nunmehr von ihm entsprechende Bemühungen und diesbezügliche Äußerungen erwartet würden.
2. Das Buch »Christ sein« erschien in verschiedenen Auflagen und auch in verschiedenen Übersetzungen ohne irgendwelche Änderungen oder wenigstens zusätzliche Erläuterungen.
Am 27. 04. 1976 – vgl. Anlage 4 – berichtete Professor Küng in einem Brief an den Vorsitzenden der Deutschen Bischofskonferenz über seine Gespräche mit den Verantwortlichen der Glaubenskongregation, Kardinal Šeper und Erzbischof Hamer, in Rom und über die Vorstellung seines Buches »Christ sein« in Rom. Professor Küng stellte zusammenfassend fest: »In der Sache ›Christ sein‹ könnte nach der offiziellen Erklärung des deutschen Episkopates zu ›Christ sein‹, der Erklärung zu Nikaia und vor allem dem genannten Sammelband (= Diskussion über Hans Küngs »Christ sein«, Mainz 1976) jetzt meines Erachtens Ruhe eintreten. Offizielle und offiziöse Kritik ist erfolgt und meine Replik, soweit im gegenwärtigen Zeitpunkt zu meiner Selbstverteidigung nötig, auch. Ich wäre Ihnen, sehr verehrter Herr Kardinal, und den deutschen Bischöfen dankbar,

wenn man mich in Ruhe und Frieden meine theologische Arbeit tun ließe. Ich hoffe, mit meiner Zurückhaltung und auch mit diesem Brief einiges zur sachlichen Klärung der gegenwärtigen Situation gesagt zu haben ...«

Der unveränderte Nachdruck von »Christ sein« in immer neuen Auflagen, die Übersetzung des Buches in verschiedene Sprachen und die Vorstellung des übersetzten Buches in verschiedenen Ländern wie auch seine sonstigen Äußerungen ließen keinerlei Bereitschaft von Professor Küng erkennen, seine theologischen Positionen und die in der Erklärung der Deutschen Bischofskonferenz vom 17. 02. 1975 kritisierten inhaltlichen Aussagen von »Christ sein« zu überprüfen. Damit zeichnet sich eine neue Entwicklung ab.

3. In diesem Kontext schuf die *Reaktion von Professor Küng auf die Kritik an »Christ sein«,* insbesondere sein Aufsatz (»Antwort an meine Kritiker«) in der FAZ vom 22. 05. 1976, nach Meinung von Kardinal Döpfner eine neue Situation. Er sah die Hoffnung der Frühjahrs-Vollversammlung der Deutschen Bischofskonferenz von 1975 als nicht erfüllt an, die gerade eine Überprüfung der theologischen Positionen von Professor Küng im Sinne der damaligen Erklärung der Deutschen Bischofskonferenz erwartet hatte.

Dies teilte Kardinal Döpfner in einem Schreiben vom 24. 06. 1976 – vgl. Anlage 5 – Herrn Professor Küng als Antwort auf dessen Schreiben vom 27. 04. 1976 mit. Insbesondere bedauerte Herr Kardinal Döpfner, daß Professor Küng die erhoffte Überprüfung seiner Standpunkte offenbar nicht vorgenommen habe. »Durch all dies schaffen Sie eine für die Bischöfe neue Situation«. Professor Küng wies in seinem Antwortschreiben vom 28. 06. 1976 – vgl. Anlage 6 – auf verschiedene Kolloquien und Publikationen seinerseits hin, in denen er sich »seit dem Erscheinen des Buches um Klärung, Überprüfung und Vertiefung jener umstrittenen dogmatischen Fragen bemüht, die ich auch selber schon im Buch als der weiteren theologischen Untersuchung bedürftig erklärt habe«. Professor Küng sah eine »neue Situation« seinerseits nicht gegeben.

Weder in den Äußerungen Professor Küngs seit Februar 1975, noch in seiner Antwort auf die Kritik zu seinem Buch »Christ sein« war erkennbar, daß Professor Küng daran denkt, seine

theologischen Positionen wie auch die von der Bischofskonferenz in der Erklärung vom 17. 02. 1975 kritisierten inhaltlichen Aussagen im Buch »Christ sein« ernsthaft zu überprüfen.
4. Mit dieser neuen Situation hatte sich die Glaubenskommission der Deutschen Bischofskonferenz in ihrer Juli-Sitzung 1976 auf Bitten des damaligen Vorsitzenden der Bischofskonferenz befaßt. Die Glaubenskommission regte an, in einem *Gespräch zwischen einigen Bischöfen und Professor Küng* einige zentrale theologische Fragen in »Christ sein« zu klären zu versuchen.
Nach dem plötzlichen Tod von Kardinal Döpfner verzögerte sich die Einladung zu diesem Gespräch, die dann am 31. 08. 1976 – vgl. Anlage 7 – von Kardinal Höffner als dem kommissarischen Vorsitzenden der Deutschen Bischofskonferenz ausgesprochen wurde. Nach Klärung einiger Modalitäten – vgl. Anlage 8–11 – fand das Gespräch am 22. 01. 1977 in Stuttgart Hohenheim statt, vgl. dazu die Presseerklärung des Sekretariates in Anlage 12.
Das angefertigte Wortprotokoll (68 Seiten) kann in dieser Dokumentation nicht veröffentlicht werden, da vor Beginn des Gespräches Herrn Professor Küng Vertraulichkeit zugesichert wurde. (Für den Inhalt dieses Gespräches vergleiche jedoch auch die Anlagen 13 und 14).
Da sich Professor Küng aus mehreren Gründen nicht in der Lage sah, in absehbarer Zeit die in dem Stuttgarter Gespräch angesprochenen Klärungen, insbesondere hinsichtlich einiger christologischer Grundfragen, vorzunehmen und zu veröffentlichen, forderte der Bischof von Rottenburg Prof. Küng in einem Schreiben vom 28. 01. 1977 – vgl. Anlage 13 – auf, wenigstens in einem Brief an den Vorsitzenden der Bischofskonferenz die wichtigsten Klärungen darzulegen.
Ein solches Schreiben übersandte Professor Küng am 21. 02. 1977 – vgl. Anlage 14 – an Kardinal Höffner, wodurch ein längerer *Briefwechsel* eingeleitet wurde.
Die Frühjahrs-Vollversammlung der Deutschen Bischofskonferenz vom 28. 02. bis 03. 03. 1977 in Essen-Heidhausen stellte dazu in einer Presseerklärung vom 03. 03. 1977 – vgl. Anlage 15 – fest: »Trotz der Verständigungsansätze hält die Deutsche Bischofskonferenz die unzureichenden und mißverständlichen Aussagen von Professor Küng für so gravierend, daß sie eine

richtigstellende Präzisierung und Ergänzung erneut verlangen muß . . .«

Der Vorsitzende kündigt in einem Brief vom 04. 03. 1977 – vgl. Anlage 16 – an Professor Küng genauere Fragen an, die er dann im Schreiben vom 22. 04. 1977 – vgl. Anlage 17 – Professor Küng mitteilt. Zugleich bittet Kardinal Höffner in diesem Schreiben um Beantwortung der gestellten Fragen bis zum 15. 06. 1977.

Professor Küng antwortet am 13. 06. 1977 – vgl. Anlage 18 –, also 7 Wochen später, und bittet um Verständnis, »daß ich Ihren Brief nicht sachgemäß beantworten kann, bevor ich mein Buch zur Gottesfrage abgeschlossen und den Festvortrag zur 500-Jahr-Feier der Universität Tübingen im Oktober d. J. gehalten habe.«

Daraufhin bittet der Vorsitzende mit Schreiben vom 08. 07. 1977 – vgl. Anlage 19 – die Fragen bis zum 10. 09. 1977 zu beantworten.

In dem Antwortschreiben vom 12. 09. 1977 – vgl. Anlage 20 –, also mehr als zwei Monate später, verweist Prof. Küng auf sein neues Buch »Existiert Gott? Antwort auf die Gottesfrage der Neuzeit« (soll im Februar 1978 erscheinen), worin er »nun die gesamte Problematik nochmals im Zusammenhang mit der Gottesfrage und der Grundlagenfrage von Glauben und Wissen gründlich überdacht und in einem fast 900-seitigen Buch niedergelegt (hat). Ich meine, daß durch eine Lozierung Ihrer Fragen in einem weiteren theologischen Kontext der Klärung der Sachlage besser gedient ist. Ich erlaube mir, sehr geehrter Herr Kardinal, Ihnen ein Exemplar dieses Buches unmittelbar nach seinem baldigen Erscheinen zuzuschicken . . .«

Darauf antwortete der Vorsitzende der Deutschen Bischofskonferenz mit Schreiben vom 21. 09. 1977 – vgl. Anlage 21 – in dem es u. a. heißt: »Sie waren nach Grundwahrheiten des katholischen Glaubens gefragt. Die Fragen wären einfach mit dem unaufgebbaren Bekenntnis dieses Glaubens zu beantworten gewesen. Ich bedaure es sehr, daß Sie dies unterlassen haben. Damit haben Sie zum Ausdruck gebracht, daß ein eindeutiges Ja zu Grundaussagen des katholischen Glaubens von der in Ihrem Buch vertretenen Theologie aus nicht möglich ist.«

Die Bemühungen, in einem Gespräch und dann in einem Briefwechsel Herrn Professor Küng zu bewegen, konkrete Fragen zu zentralen christologischen Aussagen in seinem Buch »Christ sein« zu beantworten, hatten keinen befriedigenden Erfolg.

5. Da eine Überprüfung der theologischen Grundpositionen Professor Küngs, wie es die Vollversammlung 1975 derDeutschen Bischofskonferenz erwartet hatte, nach 2 Jahren nicht erkennbar war und die Bemühungen in Gesprächen und in einem Briefwechsel um Klärung unklarer zentraler christologischer Aussagen im Buch »Christ sein« auch keinen Erfolg hatten, sah sich die Deutsche Bischofskonferenz angesichts ihrer Verantwortung verpflichtet, in einem Wort vom 14. 11. 1977 an die in der Glaubensverkündigung Stehenden zu den wichtigsten Fragen in dem Buch »Christ sein« von Professor Küng Stellung zu nehmen.

Diese Stellungnahme war darum unvermeidlich geworden, weil Professor Küng die ihm am 22. 04. 1977 – vgl. Anlage 17 – gestellten Fragen nicht beantwortet hatte. Die ersten beiden Anfragen entsprechen letztlich Formulierungen aus dem Glaubensbekenntnis. Theologische Vertiefungen solcher Aussagen werden seitens der Bischöfe nicht in Abrede gestellt, jedoch muß ein Theologe nach Überzeugung der Bischofskonferenz, solange er im Raum der Kirche seinen Auftrag erfüllt, sich auch uneingeschränkt das einfache Bekenntnis des christlichen Glaubens zu eigen machen können.

Die Bischöfe hielten diese Erklärung zum Buch »Christ sein« auch nach dem Brief Professor Küngs vom 07. 11. 1977 – vgl. Anlage 22 – für notwendig, zumal er trotz einiger wichtiger Erläuterungen in der Sache selbst nicht die geforderte Klarheit bringt und weil die »kleine ›Summa‹ des christlichen Glaubens« (»Christ sein«, S. 14) von vielen als ausreichende Darstellung des katholischen Glaubens verstanden und – zum Beispiel im Religionsunterricht – verwendet wird.

Register-Zeittafel

17. 02. 1975 Erklärung der Deutschen Bischofskonferenz zum Abschluß des Lehrverfahrens der Kongregation für die Glaubenslehre zu »Die Kirche« und »Unfehlbar? Eine Anfrage« von Professor Dr. Hans Küng

20.02.1975 Presseerklärung des Vorsitzenden der Deutschen Bischofskonferenz zum Abschluß des Lehrverfahrens der Kongregation für die Glaubenslehre zu »Die Kirche« und »Unfehlbar? Eine Anfrage« von Prof. Dr. Hans Küng auf der Pressekonferenz zum Abschluß der Frühjahrs-Vollversammlung der Deutschen Bischofskonferenz in Bad Honnef am 20.02.1975

06.05.1975 Antwortschreiben von Kardinal Döpfner an Professor Küng

27.04.1976 Schreiben Professor Küngs an Kardinal Döpfner (Bericht über seine Gespräche in Rom und Hinweis, daß jetzt bezüglich »Christ sein« »Ruhe eintreten« könnte.)

24.06.1976 Schreiben von Kardinal Döpfner an Professor Küng (Mitteilung, daß Kardinal Döpfner eine neue Situation gegeben sieht und die Glaubenskommission beauftragt hat, sich damit zu befassen.)

28.06.1976 Antwortschreiben Professor Küngs an Kardinal Döpfner (er sehe keine neue Situation)

31.08.1976 Einladung von Kardinal Höffner an Professor Küng zu einem Gespräch

04.09.1976 Antwortschreiben von Professor Küng an Kardinal Höffner (Grundsätzliche Bereitschaft zum Gespräch)

19.10.1976 Weiteres Antwortschreiben von Professor Küng an Kardinal Höffner (Einige Modalitäten für das Gespräch)

09.12.1976 Antwortschreiben des Sekretärs der Deutschen Bischofskonferenz an Professor Küng (Wegen der Modalitäten für das Gespräch)

14.01.1977 Antwortschreiben Professor Küngs an den Sekretär der Deutschen Bischofskonferenz (Mit den geänderten Modalitäten nunmehr einverstanden)

24.01.1977 Presseerklärung zum Gespräch zwischen einigen Bischöfen und Professor Küng am 22.01.1977 in Stuttgart-Hohenheim

28.01.1977 Brief des Bischofs von Rottenburg an Professor Küng (Bitte um präzisierendes Antwortschreiben an den Vorsitzenden der Deutschen Bischofskonferenz)

21.02.1977 Schreiben von Professor Küng an den Vorsitzenden (Versuch einer Klärung)

03.03.1977 Presseerklärung nach der Frühjahrs-Vollversamm-

lung der Deutschen Bischofskonferenz (28. 02. bis 03. 03. 1977 in Essen-Heidhausen)
04. 03. 1977 Antwortschreiben des Vorsitzenden an Professor Küng (das Schreiben vom 21. 02. 1977 ist nicht ausreichend)
22. 04. 1977 Schreiben des Vorsitzenden an Professor Küng mit ausführlichen Fragen
13. 06. 1977 Vorläufiges Antwortschreiben von Professor Küng an den Vorsitzenden
08. 07. 1977 Antwortschreiben des Vorsitzenden an Professor Küng (Bitte, die Fragen bis spätestens 10. 09. 1977 zu beantworten)
12. 09. 1977 Antwortschreiben von Professor Küng an den Vorsitzenden (Verweis auf sein neues Buch, in dem die Fragen in größerem Kontext beantwortet seien)
21. 09. 1977 Brief des Vorsitzenden an Professor Küng
07. 11. 1977 Brief von Professor Küng an den Vorsitzenden (Antwort auf dessen Brief vom 21. 09. 1977)
17. 11. 1977 Antwortschreiben des Vorsitzenden an Professor Küng
14. 11. 1977 »Wort der deutschen Bischöfe an die in der Glaubensverkündigung Stehenden. Erklärung zu dem Buch ›Christ sein‹ von Professor Dr. Hans Küng«

Anlagen

Die Dokumentation der Deutschen Bischofskonferenz enthält außerdem 25 Anlagen, [nicht 24, wie dort ausgeführt wird], und zwar:

1. Erklärung der Deutschen Bischofskonferenz zum Abschluß des Lehrverfahrens der Kongregation für die Glaubenslehre zu »Die Kirche« und »Unfehlbar? Eine Anfrage« von Professor Dr. Hans Küng (siehe Seite 146).
2. Erklärung von Kardinal Döpfner bei der Pressekonferenz zum Abschluß der Frühjahrsvollversammlung der Deutschen Bischofskonferenz in Bad Honnef (siehe Seite 154).
3. Brief Kardinal Döpfners (gekürzt) an Professor Küng vom 6. Mai 1975 (siehe Seite 369).

4. Brief Professor Küngs an Kardinal Döpfner vom 27. April 1976 (siehe Seite 184).
5. Pressekonferenz Professor Küngs für die italienische Ausgabe von »Christ sein« in Rom am 6. April 1976 – Text in italienischer Sprache (siehe Seite 175).
6. Brief Kardinal Döpfners an Professor Küng vom 24. Juni 1976 (siehe Seite 208).
7. Brief Professor Küngs an Kardinal Döpfner vom 28. Juni 1976 (siehe Seite 210).
8. Brief Kardinal Höffners an Professor Küng vom 31. August 1976 (siehe Seite 216).
9. Brief Professor Küngs an Kardinal Höffner vom 4. September 1976 (siehe Seite 218).
10. Brief Professor Küngs an Kardinal Höffner vom 19. Oktober 1976 (siehe Seite 220).
11. Brief des Sekretärs der Bischofskonferenz an Professor Küng vom 9. Dezember 1976 (siehe Seite 222).
12. Brief Professor Küngs an den Sekretär der Bischofskonferenz vom 14. 1. 1977 (siehe Seite 224).
13. Presseerklärung zum Gespräch der Deutschen Bischofskonferenz mit Professor Küng vom 24. Januar 1977 (siehe Seite 313).
14. Brief Bischof Mosers an Professor Küng vom 28. Januar 1977 (siehe Seite 314).
15. Brief Professor Küngs an Kardinal Höffner vom 21. Februar 1977 (siehe Seite 316).
16. Presseerklärung der Deutschen Bischofskonferenz zum Gespräch mit Professor Küng vom 3. März 1977 (siehe Seite 329).
17. Brief Kardinal Höffners an Professor Küng vom 4. März 1977 (siehe Seite 331).
18. Brief Kardinal Höffners an Professor Küng vom 22. April 1977 (siehe Seite 335).
19. Brief Professor Küngs an Kardinal Höffner vom 13. Juni 1977 (siehe Seite 341).
20. Brief Kardinal Höffners an Professor Küng vom 8. Juli 1977 (siehe Seite 342).
21. Brief Professor Küngs an Kardinal Höffner vom 12. September 1977 (siehe Seite 344).

22. Brief Kardinal Höffners an Professor Küng vom 21. September 1977 (siehe Seite 345).
23. Brief Professor Küngs an Kardinal Höffner vom 7. November 1977 (siehe Seite 346).
24. Brief Kardinal Höffners an Professor Küng vom 17. November 1977 (siehe Seite 370).
25. Wort der deutschen Bischöfe an die in der Glaubensverkündigung Stehenden. Erklärung zu dem Buch »Christ sein« von Professor Dr. Hans Küng vom 17. November 1977 (siehe Seite 349).

9 Begleitschreiben Kardinal Höffners vom 17. November 1977

DER VORSITZENDE
DER DEUTSCHEN BISCHOFSKONFERENZ

Sekretariat der
Deutschen Bischofskonferenz
Kaiserstraße 163
5300 Bonn, 17. November 1977

V 12311/77

Herrn Professor
DDr. Hans Küng
Waldhäuserstr. 23
7400 Tübingen

Sehr geehrter Herr Professor Küng,
in Ihrem Schreiben vom 7. 11. 1977, dessen Empfang ich bestätige, betonen Sie, daß Sie nie daran gedacht haben, die unaufgebbaren Bekenntnisse unseres Glaubens zu leugnen und daß wir auf dem Boden des gemeinsamen katholischen Glaubens stehen. Dieses persönliche Bekenntnis respektiere ich ohne Vorbehalt und mit Dankbarkeit.
Allerdings beziehen sich die großen Bedenken der Bischöfe nicht auf Ihren persönlichen Glauben – dies haben wir wiederholt betont –, sondern darauf, daß es Ihnen offensichtlich nicht gelungen ist, diese von Ihnen hervorgehobene gemeinsame Glaubensüberzeugung in Ihrem Buch »Christ sein« auch hinreichend zum Ausdruck zu bringen.
In dem Gespräch vom 22. 1. 1977 in Stuttgart haben die Bischöfe Ihnen ihre Bedenken dargelegt und Sie aufgefordert, die

in dem Gespräch genannten unklaren Aussagen in »Christ sein« zu korrigieren und zu präzisieren. Sie haben dies mit dem Hinweis auf Terminüberlastungen und auf ein späteres Buch abgelehnt. Die Bischöfe haben Ihnen damals nachhaltig bedeutet, daß sie dies nicht akzeptieren können.
Auch Ihr Schreiben vom 21. 2. 1977 konnte die Bischöfe nicht überzeugen. Daraufhin habe ich Ihnen in meinem Brief vom 22. 4. 1977 einige eindeutige Fragen gestellt. Ihre Beantwortung hätte zur Klärung der von uns beanstandeten Aussagen einen wichtigen Dienst leisten können.
Gehen Sie bitte davon aus, daß auch den Bischöfen die schwierige theologische Sachproblematik durchaus bekannt ist. Die Bischöfe anerkennen auch durchaus wahre Hilfen der Theologen zur Vertiefung des christlichen Glaubens in unserer Zeit. Dieses Bemühen darf jedoch nicht dazu führen, unaufgebbare Glaubensinhalte mißverständlich wiederzugeben oder so zur Sprache zu bringen, daß der Eindruck entsteht, sie würden bestritten. Die Gläubigen haben auch heute ein Recht auf eine volle und eindeutige Darstellung unveräußerlicher Glaubenswahrheiten.
In Ihrem Buch »Christ sein« sind – wie in dem Gespräch am 22. 1. 1977 dargelegt und in meinem Schreiben vom 22. 4. 1977 noch einmal präzisiert – Ausführungen zu wesentlichen Inhalten unseres Glaubens enthalten, die nach Überzeugung der Bischöfe der überlieferten Glaubenslehre nicht gerecht werden.
Da Sie eine Präzisierung dieser Aussagen verweigern, sehen sich die Bischöfe verpflichtet, ihrerseits diese notwendigen Klarstellungen in einem Schreiben an alle, die in der Glaubensverkündigung stehen, zu geben.
Nachdrücklich erinnere ich Sie an die Erklärung der Deutschen Bischofskonferenz vom 17. Februar 1975 und an die damalige Aufforderung, Ihre theologische Arbeitsmethode entsprechend den dort dargelegten Grundsätzen zu überprüfen.

Mit freundlichen Grüßen
† Joseph Card. Höffner

P. S.: Der Text des Wortes der deutschen Bischöfe, betreffend Ihr Buch »Christ sein«, wie auch eine Dokumentation des

Schriftwechsels zwischen Ihnen und der Deutschen Bischofskonferenz, ebenfalls Ihr Buch »Christ sein« betreffend, sind in der Anlage beigefügt. Beide Texte werden morgen veröffentlicht.

10 Presseerklärung Professor Küngs vom 17. November 1977

»Wann endlich lassen mich die Bischöfe in Ruhe arbeiten«, antwortete der katholische Tübinger Theologe Professor Hans Küng auf die neueste Erklärung der Deutschen Bischofskonferenz zu seinem Buch »Christ sein«. Dies sei nun schon die dritte Erklärung gegen ein Buch, das sehr vielen katholischen wie evangelischen Christen, Seelsorgern und Laien, eine echte Hilfe bedeute in ihrem christlichen Glauben und Leben. Küng bedauerte, daß die Bischöfe nicht genügend Geduld und Einsicht gehabt hätten, um die Klärung der theologischen Sachfragen, insbesondere etwa bezüglich der von ihm nie geleugneten Gottessohnschaft Jesu, im Buch »Existiert Gott? Antwort auf die Gottesfrage der Neuzeit« abzuwarten. Dabei sei den Bischöfen mitgeteilt worden, daß das Buch bereits in drei Monaten erscheinen werde. In scharfer Form erhob Küng besonders Einspruch dagegen, daß man seine persönlichen Briefe an die Vorsitzenden der Deutschen Bischofskonferenz in einem tendenziösen Kontext veröffentliche, ohne seine Zustimmung eingeholt zu haben und ihm in der Dokumentation selber Gelegenheit zur Stellungnahme einzuräumen. »So kann die Kirchenleitung nicht mit ihren Theologen umgehen, wenn sie mit ihren pastoralen Sorgen glaubwürdig dastehen will«, erklärte der Tübinger Theologe. Aber die zahlreichen Leser des Buches »Christ sein« würden sich bestimmt nicht bevormunden lassen, sondern sich selber ein Urteil bilden. Doktrinäre Selbstrechtfertigung der Bischöfe ohne Selbstkritik würde ihre Wirkung verfehlen. »Die Menschen«, so Küng, »erwarten in der heutigen schwierigen Situation von Kirche und Gesellschaft von den Bischöfen nicht Verurteilungen, sondern konstruktive Antworten auf Fragen, die auch die ihren sind.«

Hans Küng: Ein Appell zur Verständigung

Oft wurde die Frage laut: Ist es nötig, um die neueste Erklärung und Dokumentation der Deutschen Bischofskonferenz gegen das Buch »Christ sein« überhaupt viel Aufhebens zu machen? Laufen sich solche Aktionen nicht erfahrungsgemäss von selbst tot, unverstanden, unbeachtet selbst von vielen, für die sie bestimmt sind? Zweifellos dürfte hier ein Grund liegen, weswegen sich bisher katholische Theologen zu dieser Erklärung, die sie doch ebenfalls angeht, kaum zu Wort gemeldet haben. Auch eine weitere kirchliche und nichtkirchliche Öffentlichkeit hat es »satt«, dass nun nach Rom die Deutsche Bischofskonferenz ständig neu einen einzelnen Theologen als Prügelknaben für viele zu zwingen versucht, überkommene Formeln zu unterschreiben, die die Fragen so vieler Pfarrer, Kapläne, Religionslehrer, Ordensleute und engagierter Laien heute nicht beantworten. Als ob es in der katholischen Kirche Deutschlands keine dringenderen Probleme gäbe ...

Ein neuer Stil?

Erklärung und Dokumentation der Deutschen Bischofskonferenz haben nicht nur mich überrascht. Nach den Abschlusserklärungen der römischen Glaubenskongregation und der Deutschen Bischofskonferenz zu den Verfahren gegen die Bücher »Die Kirche« und »Unfehlbar? Eine Anfrage« hatte ich mich auf eine knappe Gegenerklärung beschränkt und vieles Ungerade gerade sein lassen – obwohl meine »Anfrage« bezüglich Unfehlbarkeit inhaltlich in keiner Weise beantwortet war! Ich ging davon aus, dass die Deutsche Bischofskonferenz mit ihrer gleichzeitigen Stellungnahme gegen »Christ sein« gesagt hätte, was sie aus Gründen der Orthodoxie meinte sagen zu müssen und dass ich nun ungestört forschen und lehren könne, im Dienst an der »gemeinsamen christlichen Sache«, wie ich es in einem persönlichen Brief an Kardinal Döpfner ausgedrückt habe; dieser Brief wie so manches andere fehlt in der Bischofsdokumentation. Man sprach damals allgemein lobend von einem »neuen Stil«. Gut! Aber was ist aus diesem »neuen Stil«

– besonders jetzt nach dem Tod des um eine Verständigung hochverdienten Kardinal Döpfners – geworden? Gewiss: Ein Verfahren hat man nicht eingeleitet und das Damoklesschwert des Missio-Entzuges oder gar der Exkommunikation wurde abgehalten, doch die Pressionen gingen weiter. Nach jener ersten »Erklärung« gegen »Christ sein« immer wieder neue Briefe, Telefonate, Gespräche. Dann eine zweite öffentliche »Erklärung« gegen das eine und selbe Buch und schliesslich noch eine dritte samt einer Dokumentation und auch diese Erklärung nur wieder als eine »vorläufig abschliessende«. Soll es nun also in diesem Stil weitergehen, womöglich auch wieder bei meinem nächsten und übernächsten Buch?

Auch dieses Mal ging es um eine von langer Hand vorbereitete und wohlkoordinierte Aktion. Aber erst unmittelbar vor der Veröffentlichung dieser »Dokumentation« teilte man mir telefonisch mit, dass man meine persönlichen Briefe an die Vorsitzenden der Bischofskonferenz mit dieser »Dokumentation« der Presse übergeben werde, wohl wissend, dass ich nichts mehr dagegen tun konnte. Ich protestierte energisch gegen solch missbräuchliche Verwendung meiner Briefe. Nicht weil diese das Licht des Tages zu scheuen hätten, oder eine Enthüllung mir etwa »peinlich« wäre. Sondern weil eine Behörde sich hier anmasst, persönliche Briefe ohne meine Zustimmung in tendenziöser Auswahl und mit tendenziösem Kommentar zu publizieren. Doch der neue Vorsitzende der Deutschen Bischofskonferenz, Kardinal Höffner, ignorierte meinen Protest und liess eine »Dokumentation« veröffentlichen, die Wichtiges nun freilich gerade nicht dokumentiert. Ist das die Art, in der Behörden mit Bürgern, Bischöfe mit ihren Theologen umgehen sollten? Indem nun aber die Kirchenbehörde selber in so eklatanter Weise Vertrauensbruch beging und sogar entgegen der ausdrücklichen Vereinbarung das Stuttgarter Gespräch gegen mich verwandte, zwingt sie zur Verteidigung: nicht um der Person, sondern um der Sache willen. Denn es geht um nichts als die Wahrheit! Und da genügt es nun nicht, nur zu berichten oder zusammenzufassen, was man der Öffentlichkeit vorenthielt; Weglassungen würden nur den Eindruck erwecken, man wolle ebenfalls Information und Diskussion kanalisieren. Hier kann sich die Öffentlichkeit nicht mehr mit einer gezielten Auswahl von Dokumenten begnügen, sondern hat Anspruch darauf, vollständig informiert zu werden, um sich selber ein Urteil bilden zu können. Ich bin Walter Jens dankbar, dass er dies mit seiner Dokumentation getan hat. Gerade das Stuttgarter Gespräch wird zeigen, wie sehr ich mich um eine Beilegung des Konflikts bemüht habe: es ist ein einziger Appell zur Verständigung an die deutschen Bischöfe.

Eine Erklärung, die nichts klärt

Wenn wir uns jetzt der »Erklärung« selbst zuwenden, so wollen wir den Leser nicht langweilen mit einer ausführlichen Widerlegung all der Halbwahrheiten, Schiefheiten, Verkennungen, Missverständnisse, ja Unwahrheiten, die dieses Papier enthält. Gerade im Vergleich mit manchen klaren, geschliffenen römischen Dokumenten ist diese teilweise konfuse, sprunghafte und weitschweifige »Erklärung« von offensichtlich minderer Qualität. Auch manche Seelsorger fragen sich: Soll dies das theologische Niveau der gesamten Deutschen Bischofskonferenz sein? Wie man hört, ist die »Erklärung« denn auch von ihr nicht ernsthaft studiert und diskutiert, sondern – auf die Autorität eines beauftragten eminenten Verfassers hin und nach wenigen Verbesserungen – nur »verabschiedet« worden. Wir wollen uns in unserer Analyse auf einige signifikante Punkte beschränken.

Schon der »Aufhänger« des Ganzen ist eine Verfälschung: »Christ sein« stelle sich selbst als eine »kleine ›Summe‹ des christlichen Glaubens« vor, würde als solche benützt und erfordere deshalb eine erneute Stellungnahme der Bischofskonferenz, wird uns »erklärt«. Gegen besseres Wissen – denn auch noch im Stuttgarter Gespräch wurden die Bischöfe ausdrücklich darauf aufmerksam gemacht – wird jenes Wort aus einem Nebensatz des Vorwortes isoliert und der einschränkende Kontext unterschlagen: dass nämlich das Buch »faktisch (!) doch (!) so etwas wie (!) eine kleine (!) ›Summe‹ (in Anführungszeichen!) des christlichen Glaubens geworden sei«. Kann man noch vorsichtiger formulieren? Und um hier die letzten Zweifel zu beseitigen, kann man auf derselben Seite lesen: »Eine auf alle alten

und neuen Streitfragen Antwort wissende Miniaturdogmatik soll hier nicht geboten« werden.
Man fragt sich schon gleich zu Beginn der »Erklärung«: Hat ihr Verfasser dieses Buch wirklich gelesen, ganz gelesen? Aus jener schon von vornherein verfälschenden Perspektive einer »Summe« heraus wirft die »Erklärung« daraufhin dem Buch »Christ sein« vor, es behandle zum Beispiel nicht »die sieben Sakramente und ihre Bedeutung für das christliche Leben«. Selbst diese Behauptung ist falsch: Zwei kompakte Abschnitte sind dem Abendmahl (Eucharistiefeier) gewidmet, auch Taufe, Firmung und Priesterweihe werden mit Verweis auf Spezialveröffentlichungen des Verfassers kurz zur Sprache gebracht. Im übrigen sind schon im Buch »Die Kirche« Taufe, Eucharistie, Busse und Ordination behandelt worden, wozu die Schriften »Was ist Firmung?« und »Wozu Priester?« kommen; darüber hinaus ist schon des längeren ein umfassendes Buch desselben Autors über die Sakramente öffentlich angekündigt worden! Die »Erklärung« vermisst dann auch (im vierten Teil von »Christ sein«) eine thematische Behandlung des »Hauptgebots der Liebe«. Doch wer Augen hatte zu lesen, der konnte über dieses Thema im dritten Teil ganze Abschnitte lesen. Nein, wir lassen uns nichts vormachen: der Verfasser der »Erklärung« hat dieses Buch nicht wirklich gelesen.
Aber trotzdem hat er sich doch mit dem Buch auseinandergesetzt! Hat er das? Beinahe seitenweise zitiert die »Erklärung« Bibeltexte und Glaubensbekenntnisse, die dem Verfasser von »Christ sein« weder unbekannt sind noch von ihm geleugnet werden. Nirgendwo jedoch werden die Hauptintentionen des Buches zur Kenntnis genommen, nirgendwo die Gewichte entsprechend gesetzt. Nirgendwo wird auf die Gedankengänge von »Christ sein« ernsthaft eingegangen, nirgendwo wirklich argumentiert. Walter Wolf vom Schweizerischen Evangelischen Pressedienst hat recht: »So unglaublich es klingen mag: die als Distanzierung von Küng gedachte Erklärung der Bischöfe befasst sich nur am Rand mit dem angefochtenen Theologen. Über Seiten hinweg wird eine katholische – und nicht nur katholische – Christologie (Lehre von Christus) entfaltet, ohne dass mit einem einzigen Wort auf Küng Bezug genommen wird. Die Gottheit Jesu wird dargestellt, aber ohne Bezugnahme auf

Küngs ›Christ sein‹. So taucht beim Lesen unwillkürlich die Frage auf: Steht das, was die Bischöfe über Jesu Göttlichkeit aussagen, überhaupt in einem Gegensatz zu Küngs Lehre? Könnte der Theologe nicht das, was die Bischöfe als unverzichtbare Glaubenssubstanz postulieren, in seinen Denkkategorien nachvollziehen? Werden hier nicht *künstlich Gräben aufgerissen*, wo es solche in Wirklichkeit gar nicht gibt?« Nein, auch das muss klar festgestellt werden: der Verfasser der »Erklärung« hat sich mit dem Buch »Christ sein« nicht wirklich auseinandergesetzt.

Trotzdem hat er einige Seiten des Buches auf mögliche »Verkürzungen« abgesucht! Aber hat er auch wirklich welche gefunden, nachdem er die »Verkürzung« immer wieder und auf einer Seite gleich viermal beschwört? Er behauptet zumindest, sie gefunden zu haben, und dies im sicheren Bewusstsein des glücklichen Wahrheitsbesitzers: als ob es in bischöflichen Verlautbarungen und Hirtenworten von vornherein keine »Verkürzungen« geben könnte; als ob nicht auch die von der Deutschen Bischofskonferenz approbierten Katechismen und Gebetbücher auf »Verkürzungen« abgesucht werden könnten; als ob nicht gerade hier ein lohnender Untersuchungsgegenstand für eine selbstkritische »Glaubenskommission« der Deutschen Bischofskonferenz läge!

Wer jenes Papier gelesen hat, wird den Eindruck nicht los: Von moderner historisch-kritischer Sachkenntnis ungetrübt, betreibt ein anonymer »Erklärer« sein Unternehmen. Wie könnte er sonst die gegenwärtige hermeneutische Fragestellung in der Christologie so verkennen? Verwechselt er doch die theologische Sachfrage, ob der Mensch Jesus von Nazaret der »Sohn Gottes« sei (was von mir bejaht wird) mit der methodischen Frage, ob man in der Christologie »von oben«, von Gott her, einsetzen müsse (was von mir zugunsten eines konsequenten Einsatzes »von unten«, von den Jüngern damals und den Menschen heute her, verneint wird). Und wie könnte er sonst so wenig Verständnis für ernsthafte Exegese zeigen? Wo das Neue Testament – etwa im Zusammenhang mit dem Neuen Bund – vom Kreuz redet, redet er von der Menschwerdung. Wo das Neue Testament von der Selbsthingabe des Sohnes spricht, spricht er von der Selbsthingabe Gottes, des Vaters, ja schreibt

diesem, der nicht wie sein »Vorausbild« Abraham beim Sohnesopfer »eingehalten« habe, unwillentlich den Mord seines Sohnes zu!
Nach all dem ist es keine Überraschung mehr, dass sich unser »Erklärer« als unfähig erweist, die Botschaft von Jesus Christus – und erst recht die hohen christologischen Aussagen vom »ewigen, unerschaffenen, göttlichen Sohn Gottes« und »wahren Gott« – dem heutigen Menschen auch nur einigermassen verständlich zu machen. Die Berufung auf ein hier vorfindliches »Geheimnis« dient wie so oft als bequemes Alibi. Wo der Verfasser nicht die Bibel oder die Glaubensbekenntnisse zitiert, drückt er sich in einer Dogmatik und theologischen Metaphernsprache (»Frucht der Erlösungstat«), aus, die schon vor dem Konzil überholt war und heute beinahe peinlich wirkt. Und dies oft in einem Deutsch, demgegenüber man selbst dem alten Schullatein den Vorzug gäbe (Beispiel: »Das bedeutet auch, dass durch Christus der Mensch nicht in sich und für sich, sondern nun im Rückzug seiner selbst in der umfassenden Tiefe seines Herzens auf Christus und in Christus auf den Vater vollendet wird«)! Die »Erklärung« strotzt von theologischen Gemeinplätzen (»Die Liebe Gottes ist keine untätige, sondern eine tätige Liebe«), Abstrusitäten (»Man kann also nicht Gutes tun wollen, um nicht lieben zu müssen«), Widersprüchlichkeiten (der erlöste Mensch ist »Gott geworden« und doch »nicht Gott geworden«). Soll dieses und ähnliches etwa die »in der Verkündigung Stehenden« überzeugen? Sollen wir solche »unverkürzte« Wahrheit in Predigt und Religionsunterricht verkündigen lassen?
Der katholische Exeget Professor Josef Blank hat recht: »Zur Sache ist zu sagen, dass sich das Buch von Küng in erster Linie auf eine breit abgesicherte Grundlage von Forschungsergebnissen der modernen Exegese stützt, wie sie von vielen namhaften katholischen Exegeten schon lange vertreten werden. Diese Exegese hat mit ihren Methoden schon seit langem den Segen Roms. Wenn die Bischöfe konsequent wären, müssten sie eigentlich die gesamte moderne Exegese verbieten, ebenso das damit verbundene historisch-kritische Denken. Von diesem Ausgangspunkt her gibt es nämlich so manche dogmatische Aussage, deren Wahrheitsgehalt heute problematisch erscheint

und anders interpretiert werden muss. Wenn dann mit dem Argument der ›verkürzten katholischen Wahrheit‹ gearbeitet wird, dann müsste zuerst einmal geklärt werden, was das heissen soll. – Man kann nämlich ebensogut den Spiess umdrehen und sagen, dass die Dogmen verkürzte biblische Aussagen sind, und dass in der amtskirchlichen Verkündigung oft genug das Evangelium Jesu verkürzt wird; es ist nicht sicher, was der Kirche mehr geschadet hat«.

Nein, es nützt der Kirche wahrhaftig nicht, wenn dort, wo es um nichts als die Wahrheit geht, statt argumentiert dekretiert und statt überzeugt überfahren wird. Es schadet der Kirche ganz besonders, wenn in wohlbekannter integralistischer Manier immer wieder gefordert wird, der Glaube müsse integral, neudeutsch »unverkürzt«, zur Darstellung gebracht werden, und man dabei gar nicht merkt, welch grandioser Verkürzung man selber zum Opfer gefallen ist. Wie sehr wird hier der Jesus der Geschichte permanent zu Gunsten des »göttlichen Sohnes Gottes« eskamotiert: ein einziges Zitat aus den drei synoptischen Evangelien unter lauter Johannes- und Paulustexten, und dieses auch noch schief verstanden! In der Tat, genau diese Verkürzung, die nun freilich in der neuscholastischen Schuldogmatik wie in der traditionellen Glaubensverkündigung weit verbreitet ist, meint der katholische Exeget Karl Hermann Schelkle, wenn er schon 1973 schreibt: »Eine Verkürzung der Christologie kann entstehen, wenn diese von der Präexistenz aus entwickelt wird, wie dies vielleicht weithin das allgemeine Glaubensbewusstsein, doch auch die Schuldogmatik zu tun versucht sein können. Die Christologie konzentriert sich dann auf die Inkarnation in der wunderbaren Geburt Christi. Die Auferstehung enthüllt die Bedeutung des Geburtsereignisses. Die eschatologische Erwartung der Wiederkunft und Vollendung wird unwesentlich«. Also, so etwas wie ein klassischer Fall von Verkürzung – diese unsere »Erklärung«!

Aber gerade die neuscholastische Schuldogmatik, die die Schrift so oft vergewaltigt und vernachlässigt, sie, die faktisch die Tradition zur Norm der Schrift und das Lehramt zur Norm der Tradition macht, sie, die gerade so vom Strom der grossen katholischen Tradition bisweilen nur Rinnsale übriglässt: sie wird faktisch durch diese »Erklärung« den »in der Verkündigung

Stehenden« wieder neu empfohlen – als hätte es nie ein Konzil gegeben! In »Christ sein« ist die oberste Norm freilich – dies sei offen zugegeben – das Evangelium Jesu Christi selber. Gegenüber dem Evangelium als der alles normierenden Norm (norma normans) sind sogar die feierlichsten konziliaren Lehrdokumente und Glaubensbekenntnisse zwar wichtige, aber nun einmal abhängige, also normierte Normen (norma normata): das ist altes katholisches Verständnis, und selbst der neue Vorsitzende der Deutschen Bischofskonferenz gesteht in einem seiner Schreiben an mich zu, »die Normativität des apostolischen Urzeugnisses« sei »etwas Unaufgebbares«. Unser »Erklärer« aber behauptet: Die in »Christ sein« angewandte Methode, die in der Dogmatik konstant auf den Ergebnissen der neutestamentlichen Forschung aufbaut, habe – werde sie konsequent angewandt – »in wichtigen Fragen einen Bruch mit der katholischen Glaubens- und Lehrtradition zur Folge«! – Einen Bruch? Mitnichten. Wohl aber eine Unterscheidung! Die dringend notwendige Unterscheidung im »lebendigen Glaubensbewusstsein der Kirche« – an dem mir sehr gelegen ist, das aber auch unter dieser Norm steht –, zwischen dem wahrhaft Katholischen und dem Pseudokatholischen: damit bei aller Diskontinuität die wahre christliche Kontinuität sichtbar werde! Denn selbst die Deutsche Bischofskonferenz wird ja nicht behaupten wollen, es sei alles katholisch, was in Praxis *und* Lehre als katholisch ausgegeben wurde. Oder möchte – um von anderen Dingen zu schweigen – der deutsche Episkopat noch heute etwa an seine Verurteilung der Darwinschen Entwicklungstheorie, weil angeblich unvereinbar mit dem katholischen Glauben, erinnert werden, die er 1860 – auch damals römischer als Rom – auf dem Partikularkonzil von Köln verkündet hat?

Auch der Nichttheologe kann somit erkennen: Diese »Erklärung« der Deutschen Bischofskonferenz ist eine Erklärung, die für mein Buch in der Sache nichts klärt, sondern selber der Klärung bedarf. Nicht einmal die Konzilien von Nikaia (325) und Chalkedon (451) vermag sie sauber auseinanderzuhalten und schreibt dem ersten jene Doppelaussage (»wahrer Gott und wahrer Mensch«) zu, die sich erst im zweiten findet!

Vor dem Hintergrund dieser »Erklärung« wird man vielleicht besser verstehen, weswegen ich in aller Form dagegen Ein-

spruch erheben musste und muss,
- dass schon die erste bischöfliche »Erklärung« zu »Christ sein« ohne alle Begründung Pauschalverurteilungen ausspricht;
- dass die zweite bischöfliche »Erklärung« mir unterstellt, für mich sei Jesus Christus »nur ein vorbildlicher Mensch« und »nur Gottes Sprecher und Sachverwalter (sic!)« und ich leugnete christologische Aussagen des nizänischen Glaubensbekenntnisses;
- dass schliesslich die dritte bischöfliche »Erklärung« bezüglich Ekklesiologie, Trinitätslehre, Sakramentenlehre und Mariologie erneut mit unbegründeten, nicht spezifizierten Vorwürfen aufwartet;
- dass schliesslich gerade diese exegetisch wie dogmatisch schwache »Erklärung« mir leichtfertig »Loslösung von der vorgegebenen Glaubensüberlieferung« und eine »eigenwillige Auswahl aus der Heiligen Schrift« vorwirft und dabei mein Bekenntnis zur Gottessohnschaft, die in einer schrift- und zeitgemässen Deutung des »wahrhaft Gott« ihren Höhepunkt erreicht, zu einer »gelegentlichen Aussage« herunterspielt.

Soll man dies alles als loyaler, wenn auch kritischer katholischer Theologe hinnehmen müssen? Soll man sich von einem derart unbelehrbaren Lehramt belehren lassen müssen, ohne nach echten Begründungen fragen zu dürfen? Was hat alle reichlich dokumentierte Diskussionsbereitschaft, was haben alle die endlosen klärenden Gespräche, Korrespondenzen und Veröffentlichungen für einen Sinn, wenn am Ende so etwas wie diese »Erklärungen« herauskommen? Nein: so kann es nicht gehen in unserer Kirche! Dies alles ist nicht die Methode, die der Wahrheit dient.

Eine Chance

Die Deutsche Bischofskonferenz hatte in der Konzilszeit den Ruf, gemässigt fortschrittlich zu sein. Und tatsächlich hat sie – und Kardinal Döpfner insbesondere – ein nicht geringes Verdienst an den positiven Ergebnissen des Vatikanum II. Damals haben deutsche Bischöfe und Theologen verschiedenster Richtung konstruktiv zusammengearbeitet. Seit dem Konzil – und noch einmal mehr seit dem allzu frühen Tod von Kardinal Döpfner – hat sich das geändert. In vielen Fragen des Glaubens und der Moral scheint der deutsche Episkopat nicht nur fern jeder aufgeschlossenen Theologie, sondern fern auch aller Wünsche und Hoffnungen grosser Teile unseres Volkes und selbst des eigenen Klerus. Sollte man nicht um der Glaubwürdigkeit nach innen und aussen willen zur konziliaren Kooperation zurückkehren? Läge hier nicht eine neue Chance?

Viele Menschen in und ausserhalb der Katholischen Kirche haben sich durch das Buch »Christ sein« in ihrem christlichen Glauben und Leben ermutigt, ja, viele zum Christsein sogar neu herausgefordert gesehen; Hunderte von Briefen aus aller Welt bezeugen mir dies, was ja auch die Bischöfe bestätigen, wenn sie dessen »theologische Bemühung und pastorale Zielsetzung« anerkennen; wenn sie sagen, das Buch würde ständig weiterverbreitet, auch in anderen Sprachen herausgegeben und »von manchen als eine Art Lehrbuch des katholischen Glaubens verstanden und benützt«. Die Frage drängt sich auf: Sind sie denn alle auf dem Holzweg, diese Ungezählten, die das Buch anders, sehr viel positiver verstanden haben als die Deutsche Bischofskonferenz und ihre Hoftheologen? Wurden nicht viele erst in dem Moment »beunruhigt« und »verunsichert«, als die offiziellen und offiziösen Angriffe auf »Christ sein« einsetzten? Waren und sind die vielen nicht der Meinung, in diesem Buch würde durchaus »der ganze Christus« und die wahre »Wirklichkeit der Erlösung« wieder den Menschen von heute in neuer Weise vor Augen gestellt? Und ist denn die Diskussion in anderen Ländern von den Vereinigten Staaten bis Spanien und von Irland bis Brasilien nicht ganz anders konstruktiv geführt worden als in Deutschland, wo in der Diskussion der Theologen so viele nichttheologische Faktoren mitspielen?

Wenn ich es so direkt, aber auch unmissverständlich sagen darf: Nicht ich allein halte mein Buch für ganz und gar katholisch, wie ich ja auch meine Theologie immer ganz und gar inmitten der katholischen Glaubensgemeinschaft getrieben habe. Aber selbst wenn »Christ sein« in einzelnen Punkten die katholische Wahrheit mehr als andere theologische Bücher oder kirchenamtliche Dokumente tatsächlich »verkürzte«: wäre es nicht doch besser, wie schliesslich bei anderen katholischen Theologen (und auch selbst bei offiziellen Lehrdokumenten), das Unvollkommene um des Hilfreichen willen wohlwollend – und in gegenseitiger brüderlicher Kritik – hinzunehmen? Wäre es nicht besser, statt sich immer nur von der »Beunruhigung« einiger traditionalistischer Katholiken beunruhigen zu lassen, sich mehr von der Zustimmung vieler kritischer Menschen in und ausserhalb der katholischen Kirche ermutigen zu lassen, die in »Christ sein« eine hilfreiche Antwort gefunden haben?

Und durfte man von den Bischöfen statt nur wiederholter dogmatischer Erklärungen nicht auch einmal eine selbstkritisch-konstruktive Stellungnahme zu den bisher immer nur abgewehrten Reformforderungen erwarten: Revisionen von »Humanae vitae«, Anerkennung der Gültigkeit der protestantischen Ämter und Abendmahlsfeiern, Interkommunion, gemeinsamer Kirchenbau, ökumenischer Religionsunterricht, Priestermangel und Zölibat...?

Das unbewältigte Problem aller bischöflichen Erklärungen und Aktionen ist das Verhältnis von Theologie und kirchlichem Lehramt. Theologen sollen gewiss nicht Bischöfe spielen wollen und der Kirchenleitung hineinregieren, wo sie nicht kompetent sind. Aber umgekehrt sollten Bischöfe auch nicht Theologen spielen wollen, selbst wenn sie es einmal waren, aber eben heute doch nicht mehr sind. Sie sollten nicht meinen, komplexe theologische Fragen, die seit Jahrhunderten Exegese wie Dogmatik in Atem halten und im Laufe der Zeit recht verschieden angegangen wurden, mit simplifizierenden Fragen und simplen Bekenntnissen lösen zu können. So unverzichtbar Glaubensbekenntnisse in verschiedenen Situationen auch sind: das kann doch nicht heissen, Theologen müssten auf allzu einfache Katechismusfragen auch ebenso einfache Antworten liefern, wenn sie als Theologen gefragt sind. An Antworten, konstruktiven Antworten, fehlt es in meinen Büchern wahrhaftig nicht, und wenn ich nicht auf jede mir lehramtlich gestellte Frage prompt wie ein Musterschüler antworte, so deshalb, weil mir diese inquisitorische Methode für einen Professor der Theologie – und wahrhaftig nicht nur für ihn! – unwürdig erscheint. Professor Josef Blank hält es zu Recht als »eine schlechte Sache gegenüber dem Dienst an der christlichen Wahrheit (der Wahrheit

Jesu Christi), wenn man solchen Dienst noch immer primär mit dem Festhalten und Verteidigen dogmatischer Formeln gleichsetzt, und vom Theologen verlangt, dass er sich zu einem solchen ›Formelkatalog‹ bekennt. Dies ist eine ungebührliche Simplifizierung der geistigen Arbeit, ebenso wie eine Missachtung des theologischen Wahrheitsgewissens. – Gerade ein Theologe, dem das öffentliche Ansehen der Kirche am Herzen liegt, kann, um des zu vertretenden Wahrheitsanspruches willen, sich heute nicht mehr den Anschein geben, dass er seine theologischen Aussagen auf amtskirchlichen Befehl hin vertritt, anstatt aus einer freien, gläubigen und wissenschaftlichen Überzeugung heraus. Er muss nicht nur seinen Konsens, sondern auch seinen Dissens, seine Kritik, frei und ehrlich formulieren können«.

Im Interesse der gegenseitigen Verständigung soll hier nochmals deutlich bejaht werden, was schon in »Christ sein« und erneut wieder in »Existiert Gott?« zum Ausdruck gebracht wird: dass ich mich zur Gottessohnschaft Jesu und auch zum »wahrhaft Gott und wahrhaft Mensch« des Konzils von Chalkedon bekenne, dass mir aber zugleich alles darauf ankommt, dass man dies richtig versteht. Sind nicht auch in der Deutschen Bischofskonferenz die exegetischen, dogmenhistorischen, philosophischen und theologischen Schwierigkeiten in dieser Frage bekannt, die ich ja nun einmal nicht selber erfunden habe? Zum Beispiel:

1. dass Jesus selber nach dem Konsens heutiger wissenschaftlicher Exegese sich selbst nicht als den »ewigen, unerschaffenen, göttlichen Sohn Gottes« verkündet hat;
2. dass auch die ersten jüdischen Glaubenden nicht so von Jesus als dem Gottessohn gesprochen haben und doch nicht weniger Christen waren als die Väter der späteren Konzilien;
3. dass die Aussagen der Konzilien von Nikaia und Chalkedon in ihrer hellenistischen Terminologie und Vorstellungsweise zeitgebunden waren und das solche lehramtlichen Aussagen selbst nach der neuesten Erklärung der römischen Glaubenskongregation »Mysterium Ecclesiae« situationsabhängig, unvollkommen, verbesserungsfähig, ergänzbar, mitunter ersetzbar sind;
4. dass zahllose gutwillig denkenden Menschen heute – und an sie wende ich mich – mit den traditionellen Aussagen bezüglich

des »ewigen, unerschaffenen, göttlichen Sohn Gottes« echte Glaubensschwierigkeiten haben und für jede weiterhelfende Erklärung höchst dankbar wären.

Vor weiterem Horizont noch als in »Christ sein« wird man in »Existiert Gott?« dargelegt finden, was die Auffassung vieler evangelischer und katholischer Theologen ist:
1. Die christologischen Probleme können nur im Rahmen einer umfassenden Neubesinnung auf den ursprünglichen Glauben der Christenheit vor dem gesamten neuzeitlichen Horizont geklärt werden, wobei eine Neuinterpretation des Verhältnisses von Vernunft und Glaube und ein neuzeitliches Gottesverständnis Voraussetzung sein müssen.
2. Auch die Vorstellung von Jesus als dem Gottessohn ist nach dem breiten Konsens heutiger Forschung nicht unmittelbar vom Himmel gefallen, sondern ist eine – berechtigte – nachösterliche Bezeichnung für den Auferstandenen, die schon in den neutestamentlichen Gemeinden selber eine beträchtliche inhaltliche Entwicklung durchgemacht hat.
3. Die aus Juden bestehende Urgemeinde hat die Gottessohnschaft vom Alten Testament her durchaus sachgemäss verstanden als Rechts- und Machtstellung des zum Leben Erweckten und zu Gott Erhöhten (»Heute habe ich dich gezeugt«); unter hellenistischem Einfluss aber wurde eine naturhafte ewige Zeugung aus dem Schoss des Vaters in den Vordergrund gerückt.
4. Die Einheit von Vater und Sohn ist von Anfang an als eine Offenbarungseinheit (»Wer den Sohn sieht, sieht den Vater«) verstanden worden und nicht wie später zunehmend als eine von vornherein gegebene naturhaft-metaphysische Einheit.
5. Die ewige Vorausexistenz des Gottessohnes (Präexistenz) braucht auch nach der Auffassung anderer katholischer Theologen nicht im wörtlichen Sinne temporal verstanden zu werden (diese Frage wird zur Zeit im Institut für ökumenische Forschung untersucht).
6. Die Mitte der Schrift ist nach heute allgemeiner Überzeugung der katholischen wie evangelischen Exegese nicht Präexistenz, Menschwerdung und übernatürliche Geburt, sondern Kreuz und Auferweckung Jesu Christi.
7. Auf Grund des neutestamentlichen Befundes lässt sich die

Gottessohnschaft (»vere Deus«) heute in aller Behutsamkeit so aussagen: Der wahre Mensch Jesus von Nazaret *ist* wahrhaft für die Glaubenden des einen wahren Gottes wirkliche Offenbarung, sein Wort, sein Sohn.

Nach all dem dürfte deutlich geworden sein: Ich bin jederzeit bereit, mich zum Glauben der alten Kirche zu bekennen. Auch ich kann sagen: Credo in Filium Dei unigenitum! Aber ich bin nicht bereit, durch eine bequeme, rein formale Repetition traditioneller Formeln dazu beizutragen, dass die nicht von mir erfundene, sondern vom Neuen Testament her gegebene Sachproblematik verschleiert statt geklärt werde; dass einmal mehr zentrale Glaubensprobleme des heutigen Menschen von der Hierarchie einfachhin nicht zur Kenntnis genommen werden; dass einmal mehr statt ein erwachsener Christenglaube verkündigt, ein unmündiger Buchstabenglaube gefördert wird. Die Menschen von heute mit all ihren Zweifeln und Hoffnungen erwartet von den Theologen *und* von den Bischöfen nicht die simple Wiederholung der Glaubensbekenntnisse, sondern deren Deutung für heute, verantwortet vor dem ursprünglichen christlichen Zeugnis des Neuen Testaments. Diesen Menschen fühlt sich das Buch »Christ sein« verpflichtet, und ich werde den Verdacht nicht los, dass die Lehre vom »unerschaffenen, ewigen, göttlichen Sohn Gottes« diesen Menschen nach der bischöflichen Erklärung so unverständlich bleibt wie zuvor.
Warum also hier nicht in einen fairen theologischen Wettstreit eintreten: nicht wer die alten Formeln besser wiederholen, sondern wer die alte christliche Wahrheit besser verständlich machen kann? Oder hat man in der Deutschen Bischofskonferenz ganz vergessen, was Johannes XXIII. gesagt hat über die Substanz des Glaubens, die bleiben, und das Kleid der Formulierung, das sich ändern kann; über die Nutzlosigkeit, traditionelle Glaubensaussagen, die uns wohlbekannt sind, einfach zu repetieren; über die Notwendigkeit für das Lehramt heute, in einer pastoralen, seelsorglichen Perspektive zu reden, in einer Sprache und Begrifflichkeit, die die Menschen auch wirklich verstehen?
Selbstverständlich soll es nicht um eine oberflächliche Anpassung an modernes, ja modisches Bewusstsein, eine falsch ver-

standende Plausibilität gehen. Die Fragen sind ernst und sollen auch ernsthaft untersucht werden. Ich meinerseits habe versucht, im Buch »Existiert Gott? Antwort auf die Gottesfrage der Neuzeit«, dessen Erscheinen die Bischofskonferenz aus mir unbegreiflichen Gründen nicht abwarten wollte, meine Antworten zu klären, zu präzisieren und zu vertiefen. Aber auch diese Antworten sollten nicht als fertige Antworten verstanden werden. Vielmehr erwarte ich konstruktive Beiträge gerade von meinen theologischen Kontrahenten. Von der Deutschen Bischofskonferenz aber darf ich erwarten, dass sie dieses Buch, das den heutigen Menschen die Wirklichkeit Gottes wieder nahebringen möchte, mit mehr Verständnis und Sympathie aufnimmt als meine früheren Bücher. Und dass sie nicht mit erneuten »Erklärungen« die Menschen, denen das Buch helfen will, verwirrt und verunsichert und so die Polarisierung fördert. Meine weiteren Vorschläge sind der Deutschen Bischofskonferenz bekannt. Sie sollten nicht mit moralischer Entrüstung oder unter Vorwänden wie, bestimmte Glaubensaussagen seien von vornherein klar, abgewehrt werden:

1. Studienprojekte zu wichtigen umstrittenen Fragen, an denen alle Richtungen innerhalb der deutschen katholischen Theologie (und wenn möglich auch Vertreter der evangelischen Theologie) beteiligt sein sollen;
2. Studientagungen mit den bestausgewiesenen Fachleuten (mehr Exegeten und praktische Theologen!), sie seien welcher Tendenz auch immer;
3. unparteiische Zusammensetzung der deutschen Glaubenskommission, so dass nicht mehr bestimmte Richtungen ausgeschlossen bleiben.

Konflikte sind gewiss auch in der Kirche unvermeidlich; sie zeugen von Leben und sind der Friedhofsruhe totalitärer Systeme in jedem Fall vorzuziehen. Konflikte müssen durchgestanden, nein, fruchtbar verarbeitet werden. Keine Gruppe darf die andere einfach überspielen. In der Glaubensgemeinschaft haben sowohl der Leitungsdienst der Bischöfe und Pfarrer (Leadership) wie der Lehrdienst der Theologen (Scholarship) ihre je eigene Aufgabe, Funktion, Kompetenz, Berufung. Dem Wohl der gesamten Glaubensgemeinschaft und dem der Einzelnen hilft nicht das Sich-Durchsetzen der einen Gruppe auf Kosten der anderen, hilft weder eine Hierarchenkirche noch eine Professorenkirche, hilft nur das spannungsreiche Miteinander im Dienst an der gemeinsamen christlichen Sache. Oder kommen wir etwa nicht vom selben Evangelium Christi her, dessen Verkündigung wir auf je besondere Weise zu dienen haben, sei es durch Leitung (wozu vorzüglich Predigt und Sakramentenverwaltung gehören), sei es durch Forschung und Lehre? Und sind wir nicht für die gleichen Menschen da, die heute wieder neu auf die Bedeutung der ethisch-religiösen Dimension im Leben des Einzelnen wie der Gesellschaft aufzumerken beginnen und die von uns gerade jetzt nicht ein Gegeneinander, sondern ein Miteinander erwarten?

Deshalb mein ehrlicher Appell an die Bischöfe: Lasst uns endlich aufhören mit dem überflüssigen Streit um Orthodoxie und »Verkürzung« christlicher Wahrheit. Lasst uns aufhören mit geheimen Verhandlungen, endlosen Korrespondenzen, inquisitorischen Befragungen, obrigkeitlichen Verhören, öffentlichen Aburteilungen. Lasst uns das Misstrauen abbauen, die Polarisierungen überwinden und die Gegensätze fair austragen. Lasst uns wieder zusammenarbeiten an der wahren Front, an der wir gemeinsam stehen, um den Herausforderungen der Zeit zu begegnen und den Menschen in ihren individuellen und sozialen Problemen eine echte Hilfe zu sein: um die Einheit der noch immer getrennten Kirchen voranzubringen und den Menschen in unserem Lande wieder neu »Rechenschaft zu geben über die Hoffnung, die in uns ist«. Lasst uns endlich gemeinsam an die sehr konkreten Aufgaben in Kirche und Gesellschaft gehen, deren Bewältigung die Menschen von heute von uns erwarten. Beenden wir den Streit! Wir haben Wichtigeres zu tun!

HL. KONGREGATION FÜR DIE GLAUBENSLEHRE

Erklärung
zur katholischen Lehre über die Kirche, die gegen einige heutige Irrtümer zu verteidigen ist

Mit besten Empfehlungen

der

Apostolischen Nuntiatur

in Deutschland

VATIKANISCHE POLYGLOTT DRUCKEREI

SACRA CONGREGATIO
PRO DOCTRINA FIDEI

Roma, den 4. Juli 1973.
Piazza del S. Uffizio, 11

Prot. N. 399/57 i
(In responsione fiat mentio huius numeri)

Sehr geehrter Herr Professor,

Mit Schreiben vom 6. Mai 1971 haben Sie bezüglich der in Ihrem Buch "Die Kirche" vertretenen Thesen, die diese Hl. Kongregation als unvereinbar mit der katholischen Glaubenslehre feststellte, geantwortet. Auch mit Schreiben vom 24. Januar 1972 haben Sie sodann zu den mit der Lehre der Kirche nicht übereinstimmenden Punkten, die die Kongregation für die Glaubenslehre in Ihrem Buch "Unfehlbar? Eine Anfrage" zu beanstanden hatte, Stellung genommen.

Ihre Schreiben wurden von dieser Kongregation geprüft, und es wurde - am 26. April 1972 - mit Billigung des Heiligen Vaters beschlossen, eine Erklärung vorzubereiten, die die katholische Lehre gegenüber den heutigen irrigen Meinungen auf ekklesiologischem Gebiet für die ganze Kirchengemeinschaft darlegt.

Was das Lehrverfahren zur Prüfung Ihrer zwei oben genannten Bücher betrifft, stehen Ihnen jetzt zwei Wege offen:

1^ die "Ratio agendi" sieht die Möglichkeit eines Kolloquiums mit den Vertretern der Kongregation für die Glaubenslehre über die in den zwei Briefen dieser Kongregation enthaltenen Lehrpunkte vor;

2^ oder Sie nehmen die in der Erklärung enthaltene Lehre gleich an; in diesem Falle wäre das laufende Lehrverfahren über Ihre beiden Bücher abgeschlossen.

In Erwartung Ihrer baldigen Antwort und mit dem Ausdruck unserer Hochachtung sind wir

Ihre ergebenen

Franc. Card. Šeper, Präf.

Hochwürdigen Herrn
Prof. Dr. Hans Küng
D-74 Tübingen
Waldhäuserstrasse 23

+ Jérôme Hamer o.p.

DER VORSITZENDE
DER DEUTSCHEN BISCHOFSKONFERENZ

8 München 2, den 30.5.1974.
Kardinal-Faulhaber-Straße 7

Herrn Professor
Dr. Hans K Ü N G
74 T Ü B I N G E N
Waldhäuserstr. 23

Lieber Mitbruder!

Die Glaubenskongregation in Rom hat mir eine Photokopie ihres an Dich gerichteten Schreibens vom 30. März 1974 übersandt.

Entsprechend unserem letzten mündlichen Gespräch hier in München rechne ich schon seit Wochen damit, etwas von Dir zu hören.

Im Gespräch mit Erzbischof Hamer habe ich eine solche Einladung sehr unterstützt, da ich eine mündliche Erörterung der Problemlage als notwendig und sinnvoll ansehe. Natürlich sollte solch ein Gespräch unter zumutbaren Bedingungen stattfinden. Diese sind aber meines Erachtens durchaus erreichbar. Gern will ich dabei vermitteln, falls Du es wünscht.

Mit diesen Zeilen wollte ich Dich nur bitten, der Einladung zum Kolloquium zu folgen bezw. Dir mitteilen, daß ich zu einem klärenden Gespräch für Dich gern bereit bin.

In der Hoffnung auf eine gute Lösung sendet Dir

einen brüderlichen Pfingstgruß

+ Julius Card. Döpfner

(Julius Cardinal Döpfner)

PROFESSOR DR. HANS KÜNG
WALDHÄUSER STR. 23 · 7400 TÜBINGEN 1 · TEL. 62646

13. 6. 1977

Herrn
Kardinal Dr. Joseph Höffner
Vorsitzender der Deutschen Bischofskonferenz
Eintrachtstrasse 164
5000 Köln 1

Sehr geehrter Herr Kardinal,

Ich darf Ihnen den Eingang Ihres Schreibens vom 22. 4. 1977 bestätigen. Nachdem Sie eine Beantwortung bis zum 15. Juni dieses Jahres erwarten, möchte ich meine - freilich nur vorläufige - Antwort nicht weiter hinausschieben.

Ich komme eben von einem längeren USA-Aufenthalt und einem theologischen Kongress mitten ins Tübinger Sommersemester zurück und habe alle Mühe, den ordentlichen Pflichten eines Universitätslehrers nachzukommen. Schon in der Stuttgarter Unterredung vom 22. Januar, deren Protokoll mir mit erheblicher Verspätung am 12. 4. 1977 zugestellt wurde, habe ich ausführlich erklärt, warum es mir physisch unmöglich ist, für diese Auseinandersetzung, die mich schon unendlich viel Zeit gekostet hat, in diesen Monaten noch weitere Zeit aufzuwenden. Die vielen formalen wie inhaltlichen Fragen, die sich hier stellen, lassen sich nicht kurz beantworten.

Mit dem Stuttgarter Gespräch und vor allem mit meinem mehrseitigen Schreiben vom 21. 2. 1977 habe ich auch nach der Meinung vieler Fachkundiger mehr getan, als man billigerweise erwarten konnte. Und es hat mich auch tatsächlich überrascht, dass Sie - entgegen dem Eindruck, den Sie nach dem Stuttgarter Gespräch mindestens für mich erweckt haben - mit meiner mündlichen wie schriftlichen Antwort noch immer nicht zufrieden sind.

Jedenfalls muss ich Sie jetzt, sehr geehrter Herr Kardinal, erneut dafür um Verständnis bitten, dass ich Ihren Brief nicht sachgemäss beantworten kann, bevor ich mein Buch zur Gottesfrage abgeschlossen und den Festvortrag zur 500-Jahr-Feier der Universität Tübingen im Oktober dieses Jahres gehalten habe.

Mit freundlichen Grüssen

Ihr sehr ergebener

Hans Küng

Kopie an den Bischof von
Rottenburg, Dr. Georg Moser

DER VORSITZENDE
DER DEUTSCHEN BISCHOFSKONFERENZ

Postanschrift:
Sekretariat der Deutschen Bischofskonferenz
Kaiserstraße 163
5300 BONN

Herrn Professor
Dr. Hans Küng
Waldhauser Str. 23
7400 Tübingen 1

V 10310/77'

21. September 1977

Sehr geehrter Herr Professor Küng,

ich bestätige den Empfang Ihres Briefes vom 12. September 1977. Darin lehnen Sie es erneut ab, Fragen in Bezug auf Ihr Buch "Christ sein" zu beantworten. Sie waren nach Grundwahrheiten des katholischen Glaubens gefragt. Die Fragen wären einfach mit dem unaufgebbaren Bekenntnis dieses Glaubens zu beantworten gewesen. Ich bedaure es sehr, daß Sie dies unterlassen haben. Damit haben Sie zum Ausdruck gebracht, daß ein eindeutiges Ja zu Grundaussagen des katholischen Glaubens von der in Ihrem genannten Buch vertretenen Theologie aus nicht möglich ist.

Freundliche Grüße

Ihr

+ Joseph Card. Höffner

(Joseph Kardinal Höffner)